Fisiocracia

FUNDAÇÃO EDITORA DA UNESP

Presidente do Conselho Curador
Mário Sérgio Vasconcelos

Diretor-Presidente
Jézio Hernani Bomfim Gutierre

Superintendente Administrativo e Financeiro
William de Souza Agostinho

Conselho Editorial Acadêmico
Danilo Rothberg
Luis Fernando Ayerbe
Marcelo Takeshi Yamashita
Maria Cristina Pereira Lima
Milton Terumitsu Sogabe
Newton La Scala Júnior
Pedro Angelo Pagni
Renata Junqueira de Souza
Sandra Aparecida Ferreira
Valéria dos Santos Guimarães

Editores-Adjuntos
Anderson Nobara
Leandro Rodrigues

QUESNAY
MIRABEAU
BADEAU
RIVIÈRE
DUPONT

Fisiocracia

Textos selecionados

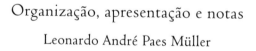

Organização, apresentação e notas
Leonardo André Paes Müller

Seleção e tradução
Leonardo André Paes Müller e Thiago Vargas

© 2020 Editora Unesp

Direitos de publicação reservados à:
Fundação Editora da Unesp (FEU)
Praça da Sé, 108
01001-900 – São Paulo – SP
Tel.: (0xx11) 3242-7171
Fax: (0xx11) 3242-7172
www.editoraunesp.com.br
www.livrariaunesp.com.br
atendimento.editora@unesp.br

Dados Internacionais de Catalogação na Publicação (CIP) de acordo com ISBD
Elaborado por Vagner Rodolfo da Silva – CRB-8/9410

F537
    Fisiocracia: textos selecionados / organizado por Leonardo André Paes Müller; traduzido por Leonardo André Paes Müller, Thiago Vargas. – São Paulo: Editora Unesp, 2020.

    Inclui bibliografia.
    ISBN: 978-85-393-0828-6

    1. Fisiocracia. 2. Economia. I. Müller, Leonardo André Paes. II. Vargas, Thiago. III. Título.

2020-159   CDD 330.152
                                             CDU 330.146

Editora afiliada:

Sumário

Apresentação: A política dos primeiros economistas . 7
Leonardo André Paes Müller

1. O Quadro econômico com suas explicações . 27
Victor Riqueti de Mirabeau

2. Teoria do imposto . 129
Victor Riqueti de Mirabeau

3. Filosofia rural ou economia geral e política da agricultura, reduzida à ordem imutável das leis físicas e morais que asseguram a prosperidade dos impérios . 175
Mirabeau, revisada por Quesnay

4. Observações sobre os juros do dinheiro . 193
François Quesnay

5. Nota do editor à edição de janeiro de 1767 das *Efemérides do cidadão* . 201
Nicolas Badeau

6. Análise do governo dos incas do Peru . 212
François Quesnay

7. Despotismo da China . *219*
François Quesnay

8. A ordem natural e essencial das sociedades políticas . *247*
Pierre-Paul Le Mercier de la Rivière

9. Explicação sobre o verdadeiro sentido da palavra estéril aplicada à indústria . *297*
Nicolas Badeau

10. Da origem e dos progressos de uma ciência nova . *305*
Pierre Samuel Dupont de Nemours

Sobre os tradutores . *341*

Apresentação
A política dos primeiros economistas

Leonardo André Paes Müller

A fisiocracia foi muito mais do que a primeira escola de pensamento econômico da história. O grupo formado e liderado pelo cirurgião e médico da corte de Luís XV, François Quesnay, compartilhava um sistema teórico bastante sofisticado e coeso, produto de uma visão abrangente do mundo e base de um vasto programa de reformas econômicas e políticas, a partir do qual buscou influenciar o debate e as políticas econômicas francesas da década de 1760. Como aponta Georges Weulersse, o principal historiador do grupo, eles não apenas formaram uma escola, como desenvolveram um partido – ou, de acordo com seus adversários, uma seita.[1]

O caráter coletivo dos textos fisiocratas foi destacado por dois dos editores das obras econômicas completas de Quesnay, Christine Thère e Loïc Charles. Eles apontam que, a exemplo dos grandes artistas renascentistas, "Quesnay criou um ateliê literário a seu redor no intuito de facilitar a fundação e a divulgação da 'economia política'".[2] Ao menos desde o início da década de 1750, ele buscou auxílio em suas pesquisas econômicas, primeiro

---

1 Apesar de publicada em 1910, *Le Mouvement physiocratique en France – De 1756 à 1770*, segue como o maior e mais importante estudo histórico a respeito da fisiocracia. Os mais aguerridos adversários da fisiocracia foram Forbonnais, Mably e Galiani. A pecha de seita aparece até mesmo em autores simpáticos aos fisiocratas, como Smith e Say.

2 Thère, Charles, *The Writing Workshop of François Quesnay and the Making of Physiocracy*, p.2.

junto a funcionários a serviço da corte e, mais tarde, junto a alguns homens de letras. O mais importante deles, Mirabeau, cuja conversão à fisiocracia é bastante elucidativa a respeito da origem do *Quadro econômico*.

O núcleo do pensamento fisiocrata é o *Quadro econômico*. Das três primeiras versões, formuladas entre 1758 e 1759, duas foram impressas em Versalhes, circulando apenas entre amigos.[3] Foi em 1760, com a publicação de *O quadro econômico com suas explicações* (doravante QEE), texto que abre esta coletânea, que ele, de fato, veio a público. Em 1756, Mirabeau publicara as três primeiras partes de *O amigo dos homens*, cujo subtítulo, *Tratado da população*, indica seu enfoque: "O verdadeiro princípio de toda riqueza é, pois, a multiplicação da espécie humana, denominada *população*. Esse é o objeto deste tratado".[4] Quatro anos depois, ele explica o novo rumo em seus trabalhos:

> Eu considerava a população a fonte dos rendimentos e um homem mais hábil me atingiu de frente. Fui afortunado o suficiente para escutá-lo e aprendi que é o inverso, os rendimentos é que são a fonte da população. (QEE, p.86 neste volume)

Uma das alterações mais relevantes diz respeito ao modo de compreensão do circuito monetário. Mirabeau estava em posse de uma das raras cópias manuscritas da tradução francesa do *Ensaio sobre a natureza do comércio em geral*, de Richard Cantillon (finalmente publicada em 1755), e vinha trabalhando sobre ela desde o início da década. Na parte II dessa obra, Cantillon discute a circulação monetária tomando como base dois eixos, campo-cidade e pequenos-grandes pagamentos: o fazendeiro recebe grandes quantias de dinheiro pela venda de sua colheita aos atacadistas, quantia que ele sucessivamente gasta em pequenas quantias nos diversos varejistas que frequenta; o atacadista, por sua vez, vende a diversos varejistas pequenas quantias que

---

3 Elas podem ser encontradas, em português, na excelente edição sobre Quesnay, organizada por Kuntz para a coleção Grandes Cientistas Sociais. A obra de referência é Kuczynski, Meek, *Quesnay's* Tableau économique. Em francês, veja Quesnay, *Œuvres économiques complètes et autres textes.*

4 Parte III, Resumo geral, p.171 (Mirabeau, *L'Ami des hommes ou Traité de la population*). Sigo aqui Fessard, *L'Ami des hommes ou la conversion du Marquis de Mirabeau.*

ele acumula para pagar ao fazendeiro sua grande compra. Quesnay substitui esse modelo bancário-contábil de circulação por um modelo fisiológico. Em analogia não exatamente à circulação do sangue, mas do princípio vital dos organismos, a sociedade vive apenas enquanto suas riquezas circulam.[5] Como vários dos textos aqui reunidos demonstram, os fisiocratas veem a sociedade como um organismo que, para se manter vivo, precisa incessantemente voltar ao ponto de partida e reiniciar o processo. Ele descreve assim não apenas a circulação das riquezas, mas também a reprodução desse corpo social.[6] A própria definição de riqueza dos fisiocratas, um bem com "valor de uso e valor venal" (QEE, p.105, neste volume), envolve a duplicação monetária daquilo que foi produzido; assim, ao descrever as despesas das três classes sociais sob a forma de um zigue-zague e pressupor que, ao final do processo, essas três classes estarão de posse da mesma quantia de riquezas com que iniciaram o ciclo, o *Quadro* é uma versão oitocentista do que hoje é conhecido como *fluxo circular da renda*.

Mas o que exatamente é o *Quadro econômico*? Em seu livro de 2012, *O mundo no modelo: como os economistas trabalham e pensam*, Mary Morgan sugere convincentemente que ele seria um dos primeiros exemplares de *modelo econômico*, carregando consigo todo um modo de pensar e fazer ciência que apenas no século XX se tornaria o padrão entre economistas. Segundo ela, modelo econômico é "um objeto em escala reduzida representando diferentes aspectos da economia que pode ser analisado e manipulado de diversas formas".[7] Essa dupla função, de descrição e de manipulação, é plenamente desenvolvida no primeiro texto desta coletânea. Na primeira parte, o *Quadro* é construído como a descrição de um estado ideal, ainda que perfeitamente alcançável:

---

5 Veja Ribeiro, Cantarino, Da fisiologia à economia política: o itinerário intelectual de Quesnay em direção ao *Tableau économique*.

6 Karl Marx insistirá nesse aspecto ao comentar o *Quadro* no Livro II de *O capital*, primeiro apresentando-o a partir do ciclo do capital-mercadoria (cap.3) e, posteriormente, retomando-o em sua discussão do processo de reprodução simples (cap.19).

7 No original: *"small-scale objects depicting aspects of the economy that can be analysed and manipulated in various ways"* (Morgan, *The World in the Model*, p.13). Ela se refere ao *Quadro* como o "tataravô de modelos em várias tradições econômicas, ainda que seu conteúdo e significado sigam envoltos em mistério" (ibid., p.3).

Imagine ainda que suas terras não precisem jamais voltar a permanecer sem cultivo para se recuperar, e rendendo anualmente a elite dos cereais e das forragens. Essa hipótese não é ideal. Uma tal agricultura floresce em países vizinhos com um clima menos vantajoso que o nosso. Você encontrará alguns exemplos mesmo em nosso reino, em torno da capital, e é a partir desses exemplos que o *Quadro* foi construído. Transporte-se a esse estado florescente e faça os cálculos. (QEE, p.77, neste volume)

A segunda parte dessa obra, por sua vez, é dedicada à exploração das possibilidades de alteração de algumas variáveis-chave, à manipulação do *Quadro* – o que seu autor denomina de "exposição das consequências de seu desarranjo". No comentário ao oitavo quadro, ele se pergunta o que ocorreria se os proprietários não despendessem equanimemente seu rendimento entre as outras duas classes. Ao nono, se eles não o despendessem por completo. Ao décimo, se a cultura produzisse cinco vezes menos. No último, quais os efeitos dos diferentes tipos de impostos sobre a circulação de riquezas – tema que será desenvolvido de modo sistemático em *A teoria do imposto*, obra do mesmo ano e cujo *Resumo* também consta neste volume.

Se hoje, como indica Mary Morgan, a atividade dos economistas consiste, acima de tudo, na construção e manipulação de modelos, os fisiocratas mereceriam ser lembrados como os autores da primeira obra a empregar, de modo sistemático, a "modelagem como método de investigação",[8] assim como da primeira a explorar as implicações de um modelo econômico na avaliação e no desenho de políticas públicas.

Uma questão ainda persiste: modelo do quê? Do funcionamento de uma economia como um todo. Ninguém enfatizou tanto esse ponto quanto um dos mais ilustres leitores da fisiocracia, Joseph Schumpeter:

É exatamente a ideia dessa interdependência geral o que a ciência é capaz de acrescentar aos conhecimentos do homem prático, de espírito arejado e bem informado. Vimos que, em nossa ciência, os melhores autores têm tido a

---

8 Morgan, op.cit., cap.I.

Fisiocracia

tendência de manifestar essas relações de conjunto; têm tentado fazer delas o principal objeto de suas investigações, transformando o resultado assim obtido, no núcleo da ciência. Mas foram os fisiocratas, ou os "economistas", que abriram a brecha decisiva por onde passaria todo o progresso teórico subsequente; isso graças à sua descoberta do ciclo econômico do qual ofereceram um esquema conceitual.[9]

Apontamos anteriormente que os fisiocratas compreendiam a sociedade como um organismo, levando a sério a ideia de um corpo social. Ora, quem fala em organismo, fala em um conjunto organizado de partes interdependentes; em uma palavra, fala em *ordem*. É o que Quesnay afirma desde 1758, na carta que envia a Mirabeau:

> Tentei construir um quadro fundamental da ordem econômica para nele representar as despesas e os produtos de um modo fácil de compreender, e para julgar claramente as coordenações que o governo pode realizar e as descoordenações que pode introduzir.[10]

Se, no início da década de 1760, os fisiocratas ainda tinham como objeto a explicação do funcionamento e das consequências mais imediatas do *Quadro*, a partir de *Filosofia rural* e principalmente nas páginas das *Efemérides do cidadão*, os membros da fisiocracia se voltam à investigação de seus pressupostos, aquilo que Lemercier de la Rivière tomará como objeto de seu livro: *A ordem natural e essencial das sociedades políticas* (doravante ONE).

O primeiro desses pressupostos é comum a toda a economia política do século XVIII: a tese da sociabilidade natural da espécie humana. Em oposição aos defensores da ideia de um contrato social (Hobbes e Rousseau), anteriormente a qualquer tipo de convenção ou de acordo voluntário, seres humanos já se encontram em sociedade. No primeiro capítulo de seu livro, Rivière elenca cinco argumentos para sustentar essa tese; o quinto deles, característico da fisiocracia (é dele que ela tira seu nome), é assim resumido:

---

9 Schumpeter, *Fundamentos do pensamento econômico*, p.47 (o texto original é de 1924).
10 Quesnay, p.112.

Quesnay • Mirabeau • Badeau • Rivière • Dupont

A ordem física da geração nos demonstra que o gênero humano foi destinado pelo autor da natureza a uma multiplicação muito numerosa; essa multiplicação, porém, não poderá ter lugar sem uma abundância de bens de subsistência relativa e proporcional às suas carências. Ora, essa abundância só surge através da cultura que não pode ser estabelecida sem a sociedade e, desse modo, o estabelecimento da sociedade, como meio necessário à abundância das produções, é de uma necessidade física à multiplicação dos homens e faz parte da ordem da criação (ONE, Parte I, cap.I, p.255, neste volume).

Por sua própria constituição, mesmo em um estágio anterior a qualquer convenção, os seres humanos já se encontrariam imersos em relações sociais, sendo possuidores de direitos e deveres recíprocos a propósito da produção e do consumo de bens de subsistência. O passo seguinte da argumentação envolve uma reformulação da tese de John Locke a propósito da origem da propriedade por meio da expressão "buscas e trabalhos": do direito de prover para sua própria subsistência, os indivíduos adquirem a propriedade daquilo que retiram do mundo para satisfazer essas carências.[11] Da propriedade pessoal decorre a propriedade mobiliária. Quando essas "buscas e trabalhos" se dirigem à própria terra, isto é, quando se derrubam florestas, aplainam-se desníveis, drenam-se pântanos etc., eles transformam esses terrenos em propriedades imobiliárias daqueles que primeiro as reivindicaram.[12] Isso basta para que o *quadro econômico* funcione: de um lado, uma classe de proprietários fundiários; de outro, uma classe de proprietários de riquezas móveis, parte arrendando terras, parte produzindo manufaturados, o restante da população disponível para se tornar assalariada.

O problema é que os custos envolvidos nesse processo de reivindicação só serão despendidos se os indivíduos tiverem certeza de que adquirirão a propriedade do terreno e daquilo que ali for produzido. O objetivo principal das convenções sociais e do governo se encontra na garantia da propriedade. Essa é a tarefa primordial da *autoridade tutelar*, pensada a partir de uma noção de soberania una e indivisível. Contra Montesquieu, os fisiocratas

---

11 A esse respeito, ver a nota dos tradutores ao capítulo II de ONE.

12 Sobre o significado desse termo, ver a seção *Sobre a terminologia e a tradução* (p.18-21).

recusam qualquer divisão de poderes: a rigor, só há poder executivo. O poder legislativo se reduz à enunciação de decretos que não contradigam as leis de natureza, função que cabe ao próprio soberano. O poder judiciário se torna um ministério da autoridade tutelar, que, apesar de possuir um corpo de magistrados próprio, tem como função a mera aplicação das leis naturais a casos particulares. Além dessas funções menores, o poder executivo concentra em si as duas tarefas mais importantes do governo: a garantia da propriedade e a instrução dos cidadãos a respeito da ordem natural e essencial.

Por fim, para financiar suas atividades, o soberano dispõe de uma parcela do produto líquido, recebida sobre a rubrica de *imposto*. Trata-se de um direito seu enquanto coproprietário das terras e que, de acordo com o esquema exposto na *Teoria do imposto*, seria pago voluntariamente, sem a necessidade de um largo e caro aparato de fiscalização. Todos os demais tributos são preteridos porque afetam o circuito monetário do *Quadro* e envolvem um alto custo de coleta.

Não é apenas a questão da divisão dos poderes que é irrelevante, mas qualquer discussão a respeito das formas ou dos tipos de governo é completamente desnecessária, visto que apenas uma forma de governo está de acordo com a ordem natural e essencial das sociedades políticas: a monarquia hereditária. Em *O despotismo da China*, parcialmente traduzido neste volume, Quesnay volta de vez sua artilharia contra Montesquieu que, em *O espírito das leis*, de 1748, havia apresentado o despotismo como o pior tipo de governo, aquele que tem no medo seu princípio e no arbítrio do déspota seu modo de funcionamento, e feito da China um dos principais exemplos de governo despótico, império onde rege uma "aparência de ordem" que, no fundo, se deve a circunstâncias particulares (o clima quente, a fertilidade extraordinária das mulheres e o território de proporções continentais).[13] Para os fisiocratas, ao contrário, a estabilidade do governo chinês é prova de sua conformidade à ordem natural, obra de sábios imperadores que balizaram seu governo em uma filosofia que conhecia essa ordem. O mesmo

---

13 Montesquieu, *O espírito das leis*, Livro VII, cap.21. In: *Œuvres complètes de Montesquieu. Tome II*, p.366-8.

Quesnay • Mirabeau • Badeau • Rivière • Dupont

vale para os incas. Com efeito, uma das peculiaridades da fisiocracia em relação ao quadro mais amplo do pensamento liberal do século XVIII é a recusa em aceitar o governo misto britânico, uma monarquia parlamentar, como um paradigma de constituição. Para eles, não havia na Europa do período nenhuma nação cujo governo estivesse constituído e operasse em conformidade à ordem natural. Era necessário remontar ao duque de Sully, ministro de Henrique IV, cujo reinado durou de 1589 a 1610, para encontrar um exemplo de bom governo.

Já no campo das ideias, os fisiocratas se reconheciam parcialmente nas propostas de reforma tributária de Boisguilbert e Vauban, dois economistas da virada do século XVII para o XVIII, mas principalmente nos escritos filosóficos de Nicolas Malebranche. Sua principal obra, *Em busca da verdade*, é um tratado do método, cuja intenção básica é nos ensinar a evitar o erro para que assim possamos atingir a verdade, entendida ao modo de Descartes, como um conhecimento claro e evidente.[14] Ali, Malebranche define o erro como "um assentimento precipitado da vontade"[15] e busca circunscrever as ocasiões dessa precipitação. No artigo "Evidência", que escreve para a *Enciclopédia* de Diderot e d'Alembert, em 1754, Quesnay formula a questão do assentimento em termos de liberdade: "é no momento da deliberação que a alma é realmente livre, que ela tem indeterminadamente o duplo poder de ser decidida ou de se recusar ou de se abandonar a uma vontade indecisa".[16] Fundamentalmente, ela delibera para saber se aceita ou não os motivos de sua vontade. Para Quesnay, a sabedoria está "no exercício tranquilo da liberdade, [onde] a alma se determina quase sempre sem exame e deliberação, por estar instruída sobre as regras que deve seguir sem hesitar".[17] Cidadãos

---

14 Em português, o leitor pode consultar a edição de Plínio Junqueira Smith, com trechos selecionados, dessa obra (*A busca da verdade*). Em sua primeira obra, *Regras para a direção do espírito*, escrita em 1628, Descartes estabelecera como a segunda dessas regras que "é preciso se ocupar unicamente com objetos a respeito dos quais nosso espírito parece ser capaz de adquirir um conhecimento certo e indubitável", abrindo o comentário sobre ela apontando que "toda ciência é um conhecimento certo e evidente" (Descartes, *Œuvres et lettres*, p.7-8).

15 Malebranche, *A busca da verdade*, Livro VI, cap.2. In: *Œuvres I*, p.594.

16 Ibid., p.69.

17 Quesnay, p.70.

Fisiocracia

bem instruídos a esse respeito oferecem um assentimento pleno à ordem e, voluntariamente, agem em sua conformidade. Os fisiocratas, porém, sabem que não devem confiar unicamente na instrução pública e na sabedoria individual, uma vez que "a lei natural se apresenta a todos os homens, mas eles a interpretam diferentemente; eles necessitam de regras positivas e determinadas para fixar e garantir sua conduta".[18] Tocamos no cerne do problema do governo:

> O governo perfeito não é de instituição humana, os homens não podem adicionar nada nem retirar nada dessa TEOCRACIA, sua felicidade consiste em se conformar a ela. O governo do príncipe não consiste, como vulgarmente se crê, na arte de conduzir os homens; ele consiste na arte de prover à sua segurança e à sua subsistência pela observação da ordem natural das leis físicas que constituem o direito natural e a ordem econômica por meio da qual a existência e a subsistência devem ser asseguradas às nações e a cada homem em particular. Esse objetivo cumprido, a conduta dos homens é fixada e cada homem conduz a si mesmo (*Filosofia rural*, Prefácio, p.187-88, neste volume).

As duas funções da autoridade tutelar (instrução pública e garantia da propriedade) são, na realidade, as duas faces de uma só tarefa: a fixação da ordem. Em 1759, em uma carta a Mirabeau, Quesnay afirmara que, ao observarmos o *quadro econômico*, "vemos, com um simples olhar, o emprego e o volume das riquezas e dos homens, suas relações e influências recíprocas e toda essência do governo econômico dos estados agrícolas".[19] À luz desse trecho de 1763, em que consiste esse governo econômico? Primeiro, instruir as partes constitutivas do corpo social (os indivíduos) a respeito da ordem. Segundo, velar para que essa ordem seja voluntariamente cumprida, isto é, que, por exemplo, os proprietários fundiários estejam gastando, por inteiro e em iguais proporções, seu rendimento em bens agrícolas e bens manufaturados; que os arrendatários estejam repondo o cavalo doente que puxava sua charrua por um de igual qualidade; que os manufatores estejam

---

18 Quesnay, p.70.
19 Ibid., p.115-7.

comprando suas matérias-primas no país e não no exterior, e assim por diante. A primeira função do economista fisiocrata é pedagógica (doutrinadora, diriam seus adversários): ensinar o *Quadro econômico* a todos os cidadãos. Sua segunda função, zelar pela correta aplicação de seu modelo, atividade que envolve outras duas: diagnosticar desvios e prescrever correções. A continuação do trecho anterior:

> Aqueles que se desviam da regra são membros doentes ou corrompidos a quem é preciso curar ou amputar. Mas o corpo, submetido ao regime prescrito pela natureza e conduzido pelo médico, satisfaz por sua própria constituição as funções necessárias para sua conservação. Ora, essa constituição não é obra do médico, trata-se de um organismo físico que ele deve estudar para manter em regularidade (*Filosofia rural*, Prefácio, p.188, neste volume).

A analogia não poderia ser mais clara: o economista é o médico do corpo social. Se assumirmos, como alguns historiadores do pensamento econômico, dentre eles Dupont de Nemours no texto que fecha esta coletânea, que a fisiocracia é o momento inaugural da ciência econômica, abre-se a questão a propósito do alcance dessa metáfora a partir dos anos 1760 até hoje. Um dos primeiros a se debruçar sobre esse tema foi ninguém menos que Adam Smith. No capítulo 9 do Livro IV da *Riqueza das nações*, de 1776, Smith aceita a metáfora, mas critica a estreiteza da noção de saúde defendida pelos fisiocratas:

> Alguns médicos teóricos parecem haver imaginado que a saúde do organismo humano só poderia ser preservada por um certo regime preciso de dieta e ginástica e que qualquer violação ao mesmo, por mínima que fosse, inevitavelmente provocaria algum grau de doença ou desordem, proporcional a esse grau de violação. [...] O sr. Quesnay, ele próprio médico, e médico muito teórico, parece ter tido uma ideia do mesmo tipo, no tocante ao organismo político, e parece ter imaginado que ele se fortaleceria e se desenvolveria somente sob determinado regime preciso, o exato regime da liberdade e da justiça perfeitas. Parece não ter ele levado em conta que, no organismo político, o esforço natural que cada pessoa faz continuamente para melhorar sua própria condição

representa um princípio de preservação suscetível de evitar e corrigir, sob muitos aspectos, os maus efeitos, até certo ponto, de uma economia política parcial e opressiva.[20]

Para Smith, os fisiocratas não teriam concebido a possibilidade de que a natureza da ordem social fosse muito mais robusta do que aquela que subjaz ao *Quadro*, capaz inclusive de sobreviver ao tratamento excessivamente restritivo prescrito por um médico dogmático. Na tradição escocesa do pensamento liberal (além de Smith, cabe citar David Hume e Adam Ferguson), ao contrário, a ordem nunca está dada de antemão, sendo construída de modo mais ou menos espontâneo ao longo da história – ou mais corretamente, a história é a sucessão de arranjos mais ou menos estáveis, todos igualmente provisórios.[21] Ali, a natureza não determina por completo as possibilidades da sociedade, apenas sugere caminhos mais ou menos eficientes, mais ou menos custosos, que podem ou não ser seguidos, cada escolha desencadeando uma série de efeitos que não podem ser previamente deduzidos. A liberdade, por sua vez, não se reduz ao assentimento à evidência de um saber de ordem médica, mas se estende, de modo decisivo, à invenção.[22]

Em todo caso, o legado da fisiocracia para a ciência econômica é inegavelmente grandioso, ao mesmo tempo em que é profundamente ambivalente. Por um lado, nasce ali um novo tipo de saber que não apenas tematiza a interdependência das diferentes classes e setores da economia ou o caráter circular e cíclico da produção e da circulação das riquezas, mas também traz consigo um novo modo de pensar o econômico, a *modelagem* – um modo tão inovador que será necessário mais de um século e meio até que ele se torne a norma entre economistas. Por outro, também nasce ali a arrogância de um especialista que se acredita em posse de um saber superior a respeito do funcionamento da sociedade e que acredita, no pior dos casos, que lhe cabe empregar todos os meios disponíveis, inclusive violentos, na tentativa de conformar o mundo a

---

20 Smith, *Riqueza das nações II*, p.158-9.
21 Hume, *História da Inglaterra*.
22 Deleule, Hume, os fisiocratas e o nascimento do liberalismo econômico; Pimenta, Máquina e sistema em Adam Smith, *A trama da natureza*.

esse saber, ou, no melhor, lamenta a teimosia de todos aqueles que se recusam a ver em seus ensinamentos uma verdade absoluta.

Sobre a terminologia e a tradução

Como parte essencial do projeto fisiocrata, constava uma reformulação completa do vocabulário da ciência econômica. Se, por um lado, isso deu visibilidade a certos aspectos esotéricos de sua doutrina – que exigia o manejo de uma linguagem e de um modelo até então inéditos, o que, por sua vez, exigia a disseminação dessa linguagem e modelo como verdadeiros dogmas a ser incutidos no maior número de pessoas possível[23] –, por outro, é inegável que a exigência por uma terminologia técnica desempenhou um papel importante na consolidação de certos temas e enfoques na então nascente ciência econômica – por exemplo, é nas páginas das *Efemérides do cidadão* que o termo *capital* será utilizado pela primeira vez no sentido moderno, de riqueza empregada para a obtenção de lucro, por um não fisiocrata, Turgot.[24] Isso traz algumas dificuldades adicionais ao tradutor, em especial no que tange à manutenção da coerência terminológica em obras escritas por vários autores e que se estende por diversos campos do saber (principalmente economia, direito e política). Tendo isso em vista, esta seção apresenta, de modo sucinto, alguns termos centrais à teoria fisiocrata e as respectivas opções de tradução.

Jouissance foi traduzido por *usufruto* e *fruição* (outras opções seriam *desfrute* ou *gozo*). Neste último sentido, a exemplo do que ocorre com o termo *subsistance* (*subsistência* e *bens de subsistência*), também empregamos, em algumas poucas ocasiões, a expressão *bens de fruição*.

Percurso traduz *marche*, no duplo sentido de caminho a ser percorrido e de movimento que o percorre.

---

23 A esse respeito, veja Charles, Thère, Jeux de mots, narrative and economic writing: The rethoric of anti-physiocracy in French economic periodicals, *European Journal of the History of Economic Thought*.

24 Turgot, *Reflexões sobre a formação e a distribuição das riquezas*, escrito em novembro de 1766 e publicado, em três partes, nos tomos XI (novembro de 1769), XII (dezembro de 1769) e XIII (janeiro de 1770) das *Efemérides do cidadão*, (*Œuvres de Turgot*, v.2, p.473-530).

Contragolpe [*contre-coup*] é o processo que resulta em um efeito negativo, geralmente oposto à intenção original do indivíduo, e que só pode ser corretamente avaliado por meio da compreensão global da ordem.

Défricher consiste no ato de tornar um terreno previamente intocado pelo homem em um terreno próprio ao cultivo. Não há um equivalente direto em língua portuguesa, exceto no contexto jurídico, *reivindicação* de uma terra anteriormente sem dono. *Friche*, por sua vez, é a qualidade dessa terra intocada e sem dono, sendo geralmente traduzido por *incultivada*.

Um termo com vários significados é *estado*. Ele pode se referir ao aparato institucional que dá corpo à soberania, o que hoje denominamos Estado-nação; à localização hierárquica de determinados grupos, significado próximo ao de classe social, mas também pode significar sua situação relativa, quando os fisiocratas enfatizam que o estado dos proprietários fundiários deve ser o melhor dentre as classes sociais; finalmente, as etapas do desenvolvimento da sociedade, seja no par estado de natureza-estado de sociedade, seja em um esquema progressivo de estágios. De modo geral, optei por *estado*, ocasionalmente por *situação*.

Bem possui apenas *valor de uso* [*valeur usuelle*], ao passo que *riqueza* tem valor de uso e *valor venal* [*valeur venalle*]. O valor venal é garantido pela *venda* (significado antigo do termo *débit*) das mercadorias.

Optei pela tradução literal, *fundo* ou *fundos*, para *fonds*. Trata-se do conjunto de riquezas mobiliárias empregado em uma produção específica, dividindo-se em *adiantamentos primitivos* e *anuais*. Os *adiantamentos primitivos* bancam os procedimentos que antecedem a primeira colheita (drenagem de pântanos, corte de árvores, nivelamento do terreno, construção de cercas, moinhos, silos e demais edifícios, aquisição de instrumentos e animais etc.), ao passo que os *adiantamentos anuais* bancam os custos diretamente ligados à produção de uma colheita específica (sementes, fertilizantes, salários, alimentação dos animais) mais a depreciação de animais, instrumentos e edifícios que entram no processo. Depreciação que é designada pela expressão *juros dos adiantamentos primitivos* [*interêt des avances primitives*].

Os *adiantamentos* são um tipo de *despesa* ou *dispêndio*, conceito mais amplo que envolve qualquer tipo de gasto monetário, seja ele um adiantamento ou não. Há despesas inter e intraclasses.

Obra traduz *ouvrage*, o produto da *mão de obra* [*main d'œuvre*], isto é, da classe *estéril*. *Trabalhadores* ou *operários* são, ora membros da classe estéril, ora empregados pagos pelas despesas das classes produtiva ou improdutiva.

Também optei pela tradução literal de *reprise* por *retomada*. Trata-se do reinício do ciclo produtivo, com o dispêndio de novos adiantamentos anuais, devidamente separados do *reembolso* [*remboursement*] obtido com o produto do ano anterior.

De modo geral, *produção* e *produto* designam a atividade e o resultado da cultura ou, se quisermos, a atividade da classe produtiva e seu resultado. São termos, em larga medida, intercambiáveis. O *produto líquido* [*produit net*] é igual ao produto bruto (ou reembolso) menos os adiantamentos anuais e os juros dos adiantamentos primitivos (ou retomada). *Produtor* e *cultivador* são sinônimos.

Nesse sentido é arquiconhecida a tese fisiocrata de que apenas o trabalho agrícola é produtivo, e todas as demais atividades econômicas (indústria e comércio) são *estéreis*. Pouco destacadas são as consequências dessa tese no campo da teoria do valor: primeiro, valor se troca por valor igual, a regra do comércio é a troca de equivalentes e, segundo, todas as atividades não agrícolas, isto é, não produtivas, envolvem custos que necessariamente serão, direta ou indiretamente, bancados pelo produto líquido. Essa é a base conceitual das duas propostas políticas mais famosas da fisiocracia: a liberalização completa do comércio de cereais (no intuito de estabilizar quantidades e preços desse produto ao longo dos anos, tornando o mercado menos sujeito às oscilações climáticas e quebras de safras locais) e o imposto único, parcela fixa do produto líquido.

A análise da questão tributária ocorre em analogia à análise da produção: o *arrendamento privado* [*ferme particulière*] serve de contramodelo para a compreensão do *arrendamento fiscal*. Enquanto o rico *arrendatário* deduz os custos da produção do produto bruto, entregando aos proprietários o produto líquido, o *arrendatário dos rendimentos públicos* [*fermier des revenus publiques*] lança mão de todos os subterfúgios possíveis para complexificar a estrutura tributária do país, aumentando seus *lucros* em prejuízo de todos os demais.

Fisiocracia

No que tange ao vocabulário tributário, *imposition* foi vertido, de modo geral, por *tributação*, mas, em algumas situações, pelo resultado desse processo, os *tributos* (nesse sentido, sempre no plural). *Imposto* foi reservado para a tradução de *impôt*, a parcela do produto líquido que cabe ao soberano enquanto coproprietário de todas as terras, o único que pode ser coletado sem custos e sem causar nenhuma interferência no mecanismo do *Quadro*. A *quantia* [*quotité*] proposta é de $\frac{1}{3}$ do produto líquido. Na doutrina fisiocrata, esse é o único *imposto direto*, todas as demais *taxas* [*taxe*] e *tributos* [*droits*] são denominados *indiretos*. A fonte dos rendimentos do clero era o *dízimo* que, como é discutido em alguns dos textos traduzidos, não consistia exatamente na décima parte do produto bruto. Aliás, uma das peculiaridades da terminologia da época é a denominação do tributo por sua taxa, daí existir um tributo denominado *vigésima parte* (*vingtième*, isto é, um tributo de 5%), outro *décima parte* (*decième*, ou seja, 10%) etc.

Polícia traduz *police*, termo que deve ser entendido em seu significado do século XVIII, como "a regulação das partes inferiores do governo, a saber, limpeza, segurança e abundância de bens a preços baixos",[25] envolvendo não apenas a polícia em seu sentido hodierno (de corporação diretamente responsável pela segurança pública), mas também a manutenção da limpeza pública e a administração de questões relacionadas à economia (alfândega, tributação, sistema monetário, regulamentos corporativos etc.).

À época, o termo *faculdade* [*faculté*], no sentido de capacidade, também englobava a ideia de um conjunto de ativos econômicos que podem ser empregados de modo produtivo. É nesse sentido que os fisiocratas o utilizam.

Por fim, o termo *denier* tem, ao menos, três significados distintos: rendimento (ver nota na p.63), erário público (ver nota na p.243), além de ser uma das denominações da moeda de conta na França do Antigo Regime, a *libra tournois* (símbolo: ₶), que guardava as seguintes relações:

1 libra = 20 soldos [*sous*]

1 soldo = 12 denário [*deniers*]

---

25 Essa é a definição que Adam Smith oferece aos alunos de seu curso de jurisprudência no ano letivo de 1763-4 (*Lectures on Jurisprudence*, p.486).

Os autores

François Quesnay (1694-1774), cirurgião, médico e economista francês. Ao final da década de 1740, torna-se médico de madame de Pompadour e, desse modo, médico da corte, inclusive do rei, Luís XV. Principal teórico e líder da fisiocracia.

Victor Riqueti de Mirabeau (1715-1789), mais conhecido como marquês de Mirabeau, o "amigo dos homens", título de sua primeira obra, em seis volumes. Não deve ser confundido com seu filho, Honoré Gabriel Riqueti (1749-1791), conde de Mirabeau, cuja atuação nos primeiros anos da Revolução Francesa lhe garantiu o epônimo de "orador do povo". Economista, além dos seis volumes de *O amigo dos homens*, assinou a *Teoria do imposto* e a *Filosofia rural*, obras escritas em conjunto com Quesnay.

Nicolas Badeau (1730-1792), mais conhecido como abade Badeau. Foi o primeiro editor das *Efemérides do cidadão*, a partir de 1767, o principal veículo de divulgação das ideias fisiocratas, e autor de diversos artigos.

Pierre-Paul Le Mercier de la Rivière (1719-1801), economista francês e administrador colonial. Foi o intendente da Martinica entre 1759 e 1767. Autor de *A ordem natural e essencial das sociedades políticas*.

Pierre Samuel Dupont de Nemours (1739-1817), economista francês, editor das *Efemérides do cidadão* a partir de 1768 e autor de diversas obras, dentre elas *Da origem e dos progressos de uma ciência nova*. Em 1799, emigra para os Estados Unidos com sua família, onde um de seus filhos funda, em 1802, uma empresa de pólvora que está na origem do grupo DuPont (atualmente DowDuPont).

As obras

I. Mirabeau – *O quadro econômico com suas explicações* (1760); tradução completa

Título original: *Le Tableau œconomique avec ses explications*, publicado como Sexta parte de *L'Ami des hommes, ou Traité de la population*. Paris, 1760 (na edição original não há informações sobre o editor).

Tradução: Leonardo André Paes Müller

2. Mirabeau – *Teoria do imposto* (1760); tradução parcial: Resumo

Título original: *Theorié de l'impôt*; o trecho traduzido é o *Resumé* que finaliza a obra, a partir da p.265. Paris, 1760 (na edição original não há informações sobre o editor).

Tradução: Leonardo André Paes Müller

3. Mirabeau – *Filosofia rural* (1763); tradução parcial: Prefácio

Título original: *Philosophie Rurale ou Économie Generale et Politique de l'Agriculture*; o trecho traduzido é o *Préface* que abre a obra. Amsterdam: Librairies Associés, 1763.

Tradução: Leonardo André Paes Müller

4. Quesnay – *Observações sobre os juros do dinheiro* (1766); tradução completa

Título original: *Observations sur l'intérêt de l'argent*, publicado originalmente na edição de janeiro de 1766 do *Journal de l'agriculture, du commerce et des finances*, sob o pseudônimo de Mr. Nisaque. A tradução tomou como base o texto (p.399-406) da edição de Auguste Oncken das *Œuvres économiques et philosophiques de F. Quesnay*. Frankfurt: Joseph Baer & Cie.; Paris: Jules Peelman & Cie., 1888.

Tradução: Leonardo André Paes Müller

5. Badeau – *Nota do editor às Efemérides do cidadão* (1767); tradução completa

Título original: *Avertissement de l'auteur* à edição de janeiro de 1767, tomo primeiro, das *Éphémérides du Citoyen, ou Bibliothèque Raisonée des Sciences Morales et Politiques*. Paris: Nicolas Augustin Delalain & Lacombe, 1767.

Tradução: Leonardo André Paes Müller

6. Quesnay – *Análise do governo dos incas do Peru* (1767); tradução completa

Título original: *Analyse du gouvernement des Yncas du Pérou*, sob o pseudônimo de M. A.; publicado na edição de janeiro de 1767, tomo primeiro, das *Éphémérides du Citoyen, ou Bibliothèque Raisonée des Sciences Morales et Politiques*. Paris: Nicolas Augustin Delalain & Lacombe, 1767.

Tradução: Leonardo André Paes Müller

7. Quesnay – *Despotismo da China* (1767); tradução parcial: Introdução e capítulo VIII

Título original: *Despotisme de la Chine*, os trechos traduzidos são o *Avant-propos* e o capítulo 8, intitulado *Comparaison des lois chinoises avec les principes naturels constitutifs des gouvernements prospère* [Comparação das leis chinesas com os princípios naturais constitutivos dos governos prósperos], publicados originalmente em partes, ao longo de quatro edições (março, abril, maio e junho) de 1767 das *Efemérides do cidadão*. A tradução tomou como base o texto (p.563-4 e p.636-60) da edição de Auguste Oncken das *Œuvres économiques et philosophiques de F. Quesnay*. Frankfurt: Joseph Baer & Cie.; Paris: Jules Peelman & Cie., 1888.

Tradução: Thiago Vargas

8. Rivière – *A ordem natural e essencial das sociedades políticas* (1767); tradução parcial: primeira parte, Teoria da ordem

Título original: *L'Ordre naturel et essentiel des société politiques*, em dois volumes. O trecho traduzido é a primeira parte da obra, intitulada *Théorie de l'ordre*, publicada no primeiro volume. Paris: Jean Nourse & Desaint, 1767.

Tradução: Thiago Vargas e Leonardo André Paes Müller

9. Badeau – *Explicação sobre o verdadeiro sentido da palavra estéril aplicada à indústria* (1767); tradução completa

Título original: *Explication sur le vrai sens du mot stérile appliqué a l'industrie*, publicado no tomo VIII (agosto) das *Efemérides do cidadão*. A tradução tomou como base o texto (p.868-75) da edição de Eugène Daire, *Physiocrates* (em dois volumes), Paris: Librairie de Guillaume, 1846.

Tradução: Leonardo André Paes Müller

10. Dupont – *Da origem e dos progressos de uma ciência nova* (1768); tradução completa

Título original: *De l'Origine et des progrès d'une science nouvelle*, publicado nas *Efemérides do cidadão*, 1768. A tradução tomou como base o texto (p.335-366) da edição de Eugène Daire, *Physiocrates* (em 2 v.), Paris: Librairie de Guillaume, 1846.

Tradução: Leonardo André Paes Müller

Fisiocracia

Referências bibliográficas

CHARLES, L.; THÈRE, C.. Jeux de mots, narrative and economic writing: The rethoric of anti-physiocracy in French economic periodicals. *European Journal of the History of Economic Thought*, 2015.

DELEULE, D. Hume, os fisiocratas e o nascimento do liberalismo econômico. *Discurso*, Revista do Departamento de Filosofia da USP, 47(2), 2017.

DESCARTES, R. *Œuvres et letres*. Ed. André Bridoux. Paris: Gallimard, 1949.

FESSARD, P. *L'Ami des hommes ou la conversion du Marquis de Mirabeau*. Comunicação ao IX Encontro da Universidade de verão em História, Filosofia e Pensamento Econômico, Paris, 2009.

HUME, D. *História da Inglaterra*. Ed. e trad. Pedro Pimenta. São Paulo: Unesp, 2015.

KUCZYNSKI, M.; MEEK, R. *Quesnay's* Tableau économique. Londres: Macmillan, 1972.

KUNTZ, R. *Capitalismo e natureza*: Ensaio sobre os fundadores da economia política. São Paulo: Brasiliense, 1982.

LOCKE, J. *Dois tratados sobre o governo*. São Paulo: Martins Fontes, 1998.

MALEBRANCHE, N. *A busca da verdade*: Textos escolhidos. Ed. e trad. Plínio Smith. São Paulo: Paulus/ Discurso Editorial, 2004.

_____. *Œuvres*. Ed. G. Rodis-Lewis. Paris: Gallimard, 1979. 2v.

MARX, K. *O capital*. São Paulo: Abril Cultural, 1984. v.2.

MIRABEAU. *L'Ami des hommes ou Traité de la population*. Partes I, II e III. Avignon, 1756.

MONTESQUIEU. *Œuvres complètes*. Ed. Roger Caillois. Paris: Gallimad, 1951. 2v.

MORGAN, M. *The World in the Model. How Economists Work and Think*. Cambridge: C.U.P., 2012.

PIMENTA, P. *A trama da natureza*. São Paulo: Unesp, 2018.

QUESNAY, F. *Quesnay*. Ed. Rolf Kuntz. Coleção Grandes Cientistas Sociais, n.44. São Paulo: Ática, 1984.

_____. Quadro econômico dos fisiocratas. *Petty, Hume, Quesnay*. Coleção Os Economistas. São Paulo: Abril Cultural, 1983.

_____. *Œuvres économiques complètes et autres textes*. Ed. C. Thère; L. Charles; J. C. Perrot. Paris: I.N.E.D., 2005.

RIBEIRO, F.; CANTARINO, N. Da fisiologia à economia política: o itinerário intelectual de Quesnay em direção ao *Tableau économique*. *Revista de Economia Política*, 36 (2), 2016.

SCHUMPETER, J. *Fundamentos do pensamento econômico*. Rio de Janeiro: Zahar, 1968.

SMITH, A. *Lectures on Jurisprudence*. Oxford: O.U.P., 1978, p.486.

SMITH, A. *Riqueza das nações*. São Paulo: Nova Cultural, 1996. 2v.

THÈRE, C.; CHARLES, L. The writing workshop of François Quesnay and the making of physiocracy. *History of Political Economy*, 2008, 40 (1).

TURGOT, A. R.-J. *Œuvres de Turgot et documents le concernant*. Ed. Gustave Schelle. Paris: Institut Coppet, 2018. 5v.

WEULERSSE, G. *Le Mouvement physiocratique en France – De 1756 à 1770*. Genebra: Slatkine Reprints, 2003. 2v.

1

O Quadro econômico com suas explicações

Mirabeau

Primeira parte

A ciência humana é o conhecimento das coisas mundanas, que estão, todas elas, sob nossos olhos ou a nosso alcance, e as noções mais simples estão mais próximas da verdade. Mas nosso espírito é fraco e tão logo se vê obrigado a adicionar outras noções às noções primeiras, ele se curva com o fardo e, involuntariamente, perde a linha correta.

A arte deveria servir unicamente como uma corda esticada para desenhá-la e de baliza à retidão das noções, ainda que as múltiplas relações entre os interesses afastados uns dos outros ofusque nosso entendimento. Mas a arte, que se tornou a ciência dos prestígios, nos recobre de opiniões falsas e retóricas. Ela constrói no ar como os arquitetos de Nectanebo e, não somente nos rouba as sensações diretas e a verdade das ideias, mas ainda, e por uma consequência inevitável, ela nos priva das vantagens da boa conduta e da ajuda que a natureza nunca nega a qualquer um que deixe as coisas seguir de acordo com sua direção.

É sobretudo na ciência econômica – base imortal de nossa subsistência, de nossos costumes e, em uma palavra, de tudo o que pode ser verdadeiramente denominado de ciência fundamental do governo dos estados – que essa fatal inconveniência se faz sentir ao máximo. O homem que se instrui das coisas como uma criança, que vê na religião apenas a recompensa dos bons e a punição dos maus no futuro e não agora, a partir desse instante, que vê somente a obediência nos hábitos ou na contabilidade diária, que concebe os costumes apenas como a conduta de um bebê bem criado, em suma, que se contenta em tudo e por toda parte com o que está na superfície do campo da moral, cai no mesmo erro em física. Ele chama de política a ciência da conquista, de riqueza o acúmulo das fichas representativas dos valores; de finanças a pirataria civil; de comércio a arte de trocar com vantagem. Todas essas coisas, uma vez concebidas em pacotes mal amarrados e mal conhecidos, sendo utilizadas para embrulhar as próprias ideias junto às de seus contemporâneos, torna mais fácil o trabalho do amor-próprio e do interesse para tomar as rédeas de suas opiniões nessa esfera, e tão mais fácil quanto mais indigestas as noções que servem de base a esses sistemas parciais que não têm nenhum ponto de apoio, de discernimento e de verdade.

Por exemplo, dentre tantas e tantas obras que apareceram sobre o comércio no tempo em que o tema estava na moda, quantas começaram por desamarrar o pacote etiquetado com esta grande palavra, *comércio*; que distinguindo o comércio de necessidade, o comércio de propriedade, ou de produtos primários, do comércio artificial e mercenário de obras manuais e de puro tráfico ou de transporte de mercadorias estrangeiras, o comércio recíproco, onde é preciso também considerar os lucros dos comerciantes sobre o estrangeiro e sobre seus concidadãos? Quem se deu ao trabalho de examinar qual é o produto líquido desses produtos para a nação, diferenciado do lucro particular do comerciante, de julgar do estado visível ou escondido dos diferentes produtos que devem entrar na repartição proporcional do imposto? Todos esses detalhes foram inteiramente ignorados. Incessantemente, esses autores confundiram o produto do território com o produto do comércio, desdenharam inclusive a produção das mercadorias esperando tudo do fabricante e do comerciante, com os quais não se pode contar. Tudo cabe sob o nome de *comércio*: ele é ora o alimento dos estados, ora o princípio de esplendor ou qualquer outro exagero retórico. Ninguém ainda considerou a fundo de onde provém cada um desses gêneros e para onde vão. Daí surge o erro nos princípios e a fatalidade nas consequências.

Fisiocracia

O mesmo ocorre em todas as outras partes que não passam, assim como o comércio, de ramificações da grande ciência física aqui debaixo, a ciência econômica.

Não deveríamos ficar espantados, digo mais, não deveríamos lamentar ao ver que essa ciência única ainda não tenha entre nós nem professores, nem adeptos, nem verdadeiros elementos? Que os primeiros homens, tão fiéis às leis da natureza, tão tomados pelos primeiros esforços do orgulho humano, tenham acreditado que as noções primeiras de subsistência se perpetuariam em toda a sua pureza unicamente pelo império da necessidade? Que os egípcios, os quais, de súbito, se tornaram tão poderosos e esclarecidos, porque buscaram a prosperidade na base (a agricultura), não nos deixaram nenhum traço desse gênero em seus estudos envolvidos sob os hieróglifos de acordo com o gênio oriental? Que os gregos, nascidos para as artes filhas da imaginação e espalhados sobre um solo infértil, tenham desdenhado a ciência fundamental do governo das nações, e tenham favorecido o que havia de análogo a seu amor pela liberdade e pelo prazer? Que os romanos — em princípio guerreiros, na sequência conquistadores, depois devastadores e finalmente devastados — não tenham favorecido a ciência econômica em sua independência e nos deixado somente algumas instruções sobre agricultura prática, sem terem analisado essa fonte de riqueza em suas relações essenciais com a forma constitutiva do estado? Percebo as razões de tudo isso. Mas é inconcebível ao entendimento desde que as artes e as ciências civilizaram o Ocidente, desde que a Europa, dividida em nações diversas e conhecidas, regidas por leis equitativas, em união fraterna pelo comércio, arrancadas da tirania por uma religião que serve de freio às paixões atrozes; desde que são vistos por toda a Europa homens persuadidos pela esperança de se transformar em recomendáveis ao se tornarem úteis à humanidade; desde que as ciências compõem uma força do universo e que se conhece a expressão *República das letras*; a partir desse tempo os sábios, os homens esclarecidos, persuadidos que podem ser úteis por meio de seus estudos, ocuparam-se de tudo aquilo que primordialmente importa saber aqui embaixo. Se parece que espíritos rústicos e grosseiros, acostumados à rotina, são suficientes a essa ciência, isso se deve ao que é possível conhecer apenas pelo aspecto do Quadro que vamos apresentar. Se se acredita que essa

Quesnay • Mirabeau • Badeau • Rivière • Dupont

ciência é exclusiva aos que governam, ouso dizer que eles não têm tempo para nada além de governar. É preciso que a linha dos princípios lhes seja traçada. Os princípios e os conhecimentos detalhados que devem dirigir o método do governo pertencem à união e à ordem geral dos efeitos naturais que dirigem toda a massa política pelo encadeamento invencível do moral e do físico aqui embaixo. A pesquisa desses princípios deve ser o objeto das meditações dos filósofos aplicados ao estudo da natureza. São os resultados dessas pesquisas, demonstrados com a evidência mais luminosa, que compõem a ciência do governo. Essa ciência consiste em conhecimentos práticos e decisivos, que devem ser examinados, aprofundados e desenvolvidos por sábios, que se tornarão dignos de estima e do reconhecimento das nações por esses trabalhos tão essenciais. Não é possível comparar um sábio que sacrificasse imensos cálculos à ambição de resolver os problemas da catenária e que ignorasse de onde vêm o pão e o concurso de todas as partes econômicas que asseguram a subsistência e o poder das nações a um pai de família cuja principal pretensão e todo estudo consistissem na tarefa de se tornar um hábil jogador de xadrez. Você, a quem a providência privilegiou com seus dons mais preciosos, seu objeto, ao lhe dotar de tal modo, não pode se limitar a brilhar perante os olhos de um povo ocioso e curioso. Todo o tempo que você dirige a especulações inúteis, rouba à ciência patriótica, ao dever de cidadão. Aos verdadeiros sábios cabe lidar com essa ciência, pois ela só pode ser aprofundada por eles. Ela é tão extensa, seus objetos são tão variados, suas relações tão complicadas, de modo que são exigidos intérpretes acostumados ao estudo das ciências profundas para obter sucesso na pesquisa e na combinação de tantos conhecimentos. E você me deixa, a mim, a quem com todo o direito desdenha a falta de estilo e a exuberância das ideias, você me deixa errar praticamente sozinho em rotas novas e espinhosas. Saia da letargia onde mantém a esse respeito o charme das ocupações de predileção, venha nos mostrar um emprego mais digno de seus talentos superiores. Ou então, quando vir governos arbitrários, poderosos injustos, homens interessados, pobres oprimidos, morrendo de fome em sua choupana, homens sem subsistência, e a raça de Jafé ser justamente chamada de *progenitura sem piedade*, pare de atribuir ao crime o que vem unicamente da ignorância, pare de culpar a humanidade, acuse apenas a si mesmo e, ao dar sua face ao raio vingador, diga como outrora a mãe de um tirano: *é aqui que se deve golpear*. Se eu tivesse mostrado aos homens a rota do lucro físico e do bem moral reunidos e combinados, eles a teriam seguido ou, ao menos, seus erros não me poderiam ser imputados.

Mas estamos acordando para essa ciência. Encontrei não apenas segurança, mas inclusive guias: um homem de gênio que cavou e aprofundou todos os princípios e que encontrou nesse estudo a causa de todas as deteriorações que frequentemente oprimem as nações nos tempos em que elas acreditam ser as mais esclarecidas. Ele buscou, através de um trabalho obstinado e análogo a seu tipo de espírito, fixar suas ideias sobre a fonte das riquezas, seu curso e seu emprego. Tendo organizado em sua cabeça o resultado de suas ideias, ele sentiu que era impossível descrevê-lo de forma inteligível apenas por intermédio do auxílio das letras e que lhe era indispensável figurá-lo. Esse sentimento produziu o Quadro econômico aqui anexado. Ainda que perfeitamente de acordo com ele nos princípios, apenas pude conhecer o Quadro em toda a sua extensão trabalhando-o por conta própria e escrevendo uma explicação eu mesmo. É essa explicação, a única atualmente a meu alcance, e consequentemente na de meus parcos leitores, que ofereço aqui para o uso daqueles de quem a recebi.

Não saberei, contudo, prevenir suficientemente de antemão que quem não quiser dar a esta peça um estudo contínuo, profundo e refletido, não deve fazê-lo, ao risco de se desgostarem ou de cair em algum outro inconveniente mais ordinário aos espíritos fáceis e *impulsivos*, como dizia Montaigne. Apreendemos rapidamente, ou, melhor dizendo, acreditamos apreender; acusamos de obscuridade o que nos faz parar e, sem desconfiar que é precisamente essa parada que fornecerá a chave de todo o resto, passamos a outro assunto; por causa de um trabalho falho, falta-nos a ligação dos princípios e enredamos em erros todos os resultados. Sou mais experiente nesse tipo de defeito do que outros, e apenas a docilidade, a experiência e o estudo me fizeram, finalmente, aprender que qualquer talento, qualquer dom que tenhamos recebido da natureza, *conhecemos bem apenas o que estudamos bem*. Muitos daqueles que terão a prudência e o gênio de se esforçar na explicação do Quadro acusarão o autor de ter tomado pouco cuidado para tornar o enunciado claro e fácil. Antes de pronunciar esse juízo, que tirem a prova e tentem produzir outra explicação a seu modo. Eles verão então se a coisa é fácil, a ponto de se produzir um livro inteiro. Essa é a tela de 1 milhão de volumes, mas os elementos não devem de modo algum ser diluídos. Ao contrário, não saberíamos manter tão unido esse bloco de princípios econômicos. Aqui não é o local de deter o espírito para, na sequência, aproximá-lo da dificuldade com todas as suas forças, pois a transição seria impossível e o retorno, tão mais desagradável quanto mais absoluto foi o relaxamento. É preciso resolução para se lançar de cabeça baixa nesse apanhado de princípios e de consequências entrelaçadas e combinadas e a não retomar o ar até que se tenha chegado ao final. Recomendo, sobretudo, que não se pretenda ter entendido perfeitamente o Quadro antes de ter visto a explicação em todo o seu desenvolvimento. Não o teríamos tão frequentemente oferecido à vista e o apresentado em todas as suposições se fosse possível apropriar-se dele em uma primeira observação. Que se assuma o esforço de ler a explicação inteira, e ouso dizer que, quanto mais se a lê, mais se percebe a importância, mais também se concebe a extensão de suas relações. Antes de entrar no assunto, poderíamos estabelecer certas bases preliminares de noções, por exemplo:

A terra é a mãe de todos os bens.

Desses bens, tudo o que é consumido por aquele que a cultiva é subsistência; apenas o que ele pode vender é riqueza.

Se o homem cultiva a terra com seus braços, ele obterá apenas sua subsistência e a de sua família, mesmo que viva pobremente. É preciso, portanto, que ele obtenha uma ajuda que lhe forneça mais produtos e que exija menos manutenção.

Essa ajuda consiste em máquinas, animais, fertilizantes etc. Todas essas coisas têm um preço cujo montante compõe o bloco *dos adiantamentos primitivos*.

Como essas coisas são consumidas e usadas no trabalho, elas exigem manutenção e reparação, cujo montante se soma aos custos de consumo daqueles que as movimentam, às sementes etc., e perfazem o que nós denominamos *adiantamentos anuais*, considerando que todos os anos é preciso reparar e completar seu ateliê, viver, trabalhar e semear antes da colheita.

Fisiocracia

O fruto de uma boa cultura deve ser um tipo de colheita que forneça: 1º) o retorno dos adiantamentos anuais; 2º) os juros dos adiantamentos primitivos, isto é, um lucro honesto que serve de rendimento aos fundos empregados em máquinas, animais, fertilizantes etc.; 3º) um excedente e lucro relativamente [aos itens 1º e 2º], que o cultivador possa vender ou trocar.

É esse excedente que denominamos *rendimento*. É a única riqueza, porque é a única parcela disponível; todo o resto está necessariamente envolvido na manutenção indispensável da engrenagem da máquina econômica.

Sobre essa parcela reconhecida como *riqueza*, e denominada *rendimento*, roda toda a contextura econômica da sociedade. É dessa porção que se subtrai: 1º) o dízimo destinado à manutenção das igrejas e do serviço externo da religião; 2º) o rendimento público designado à preservação e à defesa da sociedade; 3º) o restante forma o que nós denominamos o rendimento dos proprietários, isto é, o preço da locação das terras, cuja cultura fica a cargo da empresa dos cultivadores e que rende ao proprietário uma quantia disponível e livre dos custos de cultivo.

Dessas três parcelas, a primeira garante a sobrevivência direta de tudo o que é feito a serviço da religião; a segunda, de tudo o que é gasto a serviço do público; a terceira, de tudo o que é empregado a serviço dos proprietários.

As três reunidas e cada uma delas separadas mantêm indiretamente, através do tributo da necessidade, toda a parte trabalhadora da nação, tanto cultivadores quanto operários de mão de obra; de modo que aqueles que até a colheita viviam somente de seus adiantamentos, vivem, a partir de então, do *rendimento* que volta para eles através da compra de seu excedente [por parte dos proprietários] e lhes fornece os meios de comprar, a seu turno, as coisas que lhes faltam e que eles não coletaram ou fabricaram do excedente daqueles que as produziram.

Nisso consiste toda a máquina da circulação que é representada aqui pelo pecúlio, que não é a substância, mas apenas um facilitador das trocas recebido por todos os povos.

É essa circulação que está figurada no Quadro que vamos apresentar e do qual se segue a explicação.

Veremos ali que por meio da circulação entre as três classes, a saber, classe proprietária, classe produtiva e classe mercenária ou trabalhadora, a massa circulante parece ser o dobro da massa realmente adiantada.

Mas é preciso isolar o ponto físico da riqueza que é a reprodução, sem a qual não viveríamos um ano sequer.

Observamos então que a riqueza tem apenas uma raiz, a saber, a classe produtiva que movimenta todo o resto e que lhe fornece as forças que retornam a ela mesma em dobro pela impulsão favorável de uma circulação abundante, sábia e igual.

É isso o que deve ser considerado no Quadro. Suas catorze linhas parecem graduais, mas são de fato apenas distributivas, e essa repartição por todas as infinitas ramificações contidas na sociedade é feita em um único e mesmo ano.

De resto, não pretendemos ter feito um trabalho algébrico, considerado em todas as relações de que é suscetível. Isso será divertimento de um geômetra, inútil ao assunto do autor, que apresentou no Quadro somente os pontos de vista indispensáveis e necessários, e, tais como estão, ainda os achamos muito complicados.

A compreensão do Quadro fornece a das depredações, nas quais se supõe que a circulação pode cair. Qualquer um que faça o esforço necessário para apreender todos os princípios que derivam desse estudo econômico terá seu trabalho recompensado pela certeza dos resultados e pela presciência que ele terá adquirido sobre a natureza e os efeitos de todas as operações políticas.

A propósito dos cálculos, sabemos que, em matéria de raciocínios, um *salvo engano* está sempre ao pé de página. As verdades que o Quadro contém não dependem do mais ou do menos que representam esses hieróglifos chamados números. Desenhamos o Quadro, que parecerá a princípio o mais incômodo da obra, apenas para facilitar sua compreensão. É preciso falar aos olhos em apoio à linguagem do entendimento. Esse último está sujeito a se relaxar e os objetos mecânicos chamam sua atenção. Finalmente, em todo o restante, o autor está disposto a aceitar que é sua falta quando ele não se fez entender, mas que, a propósito do Quadro, qualquer incompreensão se deve à inaplicação do leitor.

Quadro econômico

Objetos a considerar: 1º) três tipos de despesa; 2º) sua fonte; 3º) seus adiantamentos; 4º) sua distribuição; 5º) seus efeitos; 6º) sua reprodução; 7º) suas relações mútuas; 8º) suas relações com a população; 9º) com a agricultura; 10º) com a indústria; 11º) com o comércio; 12º) com a massa das riquezas de uma nação.

DESPESAS PRODUTIVAS relativas à agricultura etc.	DESPESAS DO RENDIMENTO, deduzido o imposto, dividem-se entre despesas produtivas e despesas estéreis	DESPESAS ESTÉREIS relativas à indústria etc.
ADIANTAMENTOS ANUAIS para produzir um rendimento de 600 libras são 600 libras.	RENDIMENTO anual de	ADIANTAMENTOS ANUAIS para as obras das despesas estéreis somam
600ℓ produzem líquidos	600ℓ	300ℓ
Produções		Obras
300ℓ produzem líquidos	300ℓ	300ℓ
150 reproduzem líquidos	75	150
75 reproduzem líquidos	75	75
37.10s reproduzem líquidos	37.10s	37.10s
18.15 reproduzem líquidos	18.15	18.15
9.7.6d reproduzem líquidos	9.7.6d	9.7.6d
4.13.9 reproduzem líquidos	4.13.9	4.13.9
2.6.10 reproduzem líquidos	2.6.10	2.6.10
1.3.5 reproduzem líquidos	1.3.5	1.3.5
0.11.8 reproduzem líquidos	0.11.8	0.11.8
0.5.10 reproduzem líquidos	0.5.10	0.5.10
0.2.11 reproduzem líquidos	0.2.11	0.2.11
0.1.5 reproduzem líquidos	0.1.5	0.1.5
etc.		

Reprodução total..........................600 libras de rendimento. Somam-se os custos anuais de 600 libras e os juros dos adiantamentos anuais e dos adiantamentos primitivos do trabalhador, de 345 libras, que a terra restitui. Desse modo, a reprodução é de 1.545 libras, incluído o rendimento de 600 libras, que é a base do cálculo, dedução feita do imposto de 300 libras, do dízimo de 150 libras, dos adiantamentos e dos juros desses adiantamentos e dos adiantamentos primitivos que são exigidos pela reprodução anual etc. A soma dessas partes forma o conjunto de uma reprodução total de 2.705 libras, o que, em bom cultivo, é a metade do emprego de uma charrua, como será explicado abaixo.

Quadro I

Quesnay • Mirabeau • Badeau • Rivière • Dupont

O Quadro econômico *considerado em sua construção*

Em primeiro lugar, é preciso determinar de onde vem o rendimento, como ele se distribui pelas diferentes classes da sociedade, em que locais ele se perde, em que locais ele se reproduz.

Para isso, o autor estabeleceu três colunas. A da esquerda compreende as despesas produtivas, isto é, a agricultura. A da direita, as despesas estéreis ou de mão de obra. No meio se encontra a coluna do rendimento, cujo deslocamento* pelo bom ou mau canal move toda a máquina da circulação, dá o impulso ao movimento da sociedade e a seiva de sua substância.

O autor toma como exemplo um rendimento de 600 libras, considerado aqui separado do imposto e do dízimo, para não confundir os números. Se quisermos, essas 600 libras podem significar 600 milhões.

Supomos um reino em bom estado de cultura, onde as despesas reprodutivas renovam anualmente o mesmo rendimento, isto é, onde a agricultura rende, em todos os tipos de produção combinadas, 100% dos custos anuais que aí foram sacrificados. Onde o arpento de terra gera anualmente, mais ou menos, 10 libras de rendimento para o proprietário, 5 libras para o imposto e 2 libras e 10 soldos para o dízimo, em um total de 17 libras e 10 soldos. O suficiente para a restituição dos adiantamentos e 10 libras para os juros desses adiantamentos. De onde o arpento deve, em consequência, render anualmente ao menos 45 libras. O ano em que a terra suporta a colheita do trigo deve produzir o dobro por arpento, por causa do ano de pousio que o precedeu, o que faz que essa colheita reúna dois anos. Desse modo, na hipótese de um produto líquido de cem por cento, essa colheita deve elevar-se a, pelo menos, 90 libras, e a colheita de cereais de março, a 45 libras por arpento.** O trigo, porém, envolve muito mais custos proporcionalmente aos cereais de março e produz, proporcionalmente, muito mais, de modo

---

* No original, *renversement*: ato de verter (um líquido) mais uma vez ou de volta, inversão, e, em se tratando de somas monetárias, transferência de fundos de uma conta para outra. Os três significados são possíveis aqui. (N. T.)

** Março era o mês usual de plantio de alguns cereais, como cevada, aveia e painço. (N. T.)

que o produto do arpento de trigo deve ser estimado em 110 libras e o do arpento de cereais de março, em 25 libras, o que dá o mesmo total.

Nossa hipótese exclui a pequena cultura executada com bois etc. Esse tipo de trabalho, ao qual os cultivadores são reduzidos pela falta de fundos para estabelecer os adiantamentos primitivos que o cultivo exige, só pode ser executado à custa do próprio bem fundiário. O feno da pradaria é consumido pelos bois, grande parte da terra é empregada em pastagens e outros usos, deixada em pousio ou em estado virgem etc., sob o pretexto de que estão em repouso, [mas sendo, de fato,] em uma palavra, consumida pelos custos. Digo que esse trabalho exige despesas anuais excessivas para a subsistência da multidão de homens ocupados nesse tipo de cultura e que absorvem quase toda a produção. Essa cultura ingrata, que revela a pobreza e a ruína das nações onde ela domina, não tem relação alguma com nosso *Quadro*, que supomos no estado em que os adiantamentos anuais podem, por meio do fundo dos adiantamentos primitivos, produzir 100%.

Isso supõe ainda o valor venal dos cereais, tal como ele deve ser mantido pela liberdade e facilidade do comércio interior e exterior, isto é, que o preço do trigo seja ao menos o valor do terço do marco de prata, ou 18 libras de nossa moeda atual, medido em um sesteiro de Paris.* Essa condição deve ser por toda parte subentendida, pois sem a estimação do preço real das matérias primárias não é possível formar nenhuma ideia do estado das despesas, da produção ou do rendimento de uma nação.

Detalhemos agora o que é aqui entendido por essas duas expressões, *adiantamentos primitivos* e *adiantamentos anuais*.

Apesar de não terem lugar no *Quadro* desenhado, por medo de que ele se tornasse muito complicado, os *adiantamentos primitivos* são o primeiro fundo de estabelecimento que é preciso transportar a uma fazenda que se queira empreender a exploração. Sabemos muito pouco sobre os bens dos lugares, e somos forçados pela miséria a ignorar qual seria a vantagem prodigiosa em nada economizar nesse tipo de adiantamento. A terra é uma mãe reconhecedora que devolve com usura tudo o que lhe foi emprestado, e isso

---

* O *setier* ou *septier* de Paris era uma unidade de capacidade equivalente a, mais ou menos, 152 litros. (N. T.)

em uma progressão infinita para nós. Contudo, em relação à hipótese do *Quadro*, pode se assumir que, na grande cultura, os adiantamentos primitivos completos para o estabelecimento de uma charrua são estimados em 10 mil libras para o primeiro fundo de despesas em animais, instrumentos, forragem, sementes e alimentação, manutenção, salário etc., que no curso de dois anos é preciso supor como preparatórios, [gastos] antes da primeira colheita.

Em um estado agrícola é preciso considerar, antes de tudo, esse fundo de adiantamentos primitivos, cuja necessidade e importância se fazem sentir na primeira palavra que o designa. Costuma-se ouvir sobre os cegos ou sobre os criminosos que *faz vinte anos que sempre se fala de miséria e no entanto, o povo paga e as recuperações acontecem*. Se, na aragem, trocarmos os cavalos grandes por médios, daí por cavalos menores ainda, esses por mulas, asnos etc., é possível que esse povo subsista durante um tempo às custas de seus fundos, mas a ruína que era então de alguns torna-se, em seguida, irreparável.

Os *adiantamentos anuais* são os fundos empregados anualmente na preparação de um produto. Eles envolvem dois objetos: de um lado, as despesas produtivas anuais e, de outro, as despesas estéreis anuais.

As *despesas produtivas* anuais são empregadas na agricultura, em pradarias, pastagens, florestas, minas, pesca, alimentação e outras carências dos homens ocupados nessa classe etc., para perpetuar as riquezas em cereais, bebidas, madeira, animais, matérias-primas da mão de obra.

As *despesas estéreis* anuais são feitas em mercadorias de mão de obra, alojamento, roupas, juros do dinheiro, serviçais, custos de comércio, mercadorias estrangeiras, salário dos operários etc.

O autor, ao fixar a soma do rendimento que ele quer estabelecer em 600 libras e ao supor sua produção sobre a base de uma cultura que rende 100%, consequentemente oferece a soma dos adiantamentos anuais ou das despesas produtivas em 600 libras. Segundo a mesma hipótese, ao estabelecer uma despesa proporcional ao rendimento no gênero da indústria, ele fixa os adiantamentos anuais para as despesas estéreis anuais em 300 libras. Examinemos agora o percurso do rendimento e o da circulação segundo a regra dada.

Quadro econômico

Objetos a considerar: 1º) três tipos de despesa; 2º) sua fonte; 3º) seus adiantamentos; 4º) sua distribuição; 5º) seus efeitos; 6º) sua reprodução; 7º) suas relações mútuas; 8º) suas relações com a população; 9º) com a agricultura; 10º) com a indústria; 11º) com o comércio; 12º) com a massa das riquezas de uma nação.

DESPESAS PRODUTIVAS relativas à agricultura etc.	DESPESAS DO RENDIMENTO, deduzido o imposto, dividem-se entre despesas produtivas e despesas estéreis	DESPESAS ESTÉREIS relativas à indústria etc.
ADIANTAMENTOS ANUAIS para produzir um rendimento de 600 libras são 600 libras.	RENDIMENTO anual de	ADIANTAMENTOS ANUAIS para as obras das despesas estéreis somam
600tt produzem líquidos	600tt	300tt
Produções		Obras
300tt produzem líquidos	300tt	300tt
	75	
150 reproduzem líquidos		150
75 reproduzem líquidos	75	75
37.10s reproduzem líquidos	37.10s	37.10s
18.15 reproduzem líquidos	18.15	18.15
9.7.6d reproduzem líquidos	9.7.6d	9.7.6d
4.13.9 reproduzem líquidos	4.13.9	4.13.9
2.6.10 reproduzem líquidos	2.6.10	2.6.10
1.3.5 reproduzem líquidos	1.3.5	1.3.5
0.11.8 reproduzem líquidos	0.11.8	0.11.8
0.5.10 reproduzem líquidos	0.5.10	0.5.10
0.2.11 reproduzem líquidos	0.2.11	0.2.11
0.1.5 reproduzem líquidos	0.1.5	0.1.5
etc.		

Reprodução total..600 libras de rendimento. Somam-se os custos anuais de 600 libras e os juros dos adiantamentos anuais e dos adiantamentos primitivos do trabalhador, de 345 libras, que a terra restitui. Desse modo, a reprodução é de 1.545 libras, incluído o rendimento de 600 libras, que é a base do cálculo, dedução feita do imposto de 300 libras, do dízimo de 150 libras, dos adiantamentos e dos juros desses adiantamentos e dos adiantamentos primitivos que são exigidos pela reprodução anual etc. A soma dessas partes forma o conjunto de uma reprodução total de 2.705 libras, o que, em bom cultivo, é a metade do emprego de uma charrua, como será explicado abaixo.

Quadro 2

Quesnay • Mirabeau • Badeau • Rivière • Dupont

O Quadro econômico *considerado em seu percurso*

Os adiantamentos anuais de 600 libras, confiados à terra pelo cultivador, geram como produto líquido 600 libras ao proprietário.

Essa hipótese parecerá fictícia a vários proprietários pobres, que ficam felizes ao encontrar esses cultivadores frágeis que denominamos *meeiros*, com os quais eles dividem os frutos de toda espécie. Ademais, uma cultura tão débil não pode suportar tais condições, uma vez que, na menor calamidade, cabe ao senhor alimentar o meeiro ou este último secretamente abandona o barco. No entanto, essa cultura deplorável, filha da necessidade e mãe da miséria, não tem nada em comum com a boa cultura, como a que está estabelecida em algumas regiões e como a que supomos aqui, onde o arrendatário independente a propósito de sua alimentação recebe do senhor apenas o rascunho [*canevas*] do produto, cuja terra lhe paga juros de dez por cento ao menos. Esse tópico dos retornos anuais do arrendatário (no valor de 345 libras), como já disse acima, não aparece no Quadro, mas apenas no resumo que está abaixo do dito Quadro, como a parte relativa ao rendimento de 600 libras. Continuemos.

Os adiantamentos anuais de 300 libras estabelecidos aqui para as despesas estéreis são empregados nos fundos e custos do comércio, para a compra das matérias-primas da atividade da mão de obra e para a subsistência e outras carências do artesão, até que ele tenha finalizado e vendido sua obra. Contudo, eles não reproduzem nada, como todos sabem e veem no Quadro. Digo que a indústria não produz nada e somente fornece a tudo um valor relativo a mais.

As 600 libras de produto líquido que formam o rendimento do proprietário são despendidas por ele, metade com a classe das despesas produtivas, em pão, vinho, carne etc., e a outra metade com a classe de despesas estéreis, em roupas, imóveis, utensílios etc.

As 300 libras do rendimento que, na ordem do Quadro, passam primeiro às despesas produtivas perfazem os *adiantamentos* entregues em dinheiro e que, ao longo do ano, reproduzem líquidos 300 libras que fazem parte da reprodução do rendimento do proprietário para o ano seguinte e pelo resto da distribuição das somas que retornam no mesmo ano a essa mesma

Fisiocracia

classe, gradualmente como é visto aqui; o rendimento total é reproduzido ano a ano.

Essas 300 libras que o proprietário transferiu à classe das despesas produtivas são despendidas pelo arrendatário, metade no consumo de produções fornecidas por essa mesma classe, pão, vinho, carne etc., e metade em roupas, utensílios, instrumento etc., fornecidos pela classe estéril.

As 300 libras do rendimento do proprietário que passaram à classe das despesas estéreis são despendidas pelo artesão, metade junto à classe das despesas produtivas, em pão, vinho e carne para sua subsistência, ou em compras de matérias-primas para suas obras, e para o comércio exterior. A outra metade é dividida na própria classe das despesas estéreis em sua manutenção e para a restituição dos adiantamentos, isto é, dessa soma acima adiantada, esperando que o artesão tenha finalizado e vendido suas obras.

Essa circulação e essa distribuição recíprocas e anuais se constituem na mesma ordem por subdivisões até o último denário* das somas que passam reciprocamente de uma classe à outra. Examinemos agora o retorno e o total desses fundos.

Pela adição das somas na coluna das despesas estéreis, vemos que a circulação traz 600 libras a essa classe. Daí é preciso, em primeiro lugar, subtrair 300 libras para a reposição dos *adiantamentos anuais*. Sobram 300 libras para os salários. Assim, as 300 libras, que passam primeiro da mão do proprietário à classe de despesas estéreis repõem as 300 libras de adiantamento anuais e, por outro lado, o salário é pago pelas 300 libras que essa classe recebe da classe das despesas produtivas.

O produto da classe produtiva é de 1.200 libras, excluindo o imposto, o dízimo e os juros dos adiantamentos do trabalhador, artigos que serão considerados à parte para não complicar demais a análise da ordem das despesas. A produção de 1.200 libras se divide em 600 libras que retornam às mãos do proprietário e 600 libras que constituem o retorno dos *adiantamentos anuais* da agricultura. Sigamos o emprego dessas 1.200 libras.

---

* Aqui, *denário* é a unidade monetária mais baixa do sistema do Antigo Regime francês. Diríamos hoje: até o último centavo. (N. T.)

Dissemos que o proprietário comprou por 300 libras produtos primários, o que é o mesmo que se ele recebesse metade de seu rendimento em produto. Ele gasta 300 libras com a classe das despesas estéreis, a saber, 150 libras que aí permanecem do primeiro gasto de 300 libras feito pelo proprietário (pois vemos que, através das transferências que a classe estéril faz a cada linha junto à classe produtiva, ela conserva apenas metade do que recebeu) e 150 libras que ela recebe através das diversas transferências que a classe produtiva faz a ela. Das 600 libras restantes, metade é consumida dentro da classe das despesas produtivas pelos homens que fazem surgir o montante, ao passo que o produto da outra metade é empregado para completar o pagamento do aluguel ao proprietário.[1]

Todo ano os adiantamentos da classe produtiva fazem renascer os adiantamentos e o rendimento. Paralelamente, todo ano o rendimento e seus adiantamentos são consumidos e reproduzidos. Todo ano também os adiantamentos são consumidos pelo arrendatário: trata-se dos custos ou das despesas que ele faz para a reprodução e para a reprodução do rendimento que é o produto líquido que a cultura gera além dos custos. Se adiantamentos muito pequenos reproduzem apenas os adiantamentos ou os custos, apenas cultivadores e aqueles da classe estéril de quem eles compram as obras subsistirão dos produtos da terra. Mas então, se outros, isto é, o estado, o proprietário, os dizimistas, exigirem rendimento, eles subtrairão da subsistência dos arrendatários e destruirão os adiantamentos que o fazem surgir, e a terra ficará deserta: sem cultura, sem indústria, sem comércio.

Para a obtenção de opulência, população e poder de uma nação, portanto, é preciso que os adiantamentos dos arrendatários sejam suficientes para fazer a terra gerar o maior produto líquido ou o maior rendimento possível pela maior abundância de produtos e pelo maior valor venal possível. Ademais, através do valor venal das mercadorias primárias, é importante que toda nação

---

1 A alimentação dos animais, ainda que tirada dos produtos da terra, não entra em conta aqui, uma vez que a própria venda dos animais forma uma parte do rendimento. Tampouco se considera a reprodução das 600 libras dos adiantamentos, uma vez que é preciso empregá-las novamente sobre a terra para poder colher no ano seguinte. (N. A.)

Fisiocracia

se mantenha no grau de opulência mais vantajoso em relação às riquezas das nações vizinhas e em relação ao comércio recíproco que ela mantém com elas, pois lhe seria extremamente prejudicial vender-lhes a um preço baixo e comprar caro o que elas vendem. Um tal comércio seria inteiramente em favor do estrangeiro e desorganizaria a ordem das riquezas relativas entre ela e seus vizinhos. O que pode acontecer por conta de uma má polícia,* de impostos e de regras absurdas que invertem a ordem natural do comércio de uma nação.

Voltemos às 300 libras atribuídas, na hipótese do produto líquido de 100%, à classe das despesas estéreis para fazer parte do comércio exterior e que cobre a venda da porção das mercadorias primárias que excede o consumo de uma nação agrícola.

Dessas 300 libras, metade é consumida para a subsistência da própria classe. A outra metade é gasta com o comércio exterior operado pela classe. Desse modo, um oitavo do total da produção entra no comércio exterior como exportação, como matérias-primas e alimentação para os trabalhadores do país que vende suas obras às outras nações. O tráfico que se denomina de comércio recíproco estrangeiro consiste em que as vendas do comerciante compensem as compras de mercadorias e de ouro e prata que se tira das outras nações.

Tal é a ordem distributiva do consumo da produção primária entre todas as classes de cidadãos e essa é a ideia que devemos formar do uso e da extensão do comércio exterior de uma nação agrícola florescente, onde o governo não põe obstáculos ao comércio de mercadorias primárias. Assim, uma nação onde o território produziria anualmente 2,4 bilhões teria uma venda de produtos ao estrangeiro de 300 milhões. Eis o verdadeiro comércio de uma nação agrícola bem governada, o comércio de propriedade. É ele que sustenta a venda e o valor venal das mercadorias primárias que faz florescer a agricultura, que dá valor a todas as terras, que assegura o rendimento ao soberano e aos proprietários e que gera ganhos aos homens empregados na classe das despesas estéreis.

---

* A respeito do significado desse termo, ver a seção *Sobre a terminologia e a tradução*. (N. T.)

Quesnay • Mirabeau • Badeau • Rivière • Dupont

Quadro econômico

Objetos a considerar: 1º) três tipos de despesa; 2º) sua fonte; 3º) seus adiantamentos; 4º) sua distribuição; 5º) seus efeitos; 6º) sua reprodução; 7º) suas relações mútuas; 8º) suas relações com a população; 9º) com a agricultura; 10º) com a indústria; 11º) com o comércio; 12º) com a massa das riquezas de uma nação.

DESPESAS PRODUTIVAS relativas à agricultura etc.	DESPESAS DO RENDIMENTO, deduzido o imposto, dividem-se entre despesas produtivas e despesas estéreis	DESPESAS ESTÉREIS relativas à indústria etc.
ADIANTAMENTOS ANUAIS para produzir um rendimento de 600 libras são 600 libras.	RENDIMENTO anual de	ADIANTAMENTOS ANUAIS para as obras das despesas estéreis somam
600ᵗᵗ produzem líquidos	600ᵗᵗ	300ᵗᵗ
Produções		Obras
300ᵗᵗ produzem líquidos	300ᵗᵗ	300ᵗᵗ
	75	
150 reproduzem líquidos		150
75 reproduzem líquidos	75	75
37.10s reproduzem líquidos	37.10s	37.10s
18.15 reproduzem líquidos	18.15	18.15
9.7.6d reproduzem líquidos	9.7.6d	9.7.6d
4.13.9 reproduzem líquidos	4.13.9	4.13.9
2.6.10 reproduzem líquidos	2.6.10	2.6.10
1.3.5 reproduzem líquidos	1.3.5	1.3.5
0.11.8 reproduzem líquidos	0.11.8	0.11.8
0.5.10 reproduzem líquidos	0.5.10	0.5.10
0.2.11 reproduzem líquidos	0.2.11	0.2.11
0.1.5 reproduzem líquidos	0.1.5	0.1.5
etc.		

Reprodução total..600 libras de rendimento. Somam-se os custos anuais de 600 libras e os juros dos adiantamentos anuais e dos adiantamentos primitivos do trabalhador, de 345 libras, que a terra restitui. Desse modo, a reprodução é de 1.545 libras, incluído o rendimento de 600 libras, que é a base do cálculo, dedução feita do imposto de 300 libras, do dízimo de 150 libras, dos adiantamentos e dos juros desses adiantamentos e dos adiantamentos primitivos que são exigidos pela reprodução anual etc. A soma dessas partes forma o conjunto de uma reprodução total de 2.705 libras, o que, em bom cultivo, é a metade do emprego de uma charrua, como será explicado abaixo.

Quadro 3

Fisiocracia

O Quadro econômico *considerado relativamente à população*

A venda recíproca da classe das despesas produtivas e da classe das despesas estéreis distribui, de parte a parte, o rendimento de 600 libras, o que dá 300 libras de cada lado.

O proprietário subsiste através das 600 libras que ele despende. As 300 libras que ele distribui a cada classe, juntamente com os produtos do imposto, do dízimo etc., que aí são somados, podem alimentar um homem em ambas as classes. Assim, 600 libras de rendimento e seus dependentes podem sustentar três chefes de família.

Nessa proporção, 600 milhões de rendimento podem sustentar 3 milhões de famílias, estimadas em quatro pessoas de todas as idades por família.

Afirmamos que os adiantamentos anuais da classe produtiva, isto é, os custos envolvidos na reprodução, renascem todo ano. Apontamos que a metade — a saber, 300 libras — serve ao pagamento do salário dos homens que o arrendatário emprega nos trabalhos de produção. Essas 300 libras alimentam ainda um chefe de família e representam 300 milhões, o que contabiliza mais 1 milhão de chefes de família.

Assim, esses 900 milhões que, excetuando-se o imposto, o dízimo, os juros de todos os adiantamentos primitivos e anuais, renascerão anualmente dos bens fundiários, podem sustentar 16 milhões de pessoas de todas as idades, em conformidade a essa ordem de circulação e de distribuição dos produtos e dos rendimentos anuais.

Por circulação entendemos aqui somente as compras de primeira mão pagas pelo rendimento que se divide entre todas as classes de homens, exceção feita ao comércio que multiplica as vendas e compras sem multiplicar as coisas e que não passa de uma adição de despesas estéreis. Desse modo, a simples observação do Quadro nos permite ver que a soma pecuniária do rendimento anual dos bens fundiários é suficiente para a circulação no comércio de uma nação agrícola.

Eis assim 16 milhões de pessoas que subsistem em um estado onde os proprietários obtêm 6 milhões em rendimento. Mas fizemos até agora a abstração do imposto e do dízimo, que somados ao rendimento do proprietário devem sustentar com conforto esses 16 milhões de pessoas, se a população se limitar a esse número. Isso estaria na proporção mais adequada para a prosperidade do estado, pois mais a agricultura de uma nação é rica, menos homens emprega na cultura dos cereais e mais carece de comércio de exportação para sustentar a abundância e o valor venal de seus produtos. Toda nação florescente precisa, para o usufruto de suas riquezas anuais, comprar no estrangeiro as mercadorias que não crescem em seu território. É preciso, pois, que ela compense essas compras pelas vendas que ela faz ao estrangeiro com um excedente de suas próprias produções. Sem esse comércio recíproco, suas riquezas se deteriorariam, suas produções não teriam nenhum preço fixo e constante, os retornos anuais do trabalhador não estariam assegurados, os rendimentos do soberano e dos proprietários diminuiriam, assim como a população mantida por esses rendimentos.

A indústria, isto é, as manufaturas não perfazem um recurso seguro para as vendas ao estrangeiro e para sustentar a população de um reino. Elas podem se estabelecer em qualquer lugar, desde que a carência e o lucro a atraiam, eles são ambulantes e inconstantes. Uma nação tem como fonte de riquezas em propriedade apenas a extensão e a fecundidade de seu solo. Um reino agrícola não deve contar com mais do que uma população mantida com conforto pelas riquezas que ele tira de seu território, e ela deve bastar para todos os usos que ele pode dali obter em conformidade ao estado de suas riquezas.

Ao calcular os habitantes que podem ser sustentados com razoável conforto por tal ou tal quantidade de rendimento, de modo algum pretendemos restringir ou calcular o enorme número de insetos que vivem em torno de uma colmeia abundante sem nenhuma subsistência absolutamente segura, mas que são, entretanto, mantidos pela privação voluntária dos primeiros e por sua própria economia e resignação ao se contentar com o refugo de outros. Se vejo, ao entrar em minha casa, um dos rapazes que trabalham na cozinha com dois engraxates polindo seus sapatos, essa situação não supõe que, nos emolumentos e honorários de seu emprego, tenha sido determinado um valor para a graxa; mas sim que, se sobre seu módico salário ele encontra como fazer essa despesa, ele tem suas razões ou desrazões que, combinadas com uma série de outras razões ou desrazões semelhantes, sustentam um grande número desses insetos oficiosos e parcimoniosos denominados saboianos. É assim que, em adição ao número de habitantes de um grande estado cuja subsistência está assegurada, a população se encontra necessariamente acrescida por um grande número de outros que aparecem com o aroma do caldeirão e vivem da espuma. Essa parcela, contudo, é sempre relativa ao produto e dele dependente; e no caso onde o produto se torna menor, ela é, como de direito, a primeira a desaparecer.

Na sequência, veremos como e por que é preciso calcular o imposto como a metade do rendimento dos proprietários. Assim, então, ali onde os proprietários têm 600 milhões de rendimento, o imposto deve ser de 300 milhões[2] e o dízimo, de 150 milhões. As duas adições formam um bloco de 450 milhões. Sendo essa soma um rendimento anual distribuído na mesma direção que o rendimento dos proprietários, deve se dividir em subsistência e crescimento do conforto sobre o mesmo número de cabeças.

O retorno dos adiantamentos anuais para essas duas novas partes do rendimento, relacionado à mesma regra que deduzimos anteriormente para os adiantamentos anuais relativos ao rendimento dos proprietários, forma ainda um bloco de 225 milhões, o qual se junta à distribuição que se estende a todas as classes dos cidadãos.

Abandonei a hipótese que se limita a considerar o rendimento dos proprietários, exceção feita ao imposto e ao dízimo, apenas para aperfeiçoar e perseguir até o final o cálculo da população, subentendendo essas adições de subsistência. Isso feito, retorno aos limites iniciais.

Há, portanto, 1 milhão de proprietários, cuja despesa é estimada em mais ou menos 600 libras por cabeça, e 3 milhões de chefes de família ocupados nos trabalhos ou empregos lucrativos. Segundo as somas que acabamos de fazer, isso significa, para cada chefe de família dessa classe, 471 libras, como pode ser observado pelo total do produto anual, que na hipótese atual

---

2 Esses 300 milhões de impostos pagos pelos bens fundiários são recolhidos sem cobrança e sem taxas sobre os homens ou sobre as mercadorias. A França, bem cultivada, poderia fornecer do mesmo modo um imposto de mais de 450 milhões, sem causar nenhuma deterioração dos rendimentos da nação, nem ao comércio, nem à indústria. Trata-se do único gênero de imposto que não é destrutivo em um reino agrícola. (N. A.)

gera para a despesa dos homens 2,13 bilhões, dos quais é preciso subtrair a despesa pessoal dos proprietários. O resto está na classe dos trabalhos ou empregos lucrativos.

Os 600 milhões de rendimento podem ser divididos por um número menor de proprietários. Nesse caso, quanto menos proprietários, mais a despesa de seu rendimento ultrapassa o consumo que cada um deles pode fazer pessoalmente, mas daí eles farão liberalidades, ou reunirão outros homens para consumir com ele o que seu rendimento provê para suas despesas. Desse modo, suas despesas se encontrarão distribuídas mais ou menos como se houvesse um número maior de proprietários, limitados cada um a despender um pouco menos. O mesmo deve ser pensado a respeito da desigualdade de ganhos ou de lucros dos homens das outras classes, no interior das quais os adiantamentos, os juros e os lucros dos empreendedores da agricultura, do comércio e da manufatura se transferem aos operários. Através de uma distribuição sucessiva e recíproca, gradual e alternativamente, esses objetos provêm ganhos e salários a todos os homens que exercem profissões lucrativas, de onde se conclui que mesmo a despesa dos ricos não passa de uma transmissão distributiva de despesas que se estende a todos os outros cidadãos, de acordo com a ordem de seus salários.

Fisiocracia

Quadro econômico

Objetos a considerar: 1°) três tipos de despesa; 2°) sua fonte; 3°) seus adiantamentos; 4°) sua distribuição; 5°) seus efeitos; 6°) sua reprodução; 7°) suas relações mútuas; 8°) suas relações com a população; 9°) com a agricultura; 10°) com a indústria; 11°) com o comércio; 12°) com a massa das riquezas de uma nação.

DESPESAS PRODUTIVAS relativas à agricultura etc.	DESPESAS DO RENDIMENTO, o imposto e o dízimo que se dividem entre despesas produtivas e despesas estéreis	DESPESAS ESTÉREIS relativas à indústria etc.
ADIANTAMENTOS ANUAIS para produzir um rendimento de 600 libras, o imposto de 300 libras, o dízimo de 150 libras são 1.050 libras.	RENDIMENTO anual de	ADIANTAMENTOS ANUAIS para as obras das despesas estéreis somam
1.050₶ produzem líquidos	1.050₶	525₶
Produções		Obras
525₶ reproduzem líquidos	525₶	525₶
262.10s reproduzem líquidos	262.10s	262.10s
131.5 reproduzem líquidos	131.5	131.5
65.12.6d reproduzem líquidos	65.12.6d	65.12.6d
32.16.3 reproduzem líquidos	32.16.3	32.16.3
16.8.1 reproduzem líquidos	16.8.1	16.8.1
8.4.0 reproduzem líquidos	8.4.0	8.4.0
4.2.0 reproduzem líquidos	4.2.0	4.2.0
2.1.0 reproduzem líquidos	2.1.0	2.1.0
1.0.6 reproduzem líquidos	1.0.6	1.0.6
0.10.3 reproduzem líquidos	0.10.3	0.10.3
0.5.1 reproduzem líquidos	0.5.1	0.5.1
0.2.6 reproduzem líquidos	0.2.6	0.2.6
etc.		

Reprodução total..1.050 libras de rendimento. Somam-se os custos anuais de 1.050 libras e os juros dos adiantamentos anuais e dos adiantamentos primitivos do trabalhador, de 605 libras, que a terra restitui. Desse modo, a reprodução é de 2.705 libras, incluído o rendimento de 600 libras, que é a base do cálculo do produto total anual da metade do emprego de uma charrua. Desse modo, o produto do emprego inteiro de uma charrua em grande cultura pode ser mais ou menos estimado em 5.410 libras.

Quadro 4

Quesnay • Mirabeau • Badeau • Rivière • Dupont

O Quadro econômico *considerado em relação à quantia do imposto e do dízimo*

Dentre um povo que ainda balia, mas que tinha uma grande vontade de articular [palavras], propôs-se um projeto maravilhoso: cada súdito daria um soldo por dia ao estado, o que não poderia ser oneroso, mesmo ao mais pobre, desde que ali não houvesse ninguém que gastasse muito em seu consumo. Com efeito, se esse país não fosse, em assuntos de finanças, *o reino dos cegos*, ele estaria muito próximo, ou ao menos na mesma latitude. Ali tudo, ou quase tudo, seria gasto em tributação e nada, ou quase nada, em imposto.

É bom deixar claro o significado que atribuímos aqui a essas duas palavras. Denominamos *tributação* a porção total da massa, e *imposto* é o que reaparece no pão do príncipe, líquido e descontados direitos, custos e o retorno daquele que a amassou.

O projeto mencionado obteve uma aprovação universal em virtude do fato de que a própria aparência de simplicidade tem seus direitos sobre todos os espíritos em geral. É fácil ver através de nosso Quadro o cálculo: o rei tem, por exemplo, 20 milhões de súditos, homens, mulheres e crianças, cada um pagando um soldo por dia, isto é, quatro soldos por dia sobre cada chefe de família, pobres e ricos, somando 1 milhão por dia e 365 milhões por ano. Esse cálculo supõe, sem dúvida, que o dinheiro se dirija aos súditos como o maná chegava aos israelitas no deserto, enquanto dormiam. Pois, com exceção do proprietário, o súdito que não ganha nada não tem nada, e aquele que ganha recebe como agente, ou como servidor na classe produtiva ou na classe estéril. Se é agente na classe produtiva, ele é considerado proprietário de seus adiantamentos. Se coletamos [tributos] dos juros de seus adiantamentos, que repõem as perdas da cultura, significa que subtraímos de seu fundo. E subtrair de seu fundo significa subtrair da reprodução, de lá do rendimento e, pela diminuição do rendimento, de toda a circulação do estado. Se, ao contrário, ele é servidor ou penhorista, como seu salário é proporcional à sua subsistência, é preciso que ele aumente pela soma do que lhe foi subtraído. O contragolpe recai sobre o agente que o emprega, daí sobre os adiantamentos, sobre a reprodução, sobre os rendimentos, e a perda percorre o mesmo círculo que anteriormente.

Fisiocracia

Se, de outra parte, o contribuinte é o agente ou empreendedor na classe estéril, o imposto subtrai de seus adiantamentos, e para obter o retorno é preciso que ele aumente o preço de suas mercadorias. Ora, como elas são pagas, de um lado, pelo proprietário e, de outro, pelos gastos da classe produtiva, isso precipita tanta substância do lado da classe estéril quanto diminui a reprodução e desarranja todo o percurso do Quadro. Se ele é um mero servidor nessa mesma classe, é assalariado e membro do agente sob quem recai a sobrecarga como na classe produtiva, daí sobre a mercadoria etc.

Discutiremos esse tipo de perda na segunda parte, na qual tratamos dos desarranjos do Quadro pelas diferentes causas físicas e morais. O que eu disse é apenas para chamar a atenção de que não importa o modo como se colete o imposto, é impossível que ele provenha de outra parte além do produto. Se ele não é subtraído diretamente do produto líquido, que constitui o rendimento, não tem mais base nem bússola e perde sua força pela série de contragolpes: de sua taxa pelo empecilho em sua percepção, se favorável ao monopólio; de sua certeza pela imperceptibilidade dos objetos; além de, a todo momento, correr o risco de se tornar espoliação, esgotando assim sua própria fonte.

É diretamente sobre o rendimento e sobre o produto líquido que o autor assenta o imposto e o dízimo. Isso foi deixado de fora para não complicar demais o Quadro, mas é fictício e, segundo ele, 600 milhões de rendimento supõem 300 milhões de imposto adicionais, o que resulta em um total de 900 milhões.

O produto líquido anual dos bens fundiários deve estar separado dos retornos anuais dos arrendatários. Ele pertence a três proprietários: ao soberano, ao possuidor do bem e aos dizimistas. A parte do bem adquirida pelo possuidor não se estende além da parcela do rendimento que ele lhe produz, pois é essa parcela do rendimento que regula o preço da aquisição da parte do possuidor; as outras partes não são alienáveis. Desse modo, não é esse possuidor que paga o dízimo, nem o imposto ordinário e regulado: essas são partes do bem que não lhe pertencem. Assim, ninguém paga o imposto regular, ele é fornecido pelo rendimento da parte do bem que forma o próprio patrimônio do público. Quando o imposto é regular, o possuidor não deve, portanto, dizer que é seu bem que paga o imposto.

Os três proprietários que acabamos de mencionar têm então um interesse comum e legítimo na prosperidade da agricultura, com o intuito de participar proporcionalmente na opulência que ela pode oferecer.

Essa proporção do imposto parecerá excessiva àqueles que não deixaram suas [antigas] ideias de lado. Mas, se quisermos, [podemos] considerar qual é o peso das imposições arbitrárias, sejam pessoais, sejam territoriais, das taxas sobre todas as maneiras de agir, de contratar, de se conseguir justiça etc., de tributos diversos sobre o consumo, sobre qualquer trânsito de mercadorias, aduaneiras etc. Se lermos o suficiente a história, veremos que há regiões, muito longe do Monomotapa* ou de uma região qualquer, onde se supõe que 1 arpento de vinha gere ao fisco 1.440 libras através de diversas taxas que a mercadoria paga em todas as suas involuções, de modo que o arpento valha apenas 30 libras, livres e líquidas a seu senhor. Se quisermos considerar tudo isso em um reino arruinado por todas essas exações, destrutivas do próprio imposto, concluiremos que os proprietários ficarão muito contentes em obter como pagamento uma parcela igual à metade de seu rendimento pela dispensa de [pagar] tantos tipos de espoliações reunidas.

Na verdade, toda essa pretensa riqueza de exação não passa de um reflexo, e na medida em que, de ano em ano, ela absorve o fundo e gradualmente deteriora o produto, aniquilando todos os recursos, ela perde a si mesma. Quanto ao emprego, pelo indispensável aumento de todos os serviços que ela põe em marcha, como demonstraremos quando apresentarmos as deteriorações, ela não pesa menos sobre o rendimento do proprietário, de onde arranca anualmente o usufruto e que esgota em sua fonte, como se o [médico o] fizesse sangrar no local da inflamação, o que implica uma dupla perda ao proprietário.

Portanto, digo ao *proprietário*: sua terra gera 30 mil libras, das quais você retira apenas 25 mil libras, o resto sendo retido pelo arrendatário por conta da talha arbitrária que lhe é cobrada, que o arruína e degrada sua terra. Além disso, na despesa de suas 25 mil libras, você paga a tributação sobre o salá-

---

* O império de Monomotapa existiu entre os séculos XV e XVIII na região do sul do rio Zambeze, no sudoeste da África, cobrindo uma área onde hoje se encontram o Zimbábue e Moçambique. (N. T.)

Fisiocracia

rio dos homens e sobre as mercadorias. Seu arrendatário suporta também a mesma tributação que ainda se liga ao produto de sua terra. Todas essas cobranças reunidas lhe retiram mais de 20 mil libras de produto de seu fundo e esse produto, por conta do estado incerto e infeliz de seu arrendatário, não ultrapassa um quarto do que sua terra deveria gerar em produto líquido. Mas suponha que cortemos todas as amarras que sufocam seu arrendatário, que removamos todas as barreiras que impedem suas mercadorias de se apresentar em sua total imunidade no mercado universal, para que ali encontre seu valor venal; sustento que, se tudo isso fosse suprimido, o produto líquido de sua terra no mínimo quadruplicaria. As 30 mil libras se tornariam 120 mil libras, que pagariam 40 mil libras de imposto territorial em vez de 5 mil libras, e sua parte seria de 80 mil libras em vez de 20 mil. Sua terra não estaria mais exposta às degradações que incessantemente o ameaçam com a perda de seu rendimento e, além disso, você estaria livre da tributação que devora um terço de seu rendimento em suas despesas. Você não ficaria feliz em pagar 40 para que lhe sobrassem 80 bem assegurados, em vez de 13 bastante incertos? Isso parece inacreditável, mas espere e verá outros detalhes que não lhe permitirão mais duvidar. Então, se depois de ter calculado seu lucro, proveniente da classe produtiva, você quiser considerá-lo também do lado da classe estéril, pelo alívio que a mão de obra obtém pela isenção de seu trabalho, você verá que 80 mil libras de renda equivalerão a 150 mil libras de hoje, porque você poderá consumir três vezes mais coisas. Na verdade, será preciso que você consuma, pois é apenas o consumo que pode sustentar a circulação, segundo a ordem de meu Quadro. Mas o homem exige apenas fruir, e as riquezas não têm outro uso além da fruição. Digo que queremos fruir tão logo a ordem natural das coisas não seja invertida por algum tipo de injustiça que desencoraje a fruição. Poder consumir muito é o que significa ser rico, pois, nesse sentido, *consumo e rendimento são sinônimos.*

Suponhamos enfim que a contribuição progressiva como um terço do rendimento pareça exorbitante,[3] ao menos ela não é espoliação, e isso é tudo

---

3 Essa progressão não pode ser considerada exorbitante enquanto ela seguir uma proporção legítima, pois ela é de direito o patrimônio da soberania, cujo usufruto

o que o autor quer, uma vez que ele não tem a pretensão de se tornar juiz das carências políticas de um estado.

No que diz respeito ao dízimo, o autor o contabiliza em 150 milhões, isto é, em um sexto adicional ao produto líquido total do rendimento. Isso talvez seja visto como muito, já que o dízimo raramente se encontra nessa taxa, nem mesmo como a décima parte, em vários locais sendo a vigésima ou mesmo a trigésima parte. Há, ademais, várias espécies de produtos que não estão sujeitas ao dízimo, como a madeira, a maior parte das pradarias etc., mas é preciso considerar que o dizimador não recolhe sobre o produto líquido, mas sobre o produto total. E para medir o dízimo em relação ao produto total é preciso retomar a regra de nosso Quadro.

Pelo Quadro, demonstramos que o montante total da produção é de 2.705 libras, ao qual se deve somar as próprias sementes, calculadas em 378 libras. Todas essas partes reunidas formam a massa do dízimo, sobre a metade do emprego de uma charrua, 3.083 libras. Desse modo, o dízimo de 150 libras não passa da vigésima parte do produto total. É mais ou menos nessa proporção que ela pode ser avaliada em relação aos cereais, vinhos, animais etc., deduzidas as outras partes do rendimento que são isentas, o que resulta em torno da décima quinta parte da produção dizimável. Ora, se a consideramos onerosa nesse pé, quanto mais ela deve o ser se for recolhida sobre o produto total de uma cultura frágil onde, com dificuldade, a produção equivale aos custos e frequentemente se encontra abaixo deles?

---

deve estar, por conveniência, em razão da opulência do reino. De qualquer forma, ninguém possui o direito a esse terço uma vez regulado. Além disso, sendo esse crescimento devido ao bom governo, ele se estenderá até o trono. O interesse comum entre o soberano e os súditos, nesse ponto, garante a segurança da sociedade. Assim como todos os outros homens, os soberanos são ávidos por riqueza, eles possuem inclusive uma carência maior que outros. É preciso que eles sejam excitados a cooperar com o bem comum. Seria muita falta de tato lhes contestar sua parte no crescimento das riquezas ao qual eles contribuíram. Ao contrário, é preciso despertar sua atenção a esse ponto de vista, no intuito de lhes engajar a se proteger, e a nos proteger, dos criminosos. (N. A.)

Fisiocracia

Quadro econômico

Objetos a considerar: 1º) três tipos de despesa; 2º) sua fonte; 3º) seus adiantamentos; 4º) sua distribuição; 5º) seus efeitos; 6º) sua reprodução; 7º) suas relações mútuas; 8º) suas relações com a população; 9º) com a agricultura; 10º) com a indústria; 11º) com o comércio; 12º) com a massa das riquezas de uma nação.

DESPESAS PRODUTIVAS relativas à agricultura etc.	DESPESAS DO RENDIMENTO, o imposto e o dízimo que se dividem entre despesas produtivas e despesas estéreis	DESPESAS ESTÉREIS relativas à indústria etc.
ADIANTAMENTOS ANUAIS para produzir um rendimento de 600 libras, o imposto de 300 libras, o dízimo de 150 libras são 1.050 libras.	RENDIMENTO anual de	ADIANTAMENTOS ANUAIS para as obras das despesas estéreis somam

1.050₶ produzem líquidos ·········· 1.050₶ ········· metade passa aqui ········· 525₶

Produções ········ metade passa aqui ········ Obras

525₶ reproduzem líquidos ········· 525₶ ········· metade ········· 525₶

262.10s reproduzem líquidos ···· metade etc. ···· 262.10s ···· metade etc. ···· 262.10s

131.5 reproduzem líquidos ········· 131.5 ········· 131.5

65.12.6d reproduzem líquidos ········· 65.12.6d ········· 65.12.6d

32.16.3 reproduzem líquidos ········· 32.16.3 ········· 32.16.3

16.8.1 reproduzem líquidos ········· 16.8.1 ········· 16.8.1

8.4.0 reproduzem líquidos ········· 8.4.0 ········· 8.4.0

4.2.0 reproduzem líquidos ········· 4.2.0 ········· 4.2.0

2.1.0 reproduzem líquidos ········· 2.1.0 ········· 2.1.0

1.0.6 reproduzem líquidos ········· 1.0.6 ········· 1.0.6

0.10.3 reproduzem líquidos ········· 0.10.3 ········· 0.10.3

0.5.1 reproduzem líquidos ········· 0.5.1 ········· 0.5.1

0.2.6 reproduzem líquidos ········· 0.2.6 ········· 0.2.6

etc.

Reprodução total...1.050 libras de rendimento. Somam-se os custos anuais de 1.050 libras e os juros dos adiantamentos anuais e dos adiantamentos primitivos do trabalhador, de 605 libras, que a terra restitui. Desse modo, a reprodução é de 2.705 libras, incluído o rendimento de 600 libras, que é a base do cálculo do produto total anual da metade do emprego de uma charrua. Desse modo, o produto do emprego inteiro de uma charrua em grande cultura pode ser mais ou menos estimado em 5.410 libras.

Quadro 5

Quesnay • Mirabeau • Badeau • Rivière • Dupont

O Quadro econômico *considerado em relação ao pecúlio*

O dinheiro, ídolo das nações que se equivocam a respeito dos verdadeiros princípios econômicos e cujo império uma vez estabelecido devasta a moral e o físico na sociedade, está submetido às mesmas regras que todos os bens e mercadorias, com a diferença de que ele, quase não tendo valor de uso, espera ainda mais diretamente seu valor venal do impulso do comércio, o único que pode lhe garantir a qualidade de riqueza.

O dinheiro monetizado, ou o pecúlio de uma nação agrícola opulenta, é mais ou menos igual ao produto líquido que ela retira dos bens fundiários pela intervenção do comércio. Alguns quiseram calcular o numerário circulante que permanece no reino e disseram com confiança: *descobrimos que, por meio do acúmulo de moedas, cunhamos desde tal época 1,7 bilhão e de moeda; em tal guerra saíram do país tantas moedas, tantas nessa; em tempos de paz nosso comércio perdeu tanto por ano, o que em tantos anos redunda em tanto, de onde não resta mais do que tanto.* Belas hipóteses! Especulemos sobre as andorinhas da primavera e seremos igualmente sábios. Quando há muita cunhagem em um país, isso é um indício de grande venda, e que ali sua quilatação é mais justa e equitativa do que em outros locais, ou que não se admite a circulação de moeda estrangeira em nosso país, que nossa moeda pode circular em outras nações e que essa circulação estrangeira é preenchida pelas bordas por nossa moeda. Porém, não há dinheiro [argent] real em um país exceto o que circula, todo o restante que ali repousa não vale mais do que uma marcassita em um gabinete de história natural, sua qualidade de agente tendo sido renunciada. No que diz respeito à sua qualidade de riqueza, a prata [argent] é uma mercadoria como qualquer outra, e como é menos voluminosa e incorruptível, é uma mercadoria que espera um comprador. Ora, essa mercadoria só pode ser adquirida pelo estado em troca de outra mercadoria, mas como ele não tem nenhuma outra para ser apresentada, uma vez que é pobre – se não fosse pobre, não teria necessidade de dinheiro –, ele só pode obtê-lo de outro modo, que chamamos de empréstimo, isto é, uma promessa de retornar, oferecendo garantias pela certeza dessa promessa e parcelas de dinheiro pela paciência do credor enquanto espera a restituição dos fundos. Esse intercâmbio oneroso entre estado e particular é o completo oposto do que se denomina reserva ou finança, uma vez que reserva consiste em uma duplicação das forças, e esse é um enfraquecimento, já a finança é a contribuição do particular a serviço do público, e esse é um fardo contratado pelo estado em relação a um particular. Esse intercâmbio oneroso é tão pouco um serviço de cidadão e de súdito que quanto mais o estado possui o que se denomina *crédito*, isto é, que se acredita que ele possa entrar nessas obrigações, o próprio estrangeiro e o inimigo emprestam-lhe, frequentemente em melhores condições do que as oferecidas por seus cidadãos usurários. Ao contrário, quando seu crédito se esvai, o pavor dos credores cidadãos é sempre o que adverte o credor estrangeiro.

Portanto, o pecúlio que não circula de modo algum está a serviço do estado. Quanto ao que circula, o único que pode ser denominado pecúlio no estado, como ele é apenas um equivalente intermediário entre as vendas e as compras, só pode estar em proporção ao que representa. Em proporção, pois, ao que existe de produção e de consumo em um reino, haverá pecúlio e não em excesso.

No Quadro, vemos que as 600 libras pagas em dinheiro aos proprietários satisfazem a circulação nas duas classes de despesas em que essas 600 libras se distribuem. Desse modo, o total do pecúlio está fixado, na hipótese dada, em torno de 1 bilhão, que na razão de 50 [e 4] libras o marco, será 18 milhões, 115 mil marcos de prata.* Notamos que o pecúlio da Inglaterra está fixado mais ou menos nessa proporção que, na situação atual de suas riquezas, se sustenta em torno de 20 milhões de libras esterlinas, ou em 20 milhões de marcos de prata.[4] Se, por conta de guerras, a nação se expõe a

---

* O *marco* era uma unidade de peso (valia aproximadamente 245 gramas). A relação entre o peso da prata (o *marco*) de fato existente nas moedas metálicas e a unidade de conta monetária (no caso, a *libra tournois*) varia ao longo do tempo. De acordo com esse capítulo, em 1660, a relação marco e libra era de 1:28 (um marco de prata valia 28 libras tournois); em 1716, 1:43,5; em 1760, 1:54. Trata-se do famoso processo de perda da base metálica das moedas (*debasement*). (N. T.)

4 Os ingleses não a estimam tão alto. O sr. Posthletwate calculou que o numerário de espécies necessário à circulação é igual ao terço do rendimento das terras. Sem dúvida, ele se refere ao rendimento total, o que dá, mais ou menos, na totalidade do rendimento líquido, ou em torno de 500 milhões. (N. A.)

carências urgentes e a empréstimos excessivos, não é por falta de dinheiro, mas porque as despesas excederam os rendimentos do estado.

Se o dinheiro fosse empregado nos empréstimos, os rendimentos não estariam menos sobrecarregados pelas dívidas, e a nação estaria arruinada tão logo a fonte dos rendimentos sofresse uma diminuição progressiva, o que diminuiria a reprodução anual das riquezas.

É sob esse ponto de vista que é preciso analisar a situação das nações, porque o pecúlio está sempre ressurgindo em uma nação onde as riquezas continuamente se renovam sem perdas.

Em torno de um século, isto é, entre 1450 e 1550, houve na Europa uma grande diminuição na quantidade de prata, como pode ser julgado pelo preço das mercadorias naquele tempo, mas essa menor quantidade de pecúlio era indiferente às nações, porque o valor venal da riqueza era em todo lugar o mesmo e, em relação ao pecúlio, sua situação era a mesma relativamente a seus rendimentos, que eram igualmente medidos pelo valor uniforme da prata. Nesse caso vale mais, para a comodidade dos homens, que o valor compense a massa, do que o inverso. E isso é igual em relação às riquezas das nações, porque o dinheiro ocupa um lugar muito pequeno na massa total de riquezas, pois ele mesmo só é riqueza em razão de seu valor venal relativo às outras riquezas.

Somos levados a acreditar que foi a descoberta da América que forneceu à Europa grande abundância de ouro e prata, apesar de o valor da prata ter baixado em relação ao das mercadorias mais ou menos no grau onde se encontra hoje antes da chegada do ouro e da prata da América na Europa. Mas todas essas verdades gerais não alteram em nada na situação do pecúlio de cada nação, que está sempre em proporção ao rendimento dos bens fundiários e aos ganhos do comércio exterior.

No século passado, sob Luís XIV, o marco de prata valia 28 libras. Desse modo, 18,6 milhões de marcos valiam em torno de 500 milhões [de libras]. Esse era, mais ou menos, a situação do pecúlio da França no tempo em que o reino era muito mais rico do que ao final do reinado desse monarca.

Em 1716, a reforma geral das espécies não chegou a 400 milhões. O marco de prata monetizado estava em 43 libras e 12 soldos. Desse modo, a massa de espécie dessa reforma se elevou, com dificuldade, a 9 milhões de marcos: trata-se de menos da metade do que nas reformas gerais de 1683 e 1693. Essa massa de pecúlio só poderia aumentar pela fabricação anual de espécie na proporção que o rendimento da nação aumentasse. Mesmo se supusermos considerável o total dessa fabricação anual desde a reforma, ela serviu menos para aumentar a massa de prata monetizada do que para restaurar o que anualmente é removido pelo contrabando, pelos diversos ramos de comércio passivo e por outros empregos da prata no estrangeiro; pois, se bem calculado, em 44 anos, o total dessas transmissões anuais será bastante considerável.

O aumento do numerário, que se encontra há muito tempo fixado em 54 libras, não prova que a quantidade de pecúlio da nação tenha aumentado muito. Ao contrário, podemos inferir que ela diminuiu, uma vez que o numerário foi aumentado para substituir a realidade pela aparência.

Essas estimações são pouco conformes às opiniões do vulgo sobre a quantidade de prata monetizada em uma nação. O povo acredita que a riqueza de um estado é constituída pelo dinheiro; mas a prata, como todas as outras produções, só é riqueza em razão de seu valor venal, como foi apontado, e não é mais difícil de ser adquirida do que qualquer outra mercadoria, trocando-a por outras riquezas. Sua quantidade em um estado está limitada por seu uso, sendo ali regulado pelas vendas e pelas compras em suas despesas anuais, as quais são, por sua vez, reguladas pelos rendimentos. Além disso, a prata é comprada por outras riquezas, sendo preciso, pois, riquezas para pagá-la. Desse modo, a aquisição de prata não aumenta a riqueza daquele que a compra, e ele só pode usufruir desse tipo de riqueza vendendo-a por outras mercadorias.

Portanto, uma nação deve possuir prata monetizada apenas em razão de seus rendimentos. Uma quantidade maior lhe será inútil, o excesso será trocado com outras nações por outras riquezas que lhe serão mais vantajosas ou satisfatórias. Pois os possuidores de dinheiro, mesmo os mais econômicos, estão sempre em busca de qualquer lucro. Se encontramos um país onde emprestá-lo a juros altos, é uma prova de que ali ele está na proporção que apontamos, dado que se paga tão alto por uso ou carência.

Quesnay • Mirabeau • Badeau • Rivière • Dupont

Quadro econômico

Objetos a considerar: 1º) três tipos de despesa; 2º) sua fonte; 3º) seus adiantamentos; 4º) sua distribuição; 5º) seus efeitos; 6º) sua reprodução; 7º) suas relações mútuas; 8º) suas relações com a população; 9º) com a agricultura; 10º) com a indústria; 11º) com o comércio; 12º) com a massa das riquezas de uma nação.

DESPESAS PRODUTIVAS relativas à agricultura etc.	DESPESAS DO RENDIMENTO, o imposto e o dízimo que se dividem entre despesas produtivas e despesas estéreis	DESPESAS ESTÉREIS relativas à indústria etc.
ADIANTAMENTOS ANUAIS para produzir um rendimento de 600 libras, o imposto de 300 libras, o dízimo de 150 libras são 1.050 libras.	RENDIMENTO anual de	ADIANTAMENTOS ANUAIS para as obras das despesas estéreis somam

1.050₶ produzem líquidos   1.050₶   525₶

inbe essed apeiau   metade passa aqui

Produções   Obras

525₶ reproduzem líquidos   525₶   525₶

metade   metade

inbe essed   passa aqui

262.10s reproduzem líquidos   metade etc. 262.10s   metade etc.   262.10s

131.5 reproduzem líquidos   131.5   131.5

65.12.6d reproduzem líquidos   65.12.6d   65.12.6d

32.16.3 reproduzem líquidos   32.16.3   32.16.3

16.8.1 reproduzem líquidos   16.8.1   16.8.1

8.4.0 reproduzem líquidos   8.4.0   8.4.0

4.2.0 reproduzem líquidos   4.2.0   4.2.0

2.1.0 reproduzem líquidos   2.1.0   2.1.0

1.0.6 reproduzem líquidos   1.0.6   1.0.6

0.10.3 reproduzem líquidos   0.10.3   0.10.3

0.5.1 reproduzem líquidos   0.5.1   0.5.1

0.2.6 reproduzem líquidos   0.2.6   0.2.6

etc.

Reprodução total...1.050 libras de rendimento. Somam-se os custos anuais de 1.050 libras e os juros dos adiantamentos anuais e dos adiantamentos primitivos do trabalhador, de 605 libras, que a terra restitui. Desse modo, a reprodução é de 2.705 libras, incluído o rendimento de 600 libras, que é a base do cálculo do produto total anual da metade do emprego de uma charrua. Desse modo, o produto do emprego inteiro de uma charrua em grande cultura pode ser mais ou menos estimado em 5.410 libras.

Quadro 6

Fisiocracia

O Quadro econômico *considerado na avaliação do produto e do fundo das riquezas de todo tipo*

Agora, vamos entrar em uma espécie de avaliação das riquezas de todo tipo de uma nação agrícola, na situação de rendimento que supomos. Essa avaliação é apenas ideal e nos pareceu necessário detalhá-la ao leitor para afastar ainda mais a influência da ideia de que toda a riqueza de uma nação consiste no pecúlio. Encontraremos aqui a quantia real do numerário necessário para realizar, de acordo com a convenção [que determina a relação entre peso e moeda], e movimentar através da troca a massa geral das riquezas. Veremos que ela entra somente como um quinquagésimo quinto da totalidade. É o que o Quadro nos faria prever em uma primeira observação, mas não custa apresentar sob diversos pontos de vista os princípios fundamentais que tendem a contrariar e a destruir os preconceitos comuns.

Este artigo causará medo em todos os que não gostam de cálculos. Entre os que não desdenham em demorar o olhar sobre os números, há aqueles que adoram mergulhar na hipótese da imensidão dos fundos e dos recursos de um grande estado, ainda que apenas para abusar da ocasião, e buscam se deleitar na quimera da multiplicação dos rendimentos que a riqueza fictícia das rendas pródigas em um estado usurário geraria; acham que, ao subtrair-lhes o prestígio do infinito, estão limitando as ideias. Há outros, em maior número, acostumados aos pequenos cálculos das riquezas que os circundam, que verão nascer bilhões nas nuvens. Pouco importa a quem faz o cálculo: é para os bons espíritos que ele trabalha. Já os que se dedicam ao estudo das ciências mais interessantes ao gênero humano, são em maior número do que geralmente se pensa, e seu consentimento restabelece, por fim, o de todos os outros.

Riqueza da classe das despesas produtivas

Dissemos que um rendimento de 600 milhões para os proprietários adicionalmente sustentaria 300 milhões de imposto e 150 milhões de dízimo, o que totaliza 1,05 bilhão. Somemos a reprodução de 1,05 bilhão de adiantamentos anuais e 150 milhões de juros, a 10%, para os adiantamentos. O conjunto perfaz

.... 2.205.000.000 libras

Em um país onde há muitas vinhas, pastagens, bosques etc., apenas algo em torno de dois terços da soma anterior proviria do trabalho da charrua. Em um bom estado, essa parte de grande cultura, executada por cavalos fortes, demanda o emprego de 333, 334 charruas, 120 arpentos de terra por charrua, tantos homens para as conduzir e 40 milhões de arpentos de terra.

Com 5 milhões ou 6 milhões de adiantamentos, essa cultura poderia se estender na França a mais de 600 milhões de arpentos.

Dissemos acima que os adiantamentos primitivos completos para o estabelecimento de uma charrua em grande cultura, para o primeiro fundo de despesas em animais, instrumentos, sementes, alimentação, manutenção, salário etc., no curso do trabalho de dois anos antes da primeira colheita, são estimados em 10 mil libras. Desse modo, o total para as 333, 334 charruas é de

.... 3.333.340.000 libras

Somemos os juros desses adiantamentos, que devem render ao menos 10%, porque os produtos da agricultura estão sujeitos a acidentes destrutivos, que em dez anos subtraem no mínimo a colheita de um ano. Esses adiantamentos exigem, além disso, muita manutenção e renovação: sobre o mínimo aqui estabelecido, o total dos juros dos adiantamentos primitivos para o estabelecimento dos trabalhadores é, portanto, de

.... 333.334.000 libras

Pastagens, vinhas e bosques demandam poucos adiantamentos primitivos por parte dos arrendatários. O valor desses adiantamentos pode ser reduzido, inclusas aí as despesas primitivas das plantações e outras obras executadas pelo dispêndio dos proprietários, a

.... 1.000.000.000 libras

Mas as vinhas e a jardinagem exigem muitos adiantamentos anuais que, relacionados com os das outras partes, podem, mais ou menos, ser incluídos no total dos adiantamentos anuais exposto acima.

ASSIM, A REPRODUÇÃO TOTAL ANUAL EM PRODUTO LÍQUIDO, EM ADIANTAMENTOS ANUAIS COM SEUS JUROS E OS JUROS DOS ADIANTAMENTOS PRIMITIVOS, ESTÁ AVALIADA, EM CONFORMIDADE À ORDEM DO QUADRO, EM

.... 2.538.334.000 libras

Fisiocracia

O território da França poderia, através de adiantamentos e da venda, produzir isso e mesmo mais.

Dessa soma de 2.538.334.000 libras há 525 milhões que são a metade da reprodução dos adiantamentos anuais empregados na alimentação dos animais. Sobram (se todo o imposto retorna à circulação e se ele não for coletado sobre os adiantamentos dos trabalhadores) 2.013.334.000 libras para as despesas anuais dos homens.

Estimativa do fundo das riquezas produtivas

Em primeiro lugar, é preciso supor os fundos dos adiantamentos primitivos para o estabelecimento das charruas, que estimamos acima em	3.333.340.000 libras
O preço dos fundos dos adiantamentos primitivos para as pastagens, lagos, bosques, vinhas, jardinagem etc., estimado acima em	1.000.000.000 libras
Não estimamos o valor e a produção dos animais à parte, porque os incluímos nos adiantamentos dos arrendatários e no total da produção anual. Mas vamos estimar as terras, porque em relação ao valor venal elas podem ser vistas como um tipo de riqueza mobiliária, no sentido de que seu preço está submetido às variações no estado das outras riquezas necessárias à cultura. De fato, as terras se deterioram e os proprietários perdem o valor venal de seus bens fundiários na proporção em que as riquezas de seus arrendatários se depreciam. Os fundos de terras que produzem anualmente em lucro para os homens 2.013.334.000 libras, de onde 1,05 bilhão são em produto líquido, estando estimados sobre um mínimo de denário 30,* é, nesse ponto de vista, uma riqueza de 31,5 bilhões.	31.500.000.000 libras
Total de fundos das terras da classe produtiva	35.833.340.000 libras

---

* O denário era o modo de se calcular o preço de um terreno e consistia na multiplicação do rendimento médio anual desse terreno por um determinado número de anos estabelecido como o denário. Em língua inglesa, esse método era conhecido como compra por número de anos [*number of years purchase*]. Nos cálculos de

Ao adicionar a essa soma as 2.538.334.000 libras provenientes do produto anual deduzido no caso precedente,	2.538.334.000 libras
Teremos um total, custos incluídos, de riquezas da classe produtiva,	38.371.674.000 libras

Avaliação das riquezas da classe estéril

Sabemos que essa classe não produz nada, por conseguinte, basta considerar o fundo de suas riquezas. As riquezas da classe das despesas estéreis, segundo as proporções estabelecidas no Quadro, são: 1º O fundo dos adiantamentos anuais	525.000.000 libras
2º Os adiantamentos primitivos dessa classe para o estabelecimento de manufaturas, para instrumentos, máquinas, moinhos, forjas e outras usinas	2.000.000.000 libras
3º Nós avaliamos a prata monetizada, ou o pecúlio	1.000.000.000 libras
4º O valor fundiário de 4 milhões de casas ou alojamentos para 4 milhões de famílias, cada casa estimada em mais ou menos 75 libras de aluguel, assim o valor fundiário é de 1500 libras. Totalizando, para o valor fundiário de 4 milhões de casas ou alojamentos	6.000.000.000 libras
5º O valor do mobiliário e utensílios de 4 milhões de casas, mais ou menos em torno de um ano de rendimento ou do ganho de 4 milhões de chefes de família, perfaz	2.000.000.000 libras
6º O valor da prataria, de joias, pedras preciosas, espelhos, mesas, livros e outras obras duráveis de mão de obra comprados ou transmitidos em herança, pode ser [estimado], no estado de opulência que supomos aqui, em	2.000.000.000 libras

---

Mirabeau: 1.050.000.000 de produto líquido x 30 = 31.500.000.000 (o que supõe uma taxa de desconto de 3,33%). O leitor atento terá reparado que, apesar da comparação explícita entre riqueza imobiliária e mobiliária (os adiantamentos), Mirabeau assume duas taxas de desconto diferentes: 3,33% para a primeira e 10% para a segunda. Essa questão será retomada mais à frente, por Quesnay, nas *Observações sobre os juros do dinheiro*. (N. T.)

7º O valor dos navios mercantes e militares e o que deles depende, se a nação é marítima. Somando a artilharia e outras obras duráveis para ataque ou defesa terrestre, edifícios, decorações e outras obras públicas duráveis que só são riqueza na avaliação das riquezas que custaram. Todos esses objetos em conjunto podem ser estimados em	3.000.000.000 libras
Não mencionamos as mercadorias de mão de obra, produtos exportados ou importados ou estocados em lojas e magazines de comerciantes, destinados ao uso ou consumo anual, porque elas estão incluídas e contabilizadas no estado das produções e despesas anuais, em conformidade à ordem exposta no Quadro.	
TOTAL DAS RIQUEZAS DA CLASSE DE DESPESAS ESTÉREIS	16.535.000.000 libras
Somando aí o TOTAL DAS RIQUEZAS DA CLASSE DE DESPESAS PRODUTIVAS	38.371.674.000 libras
O TOTAL DA MASSA GERAL DE RIQUEZAS DE UMA NAÇÃO AGRÍCOLA FLORESCENTE NA HIPÓTESE DADA ESTÁ EM TORNO DE	55.000.000.000 libras

Falamos aqui de uma nação opulenta que possui um território e adiantamentos que lhe rendem anualmente, e sem depreciação, 1,05 bilhão de produto líquido para seu usufruto anual. Mas todas essas riquezas de um estado sucessivamente mantidas por esse produto anual podem ser destruídas ou perder seu valor com a decadência de um reino agrícola onde tudo se deteriora, sobretudo o valor venal fundiário, e essa decadência pode progredir em pouco tempo pela falta de liberdade do comércio das produções primárias e pela destruição dos adiantamentos das despesas produtivas.

*Noli me tangere** é o mote desses adiantamentos.

---

* *Não me toques* é o que Jesus teria dito a Maria Madalena quando, depois da ressurreição, ela o reconhece (Jo 20:16-18). (N. T.)

Quadro econômico

Objetos a considerar: 1º) três tipos de despesa; 2º) sua fonte; 3º) seus adiantamentos; 4º) sua distribuição; 5º) seus efeitos; 6º) sua reprodução; 7º) suas relações mútuas; 8º) suas relações com a população; 9º) com a agricultura; 10º) com a indústria; 11º) com o comércio; 12º) com a massa das riquezas de uma nação.

DESPESAS PRODUTIVAS relativas à agricultura etc.	DESPESAS DO RENDIMENTO, o imposto e o dízimo que se dividem entre despesas produtivas e despesas estéreis	DESPESAS ESTÉREIS relativas à indústria etc.
ADIANTAMENTOS ANUAIS para produzir um rendimento de 600 libras, o imposto de 300 libras, o dízimo de 150 libras são 1.050 libras.	RENDIMENTO anual de	ADIANTAMENTOS ANUAIS para as obras das despesas estéreis somam

1.050tt produzem líquidos ..... 1.050tt ..... metade passa aqui 525tt

Produções ..... Obras

525tt reproduzem líquidos ..... 525tt 525tt

262.10s reproduzem líquidos ..... metade etc. ..... 262.10s 262.10s

131.5 reproduzem líquidos ..... 131.5 ..... 131.5

65.12.6d reproduzem líquidos ..... 65.12.6d 65.12.6d

32.16.3 reproduzem líquidos ..... 32.16.3 ..... 32.16.3

16.8.1 reproduzem líquidos ..... 16.8.1 ..... 16.8.1

8.4.0 reproduzem líquidos ..... 8.4.0 ..... 8.4.0

4.2.0 reproduzem líquidos ..... 4.2.0 ..... 4.2.0

2.1.0 reproduzem líquidos ..... 2.1.0 ..... 2.1.0

1.0.6 reproduzem líquidos ..... 1.0.6 ..... 1.0.6

0.10.3 reproduzem líquidos ..... 0.10.3 ..... 0.10.3

0.5.1 reproduzem líquidos ..... 0.5.1 ..... 0.5.1

0.2.6 reproduzem líquidos ..... 0.2.6 ..... 0.2.6

etc.

Reprodução total...1.050 libras de rendimento. Somam-se os custos anuais de 1.050 libras e os juros dos adiantamentos anuais e dos adiantamentos primitivos do trabalhador, de 605 libras, que a terra restitui. Desse modo, a reprodução é de 2.705 libras, incluído o rendimento de 600 libras, que é a base do cálculo do produto total anual da metade do emprego de uma charrua. Desse modo, o produto do emprego inteiro de uma charrua em grande cultura pode ser mais ou menos estimado em 5.410 libras.

Quadro 7

Fisiocracia

O Quadro econômico *considerado nas condições necessárias para o bom funcionamento* [libre jeu] *da máquina da prosperidade*

No Quadro precedente, vemos que na ordem da circulação regular de 1,05 bilhão de libras de rendimento anual, o 1,05 bilhão de libras que retornam à circulação restitui anualmente à classe produtiva os adiantamentos para a reprodução do mesmo rendimento e dos mesmos adiantamentos. A continuação dessa reprodução supõe, portanto,

1º) Que a totalidade de 1,05 bilhão de libras de rendimento entra na circulação e a percorre em toda a sua extensão. Que não se formem fortunas pecuniárias, ou, ao menos, que nela ocorra a compensação entre aquelas que se formam e aquelas que retornam à circulação, pois de outro modo essas fortunas pecuniárias travariam o curso de uma parte desse rendimento anual da nação e reteriam o pecúlio ou a finança do reino, em prejuízo do retorno dos adiantamentos, da retribuição do salário dos artesãos e do consumo nas diferentes classes de homens que exercem as profissões lucrativas. Essa parada do pecúlio diminuiria a reprodução do rendimento e do imposto.

2º) Que uma parte da soma dos rendimentos não vá para o estrangeiro, sem retorno de dinheiro ou em mercadorias.

3º) Que a nação não sofra perdas em seu comércio recíproco com o estrangeiro, ainda que esse comércio seja altamente lucrativo aos comerciantes, com ganhos sobre seus concidadãos na venda de mercadorias que eles importam; pois então o crescimento da fortuna desses comerciantes consiste na diminuição da circulação dos rendimentos que é prejudicial à distribuição e à reprodução.

4º) Que não nos enganemos com uma vantagem aparente no comércio recíproco com o estrangeiro, julgando-o unicamente pelo balanço das somas em dinheiro, sem examinar o mais ou menos de lucro que resulta das próprias mercadorias que foram vendidas e compradas, pois frequentemente a perda é para a nação que recebeu mais dinheiro, e essa perda ocorre em prejuízo da distribuição e da reprodução dos rendimentos. No comércio recíproco dos produtos que compramos do estrangeiro e das mercadorias de mão de obra que lhe vendemos, geralmente a desvantagem se encontra do lado dos últimos, porque muito mais lucro é obtido com a venda dos produtos primários.

Quesnay • Mirabeau • Badeau • Rivière • Dupont

5º) Que os proprietários e aqueles que exercem as profissões lucrativas não sejam guiados por uma inquietação qualquer, que não tenha sido prevista pelo governo, que os leve a formar poupanças estéreis que retirariam da circulação e da distribuição um pedaço de seus rendimentos ou de seus ganhos.

6º) Que a administração das finanças, seja na coleta de impostos, seja nas despesas do governo, não gere fortunas pecuniárias que roubam parte dos rendimentos da circulação, da distribuição e da reprodução.

7º) Que o imposto não seja destrutivo ou desproporcional à massa do rendimento da nação. Que seu aumento siga o aumento do rendimento. Que ele seja estabelecido imediatamente sobre o produto líquido dos bens fundiários e não sobre as mercadorias, onde eles multiplicariam os custos de percepção, prejudicariam o comércio e anualmente destruiriam parte das riquezas da nação. Que ele também não avance sobre os adiantamentos dos arrendatários dos bens fundiários, pois os adiantamentos da agricultura de um reino devem ser considerados como um imóvel que tem de ser cuidadosamente preservado para a produção do imposto e do rendimento. De outro modo, o imposto degenera em espoliação e causa a deterioração que leva um estado à ruína.

8º) Que os adiantamentos dos arrendatários sejam suficientes para que as despesas da cultura reproduzam ao menos 100%, pois se os adiantamentos não forem suficientes, as despesas da cultura serão proporcionalmente maiores e gerarão menos produto líquido.

9º) Que os filhos dos arrendatários se estabeleçam no campo para aí perpetuar os trabalhadores, pois se vexações os levam a abandonar o campo e os determinam a ir morar nas cidades, eles levam para lá as riquezas de seus pais que estavam empregadas na cultura. Menos os homens do que as riquezas é o que deve ser atraído para o campo, pois quanto mais riqueza é empregada na cultura de cereais, menos homens são ocupados por ela, mais ela prospera e mais ela gera em produto líquido. Essa é a grande cultura dos ricos arrendatários, em comparação com a pequena cultura dos pobres meeiros, que trabalham com bois ou com vacas.

10º) Que a deserção de habitantes seja evitada, para que eles não empreguem suas riquezas fora do reino.

11º) Que o comércio exterior de produtos primários não seja proibido, *pois a reprodução é determinada pelo tamanho venda.*

12º) Que não se abaixe o preço dos produtos e das mercadorias no reino, pois o comércio recíproco com o estrangeiro se tornará desvantajoso à nação. O RENDIMENTO É DETERMINADO PELO TAMANHO DO VALOR VENAL. ABUNDÂNCIA SEM VALOR VENAL NÃO É RIQUEZA. ESCASSEZ COM PREÇO ALTO É MISÉRIA. ABUNDÂNCIA E PREÇO ALTO É OPULÊNCIA.

13º) Que não se acredite que o baixo preço das mercadorias seja vantajoso ao povo pobre, pois o baixo preço das mercadorias leva à redução de seu salário, diminuiu seu conforto, gera menos empregos e ocupações lucrativas para eles, e diminui o rendimento da nação.

14º) Que não se diminua o conforto do povo pobre, pois assim ele não poderia contribuir para o consumo das mercadorias que só podem ser consumidas no país, o que diminui a reprodução e o rendimento da nação.

15º) Que se favoreça a multiplicação dos animais, pois são eles que fornecem às terras o adubo que produz colheitas abundantes.

16º) Que o luxo de decoração não seja incentivado, porque ele só se sustenta com o prejuízo do luxo de subsistência, que mantém o bom preço e a venda das mercadorias primárias, e a reprodução dos rendimentos da nação.

17º) Que o governo econômico favoreça unicamente as despesas produtivas e o comércio exterior das mercadorias primárias, e que deixe as despesas estéreis por elas mesmas.

18º) Que se busque recursos para as carências extraordinárias do estado unicamente na prosperidade da nação, e não no crédito de financistas, pois *as fortunas pecuniárias são fortunas clandestinas que não conhecem rei nem pátria.*

19º) Que o estado evite empréstimos que formem rendas financeiras, que lhe cobram dívidas exorbitantes e levam a um comércio ou tráfico financeiro através de papéis comerciais em que as operações de desconto progressivamente aumentam as fortunas pecuniárias estéreis. Essas fortunas separam as contas públicas da agricultura e a privam das riquezas necessárias para a melhoria dos bens fundiários e para a cultura das terras.

20º) Que uma nação que possui um grande território cultivável e a facilidade de realizar um comércio de mercadorias primárias não estenda demais o emprego do dinheiro e de homens nas manufaturas e no comércio de luxo, em prejuízo dos trabalhos e das despesas da agricultura, pois acima de tudo o reino deve ser bem povoado por ricos cultivadores.

21º) Que as terras empregadas na cultura de cereais estejam reunidas, o máximo possível, em grandes fazendas, exploradas por ricos trabalhadores, pois ali há menos despesas para a manutenção e reparação dos edifícios e, proporcionalmente, muito menos custos e muito mais produto líquido nas grandes empresas de agricultura do que nas pequenas. Essas últimas ocupam, inutilmente e à custa do rendimento do solo, um maior número de famílias de arrendatários que tem pouco conforto e cujo terreno e capacidade [financeira] são muito limitados para realizar uma cultura rica. Esse excesso de arrendatários é menos favorável à população do que o crescimento dos rendimentos, pois a população mais segura, mais disponível para as diferentes ocupações e para os diferentes trabalhos que dividem os homens em diversas classes é aquela que é mantido pelo produto líquido. Toda poupança feita em proveito dos trabalhos que podem ser executados por animais, máquinas, rios etc. é em vantagem da população e do estado, porque quanto mais produto líquido é gerado, maior o ganho dos homens para outros serviços e trabalhos.

22º) Que cada um seja livre para cultivar seu campo com os produtos que seu interesse, sua capacidade e a natureza de seu terreno lhe sugerirem, para daí retirar o maior produto possível. De modo algum se deve favorecer o monopólio na cultura dos bens fundiários, pois ele é prejudicial ao rendimento geral da nação. O preconceito que leva a favorecer a abundância de produtos de primeira necessidade em relação àqueles de menor necessidade, em prejuízo do valor venal de ambos, é inspirado por uma visão míope, que não se estende além dos efeitos do comércio exterior recíproco, que provê a tudo e que decide o preço das mercadorias que cada nação pode cultivar com o maior lucro. Na realidade, é o rendimento e o imposto que são as riquezas de primeira necessidade em um estado para defender seus súditos contra a escassez e contra o inimigo e para sustentar a glória e o poder do monarca, assim como a prosperidade da nação.

23º) Que o governo esteja menos ocupado no cuidado de poupar do que nas operações necessárias à prosperidade do reino, pois mesmo despesas

Fisiocracia

enormes podem deixar de ser excessivas com o aumento das riquezas. Mas não se deve confundir abusos com as simples despesas, pois os abusos poderiam abocanhar todas as riquezas da nação e do soberano.

24º) Que prestemos menos atenção ao aumento da população do que ao crescimento dos rendimentos, pois o maior conforto que grandes rendimentos garantem é preferível ao aumento de carências prementes exigidas por uma população que excede seus rendimentos. Além disso, há mais recursos para as carências do estado quando o povo está confortável e também mais meios para fazer a agricultura prosperar.

Sem essas condições, a agricultura, que supomos no Quadro produzir como na Inglaterra, em 100%, seria uma ficção. Eis os princípios, nem menos certos nem menos verdadeiros, da ciência do governo econômico, desde que não a confundamos aqui com a ciência trivial das operações especiosas das finanças, que não têm por objeto outra coisa senão o pecúlio da nação e o movimento do dinheiro pelo comércio de dinheiro, onde o crédito, o engodo dos juros etc. produzem apenas uma circulação estéril, como em um jogo. É no conhecimento das verdadeiras fontes das riquezas e dos meios de multiplicá-las e perpetuá-las que consiste a ciência do governo econômico de um reino.

O governo econômico põe em marcha as fontes das riquezas, as riquezas atraem os homens, os homens e as riquezas fazem a agricultura prosperar, estendem o comércio, animam a indústria, aumentam e perpetuam as riquezas. O governo econômico evita que a opulência e as forças da nação definhem. De seus recursos abundantes depende o sucesso das outras partes da administração do reino. O governo econômico assegura o poder do estado, atrai a consideração das outras nações, assegura a glória do monarca e a felicidade do povo. Seus objetivos abarcam todos os princípios essenciais de um governo perfeito, onde a autoridade é sempre protetora, benfeitora, tutelar e adorável. Ela não é suscetível de desvios, ela não saberia como crescer em demasia, ela não pode causar inquietação, por toda parte ela sustenta os interesses da nação, a boa ordem, o direito público, o poder e o domínio do soberano.

Quesnay • Mirabeau • Badeau • Rivière • Dupont

Segunda parte

Quadro econômico

Objetos a considerar: Depredações privadas; Costumes e usos civis; Excessos; o Luxo.

DESPESAS PRODUTIVAS relativas à agricultura etc.	DESPESAS DO RENDIMENTO, o imposto e o dízimo que se dividem entre despesas produtivas e despesas estéreis	DESPESAS ESTÉREIS relativas à indústria etc.
ADIANTAMENTOS ANUAIS para produzir um rendimento de 600 libras, o imposto de 300 libras, o dízimo de 150 libras são 1.050 libras.	RENDIMENTO anual de	ADIANTAMENTOS ANUAIS para as obras das despesas estéreis somam
1.050₶ produzem líquidos	1.050₶	300₶
Produções		Obras
437.10s reproduzem líquidos	437.10s	612.10s
255.4.2d reproduzem líquidos	255.4.2d	255.4.2ds
106.6.8 reproduzem líquidos	106.6.8	148.17.5
62.0.7 reproduzem líquidos	62.0.7	62.0.7
25.17.0 reproduzem líquidos	25.17.0	36.3.8
15.1.7 reproduzem líquidos	15.1.7	15.1.7
6.5.8 reproduzem líquidos	6.5.8	8.15.11
3.13.3 reproduzem líquidos	3.13.3	3.13.3
1.10.6 reproduzem líquidos	1.10.6	2.2.8
0.17.9 reproduzem líquidos	0.17.9	0.17.9
0.7.4 reproduzem líquidos	0.7.4	0.10.4
0.4.3 reproduzem líquidos	0.4.3	0.4.3
0.1.9 reproduzem líquidos	0.1.9	0.2.5
etc.		

Reprodução total.......................................915 libras de rendimento. Somam-se os custos anuais de 915 libras e os juros dos adiantamentos anuais e dos adiantamentos primitivos do trabalhador, de 527 libras, que a terra restitui. Desse modo, a reprodução é de 2.357 libras em vez vez de 2.705 libras, o que significa 348 libras de perda, algo em torno de dois quintos.

Quadro 8

O Quadro econômico *considerado em relação às depredações privadas*

Excesso de luxo

A partir de agora, estudaremos o *Quadro econômico* em seus desarranjos. A esse respeito, nós o consideraremos sob sete aspectos: 1º) em relação às depredações privadas, isto é, os desarranjos que provêm dos costumes e da ignorância de uma nação. Os seis outros aspectos consistem em depredações públicas, a saber, 2º) relativamente à espoliação dos adiantamentos produtivos, 3º) relativamente à população, 4º) em relação ao pecúlio, 5º) em relação à polícia, 6º) em relação ao comércio, e 7º) relativamente, por fim, ao imposto destrutivo.

Bem considerados, os desarranjos dos costumes e os absurdos da ignorância provêm sempre de algum erro público. Mas se meu objeto é retomar e corrigir as raízes dos erros de conta físicos, não me cabe igualmente atacar os prestígios morais. Ao ver aqui pronunciar a palavra *luxo*, que não se espere a abundância de razões que essa palavra traz a um coração cidadão. Tratamos aqui unicamente do luxo físico.

Na última figura que apresentei, o Quadro perdeu seu equilíbrio. Trata-se de ver e de explicar as causas e os efeitos desse desarranjo. Desde o primeiro passo da explicação do Quadro, vimos que a distribuição do rendimento do proprietário, por meio da despesa, é tudo o que movimenta a máquina da circulação. Vê-se facilmente que essas despesas podem se dirigir mais ou menos a um dos lados, de acordo com o maior gasto do proprietário em luxo de subsistência ou em luxo de decoração, este último o único que pode ser propriamente denominado *luxo*.

Anteriormente, no *Quadro econômico*, assumiu-se o estado médio, onde as despesas reprodutivas anualmente renovam o mesmo rendimento. Mas é fácil perceber as modificações que ocorreriam na reprodução anual no caso de as despesas reprodutivas e as despesas estéreis roubarem uma da outra. Aí poderíamos perceber as modificações que ocorreriam no Quadro.

É nesse estado que o apresentamos aqui. Supomos que o proprietário despenda em luxo de decoração um sexto a mais do que anteriormente, isto é, que ele reverta 87 libras a mais do lado das despesas estéreis, o que leva 612 libras e 10 soldos a essa coluna e reduz o que entra na coluna produtiva a 437 libras e 10 soldos. Os costumes se seguem e se retroalimentam, por reflexo, em todas as classes: em toda parte, o encadeamento moral é igual ao encadeamento físico. Essa alteração de um sexto [nas despesas] ocorrerá igualmente para o artesão e para o cultivador, de onde resulta que, ao seguir a progressão do Quadro segundo esse novo arranjo, veremos embaixo que a reprodução do rendimento total de 1.050 libras, incluindo o dízimo e o imposto, reduz-se a 915 libras em vez de 1.050 libras, e os retornos do trabalhador se reduzem de 1.655 libras para 1.442 libras. O desperdício total é, portanto, de 348 libras, de modo que a perda é de mais ou menos dois quinze avos.

Se, ao contrário, um aumento da despesa nesse grau ocorresse do lado do consumo ou da exportação de mercadorias primárias, a reprodução do rendimento de 1.050 libras subiria para 1.446 libras e as retomadas do trabalhador subiriam de 1.655 libras para 1.806 libras, aumentando, portanto, em 151 libras. Desse modo, o crescimento total seria de 247 libras ou algo em torno de um décimo, de tal modo que, progressivamente, tanto a cultura como o terreno poderiam contribuir.

É esse último efeito que obtemos pelo aumento constante e sustentado [do preço] das mercadorias de primeira necessidade, e é através disso que os cegos que insistem em manter um preço baixo [para essas mercadorias] queimam, sem o saber, os rendimentos e a subsistência da nação.

Por meio dessa demonstração bastante simples, vemos que o excesso de luxo de decoração pode muito rapidamente arruinar, com magnificência, uma nação opulenta. Vemos ainda o quanto é importante manter a opulência nas diferentes ordens dos homens que, seguindo os usos recebidos na sociedade, podem empregar seu excedente em luxo de subsistência. [Ao contrário,] os ricos pouco conhecidos são, por assim dizer, forçados pelos preconceitos da sociedade a gastar em despesas refinadas e não podem gastar mais em luxos de subsistência que estariam à sua disposição, mas que os tornaria ridículos.

Constatamos também o quão se era pouco versado ainda em matérias econômicas em um país onde se denominava de imposto sobre o luxo uma taxa sobre os domésticos e sobre os cavalos que consomem cereais, forragem e outros produtos da classe produtiva.

Fisiocracia

Não é verdade, portanto, que os gêneros de despesas sejam indiferentes.

O que acabamos de observar a propósito das grandes despesas de consumo das mercadorias primárias, todas abundantemente geradas em uma nação agrícola, não poderia acontecer em pequenas nações comerciais sem território. Estas últimas não têm como economizar muito em todos os tipos de despesa para conservar e fazer crescer o fundo das riquezas necessárias a seu comércio, bem como para comercializar a custos menores do que as outras nações, a fim de poder assegurar as vantagens da concorrência nas compras e vendas junto ao estrangeiro. No que tange às nações agrícolas, porém, elas sempre se equivocam ao buscar a causa de sua penúria em todas as despesas. Como provamos anteriormente, é no tipo da despesa que ela consiste: é na desigualdade das inversões e muito mais nos arranjos econômicos de polícia, de finanças e de comércio. É isso que examinaremos a seguir, depois de lidar brevemente com alguns erros de detalhe a respeito da agricultura.

Em que consiste a prosperidade de uma nação agrícola? EM GRANDES ADIANTAMENTOS PARA PERPETUAR E FAZER CRESCER OS RENDIMENTOS E O IMPOSTO. EM UM COMÉRCIO INTERIOR E EXTERIOR LIVRE E FÁCIL. EM FRUIÇÃO DAS RIQUEZAS ANUAIS DOS BENS FUNDIÁRIOS. EM PAGAMENTOS PECUNIÁRIOS E OPULENTOS DOS RENDIMENTOS E DO IMPOSTO.

A abundância da produção é obtida pelos grandes adiantamentos. O consumo e o comércio sustentam a venda e o valor venal dos produtos, e o valor venal é a medida das riquezas da nação. As riquezas regulam o tributo que lhe é imposto e fornecem a finança que o paga e que deve circular no comércio, o qual não deve ser excessivo em um país em detrimento dos costumes e do consumo da produção anual que devem ali perpetuar as verdadeiras riquezas para a reprodução e o comércio recíproco.

Éramos muito mais esclarecidos do que somos hoje sobre a natureza e a fonte das verdadeiras riquezas nos tempos em que julgávamos digno de ser celebrado na história o cortejo feito pelos habitantes do burgo de Good Manschester, na Inglaterra, para seu rei: eles conduziram 180 charruas por ocasião de sua passagem. Isso é um verdadeiro cortejo digno de um rei. As abelhas, tão fiéis, tão obedientes, tão ternas para com sua rainha, oferecerem-lhe unicamente o mel mais precioso. Oferecer aos reis tributos voluntários, dons gratuitos, é um dever, é uma felicidade, mas doar-lhe os instrumentos de aragem que frutificam sob sua proteção significa lhe mostrar a um só tempo as garantias de nosso reconhecimento, o sustentáculo de seu poder, a salvaguarda de nosso amor; dizer-lhe, como no salmo: *Non nobis Domine...** Significa reconhecer-lhes como os verdadeiros pastores dos homens.

Os ricos fazendeiros e os ricos comerciantes ligados ao comércio rural são as colunas dos estados agrícolas e independentes.

Na grande cultura, um homem sozinho conduz uma charrua puxada por dois cavalos capaz de fazer tanto trabalho quanto três charruas puxadas por bois e conduzidas por seis homens. Neste último caso, em que faltam adiantamentos primitivos para o estabelecimento de uma grande cultura, a despesa anual é excessiva em proporção ao produto líquido, este último quase nulo e para cuja obtenção são empregadas dez ou doze vezes mais terras. Os proprietários que não encontram arrendatários capazes de sustentar as despesas de uma boa cultura acabam fazendo os adiantamentos às expensas da terra. Durante o inverno, parte do produto é consumido pelos bois e, durante o verão, um pedaço da terra lhes serve de pastagem. O produto líquido da colheita se aproxima tanto da ausência de valor que a menor tributação obriga à resignação com esses restos de cultura, como ocorre em muitos lugares simplesmente despovoados.

Esse detalhamento da agricultura será combatido pelo hábito e pelos preconceitos locais em vários lugares. Mesmo entre nações pobres que são reduzidas a essa pequena cultura em três quartos de seu território e onde há, além disso, mais de um terço de terras cultiváveis que não têm nenhum valor, ouvimos dizer que a grande cultura não é própria a suas terras, que elas são ou muito compactas ou muito leves para cavalos impacientes, que elas sustentam os rebanhos com quase nada durante todo o verão, bastando deixá-los soltos nos campos, que eles não precisam de aveia, cevada ou arreios caros, dentre outras objeções que perfazem os argumentos da miséria raciocinada.

---

* Sl 115. (N. T.)

Fisiocracia

De fato, considere um grande e rico arrendatário, como os que ainda existem em certas províncias do reino e veja se esse homem, cujos pensamentos, ideias, ações e nervos estão continuamente voltados ao lucro honesto e, consequentemente, voltado à economia bem entendida, [veja] se, ainda assim, esse homem poupa alguma coisa dos adiantamentos primitivos ou anuais de sua empresa, se seus cavalos não são os melhores e os mais caros da região, os mais bem cuidados, seus serviçais os mais bem alimentados e pagos etc. Esse homem, sem ter calculado com nosso Quadro, encontra seus objetivos apenas pelas luzes de sua experiência e sabe que, quanto melhor ele mantém sua empresa, melhor ele desempenha suas tarefas. Isso equivale ao provérbio: pessoas pobres só podem desempenhar tarefas pobres, e ao que diz o nosso Quadro, que quanto mais é alocado nos adiantamentos sobre a terra, mais é retirado em produto.

Por que então você considera como economia poupar em forragem, arreios etc.? É que você e os fundadores de seu método jamais possuíram os fundos necessários para estabelecer um método mais dispendioso em adiantamentos e, consequentemente, mais gerador de produto, e que os ricos dentre vocês desconhecem tanto a fonte de suas riquezas que sempre encontram outra coisa a fazer com o excedente, em vez de aplicar os fundos em prol da reprodução.

Para convencer que nosso método mais dispendioso é também mais produtivo, imagine as pastagens transformadas em prados férteis ou em terras lavráveis com o melhor produto, a forragem que seria consumida à noite, nos estábulos e redis próximos ao monte de estrume, por bons cavalos que entregarão o triplo de trabalho do que bois, que se alimentam dos produtos de seu trabalho.

Imagine ainda que suas terras não precisem jamais voltar a permanecer sem cultivo para se recuperar, e rendendo anualmente a elite dos cereais e das forragens. Essa hipótese não é ideal. Tal agricultura floresce em países vizinhos com um clima menos vantajoso do que o nosso. Você encontrará alguns exemplos mesmo em nosso reino, em torno da capital, e é a partir desses exemplos que o Quadro foi construído. Transporte-se a esse estado florescente e faça os cálculos. Você verá então o que deve pensar de sua poupança atual ou, melhor, de sua indigência.

O rico arrendatário cobre seus campos de animais para fornecer às terras o fertilizante gerado por ricas colheitas. É uma nova riqueza e a riqueza que gera mais retorno.

Essa vantagem é obtida pela venda, pelo emprego e uso das lãs no reino, pelo grande consumo de carne, leite, manteiga, queijo etc., sobretudo em uma nação opulenta pelo consumo que faz os pobres, que são os mais numerosos. Pois é apenas em razão desse consumo que os animais têm mercado e que são multiplicados, e é ainda esse consumo que gera colheitas abundantes para a própria multiplicação dos animais.

Essa abundância de colheita e de animais afasta qualquer preocupação em relação à fome em um reino tão fértil em bens de subsistência. A alimentação que os animais aí fornecem aos homens diminui o consumo de trigo e a nação pode vender uma quantidade maior ao estrangeiro, fazendo crescer continuamente suas riquezas pelo comércio de um produto tão precioso. O conforto dos pobres contribui assim essencialmente para a prosperidade de um estado.

O lucro sobre os animais se mistura aos lucros sobre a cultura, no que diz respeito ao rendimento do proprietário, porque o preço do aluguel de uma fazenda se estabelece em proporção ao produto que ele oferecer pela cultura e pela alimentação dos animais nas regiões onde os adiantamentos dos arrendatários não estão expostos a ser dilapidados por um imposto arbitrário. Porém, na medida em que o imposto é estabelecido sobre o arrendatário, o rendimento da terra é perdido, pois os arrendatários deixam de fazer os adiantamentos na compra de animais por medo de que isso lhes seja tributado de forma ruinosa. Então, por falta de uma quantidade suficiente de animais para fornecer fertilizante à terra, a cultura se deteriora, os custos dos parcos trabalhos na terra absorvem o produto líquido e destroem o rendimento do soberano e dos proprietários.

O lucro sobre os animais contribui de tal modo para o produto líquido dos bens fundiários que um se mede pelo outro, e essas duas partes não devem ser separadas na avaliação da produção da cultura, calculada pelo rendimento do proprietário. Pois é mais por meio dos animais que se obtém o produto líquido que fornece o rendimento e o imposto, do que pelo trabalho dos homens, que apenas com muito esforço rendem os custos de sua

Fisiocracia

subsistência. Contudo, são necessários grandes adiantamentos para comprar animais, esse o motivo pelo qual o governo deve atrair ao campo mais riquezas do que homens. Não faltarão homens onde há riqueza, mas onde não há riquezas falta tudo, as terras perdem o valor e o reino se encontrará sem recursos e sem forças.

Isso nos leva a tratar da população em relação à ordem do Quadro. Mas, como lidamos aqui com as deteriorações, considerarei a população no estado de encolhimento no qual ela é lançada pela pequena cultura e apresentarei a totalidade da circulação nesse pé. Para estabelecer, portanto, a transição do estado generoso e abundante sobre o qual apresentamos o quadro até aqui ao estado miserável no qual entraremos, cabe resumidamente calcular a rapidez dos desastres que se abatem sobre a população.

Quadro econômico

Este Quadro mostra os rápidos efeitos da espoliação dos fundos dos adiantamentos. Espoliação proveniente seja do imposto, seja de qualquer outra causa, isto é, de todo mal que pode se abater sobre os adiantamentos da cultura. Supomos que 50 libras sejam anualmente retiradas dos adiantamentos de 1.050 libras, o que os reduz num primeiro momento a 1.000 libras.

DESPESAS PRODUTIVAS relativas à agricultura etc.	DESPESAS DO RENDIMENTO, o imposto e o dízimo que se dividem entre despesas produtivas e despesas estéreis	DESPESAS ESTÉREIS relativas à indústria etc.
ADIANTAMENTOS ANUAIS para produzir um rendimento de 1.000 libras são 1.000 libras.	RENDIMENTO anual de	ADIANTAMENTOS ANUAIS para as obras das despesas estéreis somam
1.000℔ produzem líquidos	1.000℔	500℔
Produções		Obras
500℔ reproduzem líquidos	500℔	500℔
250 reproduzem líquidos	250	250
125 reproduzem líquidos	125	125
62.10s reproduzem líquidos	62.10s	62.10s
31.5 reproduzem líquidos	31.5	31.5
15.12.6d reproduzem líquidos	15.12.6d	15.12.6d
7.16.3 reproduzem líquidos	7.16.3	7.16.3
3.18.1 reproduzem líquidos	3.18.1	3.18.1
1.19.0 reproduzem líquidos	1.19.0	1.19.0
0.19.6 reproduzem líquidos	0.19.6	0.19.6
0.9.9 reproduzem líquidos	0.9.9	0.9.9
0.4.10 reproduzem líquidos	0.4.10	0.4.10
0.2.5 reproduzem líquidos	0.2.5	0.2.5
etc.		

Reprodução total..1.000 libras de rendimento. Somam-se os custos anuais de 1.000 libras e os juros dos adiantamentos anuais e dos adiantamentos primitivos do trabalhador, de 577 libras, que a terra restitui. Desse modo, a reprodução é de 2.557 libras em vez de 2.705 libras, e o cultivador perdeu 50 libras sobre o produto, 50 libras sobre os adiantamentos e 28 libras sobre os juros de seus adiantamentos, o que diminui a reprodução em 128 libras.

Quadro 9

Fisiocracia

O Quadro econômico *considerado relativamente à espoliação*

Acabamos de analisar um tipo de depredação notável e evidente por seus efeitos, que podem se tornar excessivos em proporção à extensão do estado e ao território da nação cujos costumes caminhem nessa direção. Ainda que esse tópico seja muito importante, não são os efeitos físicos [da depredação] que arruínam tão rapidamente uma nação e a reduzem ao ponto de miséria em relação a seu produto que vamos demonstrar. Uma vez que a desordem introduz e necessita da avidez, sempre cega em relação aos meios de atingir seu objetivo, são os efeitos morais [que] em um grau muito maior [causam a ruína da nação]. O ponto positivo e rápido de deterioração, cujos efeitos assustadores no cálculo são ainda mais deploráveis, chama-se espoliação.

Por essa palavra entendemos qualquer cobrança extra, proveniente do imposto ou de qualquer outro mal, que recaia sobre o fundo dos adiantamentos da cultura e que leva ao desperdício do fundo desses adiantamentos.

Para construir o *Quadro* sobre essa hipótese, continuamos a apresentá-lo em toda a sua extensão, isto é, contendo o imposto e o dízimo somado ao rendimento dos proprietários, mas supomos que algum dos mal-entendidos ou infortúnios indicados reduz anualmente 50 libras das 1.050 libras dos adiantamentos anuais necessários para a reprodução. Essa redução os diminui a 1.000 libras e é sobre esse pé que construímos o Quadro.

O resumo do dito Quadro nos mostra que o produto total é 1.000 libras de rendimento, às quais se adicionam os custos anuais de 1.000 libras e os juros dos adiantamentos anuais e dos adiantamentos primitivos do trabalhador, tomados na mesma proporção que o restante, e que somam 577 libras. Desse modo, a reprodução total é de 2.577 libras.

Se compararmos esse produto àquele oferecido acima pelo Quadro, quando ele estava em situação de plena imunidade, veremos que lá ele rendia 2.705 libras e que esse não fornece mais do que 2.577 libras desde o primeiro ano. Trata-se de uma diminuição de 128 libras sobre a reprodução. Com efeito, o cultivador perdeu 50 libras sobre o produto líquido, 50 libras sobre os adiantamentos anuais e 28 libras sobre os juros de seus adiantamentos, o que totaliza 128 libras de perda, toda ela tendo sua origem na espoliação primitiva de 50 libras sobre o fundo dos adiantamentos. Para que não se imagine que nosso exemplo não passa de um pedaço do jogo, lembremos que nossas libras se contabilizam em milhões.

Ao supor que esse mal que nos causou um dano tão considerável seja de natureza durável, é preciso continuar nossa progressão até ferrar o cavalo. Veremos que no segundo ano a espoliação contínua de 50 libras anuais é de 455 libras, no terceiro ela é de 1.193 libras e no quarto, de 3.438 libras.

Daí se segue necessariamente que essa perda chega até os adiantamentos primitivos, uma vez que os adiantamentos anuais não passam de 1050 libras, sendo completamente engolidos. Eis então 5.314 libras de perda em quatro anos tomadas do fundo dos adiantamentos primitivos de uma charrua. Dissemos que esses adiantamentos poderiam, em um bom estado da cultura, ser calculados em 10 mil libras. É verdade então dizer que, em quatro anos, uma charrua seria cortada pela metade, isto é, inteiramente desmantelada pela razão de que, quando um dos dois cavalos que puxam a carroça não tem condições, o outro tem de parar também.

Para evitar esse inconveniente absoluto, o cultivador se vê obrigado a recorrer ao meio desastroso de reduzir [os gastos] em todas as partes de seus adiantamentos, menos em fertilizantes, menos em animais, menos em serviçais, ter de usar bois ou cavalos pequenos na charrua, empregar menos trabalho na terra e de menor qualidade. O mesmo ocorre com o produto. Se somos picados na testa ou no calcanhar, a dor não é menos sentida por toda a máquina; assim na agricultura, que falte o arrendatário, ou os trabalhos, ou a qualidade das sementes etc., que a perda seja mais ou menos visível, mais ou menos importante, é sempre perda e aparece na colheita para o cultivador, para o proprietário e para o estado.

Na sequência nos perguntamos: por que a totalidade de um reino onde a agricultura segue nesse passo não se encontrará completamente incultivado ao final de oito anos? É que a espoliação da qual falamos é uma desordem de distribuição arbitrária e sucessiva que não arruína todos os arrendatários ao mesmo tempo; é como uma série de vermes que roem as raízes de uma planta em um jardim e que acabam, enfim, destruindo a horta. Posso ainda responder que não há espoliadores mais bárbaros do que aqueles que agiram através da violência, como outrora o foram os hunos. Quando, depois de terem sido repelidos, conseguiu-se forçar sua retirada na Panônia, foram encontrados tesouros atrás de suas barreiras e, ainda que esses tesouros

Fisiocracia

fossem pouca coisa em relação ao que eles destruíram de riquezas europeias, eles eram imensos em comparação com o pouco que restava. Desse modo, toda espoliação supõe um local onde se acumulam os restos tragados pela devastação. Mesmo supondo que essas devastações fossem de um tipo a fornecer uma torção civil à espoliação, o usufruto que daí resultaria seria permitido e ocorreria nos lugares de quartel dos espoliadores; e se esses locais fossem no centro de um estado devastado, o consumo e as despesas de qualquer tipo por parte de seus habitantes necessariamente manteriam vivos os arredores e ali a grande cultura ainda se sustentaria por algum tempo.

Poderia mesmo ocorrer que, sendo os arredores empregados na produção de coisas de primeira necessidade, a delicadeza e o excedente dos habitantes os façam procurar longe produtos de segunda necessidade. O solo não se altera como a equação dos produtos, ele produzirá azeites em uma das regiões dominadas, vinhos maravilhosos em outra, encontraremos perdizes e hortelões mais além; e a procura por todas essas coisas levará pequenos ramos de vivificação às regiões devastadas.

Esses mesmos ramos, seja partindo da capital, seja de outros entrepostos de subsistência postiça, sustentarão, em meio a incontáveis terras não cultivadas, algumas porções de território no estado de gerar 20% dos adiantamentos da cultura, enquanto ainda encontrarmos partes dedicadas à grande cultura nas regiões destinadas ao consumo direto do quartel principal.

Supondo uma espoliação civil e gradual, esse quartel principal seria denominado capital. Pelas induções que fizemos, vê-se a inaptidão daqueles que pretendem restabelecer as coisas a partir desse estado sobrecarregando a capital e que supõem que essa cobrança extra aliviaria as outras partes, fazendo que os homens refluíssem [ao campo] conforme lhes fosse retirada a subsistência na capital. Eles [prefeririam] perecer às portas [da cidade] do que retornar aos desertos, onde a indigência não encontra recursos na cultura, ela mesma perecendo pela indigência dos habitantes que a miséria afasta do campo. A sobrecarga da capital redundará então apenas no ressecamento de seus arredores e dos pequenos ramos de vivificação que resultaram das despesas dos habitantes e que alcançava longe.

Pior ainda seria o sistema daquele que, vendo o estado esgotado, possuindo apenas uma riqueza fictícia e sem curso, busca desacreditar e arruinar essa riqueza devoradora antes de providenciar outras. Tal qual um médico ignorante que, ao tratar de uma doença peculiar, acreditasse curar seu paciente ao exterminar os vermes que saem de seus poros e que causam seu esgotamento. É preciso tratar o sangue, prover-lhe novamente sua consistência e sua circulação naturais, e os parasitas desaparecerão. Assim, quando um estado está pobre e esgotado, é preciso levar segurança à agricultura, aliviar esse estado dos incontáveis entraves aos úteis agentes desse trabalho privilegiado, honrar a profissão, velar por seu sucesso e, sobretudo, determinar tanto quanto possível, através de todos os meios morais, as pessoas esclarecidas a dirigir seus estudos e suas riquezas nessa direção, provocando seu interesse através da segurança de suas despesas e pelos grandes lucros que as ricas empresas devem gerar. Mostre a esses ricos burgueses inúteis, a essa multidão de negociantes varejistas, carimbadores de papel, agiotas, subfinancistas que abarrotam as cidades, e tantos outros que se refugiam nas cidades para salvar suas pequenas fortunas dos perigos do imposto arbitrário e devorador que desola os habitantes do campo. Mostre a esses burgueses ávidos de ganhos os tesouros escondidos no seio na terra; proteja suas empresas, suas despesas e seus trabalhos, e eles irão fertilizar os campos. Ademais, os possuidores de terras, sobretudo os grandes do reino, devem se esforçar para favorecer o sucesso da cultura, desse patrimônio precioso que deve assegurar sua condição [*état*] e suas riquezas, livrando-os da necessidade de buscar outros recursos, menos dignos de sua posição social [*rang*] e menos vantajoso ao estado. Através desses meios adequadamente combinados e seguros, você levará ao campo aquela opulência que é a fonte dos grandes rendimentos dos proprietários e do soberano.

Acabamos de observar uma conduta inteiramente oposta no passo rápido das desordens da espoliação demonstrada no Quadro. Eis como um estado chega ao ponto de não retirar mais em produto do que 20% dos adiantamentos de sua cultura, sem que essa espoliação provenha de nenhuma malícia humana, mas unicamente de um erro capital nos princípios. Afortunado [o estado] cuja moderação do governo a freia no momento de gritaria universal nas operações frequentemente as mais necessárias e nem um pouco desproporcionais à opinião que ele deve ter de suas forças primitivas. Sem o que o melhor dos territórios progressivamente se torna tão estéril quanto os desertos da Líbia. É a partir da situação de um produto de 20% que vamos apresentar a sequência da degradação de uma cultura levada a tal grau de declínio.

Fisiocracia

Quadro econômico

Considerado no declínio da cultura e nos efeitos de todo tipo que daí resultam.

DESPESAS PRODUTIVAS relativas à agricultura etc.	DESPESAS DO RENDIMENTO, o imposto e o dízimo que se dividem entre despesas produtivas e despesas estéreis	DESPESAS ESTÉREIS relativas à indústria etc.
ADIANTAMENTOS ANUAIS para produzir um rendimento de 600lb., são 600lb.	RENDIMENTO anual de	ADIANTAMENTOS ANUAIS para as obras das despesas estéreis somam

600ℓℓ produzem líquidos — — — 600ℓℓ — — — — — — 300ℓℓ

inbe essed apeɹǝɯ — No caso de um — *metade passa aqui*

Produções — imposto ou de perda na venda das mercadorias, — Obras

o produto líquido se reduzindo a 20%

300ℓℓ reproduzem líquidos — *metade* — 60ℓℓ — *apeɹǝɯ* — — — 300ℓℓ

inbe essed — — — — — — *passa aqui*

150 reproduzem líquidos — *metade etc.* — 30 — *metade etc.* — — 150

75 reproduzem líquidos — 15 — — 75

37.10s reproduzem líquidos — 7.10s — — 37.10s

18.15 reproduzem líquidos — 3.15 — — 18.15

9.7.6d reproduzem líquidos — 1.17.6d — — 9.7.6d

4.13.9 reproduzem líquidos — 0.18.9 — — 4.13.9

2.6.10 reproduzem líquidos — 0.9.4 — — 2.6.10

1.3.5 reproduzem líquidos — 0.4.8 — — 1.3.5

0.11.8 reproduzem líquidos — 0.2.4 — — 0.11.8

0.5.10 reproduzem líquidos — 0.1.2 — — 0.5.10

0.2.11 reproduzem líquidos — 0.0.7 — — 0.2.11

0.1.5 reproduzem líquidos — 0.0.3 — 0.1.5

etc.

Reprodução total para o de rendimento não passa de 120 libras. Somam-se os custos anuais de 600 libras e os juros dos adiantamentos anuais e dos adiantamentos primitivos do trabalhador, de 345 libras, que a terra restitui. Desse modo, a reprodução é de 1.065 libras em vez de 1.545 libras, como no primeiro Quadro. Sobre 1.065 libras, esse arrendatário deve pagar de aluguel 600 libras (abstraídos o dízimo e o imposto espoliador arbitrário que ele também paga). Ele perde sobre seus adiantamentos e retornos anuais 480 libras e retira apenas 465 libras. No ano seguinte, ele perde a totalidade de seus retornos e dos adiantamentos anuais; no terceiro ano ele só consegue fazer a cultura prosseguir se despender os adiantamentos primitivos, e será forçado a abandonar a fazenda ao final do terceiro ano, e a terra se desagrega progressivamente. Então, na falta de arrendatário, ele se reduz à pequena cultura, onde o proprietário perde, no mínimo, nove décimos de seu rendimento. O imposto, as despesas e os ganhos, o preço do valor fundiário da terra, o pecúlio etc., todos diminuem na mesma proporção.

Quadro 10

Quesnay • Mirabeau • Badeau • Rivière • Dupont

O Quadro econômico *considerado no declínio da cultura e em seus efeitos relativamente à população*

Este é o capítulo que em primeiro lugar me fez conhecer e no qual, entretanto, eu mais fundamentalmente errei. Eu considerava a população a fonte dos rendimentos e um homem mais hábil me atingiu de frente. Fui afortunado o suficiente para escutá-lo e aprendi que é o inverso, os rendimentos é que são a fonte da população. Se não reorganizei minha primeira obra sobre essa noção, é que, pelo peso da verdade, encontrei-me perdido na sequência de minha própria obra; além disso, no fundo, pareceu-me pouco importante tentar disfarçar o que havia errado e, enfim, compreendi que reencontraria ocasiões de homenagear a verdade. Elas de fato não tardaram. Já o fiz no discurso sobre a agricultura que precede este. Vou agora argumentar e calcular o desmentido de meus troféus.

Na hipótese de Túlio Hostílio,* rei de um país onde cada família possui I arpento de terra, para daí colher repolho ou nabo, como se dizia, se, ademais, a guerra capaz de lhes gerar um rendimento de espólio lhes fosse proibida, duvido que ele poderia disputar no campo das prerrogativas com um comandante de negros, que, independentemente de sua parca subsistência, forneciam a seu senhor, através de seu trabalho, um rendimento em um tipo de produto cuja colheita é preciosa.

No Quadro, vemos que nada pode se mover a não ser pelo rendimento, pois é ele que impulsiona a circulação. Contudo, o rendimento só pode ser obtido através de grandes adiantamentos e os próprios adiantamentos só podem retornar por meio do produto que acabou de voltar à coluna dos rendimentos.

De fato, a multiplicidade e diversidade das diferentes profissões dos homens é não apenas uma vantagem em relação às comodidades da vida, às quais cada uma dessas profissões se emprega isoladamente, mas ainda pelo fato de que ela atribui a qualidade de riqueza a produtos que são inúteis a um certo estilo de vida, mas necessários a um outro. Não careceríamos de

---

* O terceiro dos reis lendários de Roma. (N. T.)

madeira para construção se não houvesse navios, tampouco de óleos fortes, se não existisse pinturas ou sabão.

É preciso recordar que a propriedade útil das coisas lhes fornece a qualidade de *bens*, mas que apenas o valor venal lhes atribui a qualidade de *riqueza*. A água, a madeira, a caça, os frutos da terra etc. são bens, mas o excedente em relação ao que podem consumir seus possuidores só se torna riqueza quando a venda lhe fornece um valor venal.

É o valor venal que forma a situação relativa das riquezas entre as nações, entre as diferentes províncias de um mesmo reino, entre todos os ramos do comércio com o estrangeiro e com as diversas províncias de um estado. Sem a conveniência relativa dos preços dos produtos não há mais ordem de riquezas que contrabalanceie os efeitos de um comércio recíproco, que decida sobre o poder relativo das nações, que regule os produtos dos bens fundiários e a taxa do imposto devido ao soberano. É, portanto, o valor venal da produção do solo que deve atrair toda a atenção do governo de um reino agrícola. Ele não deve considerar a produção pelo lado do [valor] útil, pois o [valor] útil nunca falta nas nações ricas. Porém, na falta de valor venal, os adiantamentos que fazem nascer a produção são destruídos, a produção é aniquilada, a indigência acaba com todas as profissões lucrativas do povo das cidades e reduz os habitantes do campo ao trabalho ingrato da pequena cultura, onde eles consomem o frágil produto fornecido por essa cultura.

É o rendimento que põe em movimento todas as profissões. É, portanto, ele que cria e excita todas as demandas, que fornece a qualidade de riqueza a todos os produtos, e são as riquezas que geram o retorno dos adiantamentos necessários para obter o produto.

Um autor* que, no começo do século, escreveu suas observações sobre a cultura de um grande reino nota que os adiantamentos produziam, mais ou menos, incluso o imposto do trabalhador, 20% que se distribuía entre o dízimo, o imposto, o proprietário, abstraídas as retomadas anuais do trabalhador. Déficit, pois, de quatro quintos sobre o produto líquido dos

---

* Muito provavelmente, Pierre de Boisguilbert, autor de *Detalhe da França*, obra que Mirabeau comentará no Capítulo 14. (N. T.)

adiantamentos, acompanhado das perdas de emprego e de rendimento das terras que forneciam elas próprias os custos de uma pobre cultura e que eram, alternadamente, deixadas incultivadas para sua reparação e recuperação da situação de produzir um pouco de colheita. A maior parte dos habitantes, portanto, encontrava-se na miséria e sem lucro para o estado, pois *tal o produto líquido dos adiantamentos que excedem as despesas, tal é também o produto líquido dos homens que o fazem nascer. E tal é o produto dos bens fundiários, tal é o produto líquido para o rendimento, para o imposto e para a subsistência das diferentes classes de homens de uma nação.* Desse modo, mais os adiantamentos são insuficientes, menos os homens e as terras são lucrativos ao estado. Os colonos, que subsistem miseravelmente de uma cultura ingrata, servem apenas para manter no campo, sem frutos, a população de uma nação pobre.

É nessa situação de cultura que eu apresento aqui o Quadro. Nele vemos em que languidez a circulação de um estado é lançada por tal produção; vemos o que se torna então a circulação real, em comparação ao que ela poderia ser. E como é impossível que essa situação de languidez seja permanente, vemos quão perto uma nação que ali se encontra está de seu termo em relação à qualidade de uma nação agrícola. Um comércio desfavorável poderia sustentar as aparências por algum tempo ainda, mas o senhor que se faz criado é rapidamente enxotado da própria classe pelos desserviços naturais de tal emprego.

Necessariamente a população desce essa escala de degradação, pois o homem não está ligado à terra; ele busca ali emprego para encontrar sua subsistência. Cavar a terra é a penitência do homem e não seu emprego: o ganho o excita sempre a arar com a ajuda e os animais servis. Contudo, se você quiser uma população numerosa, ofereça-lhes outros empregos e busque, por meio de uma cultura forte e boa, os rendimentos para comprar esses serviços.

A ideia dominante da guerra nas nações faz pensar que a força dos estados consiste em uma grande população, mas a parte militar de uma nação só pode subsistir e agir por causa da parte que contribui. Suporemos que as grandes riquezas de um estado são obtidas pela abundância de homens? Mas os homens obtêm e perpetuam as riquezas unicamente pelas riquezas, e na medida em que exista uma proporção adequada entre homens e riquezas.

Uma nação sempre acredita que não tem homens suficientes e não percebe que não possui salários suficientes para sustentar uma população maior, nem que homens sem fortuna só são lucrativos em um país se ali eles encontram ganhos seguros para subsistir de seu trabalho.

Na falta de ganhos ou de salário, as pessoas pobres do campo podem, para se alimentar, obter alguns produtos de preço vil, que não exigem despesas nem trabalhos longos e para cuja colheita não é preciso esperar muito tempo. Mas esses homens, esses produtos e a terra que as gera são nulos para o estado.

Para obter da terra um rendimento, é preciso que os trabalhos no campo rendam um produto líquido excedente ao salário pago ao cultivador, pois é esse produto líquido que garante a subsistência das outras classes de homens necessários em um estado. Isso não pode ser esperado de homens pobres que trabalham a terra com seus braços ou com outros meios insuficientes, pois eles só podem obter a subsistência para si mesmos ao renunciar à cultura do trigo, que exige muito tempo, muito trabalho e muitas despesas, para ser executadas por homens desprovidos de faculdades e reduzidos a retirar sua alimentação da terra apenas pelo trabalho de seus braços. Não é, portanto, a pobres agricultores que a cultura de suas terras deve ser confiada. São os animais que devem trabalhar e fertilizar seus campos. É o consumo, a venda, a facilidade e a liberdade do comércio interior e exterior que asseguram o valor venal que forma seus rendimentos.

É a homens ricos que você deve encarregar as empresas da cultura das terras e do comércio rural para enriquecer a si mesmo e o estado, para fazer renascer as riquezas inexauríveis por meio das quais você pode usufruir largamente dos produtos da terra e das artes, manter uma rica defesa contra seus inimigos e subvencionar com opulência as despesas dos trabalhos públicos para as comodidades de uma nação, para facilitar o comércio de seus produtos, para as fortificações de suas fronteiras, para a manutenção de uma marinha formidável, para a decoração do reino, para oferecer aos homens que trabalham salários e ganhos que os atraiam e os retenham no reino.

Quesnay • Mirabeau • Badeau • Rivière • Dupont

Desse modo, o governo político da agricultura e do comércio de seus produtos é a base do ministério das finanças e de todas as outras partes da administração de uma nação agrícola.

Grandes exércitos não são suficientes para formar uma defesa forte. É preciso que o soldado seja bem pago para que ele possa estar bem disciplinado, bem preparado, vigoroso, de boa vontade, contente e corajoso.

A guerra sobre a terra e sobre o mar emprega outros meios além da força humana e exige outras despesas bem mais consideráveis que aquelas com a subsistência dos soldados. Assim sendo, é bem menos os homens que as riquezas que sustentam a guerra, pois enquanto tivermos riquezas para pagar bem aos homens, não nos faltará para renovar as armas.

Mais uma nação possui riquezas para fazer renascer anualmente as riquezas e menos essa reprodução anual ocupa homens, mais ela gera produto líquido e mais o governo tem homens à sua disposição para o serviço e para os trabalhos públicos; mais ela tem salários para garantir a subsistência, mais esses homens são úteis ao estado em seu emprego e em suas despesas que fazem seu pagamento reentrar na circulação.

As vitórias em batalhas onde morrem apenas homens, sem causar outros estragos, pouco enfraquecem o inimigo se o salário dos homens que ele perdeu lhe resta e se lhe é suficiente para atrair outros homens. Um exército de 100 mil homens bem pagos é um exército de um milhão de homens, pois qualquer exército cujo soldo atrai homens não pode ser destruído. Cabe então aos soldados se defenderem corajosamente. São eles que têm mais a perder, pois não faltarão sucessores bem determinados a enfrentar os perigos da guerra. É, portanto, a riqueza que sustenta a honra das armas e que recruta homens armados e, com mais razão ainda, é ela que mantém e que estende qualquer outro tipo de população. Lancemos novamente um olhar sobre o Quadro para considerá-lo na situação de rendimentos de indústria ou reduzido a uma cultura infrutífera, e julguemos qual deve ser a população, uma vez que todo o território oferece de subsistência aos homens apenas o mínimo necessário, porque atribuída à classe mais pobre da mão de obra, a um cultivo que não pode fornecer produto líquido.

Vejamos agora se o dinheiro, a respeito do qual temos tantas opiniões, pode substituir a verdadeira riqueza.

Fisiocracia

Quadro econômico

Considerado no declínio da cultura e nos efeitos de todo tipo que daí resultam.

DESPESAS PRODUTIVAS relativas à agricultura etc.	DESPESAS DO RENDIMENTO, o imposto e o dízimo que se dividem entre despesas produtivas e despesas estéreis	DESPESAS ESTÉREIS relativas à indústria etc.
ADIANTAMENTOS ANUAIS para produzir um rendimento de 600lb, são 600lb.	RENDIMENTO anual de	ADIANTAMENTOS ANUAIS para as obras das despesas estéreis somam

600₶ produzem líquidos ——— 600₶ — metade passa aqui ——— 300₶

No caso de um imposto ou de perda na venda das mercadorias, o produto líquido se reduzindo a 20%

Produções ——— Obras

300₶ reproduzem líquidos — metade — 60₶ — metade ——— 300₶

150 reproduzem líquidos — metade etc. — 30 — metade etc. ——— 150

75 reproduzem líquidos ——— 15 ——— 75

37.10s reproduzem líquidos ——— 7.10s ——— 37.10s

18.15 reproduzem líquidos ——— 3.15 ——— 18.15

9.7.6d reproduzem líquidos ——— 1.17.6d ——— 9.7.6d

4.13.9 reproduzem líquidos ——— 0.18.9 ——— 4.13.9

2.6.10 reproduzem líquidos ——— 0.9.4 ——— 2.6.10

1.3.5 reproduzem líquidos ——— 0.4.8 ——— 1.3.5

0.11.8 reproduzem líquidos ——— 0.2.4 ——— 0.11.8

0.5.10 reproduzem líquidos ——— 0.1.2 ——— 0.5.10

0.2.11 reproduzem líquidos ——— 0.0.7 ——— 0.2.11

0.1.5 reproduzem líquidos ——— 0.0.3 ——— 0.1.5

etc.

Reprodução total para o de rendimento não passa de 120 libras. Somam-se os custos anuais de 600 libras e os juros dos adiantamentos anuais e dos adiantamentos primitivos do trabalhador, de 345 libras, que a terra restitui. Desse modo, a reprodução é de 1.065 libras em vez de 1.545 libras, como no primeiro Quadro. Sobre 1.065 libras, esse arrendatário deve pagar de aluguel 600 libras (abstraídos o dízimo e o imposto espoliador arbitrário que ele também paga). Ele perde sobre seus adiantamentos e retornos anuais 480 libras e retira apenas 465 libras. No ano seguinte, ele perde a totalidade de seus retornos e dos adiantamentos anuais; no terceiro ano ele só consegue fazer a cultura prosseguir se despender os adiantamentos primitivos, e será forçado a abandonar a fazenda ao final do terceiro ano, e a terra se desagrega progressivamente. Então, na falta de arrendatário, ele se reduz à pequena cultura, onde o proprietário perde, no mínimo, nove décimos de seu rendimento. O imposto, as despesas e os ganhos, o preço do valor fundiário da terra, o pecúlio etc., todos diminuem na mesma proporção.

Quadro II

Quesnay • Mirabeau • Badeau • Rivière • Dupont

O Quadro econômico *considerado em seus desarranjos relativamente ao pecúlio*

[...] *parvis componere magna solebam.**

Estamos acostumados a calcular individualmente as riquezas dos estados e, pelo fato de um indivíduo que possui dinheiro ter à sua disposição todos os bens ou quase todos os bens físicos, acreditamos que ocorria o mesmo com uma nação. Mas se o tesouro desse indivíduo estivesse guardado em cofres no meio do deserto, ele morreria de fome, de frio e miserável ao lado de seu tesouro, que ele teria usado em outras riquezas. O dinheiro se compra e só podemos possuí-lo em razão das riquezas que temos para pagá-lo: assim sendo, adquirir dinheiro não significa se enriquecer, mas apenas trocar de riquezas. Evidência, portanto, que é a proximidade de outros bens e sua troca com essa mercadoria que lhe fornece a qualidade de riqueza. Se esse rico, possuidor de milhões, quando pressionado pela necessidade, fosse abordado por duas pessoas, uma lhe oferecendo pão e a outra água ao preço de todas as suas posses, ele se veria despossuído e a miséria seria retardada em apenas um dia.

Esse indivíduo representa verdadeiramente um estado que perdeu sua produção, com a diferença de que eu lhe deixo com ouro, ao menos, o que não pode ocorrer para uma nação que não possui mais fundos de riqueza, a menos que ela obtenha prata diretamente das minas.

Em uma nação, a prata monetizada, essa riqueza com que se paga outras riquezas, não passa de uma garantia intermediária entre as vendas e as compras, que deixa de contribuir para a perpetuação das riquezas tão logo seja mantida fora da circulação e impedindo a troca de riqueza por riqueza. Assim, quanto mais ela é acumulada, mais ela custa em riquezas que deixam de se renovar, e mais ela empobrece a nação.

---

* Virgílio, *Bucólicas*, 1. No original, em latim. O trecho é formado por dois versos: "*Sic canibus catulos similes, sic matribus haedos/ noram, sic parvis componere magna solebam*". Na tradução de Raimundo Carvalho, "Tal o cão o cãozinho e qual a cabra o cabrito/ achava; ao grande opor o menor, costumava" (Virgílio, *Bucólicas*, Belo Horizonte: Crisálida, 2005, p.14). (N. T.)

Fisiocracia

O dinheiro é riqueza ativa, sendo realmente lucrativa ao estado, apenas na medida em que continuamente troque riqueza por riqueza, porque a moeda, em si mesma, não passa de uma riqueza estéril, cuja única utilidade em uma nação é seu emprego para as vendas e as compras e para o pagamento de rendimentos e do imposto, que o devolvem à circulação, de modo que o mesmo dinheiro satisfaz alternativa e continuamente esses pagamentos e seu emprego no comércio.

Desse modo, a massa do pecúlio de uma nação agrícola é mais ou menos igual ao produto líquido ou rendimento anual dos bens fundiários, pois, nessa proporção, ele é mais do que suficiente para o uso da nação, e uma quantidade maior de finanças não constitui mais riqueza ao estado. Pois, na medida em que o imposto é pago em dinheiro, não é o dinheiro que lhe subvenciona, mas sim as riquezas do solo que renascem anualmente. É nas riquezas renascentes e não, como se pensa vulgarmente, no pecúlio da nação que se encontra a prosperidade e a força de um estado.

O pecúlio não substitui a renovação sucessiva dessas riquezas. Contudo, no comércio, o pecúlio é facilmente substituído por acordos escritos e assegurados pelas riquezas que possuímos no país e que se transporta ao estrangeiro.

A avidez por dinheiro é uma paixão viva nos indivíduos que os torna obcecados pela coisa que representa a riqueza e os faz esquecer de comprar. Porém, essa forma de avidez, abstraída de seu objeto, não deve ser a paixão do estado.

Uma grande quantidade de dinheiro é desejável em um estado somente na medida em que ela seja proporcional ao rendimento, indicando assim uma opulência perpetuamente renascente, cujo usufruto seja efetivo e bem assegurado. Assim era a abundância de dinheiro sob Carlos V,* o Sábio, que seguia a abundância das outras riquezas do reino. Isso pode ser inferido a partir da riqueza detalhada no imenso inventário desse príncipe, abstraída

---

* Carlos de Habsburgo (1500-1558) acumulou os títulos de arquiduque da Áustria, duque da Borgonha, rei das Espanhas e rei de Nápoles, tornando-se o imperador romano-germânico Carlos V. (N. T.)

a reserva de 27 milhões (algo em torno de 250 milhões em valor atual de nossa moeda) que se encontrava em seus cofres. Essas grandes riquezas são ainda mais impressionantes porque um terço do reino da França, tal como era então, não gerava nada ao tesouro.

Portanto, o dinheiro não é a verdadeira riqueza de um estado, a riqueza que se consome e que continuamente renasce, pois dinheiro não engendra dinheiro. É verdade que um escudo bem empregado pode fazer nascer uma riqueza de dois escudos, mas é a riqueza que foi adquirida pelo dinheiro, e não o dinheiro, que foi multiplicado. É apenas trocando riqueza por riqueza que o dinheiro faz renascer as riquezas. Desse modo, o dinheiro não deve permanecer em mãos estéreis.

Portanto, não é completamente indiferente para o estado se o dinheiro passa pelo bolso de Pedro ou Paulo, uma vez que o essencial é que ele não falte àquele que o emprega em lucro para o estado. Contudo, a rigor, o dinheiro que possui esse emprego na nação não tem proprietário, ele pertence às carências do estado, que o faz circular para a reprodução as riquezas que garantem a subsistência da nação e que fornecem o tributo ao soberano.

É preciso não confundir esse dinheiro com a finança devoradora, que se trafica em empréstimos a juros e que desvia a contribuição que todo rendimento real deve ao estado.

O dinheiro de carência possui, para todos os indivíduos, uma destinação à qual ele pertence decisivamente. Aquele que está destinado ao pagamento atual do imposto pertence ao imposto. Aquele que está destinado à carência de alguma compra pertence a essa carência. O que vivifica a agricultura, o comércio e a indústria pertence a esse emprego. O que está destinado a pagar uma dívida vencida ou empréstimo a vencer pertence àquela dívida etc., e não àquele que o possui. É o dinheiro da nação, ninguém pode lhe emprestar porque não pertence a ninguém.

No entanto, é esse dinheiro disperso que forma a principal massa do pecúlio de um reino verdadeiramente opulento, onde ele é sempre empregado em lucro do estado. Não hesitamos, inclusive, em vendê-lo a um preço maior do que custou, isto é, a deixá-lo ir ao estrangeiro para compras de mercadorias, onde encontramos um ganho seguro para ele; e o estrangeiro tampouco ignora as vantagens desse comércio; ou seja, o lucro decide as

Fisiocracia

trocas do dinheiro em mercadorias e das mercadorias em dinheiro. Pois, em todos os lugares, o dinheiro e as mercadorias só são riquezas em razão de seu valor venal.

O dinheiro que está ocioso, que não pode renascer, é um pequeno objeto que rapidamente se esgota por conta de múltiplas retiradas.

No entanto, o dinheiro sempre engana o povo. Ele é o único objeto que o vulgo percebe como a riqueza da nação e como um grande recurso às carências do estado, mesmo de um estado grande, que só pode ser realmente opulento pelo produto líquido das riquezas que renascem anualmente de seu território. É esse produto que, por assim dizer, faz renascer o dinheiro, ao renovar e continuamente acelerar sua circulação.

Além disso, quando um reino é rico e florescente pelo comércio de seus produtos, ele possui, através de seus correspondentes, riquezas nos outros países, e o papel toma o lugar da prata por toda parte.

A abundância e a venda de sua produção lhe asseguram, por toda parte, o uso do pecúlio das outras nações; e em um reino bem cultivado nunca falta dinheiro para pagar, ao soberano e aos proprietários, os rendimentos fornecidos pelo produto líquido dos produtos comercializáveis que anualmente renascem da terra. Porém, ainda que não falte dinheiro para pagar esses rendimentos, não se deve assumir a troca e acreditar que os rendimentos do estado possam ser impostos sobre o dinheiro.

A visão do estado não deve, portanto, parar no dinheiro, ela deve ir além e focar na abundância e no valor venal dos produtos da terra para que os rendimentos cresçam. É nessa parte das riquezas visíveis e anuais que consistem a opulência e o domínio do monarca, assim como a prosperidade da nação. É ela que fixa e associa os indivíduos ao solo.

O dinheiro, a indústria e o comércio de mercadorias e de transporte não perfazem mais do que um domínio postiço e independente que, sem as riquezas do solo, constituiriam apenas um estado republicano. Mesmo Constantinopla, que não tem um tal governo, mas que foi reduzida às riquezas mobiliárias do comércio mercantil, tem, em meio ao despotismo, o gênio e a independência da república em seus correspondentes e na situação livre de suas riquezas de comércio.

Desnudemos, pois, o dinheiro de todas as propriedades que nossas ideias preconcebidas lhe atribuem. Eles são ideias e não possuem de real nada além de nosso erro de associar à coisa um efeito que lhe é estranho, como se atribuíssemos ao chicote a virtude de mover uma carroça porque ele é capaz de atiçar os seis cavalos que rapidamente a puxam: leve o chicote para o meio de seis árvores e nada se move. Do mesmo modo, nós vemos o dinheiro fazer milagres nos lugares onde as trocas de carências são vigorosas. Um homem em Paris que, hoje, só possui dinheiro, amanhã terá louças, serviçais e uma mesa, mas leve-o ao interior e ser-lhe-á preciso marcar a festa para daqui a um mês para que ele tenha tempo de trazer as coisas de outros locais.

Portanto, o dinheiro só é riqueza por um valor de troca; valor que ele possui unicamente em razão da carência, e a carência do dinheiro é relativa à troca. Existindo em um estado, portanto, tanto dinheiro quanto ali existe de circulação de riquezas e de carências, ou, no mínimo essa quantia, podemos dizer de todo o resto: ponha uma pedra no lugar, ela lhe valerá tanto quanto.

Isso posto, retornemos ao Quadro na situação infeliz a qual foi reduzido por uma cultura débil, que não gera mais do que 20% dos adiantamentos, e que nos permite observar a que ponto a circulação se contraiu. Daí então podemos considerar a soma de pecúlio que em tal país estará verdadeiramente a serviço do público.

Na verdade, uma nação deteriorada a esse ponto quanto a seu fundo, pode, em algumas regiões de seu território, servir de entreposto a alguma liga de comerciantes, cuja indústria busque movimento no estrangeiro e forneça ainda um pouco de ação aos arredores. É possível que esses comerciantes acumulem algumas fortunas pecuniárias, em prejuízo da reprodução anual das riquezas. A depredação na percepção fiscal pode gerar reservas de pecúlio, *infelizes restos do melhor sangue* da nação, fortunas que impressionam olhos escandalizados pelo que elas têm de deslocadas, mas que não auxiliam em nada ao fundo das riquezas que elas destroem em um grande estado. Trata-se, numa palavra, de dinheiro, mas dinheiro que se acumulou apenas porque foi subtraído das despesas de produção, e que não encontra lugar na circulação que só pode o receber em proporção das riquezas circulantes e renascentes e que devem ser representadas, consumidas, reproduzidas. Ele só pode entrar nessa circulação contraída em sua fonte quando o dinheiro

Fisiocracia

circulante lhe for rebombeado, quando ele ali faltar, e que a carência extrema o force a tomar seu lugar, ao comprar [mercadorias] a um preço tão alto que ele não passe de um recurso ruinoso.

Esse acidente ocorre rapidamente a uma nação que se veja privada de suas riquezas renascentes e é parecido com o homem que colocamos no deserto. É preciso então usar as massas de reserva, mas elas estão a serviço do estado apenas através de empréstimos de curto prazo e ainda com garantias. Isso é visto todos os dias. Mas o colono não é tomador de empréstimos, pois os empréstimos lhe arruinariam ou, ao menos, seria preciso que os juros do empréstimo fossem subtraídos do produto líquido em prejuízo do proprietário e do imposto; pois de outro modo eles destruiriam os retornos anuais e os recursos do arrendatário. Desse modo, o arrendatário só pode estabelecer sua empresa com segurança sobre suas próprias riquezas, e daí se segue que a falência dos arrendatários é a falência da cultura, a falência dos proprietários e do estado, ao passo que o financista, o usurário e o agiota estão na opulência; mas essa opulência não passa de um resto das riquezas que os incendiários roubaram à produção.

Esse é o ponto de vista sob o qual é preciso considerar o pecúlio em um estado e essa é toda a sua influência, absolutamente inadequada a regenerar uma nação que negligencia, sufoca e aniquila seu produto.

Quesnay • Mirabeau • Badeau • Rivière • Dupont

Quadro econômico

Considerado no declínio da cultura e nos efeitos de todo tipo que daí resultam.

DESPESAS PRODUTIVAS relativas à agricultura etc.	DESPESAS DO RENDIMENTO, o imposto e o dízimo que se dividem entre despesas produtivas e despesas estéreis	DESPESAS ESTÉREIS relativas à indústria etc.
ADIANTAMENTOS ANUAIS para produzir um rendimento de 600lb, são 600lb.	RENDIMENTO anual de	ADIANTAMENTOS ANUAIS para as obras das despesas estéreis somam

600ℓ produzem líquidos	600ℓ	300ℓ
Produções	No caso de um imposto ou de perda na venda das mercadorias, o produto líquido se reduzindo a 20%	Obras
300ℓ reproduzem líquidos	60ℓ	300ℓ
150 reproduzem líquidos	30	150
75 reproduzem líquidos	15	75
37.10s reproduzem líquidos	7.10s	37.10s
18.15 reproduzem líquidos	3.15	18.15
9.7.6d reproduzem líquidos	1.17.6d	9.7.6d
4.13.9 reproduzem líquidos	0.18.9	4.13.9
2.6.10 reproduzem líquidos	0.9.4	2.6.10
1.3.5 reproduzem líquidos	0.4.8	1.3.5
0.11.8 reproduzem líquidos	0.2.4	0.11.8
0.5.10 reproduzem líquidos	0.1.2	0.5.10
0.2.11 reproduzem líquidos	0.0.7	0.2.11
0.1.5 reproduzem líquidos	0.0.3	0.1.5
etc.		

Reprodução total para o de rendimento não passa de 120 libras. Somam-se os custos anuais de 600 libras e os juros dos adiantamentos anuais e dos adiantamentos primitivos do trabalhador, de 345 libras, que a terra restitui. Desse modo, a reprodução é de 1.065 libras em vez de 1.545 libras, como no primeiro Quadro. Sobre 1.065 libras, esse arrendatário deve pagar de aluguel 600 libras (abstraídos o dízimo e o imposto espoliador arbitrário que ele também paga). Ele perde sobre seus adiantamentos e retornos anuais 480 libras e retira apenas 465 libras. No ano seguinte, ele perde a totalidade de seus retornos e dos adiantamentos anuais; no terceiro ano ele só consegue fazer a cultura prosseguir se despender os adiantamentos primitivos, e será forçado a abandonar a fazenda ao final do terceiro ano, e a terra se desagrega progressivamente. Então, na falta de arrendatário, ele se reduz à pequena cultura, onde o proprietário perde, no mínimo, nove décimos de seu rendimento. O imposto, as despesas e os ganhos, o preço do valor fundiário da terra, o pecúlio etc., todos diminuem na mesma proporção.

Quadro 12

Fisiocracia

O Quadro econômico *considerado em seus desarranjos relativamente à polícia*

Continuamos a apresentação do Quadro no estado de declínio onde a pequena e má cultura o deixaram, uma vez que vamos tratar das causas da miséria que o reduziu a esse declínio e que ele mesmo intensifica por sua própria progressão.

Por pouco que estejamos acostumados a raciocinar a partir do Quadro, é fácil perceber que as causas morais podem, assim como as causas físicas, destruir o equilíbrio das despesas ao aumentar os gastos do lado da classe estéril e diminuir na mesma medida a fonte dos rendimentos.

Percebemos, por exemplo, que os custos da justiça devem ser classificados, indiscutivelmente, na classe das despesas estéreis e que tudo o que aumenta esses custos é, por isso mesmo, uma causa de declínio. Daí se segue que, se o regime do governo de uma nação estivesse direcionado de modo a tornar necessário que qualquer proprietário fundiário ou precário fosse forçado a incessantemente se deslocar para obter justiça ou injustiça, ou favor ou adiantamento etc., os custos de todas essas necessidades da vida civil seriam um grande sobrepeso na balança do lado das despesas estéreis e, consequentemente, de diminuição e privação do lado das despesas produtivas. Se, ademais, costumes lassos e frouxos assumissem a dianteira da sociedade, de modo que, todas as hierarquias domésticas se perdendo, a juventude se tornasse o árbitro das despesas privadas, parece que o gasto com as despesas estéreis de luxo e de fantasia dobraria (ao passo que a previdente velhice tem gostos mais dirigidos à utilidade) e, se esse mal se tornasse geral, ele causaria, pela enormidade de cooperadores, um declínio muito considerável.

Se as leis concorrem com esse mal pela conivência, ainda que involuntária, de seus intérpretes; se a polícia, sob o pretexto de tudo antecipar, emancipa de fato a criança do jugo do pai, o doméstico daquele do senhor; se ela incentiva as despesas estéreis sob a ideia de aumentar os ganhos dos comerciantes varejistas e dos artesãos de luxo; se ela abandona os habitantes do campo ao desprezo e à opressão que arruína a cultura pelo aviltamento e pela indigência; se ela favorece a multiplicação dos procedimentos para aumentar o imposto do papel timbrado e multiplicar os terríveis agentes de cavilação; se, para sustentar as manufaturas, ela diminui o preço das mercadorias primárias; se ela destrói a venda, o valor venal e a reprodução dos produtos pela tributação sobre as mercadorias etc., são todos desarranjos de costumes, presságios da ruína, de inchaço das despesas estéreis.

É assim que um olhar do entendimento lançado sobre o Quadro permite a apreciação, em um instante, do valor real de qualquer lei, de qualquer ordenação civil, inclusive daquelas que parecem ter efeitos unicamente morais. Essa explicação é muito resumida para que nos estendamos com proveito a esse respeito. Retomemos os pontos físicos da polícia, mais particularmente associados a nosso objeto de momento.

Sempre que a ignorância a respeito dos princípios [de uma ciência] predomina, não existe absurdo que não possa guiar o espírito de pesquisa. Não tenho como afirmar que, buscando bem, não encontremos alguma nação agrícola onde pontos de vista particulares fizeram crer durante algum tempo que seria preciso restringir a cultura dos vinhedos para aumentar a cultura do trigo, ao mesmo tempo que o comércio externo do trigo estivesse proibido, ou a própria comunicação do comércio de cereais entre as regiões do reino estivessem impedidas, onde a maior parte das terras estivesse sem cultivo porque a cultura do trigo ali estivesse limitada ao consumo interno de cada província do reino e onde a degradação dos vinhedos e o imposto sobre os vinhos progressivamente aumentaram as terras sem cultivo.

Nesse caso, é possível que as províncias afastadas da capital sejam obrigadas a enviar representações para se opor ao crescimento da cultura de cereais que, na falta de venda, rapidamente se tornaria um não valor na região, o que causaria a ruína dos proprietários e arrendatários e aniquilaria o imposto que cabe às terras pagarem. Tudo conspiraria, portanto, para a degradação das duas principais culturas do reino e a progressivamente desvalorizar os bens fundiários. Uma parte dos proprietários das terras, em prejuízo dos outros, tenderia ao privilégio exclusivo da cultura, efeito funesto das proibições e dos impedimentos ao comércio dos produtos dos bens fundiários em um reino onde as províncias se comuniquem através do mar e de rios, onde a capital e todas as outras cidades podem ser facilmente estocadas dos produtos de todas as partes do territórios e onde a facilidade da exportação assegura a venda do excedente.

Fisiocracia

A cultura dos vinhedos é a cultura mais rica de um país, pois geralmente o produto líquido de 1 arpento de vinhas, avaliado na média, é ao menos o dobro daquele do melhor arpento de terra cultivada em cereais. Mas é preciso ainda observar que os custos incluídos no produto total de uma e outra cultura são mais vantajosos na cultura das vinhas do que na cultura dos cereais, porque na cultura das vinhas os custos fornecem com lucro muito mais salários para os homens, e porque a despesa com as estacas e tonéis é feita em lucro da venda de madeira, e também porque os homens ocupados na cultura das vinhas não estão ali empregados durante o período de grande colheita, constituindo assim um grande recurso de trabalhadores à colheita dos cereais.

Além disso, essa classe de homens, pagos pela terra por seus trabalhos, ao se tornarem numerosos, aumentam a venda de trigo e vinho e sustentam o valor venal, na medida em que a cultura se estende e que o crescimento da cultura aumenta as riquezas, pois o aumento das riquezas aumenta a população em todas as classes de homens de uma nação, e esse aumento da população sustenta por todos os lados o valor venal dos produtos da cultura, o rendimento dos proprietários, o dízimo e o imposto.

Devemos notar que a facilidade do comércio externo dos produtos primários, liberado de tributações dispendiosas, é uma grande vantagem para uma nação que possui um grande território no qual ela pode variar a cultura para obter assim diferentes produtos de bom valor, sobretudo aqueles que não podem nascer nas nações vizinhas.

Uma vez que, para nós, a venda de vinho destilado para o estrangeiro é um comércio privilegiado, que devemos ao nosso território e clima, ele deve ser especialmente protegido pelo governo, isentado de tributos que se multiplicam em pura perda ao próprio imposto e se tornam extremamente prejudiciais à venda dos produtos que são o objeto de um grande comércio externo, capaz de sustentar a opulência do reino. O imposto deve ser pura e simplesmente atribuído ao solo que produz essas riquezas, e, na compensação da tributação geral, deve-se prestar atenção àqueles [produtos] aos quais é preciso assegurar a venda ao estrangeiro por um preço favorável, pois assim o estado terá a moderação do imposto compensada pela influência vantajosa desse comércio sobre todas as outras fontes de riquezas do reino. Mas não antecipemos o capítulo sobre os impostos.

Faltaria a meu dever de homem se, ao falar em geral sobre a polícia, esquecesse de mencionar uma palavra sobre esse terrível mal, um dos três que deus, em sua cólera contra o pecador Davi, ofereceu em escolha e ao qual o rei preferiu a peste.* Falo da *polícia dos cereais*. Não a considero senão enquanto calculador.

Se o comércio externo de cereais e de outros produtos primários for interrompido, a agricultura estará limitada à situação da população, ao invés de estender a população pela agricultura.

A venda dos produtos primários ao estrangeiro aumenta os rendimentos dos bens fundiários; esse aumento de rendimento aumenta a despesa dos proprietários; esse aumento das despesas atrai os homens ao reino; esse aumento da população aumenta o consumo dos produtos primários; esse aumento do consumo e da venda ao estrangeiro acelera, de lado a lado, os progressos da agricultura, da população e dos rendimentos.

Pela liberdade e facilidade do comércio externo, de exportação e importação, os cereais mantêm constantemente um preço igual, pois o preço igual é aquele que tem curso entre as nações comerciantes. Esse comércio aplaina, em todos os momentos, as desigualdades casuais das colheitas das nações ao levar, alternativamente, para aquelas que estão na penúria, o excedente daquelas que estão na abundância e garante, em toda parte e a todo instante, os produtos e o preço mais ou menos no mesmo nível.

É por isso que as nações comerciantes que não possuem terras para semear têm seu pão tão assegurado quanto aquelas que cultivam grandes territórios. Com a liberdade do comércio, a menor vantagem sobre o preço de um país atrai para ali a mercadoria, e a igualdade continuamente se restabelece.

Ora, está demonstrado que, mesmo sem a venda para o estrangeiro e da vantagem resultante do maior preço dos produtos, apenas a igualdade constante do preço [dos bens primários] aumenta em um sexto o rendimento das terras onde crescem e assegura os adiantamentos da cultura. Ela evita as carestias excessivas que diminuem a população e que impedem [a formação d]os não valores que definham a agricultura. Ao contrário, é a interdição ao comércio exterior a causa da falta de [bens] necessários; é a cultura que está

---

* Referência a 1Cr 21. (N. T.)

Fisiocracia

excessivamente alinhada com as carências da nação que faz variar o preço de acordo com a colheita em bons e maus anos; é essa cultura limitada que deixa uma grande parte das terras sem valor e sem rendimento; é a incerteza da venda que inquieta os arrendatários, interrompe as despesas da cultura, diminui o preço do aluguel; enfim, é o crescimento progressivo desse declínio, à medida que a nação sofre de uma precaução insidiosa, que termina por arruiná-la por inteiro.

Se, para não faltar cereais, considerássemos a esse respeito proibir a venda ao exterior e igualmente impedir os comerciantes de encher os silos em anos abundantes, para compensar os maus anos; [considerássemos] impedir a multiplicação dessas lojas livres, onde a concorrência dos comerciantes defende do monopólio, oferece aos trabalhadores venda [para seus produtos] na abundância e sustenta a abundância na esterilidade. Se considerássemos os princípios de uma administração tão medrosa e tão estranha a uma nação agrícola, que não pode se enriquecer de outro modo senão pela venda e pelo bom preço de seus produtos, seria preciso concluir que deveríamos também restringir tanto quanto possível o consumo do trigo no país, reduzindo a alimentação dos pobres a batatas, trigo sarraceno, glande etc., e que seria preciso, por uma precaução cega e ruinosa, impedir o transporte do trigo das províncias de onde ele abunda para as províncias onde há falta e que estão sem mantimentos por conta de permissões particulares ou furtivas.

Que abusos, que monopólios essa polícia arbitrária e destrutiva não ocasionaria em um reino! O que aconteceria com a cultura da terra, os rendimentos, o imposto e o salário dos homens? Com as forças da nação?

Não retomarei aqui o que já foi dito tantas vezes em resposta às ideias preconcebidas a propósito dos perigos do alto preço do trigo para o povo pobre. E se as demonstrações sumárias que resultam da explicação do Quadro não são suficientes, pode-se rever o que eu disse de modo mais extenso no Discurso apresentado à Sociedade de Berna e que consta neste livro.*

Aqui entramos, naturalmente, no artigo sobre o comércio.

---

* Originalmente, o *Quadro econômico com suas explicações* foi publicado junto a esse *Discurso*, como a sexta parte de *O amigo dos homens*. (N. T.)

Quesnay • Mirabeau • Badeau • Rivière • Dupont

Quadro econômico

Considerado no declínio da cultura e nos efeitos de todo tipo que daí resultam.

DESPESAS PRODUTIVAS relativas à agricultura etc.	DESPESAS DO RENDIMENTO, o imposto e o dízimo que se dividem entre despesas produtivas e despesas estéreis	DESPESAS ESTÉREIS relativas à indústria etc.
ADIANTAMENTOS ANUAIS para produzir um rendimento de 600lb, são 600lb.	RENDIMENTO anual de	ADIANTAMENTOS ANUAIS para as obras das despesas estéreis somam

600ℓt produzem líquidos	600ℓt	300ℓt
	No caso de um	
Produções	imposto ou de perda na venda das mercadorias,	Obras
	o produto líquido se reduzindo a 20%	
300ℓt reproduzem líquidos	60ℓt	300ℓt
150 reproduzem líquidos	30	150
75 reproduzem líquidos	15	75
37.10s reproduzem líquidos	7.10s	37.10s
18.15 reproduzem líquidos	3.15	18.15
9.7.6d reproduzem líquidos	1.17.6d	9.7.6d
4.13.9 reproduzem líquidos	0.18.9	4.13.9
2.6.10 reproduzem líquidos	0.9.4	2.6.10
1.3.5 reproduzem líquidos	0.4.8	1.3.5
0.11.8 reproduzem líquidos	0.2.4	0.11.8
0.5.10 reproduzem líquidos	0.1.2	0.5.10
0.2.11 reproduzem líquidos	0.0.7	0.2.11
0.1.5 reproduzem líquidos	0.0.3	0.1.5
etc.		

Reprodução total para o de rendimento não passa de 120 libras. Somam-se os custos anuais de 600 libras e os juros dos adiantamentos anuais e dos adiantamentos primitivos do trabalhador, de 345 libras, que a terra restitui. Desse modo, a reprodução é de 1.065 libras em vez de 1.545 libras, como no primeiro Quadro. Sobre 1.065 libras, esse arrendatário deve pagar de aluguel 600 libras (abstraídos o dízimo e o imposto espoliador arbitrário que ele também paga). Ele perde sobre seus adiantamentos e retornos anuais 480 libras e retira apenas 465 libras. No ano seguinte, ele perde a totalidade de seus retornos e dos adiantamentos anuais; no terceiro ano ele só consegue fazer a cultura prosseguir se despender os adiantamentos primitivos, e será forçado a abandonar a fazenda ao final do terceiro ano, e a terra se desagrega progressivamente. Então, na falta de arrendatário, ele se reduz à pequena cultura, onde o proprietário perde, no mínimo, nove décimos de seu rendimento. O imposto, as despesas e os ganhos, o preço do valor fundiário da terra, o pecúlio etc., todos diminuem na mesma proporção.

Quadro 13

Fisiocracia

O Quadro econômico *considerado em suas depredações relativamente ao comércio*

O comércio, nisso semelhante à luz, nada cria, mas a tudo dá vida.

Aqui é preciso retomar o que dissemos a respeito da diferença entre *bens* e *riquezas*. Em um estado, devemos distinguir os bens, que têm um valor de uso mas que não têm nenhum valor venal, das riquezas, que têm um valor de uso e um valor venal. Por exemplo, os selvagens da Louisiana usufruíam de muitos bens, tais como água, madeira, caças, frutos da terra etc., que não eram riquezas porque não possuíam valor venal, mas desde que alguns ramos de comércio foram estabelecidos entre eles e o franceses, ingleses, espanhóis etc., uma parte desses bens adquiriu um valor venal, tornando-se riqueza.

Desse modo, *a administração de um reino deve buscar oferecer ao conjunto da nação a maior abundância possível de produtos ao maior valor venal possível*, porque com grandes riquezas ele obtém, pelo comércio, todo tipo de bens úteis, assim como ouro e prata na proporção adequada à situação das riquezas.

Nunca se deve considerar o comércio como um acréscimo de fundos. O comércio recíproco com o exterior traz mercadorias que são pagas com os rendimentos da nação em dinheiro ou em mercadoria, de tal modo que na contabilidade dos rendimentos de um reino é preciso criar uma categoria à parte que formaria um duplo emprego. Como, por exemplo, os aluguéis das residências e as rendas de juros do dinheiro: para quem os paga, eles são despesas que têm sua origem em outra fonte, exceção feitas às rendas colocadas nas terras, que estão alocadas em um fundo produtivo, mas essas rendas estão incluídas no produto do rendimento das terras. São as terras e os adiantamentos dos arrendatários que, sempre, constituem a única fonte dos rendimentos das nações agrícolas, mas esses rendimentos jamais teriam lugar sem o valor que o comércio traz aos produtos e, muito rapidamente, os próprios produtos estariam limitados ao estreito consumo do senhor.

O comércio interno é propriamente aquele que denominamos circulação, e a circulação mais vantajosa é aquela que se limita às vendas e compras de primeira mão, pois quanto mais as vendas e as compras das mesmas coisas se multiplicam entre os cidadãos, mais o comércio interno é oneroso. Nele, esse é o ponto de vista sob o qual a situação do comerciante de uma nação deve ser considerado.

Como visto na explicação do Quadro, o comércio externo ou de exportação pode se estender até algo em torno de um oitavo do produto total anual das mercadorias primárias, seja esse oitavo exportado *in natura* ou consumido no país por artesãos que vendem suas obras ao estrangeiro. Eis a ideia geral do comércio de uma nação agrícola considerado em seu princípio, extensão e utilidade.

O comércio fornece assim a vida e a qualidade de riqueza às produções [agrícolas] e, consequentemente, fornece o ser aos rendimentos e ao poder de uma nação. Contudo, na ideia que formamos desse grande agente político, não devemos confundir todos os pequenos serviçais, o tráfico, a cabotagem, a mão de obra, a mercearia etc.; caso contrário, pouco a pouco seríamos levados à idolatria, deificando os insetos que fazem eclodir na lama do Nilo o crédito, a finança circulante, o ágio etc.

Sem mencionar esses últimos, que não passam de desdobramentos da usura, os demais, que são úteis às nações sem território e que, em nações agrícolas, podem o ser para o crescimento de uma população numerosa e próspera que tem unicamente sua indústria como bem, não merecem a atenção direta do governo. O cuidado do chefe de uma nação agrícola que empregue seu poder para transformá-la em uma nação exclusivamente comercial pode ser assimilado àquele de um mestre que gostaria de conduzir sua carroça e fabricar seus próprios sapatos para economizar o salário de um carroceiro e os custos de um sapateiro.

Quantas guerras não teriam sido evitadas nos séculos passados e talvez possam ser evitadas no futuro ao se considerar as pequenas nações comerciantes como agentes do comércio dos grandes estados e concebendo que é mais vantajoso a estes comercializar através da intervenção de outros do que sobrecarregar a si mesmos com mais despesas, de onde obteriam menos lucros do que fomentando uma grande concorrência de comerciantes estrangeiros, evitando assim o monopólio dos comerciantes de um país.

Aduram, ministro das finanças do rei Salomão, deslumbrado pelo comércio de Tiro e pelo brilho das manufaturas de luxo, lançou sua pátria em tal delírio que ali só se falava em comércio e dinheiro, sem que se pensasse no verdadeiro comércio do país.

Esse ministro, admirável em suas boas intenções, mas por demais aferrado a suas ideias, queria fazer nascer as riquezas do trabalho dos dedos, em prejuízo da própria fonte das riquezas, e desorganizou toda a constituição econômica de uma nação agrícola. O comércio externo de cereais foi interrompido para apoiar fabricantes de bugigangas e a venda do trigo no interior na Judeia passou a ser organizada por uma polícia arbitrária que interrompeu o comércio entre as províncias. Na tentativa de obter trigo a baixos preços, os protetores da indústria e os magistrados das cidades arruinaram suas cidades e províncias por causa de seus maus cálculos, insensivelmente deteriorando a cultura das terras. Tudo levava à destruição dos rendimentos dos bens fundiários, das manufaturas, do comércio e da indústria que, em uma nação agrícola, só pode se sustentar pelos produtos do solo, pois são eles que fornecem ao comércio a exportação do supérfluo e que pagam os rendimentos aos proprietários, o imposto ao soberano, o dízimo ao clero e o salário aos homens empregados em trabalhos lucrativos. Diversas causas de emigração de homens e riquezas aceleraram o progresso dessa destruição. Homens e dinheiro foram desviados da agricultura e empregados em manufaturas de algodão, de seda, de lãs estrangeiras, em prejuízo das manufaturas de lã do país e da multiplicação dos rebanhos. Incentivou-se o luxo de decoração, que fez progressos muito rápidos. Pressionada pelas carências do estado, a administração das províncias não garantia mais a segurança nos campos para o emprego visível das riquezas necessárias à reprodução anual das riquezas. Grande parte das terras decaiu à pequena cultura, outras ficaram sem cultivo e sem valor. Os rendimentos dos proprietários dos bens fundiários foram sacrificados, em pura perda, para um comércio mercantil que não pode contribuir ao imposto. A agricultura degradada e oprimida não podia mais sustentar [o imposto]; progressivamente ele crescia sobre os homens, sobre os alimentos, sobre o comércio das mercadorias primárias; ele se multiplicava em despesas e depredações para sua percepção e se tornara o objeto de um sistema de finanças que enriquecia a capital com o saque das províncias. O tráfico de dinheiro a juros forma um gênero principal de rendimentos, fundados sobre o dinheiro e obtidos do dinheiro, o que, em relação à nação, não passa de um produto imaginário que escapa ao imposto e corrói o estado. Esses rendimentos estabelecidos sobre o dinheiro e o aspecto de opulência sustentada pela magnificência de um luxo ruinoso impõem-se sobre o vulgo e progressivamente diminuem a reprodução das riquezas reais e o pecúlio da nação.

Sabemos o que veio depois de Salomão. Se ele tivesse sobrevivido, sem dúvida teria decretado falência e a Terra Santa, uma vez tão fértil, não produziria nada além de espinhos.

Os trabalhos das mercadorias de mão de obra e de indústria para o uso da nação não passam de um objeto dispendioso e não uma fonte de rendimento. Eles só podem obter lucro líquido na venda ao estrangeiro para nações nas quais a mão de obra é encontrada a preços baixos, por causa do baixo preço das mercadorias que servem à subsistência dos trabalhadores; condição muito desfavorável ao produto dos bens fundiários. Igualmente, ela não deve existir nos estados que têm liberdade e a facilidade de um comércio externo, que sustenta a venda e o preço das mercadorias primárias, o que, felizmente, destrói o pequeno produto líquido que poderia ser obtido de um comércio externo de mercadorias de mão de obra, onde o ganho se estabelece sobre a perda que resulta do baixo preço dos produtos dos bens fundiários.

Aqui não confundimos o produto líquido ou o rendimento para a nação com os ganhos dos comerciantes e empreendedores de manufatura: esse ganho deve ser classificado como custo relativamente à nação. De nada adianta, por exemplo, ter trabalhadores ricos se o território que eles cultivam produz apenas para eles.

Há reinos pobres onde a maior parte das manufaturas de luxo, excessivamente multiplicadas, sustentam-se por privilégios exclusivos, o que coloca a nação para contribuir através de proibições que lhe interditam o uso de outras mercadorias de mão de obra. Não se passa o mesmo com a agricultura e o comércio dos bens fundiários, onde a concorrência mais ativa multiplica as riquezas das nações que possuem grandes territórios.

Devemos buscar unicamente as manufaturas de mercadorias de mão de obra das quais possuímos as matérias-primas e que podem ser fabricadas com menos despesas do que em outros países, e é preciso comprar do estrangeiro as mercadorias de mão de obra que eles podem vender a um preço mais baixo do que elas custariam à nação se aqui fossem fabricadas. Através dessas compras o comércio recíproco é estimulado, pois, se não quiséssemos comprar nada e vender de tudo, o comércio externo seria expandido, assim como as vantagens da exportação das mercadorias primárias, que é infinitamente mais lucrativo do que aquele das mercadorias de mão de obra.

Uma nação agrícola deve favorecer o comércio externo ativo de seus produtos primários por meio do comércio externo passivo das mercadorias de mão de obra que ela pode comprar em lucro do estrangeiro. Eis todo o mistério do comércio. A esse preço não há o que temer em ser *tributário de outras nações*.

Isso é suficiente sobre o comércio. Pelo falso sucesso da conduta de Aduram, vimos como a falta dos princípios verdadeiros podem nos levar, a despeito de uma grande inteligência, alta integridade e trabalho assíduo, a pagar um alto preço por um clarão efêmero, por uma fruição de momento, minando os fundamentos de um grande estado. Azmoth, ao contrário, ministro do belicoso Davi, que conquistou um reino, pedaço a pedaço, buscando reanimar a agricultura, convivendo bem com os tírios, mas sem possuir uma frota como Asion-Gaber, tampouco manufaturas como Jericó, conseguiu, em poucos anos, tornar seus povos felizes e deixou um grande tesouro para construir um templo.

E já que estamos junto ao rei Davi, toquemos então a grande corda da harpa econômica.*

---

* Referência a 1Sm 16. (N. T.)

Quesnay • Mirabeau • Badeau • Rivière • Dupont

Quadro econômico

Objetos a considerar. O Quadro demonstra os efeitos destrutivos de um imposto sobrecarregado e absorvido pelos custos de administração e de percepção. Ele é formado sobre uma base de 400 milhões de produto líquido ou de rendimento total e 200 milhões de imposto sobrecarregado com 200 milhões de custos de percepção, o que representa um total de 800 milhões, dos quais 200 milhões, que perfazem a metade do rendimento real, passam à classe das despesas produtivas, a outra metade do rendimento passa, com os 400 milhões de falsos tributos, à classe das despesas estéreis.

DESPESAS PRODUTIVAS relativas à agricultura etc.	DESPESAS DO RENDIMENTO, do imposto e dos custos envolvidos na percepção dividem-se entre despesas produtivas e despesas estéreis	DESPESAS ESTÉREIS relativas à indústria etc.
ADIANTAMENTOS ANUAIS para produzir um rendimento de 800 libras são, no caso de um imposto destrutivo, 1.200 libras.	RENDIMENTO de 400 libras cobrado em 400 libras de tributos, representa	ADIANTAMENTOS ANUAIS para as obras das despesas estéreis somam
1.200℔ produzem líquidos	800℔	500℔
Produções		Obras
200℔ reproduzem líquidos	200℔	600℔
300 reproduzem líquidos	300	100
50 reproduzem líquidos	50	150
75 reproduzem líquidos	75	25
12.10s reproduzem líquidos	12.10s	37.10s
18.15 reproduzem líquidos	18.15	6.5
3.2.6d reproduzem líquidos	3.2.6d	9.7.6d
4.13.9 reproduzem líquidos	4.13.9	1.11.3
0.15.7 reproduzem líquidos	0.15.7	2.6.10
1.3.5 reproduzem líquidos	1.3.5	0.7.10
0.3.11 reproduzem líquidos	0.3.11	0.11.8
0.5.10 reproduzem líquidos	0.5.10	0.2.0
0.1.0 reproduzem líquidos	0.1.0	0.2.11

etc.

A reprodução que excede as despesas da cultura é de 666 libras em vez de 800 libras. Desse modo, a extinção de produto anual, 134 libras, isto é, 134 milhões. Mas essa extinção deve se estender muito mais, se a totalidade de 600 milhões destinados à classe estéril não retorna à circulação, grande parte dela permanecendo nos cofres dos financistas. Se somarmos a essa destruição a que resulta da talha arbitrária e espoliante imposta sobre os trabalhadores, percebe-se o quão rápido é o progresso destrutivo desses tributos desregulados.

Quadro 14

Fisiocracia

O Quadro econômico *considerado em suas depredações relativamente ao imposto*

O imposto é uma parcela de nossa propriedade, para todo o sempre, atribuída e envolvida na segurança do restante.

Um povo pode não pagar tributo a seu governo, mas então ele o paga a seus vizinhos em dependência política.

Dentre nós, as terras nobres e de linhagem sálica se vangloriam de sempre ter sido isentas. Na verdade, o serviço militar ao qual elas obrigam não era visto como subordinação, mas como uma honra. Contudo, tratava-se, enfim, de uma subvenção e aquele que as possuem, de quem devemos sempre, em sã política, respeitar a pretensa imunidade, são por nascimento o que se designa, ademais, de modo um tanto desajeitado, colarinhos vermelhos, quero dizer, devotados ao serviço público.

Em uma palavra, o imposto é de direito natural, isto é, de direito divino e humano, desde que se associe a essa palavra seu verdadeiro sentido, que significa a segurança e a assistência, e não a opressão, de todos.

É vão dizer que nada se fixa ao se marcar posição em uma discordância [a respeito do significado] de palavras. As disputas a seguir não têm outra origem senão os sentidos contrários associados às mesmas expressões. Seria fácil e verdadeiro responder que a história inteira mostra poucos – ou mesmo nenhum – exemplos de tributos que causaram um burburinho considerável enquanto os povos fizeram, eles mesmos, a coleta e diretamente levaram o produto ao soberano. Mas nós temos aqui uma intelecção mais segura que consiste no estudo dos fatos a partir do Quadro, que nos servirá de bússola nesse tópico, melhor ainda do que em todos os outros. Comecemos pela coleta do imposto e, na sequência, tratemos de sua distribuição.

O imposto bem ordenado, isto é, o imposto que não se degenera em espoliação por uma má forma de tributação, deve ser considerado uma parte destacada do rendimento do produto líquido dos bens fundiários de uma nação agrícola, pois, de outro modo, não haveria nenhuma regra proporcional a ela mesma, nem com o rendimento do reino, nem com a situação dos contribuintes. Ele poderia pôr tudo a perder antes mesmo que o governo percebesse.

Quesnay • Mirabeau • Badeau • Rivière • Dupont

A cobrança do tributo deve recair unicamente sobre o rendimento, isto é, sobre o produto líquido anual e conhecido dos bens fundiários, e não sobre os adiantamentos dos trabalhadores, nem sobre os homens de trabalho, nem sobre a venda das mercadorias, pois nesses últimos casos ele é destrutivo.

Através [da análise] dos desarranjos do Quadro da segunda e terceira seções da segunda parte, já foi demonstrado que se ele [recai] sobre os adiantamentos dos trabalhadores, não se trata de um imposto, mas de uma espoliação que extingue a reprodução, deteriora as terras, arruína os arrendatários, os proprietários e o estado.

[Se ele recai] sobre o salário dos homens de trabalho e sobre a venda das mercadorias, ele é arbitrário; os custos de percepção excederão o imposto e recairão, sem regra, sobre os rendimentos da nação e sobre os rendimentos do estado. É preciso distinguir aqui a tributação do imposto: a tributação será o triplo imposto e se estenderia sobre o próprio imposto, pois no que tange a todas as despesas do estado, as taxas impostas sobre as mercadorias seriam pagas pelo imposto. Desse modo, esse imposto enganaria e arruinaria [a nação].

A tributação sobre os homens de trabalho que vivem de seu salário é, rigorosamente falando, apenas uma tributação sobre o trabalho, paga por aqueles que empregam os trabalhadores, assim como uma tributação sobre os cavalos que trabalham a terra consiste, na realidade, em uma tributação sobre as próprias despesas da cultura.

Desse modo, a tributação sobre os homens e não sobre o rendimento, que atinge os próprios custos da indústria e da agricultura, recairia duplamente, em perda, sobre o rendimento dos bens fundiários e rapidamente conduziria à destruição do imposto. Devemos conceber esse imposto como as taxas sobre as mercadorias que também levam à pura perda sobre o rendimento, sobre o imposto e sobre as despesas da cultura, além de exigirem custos imensos de percepção que serão impossíveis de evitar em um grande estado.

Em uma forma menos onerosa, contudo, esse tipo de tributação é, força-damente, o recurso de pequenos estados marítimos que subsistem por um comércio de tráfico necessariamente submetido ao imposto, ou de grandes estados, uma vez que a agricultura tenha entrado em tal declínio que o rendimento do território não possa mais subvencionar o pagamento do imposto.

Nesse último caso, porém, esse recurso é uma sobretaxação, que reduz o povo a uma poupança forçada sobre o consumo, que paralisa o trabalho, que extingue a reprodução e consegue arruinar os súditos e o soberano.

Fala-se frequentemente do estabelecimento do imposto pago *in natura* para a colheita em forma de dízimo. Esse tipo de tributação seria, na verdade, proporcional ao produto total da colheita, incluindo os custos, mas não teria qualquer relação com o produto líquido. Quanto mais a terra é medíocre e mais a colheita é frágil, mais ele é oneroso e injusto.

Vejamos agora o que diz respeito à distribuição do imposto e à estimação fictícia de sua quantia. A esse respeito construí o Quadro que está no início deste capítulo, sobre uma hipótese fictícia, mas da qual sempre é tempo de temer e de evitar que se realize.

Suponho um reino onde o imposto seria em sua quase totalidade estabelecido arbitrariamente sobre os arrendatários, sobre os trabalhadores, sobre os produtos e sobre as mercadorias, isto é, que recairia direta e indiretamente sobre os adiantamentos das despesas da cultura. A quantia que tomo de base seria, por exemplo, de 200 milhões de imposto ordinário, cuja metade seria estabelecida imediatamente sobre os bens fundiários e a outra metade sobre as mercadorias. Suponho, de outra parte, que os lucros do fisco, da administração, em uma palavra, da percepção [dos impostos] se elevariam ao mesmo montante.

Contudo, os produtos do solo dessa nação não renderiam mais nesse período, [ao menos] a julgar pela espoliação da taxa de um décimo sobre os fundos produtivos e pelo exame do produto das terras, em torno de 400 milhões de rendimento, aí incluído o dízimo e outros rendimentos eclesiásticos, além do próprio imposto pago por esse rendimento. Triste produto de um grande e excelente reino e de uma grande e laboriosa população.

Como usualmente um grande mal resulta de erros capitais na administração das finanças, é preciso supor ainda que nessa região a talha será arbitrariamente imposta sobre os cultivadores, que a exportação dos cereais será proibida, que a produção estará limitada ao consumo da nação, que a metade das terras permanecerá sem cultivo, que vinhas serão proibidas de ser plantadas nas terras adequadas a essa cultura, que os vinhos serão sobretaxados por imposições ruinosas, que o comércio interno de cereais estará a cargo de uma polícia arbitrária, que a venda será continuamente interrompida entre as províncias e que o valor venal dos produtos será sempre desajustado e incerto.

Em consequência a essa série de procedimentos destrutivos, o imposto mal ordenado recairá sobre os adiantamentos das despesas produtivas, em prejuízo da reprodução que diminuirá anualmente. Os filhos dos trabalhadores abandonarão o campo, o fardo extra do imposto sobre o preço natural dos produtos e do salário dos operários aumentará em um terço o preço das mercadorias e dos custos com os salários, na despesa do rendimento dos súditos de 400 milhões, o que reduzirá o valor real em 266 milhões e levará o mesmo prejuízo ao comércio externo e ao emprego do imposto que permanece na circulação.

O imposto cobrado sobre os produtos e sobre os salários é necessariamente uma sobretaxação dos custos de administração e de percepção. Além de impedir a celeridade da circulação e restringir o comércio, ele ainda aumenta o preço dos produtos e dos salários de todos os produtos [sobre os quais recaem] o imposto, isto é, se um imposto sobre o consumo gera 25 milhões líquidos e cobra o mesmo em custos de percepção ou lucros dos coletores de tributos, é preciso que a totalidade dos produtos custe 50 milhões a mais daqueles que os consomem. Ora, como é preciso que a massa geral do imposto seja despendida, eis o próprio imposto diminuído, de um só golpe, em um terço, uma vez que ele paga por tudo um terço a mais do que pagaria sem a tributação, como se ele pagasse o mesmo a um fiscal. Isso reduz os 200 milhões a 144 milhões.

Suponhamos agora que existam no estado fazendas gerais, cujo aluguel seja, por exemplo, 100 milhões e cuja administração custe em custos de percepção ou lucros dos arrendatários, por alto, 200 milhões aos súditos, e que toda essa redução retorne a esse aluguel: perceberemos que esse imposto de 100 milhões diminui, de um só golpe, o rendimento do fisco em 66 milhões. Por quê? Porque esse aluguel arrasta consigo os 200 milhões de custos de percepção, transformado em falso preço sobre o valor venal dos produtos. Ora, como o fisco é a grande fonte de despesas do estado,

Fisiocracia

ele paga, por seu turno, a partir dos 200 milhões, esses 66 milhões. Isso é tirar de uma mão para dar à outra. Daí se segue que esse aluguel 100 milhões mais caro se reduz, em valor real, a 33 milhões e, entretanto, custa aos contribuintes 200 milhões adicionais, absorvidos pelos custos de administração e de percepção e em lucros para *os empregados, contra os negócios do rei*.

Mas um efeito pior ainda desse método funesto seria, como é demonstrado pelo Quadro, a destruição de mais de 134 milhões de reprodução todos os anos, para um imposto que se reduziria a 33 milhões e que é fácil de impor regularmente (chegando mesmo aos 100 milhões que as fazendas parecem produzir), de tal forma que poupasse à nação mais de 200 milhões de custos de percepção e 134 milhões de destruição anual.

Eis a desordem inevitável das imposições sobre as mercadorias, sem mencionar o prejuízo enorme que ele causa ao comércio. Desse modo, esse gênero de imposto não é um imposto: é uma pura depredação que deve ser evitada ou que abole o estado sem nada a ele gerar.

Esse imposto ilusório e destrutivo sugere uma falsa ideia de rendimentos e de riquezas do reino. Seriam contabilizados, de um lado, 400 milhões de rendimento para os proprietários, sem se perceber que esse rendimento e todo o imposto, considerados em seu valor real, não formam um conjunto maior do que algo em torno de 400 milhões e, de outro, seriam contabilizados 400 milhões de tributação, o que pareceria formar um rendimento total de 800 milhões. Mas dessa confusão é preciso separar claramente o rendimento de 400 milhões e a tributação total de 400 milhões, que aparentemente formam um produto real de 800 milhões, e se reduzem a algo em torno de 400 milhões de produto líquido, ou de rendimento total real, [para perceber] que o excedente, que era de 400 milhões, era apenas um acréscimo de despesas estéreis e onerosas, nada mais do que falsos impostos e falsos custos. A esse aspecto soma-se o enxugamento proveniente do confinamento do dinheiro em cofre e no tráfico de dinheiro dos financistas, portanto veremos que tudo isso junto destrói radicalmente a cada ano cerca de 150 milhões de produto real em perdas sobre os adiantamentos dos arrendatários, sobre o produto dos bens fundiários, sobre o valor fundiário das terras, sobre as obras de mão de obra e sobre o imposto, sem incluir aí o declínio progressivo que a espoliação gera, causado pela parcela do imposto arbitrário estabelecido sobre os arrendatários, o que, somada a falta de venda, faz as terras caírem ao estado de pequena cultura ou de abandono.

Nesse caso, então, as despesas da cultura não produzem mais que 20% ou 25%, incluindo o imposto, aproveitando o benefício da grande cultura que ainda existe em um quarto do reino. Não calculamos em quanto tempo chegamos a esse estágio de degradação, pois as diferentes causas destrutivas que mencionamos podem contribuir mais ou menos, em conjunto ou separadamente. Mencionamos um ponto de degradação que nos é conhecido. Ver na *Enciclopédia* o verbete *Cereais*,* em que se mostra como uma nação perde anualmente quatro quintos do produto líquido da cultura. A massa geral de riquezas que, na plenitude de cada cultura de cada nação, poderia chegar a 80 bilhões ou 90 bilhões, encontra-se reduzida a 18 bilhões ou 20 bilhões.

Consideramos o ano de 1660 como o começo dessa degradação. Seguindo a mesma ordem do declínio, é fácil calcular o tempo que ela ainda pode durar, mas as verdades aritméticas desse tipo são excessivamente decisivas e duras para estender até lá nossas pesquisas. Assim, não seguiremos a marcha rápida dos progressos dessa decadência, ela é facilmente entrevista por sua exposição no Quadro e também fácil de ser impedida ou prevista em seus efeitos funestos, antes que eles aniquilem um estado.

É difícil abandonar as ideias de infinito e se privar das lisonjeiras suposições de inesgotáveis recursos em um reino, sobretudo quando um coração ávido ou ambicioso auxilia as ilusões do espírito a esse respeito. No entanto, é ainda mais duro ser enganado pelo fato e de se ver no final de um longo regime de falsa economia e de depredações ocultas, depois de meio século de poupanças desajeitadas, tempo em que censuramos às despesas mais poderosas o que outrora permitimos às mais medíocres, tempo em que pechinchamos por toda parte precisamente porque economizamos onde não devíamos. Digo que é muito pior, de um só golpe, ver-se em uma [situação de] esgotamento absoluto, como se a terra e os céus tivessem

---

* Verbete de autoria de Quesnay para o volume VII, de 1757, da *Enciclopédia* de Diderot e d'Alembert. Ele pode ser encontrado, traduzido para o português, no volume *Petty-Hume-Quesnay* da coleção Os Economistas (São Paulo: Abril, 1983). (N. T.)

secado, e tudo isso por causa de um erro de cálculo, mas um erro absoluto, de onde derivam todos os outros. À semelhança de Anteu, um grande reino se esgota tão logo perca o contato com a terra: é unicamente dali que retira suas forças, é apenas sobre ela que ele pode recuperá-la.*

O autor do *Detalhe da França*,** impresso em 1699, sob Luís XIV, relata, como dissemos, o início da decadência do reino no ano de 1660. Ele examina os progressos até o momento de publicação de seu livro e demonstra que os rendimentos dos bens fundiários, que eram de 700 milhões (1 bilhão e 400 milhões em nossa moeda corrente), haviam diminuído pela metade de 1660 até 1699. Ele observa que não devemos atribuir essa enorme degradação à quantidade de impostos, mas à forma equivocada de tributação e as desordens por ela gerada. Devemos julgar o progresso dessa diminuição pela continuação do mesmo tipo de administração. A tributação se torna tão desordenada que se eleva, no reinado de Luís XIV, a mais de 750 milhões[5] que não geravam ao tesouro real mais do que 250 milhões, o que anualmente roubava de modo abusivo o usufruto de 500 milhões dos contribuintes, cuja reprodução de mais de 200 milhões era anualmente aniquilada, sem retorno. Essa desordem diminuía nessa proporção, anualmente, a massa de riquezas do reino, aí incluída a destruição anual causada pela talha arbitrária estabelecida sobre os arrendatários, que em conjunto se elevava anualmente a mais de 300 milhões em depreciação. Desse modo, a cada três anos, a degradação chegava a algo em torno de 1 bilhão (mais ou menos 2 bilhões em moeda de hoje). Essa tributação ruinosa, que se estendia sobre a despesa do próprio imposto, reduzia seu valor real a mais ou menos 170 milhões, ainda que consideremos aqui o que em finanças é denominado *imposto bruto*, que não sofreu ainda as perdas que lhe ocorrem ao passar pelas mãos das *partes*

---

* Na mitologia grega, filho de Gaia e Poseidon, Anteu era um gigante de força extraordinária enquanto permanecesse em contato com o solo, mas que, ao ser erguido no ar, perdia completamente suas forças. Foi derrotado por Héracles. (N. T.)

** Pierre de Boisguilbert (1646-1714), economista francês, precursor de vários temas e argumentos centrais ao pensamento liberal das décadas de 1750 e 1760. A obra *Détail de la France* (1695) tinha como alvo principal as políticas mercantilistas implementadas por Colbert durante o reinado de Luís XIV. (N. T.)

5 *Memória para servir à história geral das finanças*, do sr. Deon de Beaumont. (N. A.)

interessadas, isto é, recebedores e tesoureiros, tantas paradas inutilmente multiplicadas onde ele paga caro por seu abrigo. Note-se também que, através de uma melhor administração que abolisse uma tributação tão destrutiva e reanimasse o comércio externo de cereais, vinhos, lãs, telas etc., em um mês seria possível aumentar muito os rendimentos do soberano e enriquecer os súditos. Mas quem ousaria empreender tal reforma em um tempo em que a ideia de governo econômico de uma nação agrícola havia sido perdida? Quem ousaria querer inverter as colunas do edifício?

Depois de ter apontado a fonte do mal, calculado seus progressos e demonstrado o Quadro, talvez tenha chegado a hora de prescrever os remédios.

Vemos que o imposto deve, em geral, ser cobrado imediatamente sobre o produto líquido dos bens fundiários, uma vez que, não importa o modo como ele seja cobrado em um reino que obtém suas riquezas de seu território, ele é sempre pago pelos bens fundiários. Desse modo, a forma de tributação mais simples, mais regular, mais lucrativa ao estado e menos onerosa aos contribuintes é aquela que foi estabelecida proporcional e imediatamente na fonte das riquezas continuamente renascentes.

Assumimos que uma nação florescente, ainda que sobrecarregada de subsídios estabelecidos sobre diversos objetos e limitada a um território que não é muito extenso, soube estabelecer seu poder e assegurar sua prosperidade ao isentar a charrua de toda tributação. Encarregados eles próprios do imposto, os proprietários sofrem subvenções passageiras em tempo de guerra, mas que durante esses tempos tempestuosos podem restringir suas despesas, de modo que os trabalhos da cultura das terras não sejam, em nada, atrasados, e a venda e o valor venal dos produtos dos bens fundiários estejam sempre assegurados pela liberdade do comércio externo. A agricultura e a multiplicação dos animais não sofrem nenhuma degradação durante as guerras mais longas e mais dispendiosas. Na paz, os proprietários reencontram suas terras bem cultivadas e preservadas, e seus grandes rendimentos bem mantidos e assegurados.

Desse modo, é fácil perceber a diferença que há entre um imposto exorbitante e um imposto espoliativo, pois, pela forma da tributação, um imposto pode ser espoliativo sem ser exorbitante, ou pode ser exorbitante sem ser

Fisiocracia

espoliativo. Essa nação inesgotável, por conta de suas riquezas sempre renascentes, sustenta sobre a terra e sobre o mar guerras obstinadas, em razão de seus rendimentos assegurados que se renovam anualmente sem declínio e que reparam as forças.

Porém, pelo que podemos conhecer da natureza dos rendimentos públicos dessa nação, vemos que é bastante recomendável que o povo pensante e patriótico não se conduza nesse tipo [de questão unicamente] por princípios simples e verdadeiros. Também a nação que está endividada de modo excessivo, mas cuja atenção em evitar as taxas espoliativas e a nunca admitir nem arrendamentos [fiscais]* nem fiscais,[6] previne-se da ruína fundiária, apesar do maior abuso de suas forças e dos desvios que necessariamente resultam de planos exorbitantes e de empresas muito longas.

Além disso, depois de ter dito o que deve ser evitado, se me fosse permitido dizer o que deveria ser feito, isso seria a matéria de uma obra inteira judiciosamente organizada e contendo o resultado de uma infinidade de pesquisas e de relações diversas.

A tributação sobre os bens fundiários é muito difícil de regular, dado que não apenas eles devem ser apreciados por seu valor fundiário, mas [também] por seu valor relativo. Uma terra de qualidade média frequentemente valerá mais do que outra de primeira qualidade, porém mais afastada dos canais de escoamento, uma vez que tudo diz respeito ao valor venal. Ora, de mercado em mercado chegamos aos mercados externos, ao comércio marítimo, à liberdade do mar etc. É assim que todos os ramos da harmonia se correspondem mutuamente e dependem uns dos outros.

Por tudo o que precedeu, vimos suficientemente a diferença que a cultura estabelece entre os produtos e qual é a cultura, a mais encontrada em nações esgotadas, que quase não gera produto líquido. Vemos ainda que não basta ensinar e recomendar uma cultura melhor, visto que ela só pode

---

* Tal qual o proprietário arrendava a terra para o cultivo, o rei arrendava a indivíduos privados a coleta de determinados tributos. Daí o emprego do mesmo termo em ambos os casos: *ferme*, literalmente, *fazenda*. Esse tema será retomado e desenvolvido no capítulo 5 de *Teoria do imposto*. (N. T.)

6 Na Inglaterra, de acordo com uma antiga lei, a simples proposição de um arrendamento fiscal ou monopólio é *crime* sujeito a pena de morte. (N. A.)

119

ser estabelecida a um alto custo. Trata-se então de dar forças ao cultivador, e essas forças precisam gerar os produtos que devem estar na base do fisco. Entretanto, o fisco, semelhante aos pulmões de um estado, não deve deixar de inspirar e expirar a riqueza. Como retirar essa riqueza de produtos que não vêm?

Disso tudo se segue, a propósito da injustiça e dos absurdos da talha arbitrária, que, apesar de terem sido apresentados como um ponto de regeneração praticamente indispensável, os cadastros não constituem mais do que uma forma de alívio incompleta, desigual e dependente [de outras medidas], e que de forma alguma protege dos estragos causados por casos fortuitos destruidores e absolutos. Trata-se, pois, de oferecer um plano mais justo, mais simples e mais paternal de montar a máquina de modo que ela se movimente por conta própria, sem custos, ou aos menores possíveis, de modo que os rendimentos do estado cresçam em proporção ao crescimento dos rendimentos do povo e decresçam na mesma proporção, no intuito de ligar e unir para sempre o que nunca deveria ser desunido, para que não mais se imagine que se arruinar e abocanhar o fundo signifique se sustentar ou vencer. Trata-se... mas já passamos da hora. Um passo a mais e esta obra seria classificada, com razão, dentre aquelas que denominamos *sonhos de um bom cidadão*. É preciso poupar as nações suficientemente superficiais para dar uma existência imperiosa a esse espantalho, denominado *o ridículo*. É preciso causar um mal inacreditável, *uma vez que, quando todo mundo está errado, todo mundo tem razão*. Nesse momento o temor de ser esmagado pelo *ridículo da virtude* me impede de continuar, não porque eu tenha apontado isso em outros, mas porque a partir daí eu me tornaria inútil à minha nação.

Resultado

Se lembrarmos, sucessivamente, de todas as verdades estabelecidas nas diferentes aplicações do Quadro e as relacionarmos ao tema do imposto, facilmente perceberemos:

1º) Que tudo o que gira em torno de custos de coleta, ou lucros de arrendamento fiscal etc., na percepção dos impostos é tão logo atribuído à classe estéril, [vemos o] enorme desarranjo do Quadro.

Fisiocracia

2º) Quais são as despesas do estado que são, por sua natureza, ruinosas; quais também não passam de uma aceleração da circulação e, finalmente, quais são uma vantagem para sua alocação quase inteira na parte produtiva.

3º) Como é possível que as despesas úteis se tornem destrutivas por um simples deslocamento, por exemplo as tropas regulares, alimentadas e mantidas pelo produto do estado, tendem à parcela produtiva; enviadas ao estrangeiro, elas são a ruína pela simples privação de seu consumo, que fica a cargo do próprio estrangeiro.

4º) Que aqueles que pregam ao soberano a economia seca e estéril não estabeleceram os princípios. É preciso que o governo de uma nação agrícola consuma muito para que o país produza muito, mas ele não precisa ser roubado, pois o roubo não ocorre sem acobertamento e, em um estado florescente, não há nada que precise ser acobertado. Digo que é preciso que o estado consuma muito, mas para isso é preciso que ele tenha muito: para ter, é preciso que os súditos sejam ricos, é preciso que o solo esteja em plena produção, que os adiantamentos da agricultura e aqueles da indústria, que o agricultor, que o operário, que as mercadorias e os mercados etc., sejam isentos e que todo imposto seja coletado sobre o rendimento e passe diretamente, sem circuitos, da bolsa dos súditos aos cofres do soberano, quanto à coleta, e dos cofres do soberano à bolsa dos súditos, quanto às despesas. Mas é precisamente aí que a reforma se depara a todo momento com oposições quase à prova da coragem e da virtude dos ministros.

Tal foi, contudo, o projeto de Sully,* que Henrique IV, cansado de ver *sua panela vazia e todos os seus gibões rasgados no cotovelo*, levou a seu conselho de finanças, para conhecer sua opinião a respeito. Foi-lhe unanimemente respondido que se tratava de um projeto de um louco, que imaginava que os rendimentos de um estado poderiam ser administrados como aqueles de uma casa particular, ao que o príncipe, tão judicioso quanto franco e direto, prontamente retorquiu que *como eles, tão sábios, o arruinaram, ele estava disposto a ver se um louco não o enriqueceria*.

---

* Maximilien de Béthune (1559-1641), duque de Sully, foi um dos principais conselheiros de Henrique IV. No discurso liberal francês do século XVIII, seu nome serve de contraponto ao de Colbert e, por extensão, às políticas mercantilistas do segundo. (N. T.)

Resumo

É praticamente impossível resumir uma obra que não passa, ela mesma, de um resumo de demonstrações e de princípios cuja extensão necessária seria a matéria de vários volumes. Podemos aqui unicamente apresentar uma espécie de sumário, adequado apenas para indicar o objeto principal de cada seção desse desenvolvimento.

Antes de apresentar o Quadro, o autor traça o objeto e ousa convidar os sábios a se engajar, por dever de cidadãos de sua classe, no estudo da ciência econômica. Ele previne sobre as dificuldades de seus elementos e fornece um rascunho preparatório de um modo simples de entrar nesse percurso através da via apresentada pelo Quadro.

A explicação vem na sequência e está dividida em duas partes. A primeira, subdivide-se em sete seções e apresenta o Quadro. A segunda apresenta, em sete seções, seu desenvolvimento e suas consequências.

Primeira parte

O Quadro econômico considerado em sua constituição. O Quadro não é outra coisa senão a circulação figurada. Aqui ele é apresentado somente com o rendimento do proprietário, excetuando-se o dízimo e o imposto. Esse rendimento é proveniente de um tipo de cultura que gera em produto líquido 100% dos adiantamentos da cultura e que é direcionado com igualdade, metade para a classe produtiva, metade para a classe da indústria.

Essa seção fornece as primeiras explicações desse novo tipo de dialética e fixa o produto natural e necessário do arpento da terra lavrável por uma boa cultura, isenta, livre e canalizada por um comércio exterior vantajoso, que assegura o valor venal dos produtos primários.

O Quadro econômico considerado em seu percurso. O Quadro, repetido em todas as seções para a comodidade do leitor, é aqui o mesmo da seção anterior.

Vemos nele o caminhar da circulação: vemos a distribuição do pecúlio, riqueza de convenção, heliotrópio indispensável da riqueza real. Vemos para onde cada parte da riqueza real deve ir, onde deve parar, ser consumida, ser reproduzida e qual é o efeito vantajoso do reflexo mútuo das duas classes,

Fisiocracia

uma sobre a outra, o que dobra realmente a riqueza e triplica seu efeito à vista, por intermédio de uma circulação extensa, rápida e igual.

O Quadro econômico considerado relativamente à população. Nenhuma mudança no Quadro.

Estabelecemos, na linguagem simples do cálculo, os verdadeiros princípios da população assegurada ao estado pelos laços da subsistência. Apontamos ali qual é, mais ou menos, o número relativo de adultos, qual é a parcela dentre eles disponível e transportável às diversas atividades imóveis da sociedade, qual é também aquela que está ligada aos diversos ateliês de produção e de indústria. Daí derivamos o grande e verdadeiro princípio da população, a saber, que um estado que queira aumentar o número de seus súditos pode fazê-lo unicamente em proporção ao crescimento de suas riquezas. Essa demonstração ligada apenas ao *prospecto* do Quadro, que prova que as riquezas só vêm da produção, conecta a população a seu princípio radical, a *agricultura*.

O Quadro econômico considerado relativamente à quantia do imposto e do dízimo. Aqui o Quadro recebe sua forma acrescida pela junção de uma metade adicional ao rendimento do proprietário destinado ao imposto e de um quarto adicional [ao rendimento] representando o dízimo proporcional. A partir daí supomos que a totalidade dessas três partes combinadas do rendimento seguem a mesma ordem de circulação apresentada anteriormente.

No enunciado, explicamos como essas taxas, tão lucrativas ao soberano e ao estado, não são exorbitantes e como os proprietários e todas as demais classes de cidadãos seriam muito felizes se as coisas fossem estabelecidas sobre esse pé.

O Quadro econômico considerado relativamente ao pecúlio. Repete-se o Quadro precedente. Fixamos ali as ideias sobre o pecúlio, no qual as opiniões vulgares acreditam que toda a riqueza do estado consiste, e demonstramos que, na medida em que é impossível estabelecer uma noção fixa a esse respeito, é inútil buscar a quantidade de dinheiro que há em um país. O dinheiro que uma nação possui está sempre em proporção a seus rendimentos, e qualquer outro pecúlio entesourado, seja pela avareza ou pela cupidez, não está a serviço se não a título destrutivo, e só permanece em circulação na medida em que se encontra em proporção às outras riquezas.

O Quadro econômico considerado na avaliação do produto e do fundo de riquezas de todo tipo. O Quadro é ainda o mesmo.

A avaliação que essa seção contém é unicamente ideal, porque, quanto ao principal, ela parte dos princípios incontestáveis estabelecidos anteriormente e, quanto ao acessório, as riquezas móveis não crescem tanto em proporção aos rendimentos, ao menos em comparação ao que é visto diariamente a esse respeito; ademais, é sempre útil poder conhecer sua situação por estimação. Outrora essa avaliação era necessária para pôr o pecúlio e sua taxa em seus lugares, objeto tão gigantescamente apreciado por quase todas as cabeças.

O Quadro econômico considerado nas condições necessárias ao livre jogo da máquina da prosperidade. Repetimos mais uma vez o Quadro precedente.

Trata-se ali de uma espécie de resumo das condições necessárias para um curso livre, completo e inteiro da circulação proveniente de uma produção abundante e forte e um comentário contra todas as falsas medidas que lhe podem ser contrárias. Não saberíamos como recomendar o suficiente a leitura com cuidado dessa espécie de repertório que abarca a maior parte, deixando de fora poucos dos objetos que pertencem a essa ciência prática tão extensa.

Segunda parte

Depois de ter fornecido um primeiro esclarecimento do Quadro na parte precedente, apresentamos, na segunda parte, seu desenvolvimento por meio da exposição das consequências de seu desarranjo.

O Quadro econômico considerado nas depredações privadas: excesso de luxo etc. O Quadro é apresentado aqui em seu primeiro desarranjo, proveniente da alocação de um sexto a mais do rendimento sobre a classe estéril, em vez da classe produtiva. Seguindo a regra dada, a perda é naturalmente encontrada na parte inferior do Quadro.

Nesse seção, depois de superficialmente apontar algumas das causas principais que podem fazer o equilíbrio do Quadro pender para o lado da classe estéril, estabelecemos em que consiste a prosperidade de uma nação agrícola, respondemos a algumas objeções mal concebidas em favor da pequena cultura e retomamos, com o apoio de algumas demonstrações conclusivas, a necessidade dos grandes adiantamentos para todo tipo de lucro rural.

O Quadro econômico considerado relativamente à espoliação. O Quadro numa situação de diminuição de 50 libras dos fundos de adiantamentos da classe produtiva.

Começamos o detalhamento das depredações pelos primeiros objetos que se apresentam e cujo efeito está longe de ser sumário e restrito. Mostramos as influências dos costumes e dos usos sobre o físico de uma nação. Ao avançarmos, lidamos com as devastações que interrompem a vida e que desidratam, em pouco anos, toda a riqueza de um estado. Desse tipo é o que denominamos *espoliação*, isto é, a destruição dos adiantamentos da cultura. Supomos uma espoliação de 50 libras por ano sobre os adiantamentos dos arrendatários e a partir daí mostramos a perda no primeiro ano, a rapidez de seus progressos e a proximidade de seu fim, isto é, a completa e inteira devastação que inevitavelmente se segue. Essa especulação nos conduz a saber como se chega ao ponto no qual a agricultura não gera mais do que 20% dos adiantamentos da cultura em produto líquido, em lugar dos 100% que rendia antes, em sua situação natural de prosperidade.

O Quadro econômico considerado relativamente no declínio da cultura e seus efeitos relativamente à população. Apresentamos o Quadro na situação de produto líquido que acabamos de mencionar, isto é, não fornecendo mais do que 20% dos adiantamentos.

Na explicação, demonstramos as consequências desse declínio e remetemos a situação da população a seus verdadeiros princípios, a saber, à proporção com os ganhos, lucros e salários que existem no estado. Ali, mencionamos superficialmente em que consiste uma defesa forte e números, os exércitos sendo nada mais do que uma parcela disponível da população, cuja força e manutenção estão submetidas às mesmas regras que as outras parcelas. Também indicamos o emprego útil dos homens disponíveis em trabalhos públicos cujas despesas são vantajosas à nação, para seu comércio, suas comodidades etc., e que devem entrar na ordem de uma contribuição proporcional e em uma direção, exercidas pelas províncias contribuintes e interessadas nessas despesas reguladas em conformidade à visão geral e às decisões do governo.

O Quadro econômico considerado em seus desarranjos em relação ao pecúlio. Repetimos o Quadro anterior.

Reafirmamos ali que o dinheiro não passa de uma garantia intermediária entre as vendas e as compras, que a massa do pecúlio de uma nação agrícola gira em torno do rendimento anual dos bens, que a renovação sucessiva das riquezas não pode, em absoluto, ser substituída pelo pecúlio, que a avidez pelo dinheiro não deve ser uma paixão do estado, que o dinheiro nunca falta em um estado bem cultivado e que quando uma nação fica sem produto, é impossível que o dinheiro ali permaneça.

O Quadro econômico considerado em seus desarranjos em relação à polícia. Repete-se o Quadro acima.

Consideramos as causas morais do declínio do Quadro, apoiadas, acima de tudo, sobre o desastre provocado pelas proibições que tem na polícia seu pretexto.

O Quadro econômico considerado nas depredações em relação ao comércio. O Quadro ainda sobre uma base de 20% dos adiantamentos.

Definição de comércio, seus efeitos, suas vantagens, abstração feita aos erros a esse propósito. Sumário das ilusões de um grande princípio e um grande ministro a esse respeito. Os trabalhos das mercadorias de mão de obra não constituem uma fonte de rendimento. O ganho dos comerciantes e empreendedores deve, frequentemente, ser classificado como custo em relação à nação. Se o comércio externo de mercadorias de mão de obra favorece o comércio ativo dos produtos, esse comércio é bastante vantajoso para uma nação agrícola.

O Quadro econômico considerado nas depredações em relação ao imposto. Aqui o Quadro muda de forma, ele é construído sobre uma base de 400 libras de produto líquido e 400 libras de imposições onerosas que se confundem com o produto líquido, formando um total de 800 libras, das quais 200 libras (metade do produto líquido) vão para a classe produtiva e 600 libras (das quais 200 libras são a outra metade do produto, que junto com o restante, isto é, 400 libras, consistem em falsos impostos e imposições onerosas) vão para a classe das despesas estéreis.

Esse desarranjo provém da qualidade e do tipo de tributação. É o que delineamos na última seção. O imposto bem ordenado deve ser visto como uma parcela do rendimento separada do produto líquido, sem custo e sem depredação. O tributo só pode recair sobre o rendimento. Devastação de um estado onde o imposto seria arbitrariamente estabelecido sobre os arrendatários, os trabalhadores, os produtos e as mercadorias. Como o imposto recai sobre si mesmo, ele perde, pelo crescimento das despesas, o dobro do que ganha com o crescimento das receitas. Como os tributos, isto é, o custo de coleta de imposto, dobra essa desvantagem, de modo a tudo absorver. Como, por causa desses dois erros, os rendimentos do estado e aquele dos proprietários não têm mais do que uma parcela do reflexo [anterior] e uma avaliação fictícia, na qual as duas partes se interpenetram, constituindo um mero vestígio em comparação ao que poderia ser [em] um estado vasto e abundante.

Aqui termina a carreira do *Amigo dos homens*. Aqui sua aposentadoria do serviço que ele devotou a seu príncipe e a seus contemporâneos. Seus cabelos estão grisalhos, ele passou a meia-idade, e não cabe ao público aguentar seu declínio. Ele traçou, em sua primeira obra, um plano de administração pastoral; na segunda, lidou com os princípios da organização e do modo de tornar efetivo os detalhes em relação à municipalidade. Finalmente, na terceira, ele desenha as qualidades da riqueza e os meios de obtê-la, e se desfaz de noções primeiras ilusórias transformadas em princípios, envolvidas e abafadas por erro e avidez. Esse desenvolvimento triplo abarca, em rascunho, toda a economia política. Esse foi, esse deve ser o uso de sua voz, ao menos em relação a suas intenções. Ele se considerará feliz se algum de seus semelhantes retirar, no presente ou no futuro, algum fruto de seu trabalho. Ele se considera feliz simplesmente por ter feito uma tentativa nesse caminho, pois nosso amor-próprio é tão fácil de satisfazer quanto de assustar, e nossa consciência não é outra coisa senão o amor-próprio esclarecido pela solidão de nosso interior. Ao longo de seu trajeto, ele combateu dois autores, mas não dois homens, pois ele não os conhece e, se ele os conhecesse, seria em amizade, ainda que em oposição a seus princípios. O encontro não teria, se ocorresse, como ser menos caloroso do que foi seu primeiro diálogo com aquele que lhe assegurou que ele havia se equivocado a respeito de todos os verdadeiros princípios da população. Ele se retirou como ordinariamente nos retiramos de qualquer disputa, isto é, zelando por sua opinião. Ele retorna a si mesmo, escuta-se, compreende, e desde então se valoriza. Ele prestou homenagem à verdade, a verdade retribui sua homenagem. Mas se ele tivesse encontrado como opositor um operador de finanças ou um redator de decretos opressivos, ele não teria se movido antes de ter fuzilado suas opiniões. Ele ousa afirmar que o fez, e que o fará sempre, jovem ou velho, até que em sua tumba esteja escrito: *é uma pena*.

A esse respeito, ele percorreu seu caminho e seu tempo está feito. Que aquele a quem ele tenha pessoalmente ofendido se levante e o acuse, e se homem não existir, que todos, em conjunto, tenham a bondade de receber seu adeus como acolheram sua chegada.

Fim

2
Teoria do imposto

Mirabeau

Resumo*
Primeiro capítulo

Senhor, para retomar sob vossos olhos o sumário de todos os objetos estabelecidos nesses diferentes capítulos, é preciso resumir sua substância. É o que tentarei fazer.

Quando um príncipe se vê preso em seus planos pelo esgotamento imprevisto de seu tesouro, isso aponta para o enfraquecimento de suas forças reais. Essas forças consistem na associação assegurada das vontades livres de seu povo à sua e na incorporação das faculdades produtivas desses súditos àquelas que ele crê lhe pertencer mais diretamente. De onde se segue que o enfraquecimento das forças significa o abalo e a ruinosa dispersão das vontades, forçadas por causas dominantes que seduzem o soberano e que consternam os súditos.

Para restabelecer o concurso livre e estável das vontades é preciso conhecer qual é seu móvel e seu ímã.

O ímã natural das vontades do homem é sua *vantagem*. Conhecendo em que consiste sua vantagem, conhecemos a natureza desse ímã.

---

* Mirabeau escreve tendo o rei como interlocutor, daí ele nomear os capítulos de *entretiens*, conversa, bate-papo. O *Resumo* aqui traduzido fecha a obra e consiste em um sumário bastante detalhado do conteúdo do livro. (N. T.)

129

Quesnay • Mirabeau • Badeau • Rivière • Dupont

A vantagem do homem consiste em usufruir livremente e de modo seguro de sua pessoa e dos direitos de jurisdição que ali estão anexados, [a saber,] de seus bens e dos direitos de usufruto que deles derivam.

Os direitos de jurisdição consistem em assumir seu lugar e ali permanecer. Quem está nessa situação se vangloria do encargo natural que recebeu da providência e de sua posição. Se, em vez disso, a autoridade suprema (cujo objetivo nesse assunto deve ser o de informar para que cada um assuma voluntariamente seu encargo) pretende submeter as funções e o gênio econômico de seus súditos à autoridade depositada em seus servidores, ela invade de fato a propriedade moral de cada indivíduo e estabelece um reinado de opressão – que engendra o erro, o desregramento e a depreciação na execução, assim como a inquietude, o alarme, a decepção e a fraude da parte do oprimido.

As mesmas desordens operam pelos mesmos meios nas partes físicas da propriedade.

A riqueza aqui embaixo não é outra coisa senão a fruição dos frutos da terra. Ela só os concede ao trabalho e ninguém se entrega a esse trabalho sem estar seguro a respeito do fundo sobre o qual ele estabelece sua empresa por um pacto que mantém dois eixos: *segurança* e *liberdade*.

De modo algum o homem se arranja sobre a liberdade de sua posse, porque ela só constata a propriedade e porque a propriedade é a única coisa que liga o homem à terra e à pátria.

A propósito da segurança, ocorre outra coisa. O homem sente que não pode trabalhar e vigiar ao mesmo tempo; de onde ele consente a contribuir ao estabelecimento e à manutenção de uma força tutelar. Portanto, é a visão de sua vantagem que engendra seu consentimento. Mais lhe demonstrais sua vantagem, mais vos assegurais de seu consentimento e da contribuição que é seu fruto.

Portanto, a natureza dessa contribuição é de ser interessada: *cada um busca oferecer o mínimo e retirar o máximo*. É a opinião de ter obtido essa condição pelo negócio feito com o governo que constitui o ponto de apoio mais sólido da autoridade, que lhe assegura o amor de seus súditos e o concurso de todas as suas forças.

Fisiocracia

A política econômica consiste, portanto, nisto: *o povo paga o máximo possível e pensa pagar o mínimo*. Pagar o máximo possível significa entregar o maior número de serviços possível, e pensar pagar o mínimo significa esperar mais de sua contribuição do que foi estimado em valor.

Isso pode ocorrer em qualquer caso, como observado na guerra, onde se trata de contribuir, como ponto de honra, com a vida e disputar com empenho o posto mais perigoso. Tamanha a falta de habilidade [por parte do soberano que] não sabe qualificar o posto mais dispendioso em favor do estado e de modificar a natureza da contribuição, revertendo as ideias do contribuinte, forçando-o a sentir que ele dá mais e retira menos.

Os princípios morais estão ligados aos princípios físicos, como a alma ao corpo. Quando um governo percebe a relutância e o esgotamento do físico das finanças, que é o pecúlio, ele deve ter certeza de que os princípios morais de união, de concórdia e de confiança, igualmente resistem e tomam parte nesse esgotamento no mesmo grau.

Mais o indivíduo paga e mais o público gasta, mais também o povo é feliz. Por que isso? Porque a contribuição do indivíduo não é outra coisa senão o serviço que ele devolve ao público, como também a despesa do público não é outra coisa senão a tutela dos indivíduos, ou a segurança do equivalente que deve lhe retornar. Pois, se o tributo denominado finança pesa ao povo, isso pode não ser por [causa de] sua extensão, mas, ao contrário, pelo desarranjo introduzido em sua destinação, o que equivale a dizer, por sua diminuição. Vejamos como esse desarranjo opera.

As carências do público consistem em ter as forças necessárias para desempenhar suas funções. Suas funções se resumem a três pontos. Prover, primeiro, à abundância, que compreende a subsistência e as comodidades; segundo, à tranquilidade, que inclui a justiça, a polícia, a boa ordem e os bons costumes; e, terceiro, à segurança, que inclui a política externa e a defesa. Essas três coisas caminham por si só, e o governo somente se desgasta por querer agir no detalhe, ao passo que sua ocupação natural é unicamente a de velar.*

---

* Adam Smith apresentará sua versão dessas funções ao discutir o que denomina de três deveres do soberano, ao final do capítulo dedicado ao sistema fisiocrata (capítulo 9 do Livro IV) da *Riqueza das nações*. (N. T.)

Aquele que trabalha despende todo o seu tempo e todo o seu esforço na aquisição da primeira dessas três carências da sociedade. Se o governo quiser ver a terra trabalhada, sob o pretexto de que o cuidado da subsistência está em seu escopo, ele incorrerá em imperícia, estabelecerá regras problemáticas e inadequadas, levará a equívocos e ao desincentivo. Ele se arruinará em custos e interromperá o trabalho na terra. Isso é perceptível, mas deve também levar à percepção do perigo ligado à política alimentar, que troca por mãos a relha da charrua, objeto tão sagrado quanto o incenso.

Disso decorre ainda que *todo trabalho é receita para o fisco, toda ociosidade é despesa*.

Do mesmo modo, a segunda parte das funções públicas, que inclui a justiça, a polícia, a boa ordem e os bons costumes, caminha por si só desde que todos os homens queiram a justiça e que entrem em um acordo sobre o que ela é; desde que a polícia e a boa ordem não passem de regras de detalhe, constatação de seu exercício, e que os costumes não passem de gestos, assim como o quadro de sua administração seja voluntário.

A esse respeito sobra apenas um cuidado de direção, fácil no sentido que vós [o soberano] sois o mestre das opiniões e, tendo em vista um objeto de primeira importância de onde se deriva um princípio certo: *que a virtude é a receita para vosso tesouro e o vício, a despesa*, a saber, que as pessoas de bem vos aliviam de um peso e os corrompidos vos são um fardo.

O terceiro ponto do encargo público, que consiste em oferecer aos cidadãos a segurança, que inclui a política externa e a defesa, também anda por conta própria. Na verdade, vosso dever nisso é de ação, em vez de ser apenas, como anteriormente, de jurisdição. Mas aqui todos naturalmente tendem ao ponto que lhes indicais, desde que o princípio de sua obediência seja cuidadosamente conservado.

A visibilidade do perigo e do ataque sofrido faz que cada um corra às armas e à defesa. A união íntima de vossos interesses com os do público faz que cada um se comporte com ardor ao servir vossos interesses. Eis o princípio que vos assegura o concurso completo de todas as forças reunidas de vosso povo nessa terceira parte de vosso dever, assim como em todos os outros, desde que não desvieis esse emprego de seu objeto natural e visível. Ora, mas por que isso ocorreria, dado que vossos interesses estão inseparavelmente unidos a esse objeto, o *bem público*?

Fisiocracia

Depois desse desenvolvimento das razões que fazem que um príncipe se arruíne na proporção em que ponha o poder arbitrário no lugar dos princípios morais e físicos, princípios imutáveis de união e de atividade, que levam todos os súditos a concorrer em seu poder, trataremos da retribuição em geral.

Segundo capítulo

Acabamos de demonstrar que o principal da contribuição consiste no trabalho, nas virtudes civis e na honra fundada sobre o amor ao dever. Agora é preciso considerar o que é acessório.

É conveniente que cada um de vossos súditos preencha vosso cofre se ocupando de seus próprios interesses. Por um instante, deixemos de lado o interesse público para considerar o interesse privado, pois esses dois interesses não poderiam subsistir um sem o outro.

Dizíamos que o interesse privado exige subsistência, boa ordem e segurança. Dessas três carências, a primeira é a mais irresistível.

Ela exige que, se deslocais um indivíduo, deveis fornecer para sua subsistência. Tal era o princípio do soldo, unicamente subsistência e não recompensa pelo trabalho, uma vez que todos devem concorrer ao bem público, devem [fornecer] ao público seu trabalho de graça.

Se há diferenças no soldo, é em relação à maior despesa que o emprego do soldado* exige. Daí a distribuição original nas diferentes atribuições distribuídas aos diversos empregos dos homens fixados nos serviços públicos, no exercício do culto, no governo do estado, na defesa da pátria, na administração da justiça pelos tribunais etc. Vemos que esses diferentes empregos foram dotados em razão da despesa e do deslocamento que exigem.

Assim, portanto, se de modo algum o soldo pode ser considerado um ganho, ele é menos ainda uma recompensa, ele é somente subsistência e compensação. Esse é um ponto muito importante de não perder de vista.

---

* Aqui no sentido literal daquele que recebe e vive de soldo, *soudoyé* e não *soldat*, soldado no sentido de militar não graduado. Abaixo, Mirabeau emprega a expressão *soldats soudoyés*, que traduzimos por *militares que recebem soldo*. (N. T.)

Em que consiste então a recompensa? Em contentamento de si próprio, em glória e estima públicas, fruto interno e externo da virtude, no cumprimento dos deveres que têm por objeto a religião, a segurança e a administração pública, o bem geral e a prosperidade da nação. Esse gênero de moeda se multiplica ao infinito, em proporção ao trabalho ser mais difícil, mais perigoso, mais íntegro, mais desinteressante e ao serviço que dele resulta ser mais ou menos recomendável.

Se nenhuma força maior e depravada a desvia, essa recompensa segue por si mesma as regras de equidade.

Se atribuímos à dignidade o que pertence ao serviço, e ao titular o que pertence à dignidade, muito rapidamente essas atribuições usurpadas confundem a consideração e o salário. Por ser livre, a consideração se avergonha de seu erro e foge, sobrando apenas o salário que é preciso dobrar e triplicar, uma vez que é preciso repor a recompensa. Essa depredação na retribuição vai ao infinito. A esse respeito, ousamos apresentar o exemplo do próprio soberano, de onde concluímos que os recursos e a riqueza de um estado serão imensos na proporção em que o interesse público e o desejo pelo bem público animem todos os empregos a seu serviço. Do mesmo modo, a corrupção, a pobreza e a depressão serão extremas na proporção em que o interesse privado seja o móvel das funções públicas.

Discorremos aqui sobre quatro classes de homens limitados ao simples salário de subsistência em um estado. A primeira é a classe dos operários, colonos e artesãos; a segunda é a classe dos operários empregados nos trabalhos públicos e nos serviços domésticos; a terceira é a classe dos militares que recebem soldo; a quarta é a classe dos operários que subsistem pela venda de suas obras no exterior.

O público não deve, portanto, a esses agentes necessários e despossuídos mais do que a subsistência, e não devem nada à repreensível ociosidade. Porém, a que ponto chegaria a desordem, se não pagássemos com um soldo os empregos que não foram preenchidos, ou que são prejudiciais [ao indivíduo que dele se ocupa] e se, discricionariamente, aumentássemos ou diminuíssemos os honorários de acordo com favores ou um hábito fatal. A partir de então a virtude não é mais do que um nome; a moderação, uma ideia; e o desinteresse, falta de jeito ou falsidade.

Esses dois capítulos indicaram o modo como o desarranjo das finanças pecuniárias podem provir da desordem das finanças morais. Agora vamos passar ao detalhamento que concerne àquela considerada atualmente como o único objeto nesse gênero.

Terceiro capítulo

O estado carece de uma série de serviços mecânicos e aqueles por ele empregados carecem de subsistência. Essa subsistência deve ser fornecida pela totalidade dos cidadãos, uma vez que ela é empregada a serviço de todos.

Quando digo de todos, está subentendido que para fornecer é preciso possuir.

Todos os homens estão submetidos ao imposto na ordem de contribuição pessoal que enunciei antes ao tratar das finanças morais. Portanto, o estado desarranjaria suas próprias funções se desarranjasse o trabalho de algum operário. O salário que ele oferece deve atrair unicamente os homens que não têm emprego. Esse salário será em pecúlio e esse pecúlio lhe deve ser fornecido pelos homens que possuem bens e não pelos homens assalariados que não possuem propriedade alguma.

O exemplo retirado da primeira contribuição, e diretamente de instituição divina, mostra-nos sobre qual natureza das coisas é unicamente possível assentar, nas nações agrícolas, a exigência da contribuição que denominamos tributação [imposition]. É sobre os produtos da terra, os únicos que são [verdadeiramente] bens.

Contudo, esses produtos são devidos: 1º) à subsistência daqueles que os fizeram nascer; 2º) à subsistência daqueles que os manufaturam; 3º) à subsistência daqueles que os transportam. Isso compreende a agricultura, a indústria e o comércio. Todas essas partes são, de direito, isentas, livres e imunes.

Antes de extrair a parcela do estado dos bens dos cidadãos, é preciso subtrair os custos de todo tipo.

É, pois, sobre o produto líquido que cabe assentar a taxa determinada para as carências do estado.

É necessário, não apenas para a boa ordem e para a prosperidade, mas também para a ordem indispensável, que os rendimentos do estado estejam de tal modo fundados que cresçam ou decresçam em proporção ao crescimento ou decrescimento dos rendimentos dos cidadãos.

Para que o governo tenha em mãos o peso e a balança, é preciso que ele seja não apenas o juiz único das carências políticas, mas também das carências físicas. Sem isso, tudo é vago em seus projetos, tudo é ilusão no recenseamento dos meios que acreditamos poder empregar para alcançá-los. O sonho é doloroso e o despertar, desastroso.

O único remédio para impedir a causa desse mal consiste em fazer que os rendimentos públicos do estado sejam o que eram no Egito: a marca através da qual julgavam, pelo nível do transbordamento do Nilo, qual deveria ser a fertilidade do ano. Para isso é preciso que a tributação recaia unicamente sobre o produto líquido dos bens fundiários e não sobre os custos que eles geram para aqueles que o manufaturam ou para aqueles que o exportam.

Para formar o produto líquido é preciso que os produtos da terra tenham um valor venal. Este último só pode ser trazido pelo comércio. Iremos tratar da influência que esses dois agentes, o comércio e a indústria, têm sobre a prosperidade do estado e desse exame surgirá a demonstração da necessidade de sua imunidade plena e completa.

Quarto capítulo

Apenas o comércio e a indústria fornecem aos bens a qualidade de riqueza. O estado pode coletar seus rendimentos unicamente daquilo que é riqueza, de onde se segue que um fisco cego, que pressione demais o comércio, ataca o precursor necessário da verdadeira finança.

Esse é o meio mais seguro de devastar um território naturalmente fértil. Os saques trazidos por guerras ou qualquer outro tipo de pilhagem violenta são passageiros, e pouco a pouco o solo renasce de suas próprias ruínas. Mas a pilhagem fiscal aniquila os valores ao desencaminhar seu agente e, em seguida, recaindo sobre as terras isoladas, só as abandona quando todos os colonos as desertaram, ou por conta da esterilidade absoluta.

O homem só pode prover à sua subsistência por meio de um trabalho obstinado e contínuo, mas ele não estima sua própria subsistência de modo a ser condenado a esse trabalho por esse único motivo, e, se ele não fosse

Fisiocracia

excitado por outro motivo, muito rapidamente esse trabalho se limitaria à satisfação das carências mais rigorosas. Desse acordo com a indigência necessariamente resultariam o desapego, a indiferença e a dissolução dos vínculos da sociedade, a ruína do estado e a degradação da soberania. O oceano de desejos é o elemento da atividade humana recompensado pelo usufruto. Dado que o governo não cometa nenhuma violação nas condições que entram nessa combinação, quanto mais objetos combinados entram em suas expectativas, mais esse homem redobra seus esforços e sua ação.

O comércio é o mascate das carências dos homens. É o aguilhão de seus desejos e, desse modo, de seu trabalho.

Se a importância e a necessidade da imunidade do comércio não tivessem sido provadas anteriormente, essa simples análise de suas propriedades serviria de prova completa.

Por ocasião do primeiro despertar a propósito das vantagens do comércio, falsamente lhe associamos a ideia de que eles deveriam ser apropriados de modo exclusivo; com isso apenas forjamos para nossos vizinhos os vínculos nos quais nós próprios estamos presos.

Essas medidas falsas e absurdas são o efeito do estabelecimento dos assuntos de comércio como assunto de Estado. O comércio se estabelece por si só nas nações onde o governo não é unicamente militar, desde que ele não seja turbulento ou opressor e que, além disso, não menospreze qualquer profissão mercenária. De modo geral, ele foi banido por erros e por uma gestão fora de lugar dos governos que se fizeram diretores do comércio.

Os comerciantes mais lucrativos em um estado são os que ali oferecem o melhor preço para aquele de quem compram e que oferecem ao mais baixo preço para aqueles a quem vendem.

Só é verdadeiramente cidadão* aquele cujo bem e situação não podem escapar à sociedade.

---

* *Régnicole, cidadão* no sentido daquele que nasceu ou se naturalizou em um determinado país, opõe-se a estrangeiro. No próximo parágrafo, Mirabeau emprega a expressão *commerce régnicole*, referindo-se ao comércio levado a cabo unicamente por cidadãos do próprio país. (N. T.)

Quesnay • Mirabeau • Badeau • Rivière • Dupont

Todas as vantagens que atribuímos à existência exclusiva do comércio pretensamente nacional serão multiplicadas por cem na imunidade e na proteção do comércio universal; e os comerciantes de vossos próprios portos encontrarão ali a vantagem de estarem mais próximos da liberdade e da imunidade de sua agência.

Em lugar disso, nossa política interessada nesse assunto nos transforma em inimigos de nossos servidores mais úteis, e dos mais econômicos e ativos negociantes do universo, para quem nossos produtos serviriam de tela, ao mesmo tempo que seu concurso forneceria um valor constante a nossos produtos.

Depois de isolar nosso comércio, o espírito exclusivo quis ainda o subdividir internamente. Por toda parte, demandas por privilégios, exclusões, proibições, exceções, formas incômodas e exações. Por toda parte, obstruções dos valores e opressão da liberdade natural.

Um dos efeitos dessa confusão de princípios foi tomar a fabricação como um objeto de primeira importância à prosperidade de um estado agrícola.

Se considerarmos a fabricação pelas facilidades que ela oferece ao comércio, único princípio vivificante do cultivo, diremos uma verdade; mas colocá-la no primeiro nível quanto aos elementos da prosperidade, porque ela atrai e conserva o dinheiro no estado, é uma inversão dos seres, é um erro.

Extraí os metais de minas inesgotáveis e fazei-os entrar no estado como lingotes e por tonelada, esse dinheiro só permanecerá enquanto encontrar modos de se expandir sobre as partes de riquezas reais.

No desejo de ocupar o comércio e de se apropriar de todos os seus lucros foi incluído o desejo de atrair toda a indústria. Ignorávamos, ainda ignoramos, um princípio econômico da mais constante verdade, a saber: *que mais vale vender* in natura *as matérias primárias do que vê-las perder no preço da primeira venda em favor das manufaturas que somente possuem como lucro o preço da fabricação, lucro que na verdade não passa do retorno do preço que ela custou.* Por exemplo, não vemos os comerciantes de vinho aceitarem perder nos preços de seus vinhos em favor da destilação de aguardente?

A indústria e o comércio nacionais somente podem ser vantajosos à nação na medida em que são exercidos para obter lucro, não perda. É a plena liberdade entre vendedores e compradores e sua concorrência que assegura o bom emprego em um estado agrícola.

Ademais, esses novos cuidados do governo em favor da mão de obra se desencaminham. Acreditávamos que as manufaturas mais preciosas deveriam ter preferência sobre as mais comuns e sobre aquelas que fabricam as matérias-primas do país. Esquecíamos que as manufaturas grosseiras, as manufaturas de nossas lãs, são as que mais fornecem ao consumo; aquelas, em consequência, que mais geram mais atividade ao cultivo e mais riquezas ao estado.

Essas fábricas brilhantes e privilegiadas, de um lado exauridas pela decoração, de outro sobrecarregadas pelo fisco, só se sustentam gerando grandes custos ao governo. De todos esses custos, o que pareceu menos dispendioso foi o impedimento às compras de qualquer mercadoria de mão de obra fabricada no estrangeiro.

É então a mesma mão que atraiu a indústria no estado a que selou o decreto de seu banimento. De fato, não cabe ao consumo se apresentar à indústria, mas sim a indústria se apresentar ao consumo. Os indivíduos, privados da influência da indústria universal e lançados na pobreza pela proibição do comércio entre eles, não puderam alcançar o preço das matérias estrangeiras trabalhadas em nosso país. Vimos o consumo cessar e cortar o nervo das manufaturas. Os maus efeitos das proibições exigem proibições mais restritivas, e mesmo a proibição de exportação dos produtos de nossas terras. A falta de valor de nossos produtos gerou outras proibições, as de plantar vinhas e de reabrir terras incultas; em consequência, aceleração da ruína.

Fizemos ainda mais: introduzimos proibições internas, inventamos corporações e títulos de mestres-artesãos, delimitamos áreas para as indústrias, cobramos mais e mais a mão de obra.

Os maus efeitos de tantos erros acumulados, que concorrem para desidratar o território do estado e privá-lo de suas verdadeiras riquezas, das riquezas que renascem, só pode ser interrompido cortando o nó górdio e reinstaurando a essas duas partes, de um só golpe, a liberdade natural e completa, das quais depende sua existência.

Essa mudança é tão simples quanto necessária. Antes de detalhar o modo como ela pode ser conduzida, tentemos descobrir a fonte completa de nossos maus. Encontramos seu princípio primordial no quadro dos inconvenientes inseparáveis da forma corrente de percepção dos rendimentos do fisco nos estados.

Quinto capítulo

A contribuição do cidadão ao tesouro público é um tributo [*tribut*]. Como tal, ele deve ser oferecido pelo contribuinte.

Em seu nome, os magistrados devem apresentá-lo ao soberano. Os ministros, sob as ordens do soberano, devem organizar sua distribuição e seu emprego.

Tudo o que se introduz entre essas relações, que não poderiam ser mais próximas, insere o machado no corpo da árvore política.

Daí o princípio da aversão, que se encontra em todos as épocas e em todos os povos, pelos arrendatários de rendimentos públicos.

Os arrendamentos privados são úteis e autorizados na medida em que o fundo e o proprietário ganham com a intervenção do arrendatário. O primeiro arrenda somente o campo, que permaneceria estéril sem a introdução das riquezas do arrendatário que a fecunda e pelas quais este último é coproprietário, junto ao primeiro, do valor do terreno que ele fertiliza. Desse modo, o lucro está fundado sobre a reunião desses dois tipos de riquezas. O proprietário obtém um rendimento que lhe produz a riqueza do arrendatário e este obtém, com o produto de sua riqueza, um lucro do campo do proprietário.

Nada mais afastado dessas condições do que a ação do arrendatário dos rendimentos públicos; ao contrário, ele inevitavelmente arruína o fundo, de onde se segue a ruína do proprietário, a ruína do público, base necessária dos odiosos lucros desse arrendatário [fiscal].

Para enganar os olhos do governo e do povo, é do interesse dos arrendatários públicos desviar a tributação de seu verdadeiro ponto de apoio, o produto líquido das terras. Uma tributação dessa espécie exige apenas uma receita. Para ter lugar o arrendamento [fiscal] e adjudicações feitas às cegas, é preciso que a imposição seja estabelecida sobre objetos dos quais apenas o arrendatário [fiscal] conhece o verdadeiro produto. Daí a cobrança incidir sobre todas as etapas de consumo, de circulação e de ação possíveis. Daí a atribuição exclusiva ao arrendatário [fiscal] da venda de determinadas mercadorias necessárias à vida, oferecidas por eles a um preço excessivo. A partir de então, [surge a] ocasião de manter os exércitos para fiscalizar as fronteiras dos países excluídos dos dons da natureza, sinal da escravidão que se estende por todo o território, prisões, galeras, forcas e tribunais particulares legados à crueldade dos tratantes. Daí a perturbação e o terror de todo o comércio, livre por natureza e que foge tão logo lhe sejam apresentadas correntes. Daí, enfim, a desidratação completa do território que só pode fornecer colheitas proporcionais ao fraco consumo de um pequeno número de cultivadores. Isso se, privado da influência do comércio, ele estivesse ao menos isento dos tributos; mas como ele se encontra obrigado a fornecer à avidez de arrendatários [fiscais] já desapontados pela expatriação do comércio, vê-se presa de uma depredação furiosa e incapaz de fornecer qualquer outro recurso aos infelizes colonos além dos caminhos para dali fugir e se expatriar.

Com efeito, na falta do produto de extorsões sobre o comércio, que diminui diariamente junto com o consumo, o vampiro universal se volta e ataca o pequeno número de proprietários ainda ligados aos restos dos produtos que se extinguem. Tarifas são cobradas e todos os serviços que os súditos têm o maior direito de esperar de seu soberano são vendidos. A justiça, os atos, tudo, enfim, se torna objeto de direitos mal estabelecidos, mal explicitados, suscetíveis de extensões, revisões e desvios. Quanto maior o desastre que resulta desse regime cruel, mais o arrendatário [fiscal] exige, mais ele lucra e se torna importante. Mais ele exige e mais ele lucra, mais ele acelera os progressos da ruína do soberano e da nação.

Há mil maneiras de interessar a autoridade: 1º) as carências do governo; 2º) o ciúme da própria autoridade que ela saiba excitar a respeito; 3º) a prevenção dos arbítrios do governo, a depressão gerada por uma série de detalhes, a fraqueza e a distância dos oprimidos; 4º) a própria corrupção, a participação nesses lucros injustos e sua própria riqueza que lhe torna importante no estado na proporção em que a miséria corrompeu mais os costumes e introduziu venalidades e dissipação. Tudo, enfim, concorre para persuadir o soberano que quanto mais ele subtrai de seus súditos, mais ele aumenta seus rendimentos. Seu reino é comparado a um pasto que ele acredita crescer mais forte quanto mais baixo a grama é cortada. Todos desistem de chamar sua atenção para o fato de que não basta colher os produtos alimentares e de exportação, mas que é preciso trabalhar, semear, fazer nascer as riquezas através de riquezas.

De tantas causas combinadas se segue que o território deve cair em uma situação de devastação absoluta. Aumentamos o numerário em dinheiro, mostramos ao soberano a situação de seus rendimentos, sem compará-los à realidade dos valores venais ou à diminuição dos produtos do solo e sem lhe dizer que ele só é rico em denominação [monetária], enquanto seu tesouro está, na verdade, sobrecarregado de dívidas e obrigações, esgotado pela necessidade de saldar todos os restos da nação, uma vez que, do proprietário ao cultivador, todos se tornaram serviçais, e todo serviçal precisa ser pago.

Chega então o momento de incorrer em despesas extraordinárias. Tudo se sustenta por um fio, tudo é forçado em suas partes e tudo se enfraquece ao mesmo tempo: tratantes e usurários, para comprar os restos do povo ao mais baixo preço; seus comparsas, empregados nos detalhes para desviar todas as partes da despesa de seu verdadeiro objeto, para comprar o empreendimento, fraudar a execução e se apropriar dos lucros; já o estado, degradado e abatido, com langor se submete às condições que os financistas lhe impõem.

O esgotamento então se impõe instantaneamente sob seu próprio peso: os éditos não passam de pretextos de exação e o povo não pode mais fornecer nada de real. O cofre do príncipe, cheio de furos, não é mais capaz de servir de entreposto momentâneo. A ciência dos recursos assume o lugar da ciência econômica. Os empréstimos são esgotados, as cobranças se multiplicam, em uma palavra, o estado, os súditos, o príncipe, a fé, a lei, os costumes, a honra, tudo é comprometido. As obrigações de pagamento entre os cidadãos são assumidas, finalmente tudo é invertido e chegamos a esse período terrível onde o governo nada mais espera de seus homens e onde os homens nada mais esperam do governo. Época fatal, onde o sopro de uma criança pode derrubar estados.

Fisiocracia

Eis o curso, eis as consequências do enorme erro de interpor um agente qualquer entre a contribuição dos súditos e a receita do soberano. O exemplo de todas as épocas e de todos os impérios serve de prova. Por toda parte os arrendatários públicos compraram do príncipe a nação e, finalmente, destruíram a nação e o príncipe.

Trata-se agora de propor a forma de administração que pode e deve substituir essa forma assassina. Lidaremos com ela depois de discutirmos os princípios gerais da imposição.

Sexto capítulo

A questão mais importante a lidar em matéria de imposição consiste em saber se a autoridade soberana e absoluta implica o direito de tributar [*imposer*] os povos sem a intervenção de seu consentimento.

Quando falo aqui em direito vis-à-vis meu soberano mestre, não se trata de direito jurídico, de direito legal, mas direito de paternidade, do direito que não implica em contradição com a essência mesma da soberania. Esse seria um direito indeterminado à colheita que não pode ser conciliado com o estado de segurança daquele que trabalha e semeia, pois sem esse estado de segurança ninguém trabalharia, ninguém semearia, e o direito indeterminado do soberano à colheita seria uma ficção. Sob hipótese alguma retiro meus princípios da ordem civil ou pública: é na natureza mesma das coisas, na compatibilidade ou incompatibilidade física das condições humanas e não, repito, na constituição moral e positiva das sociedades, sempre sujeita a interpretações e a discussões que repugnam a submissão dos súditos e a dignidade do monarca. Bem entendidos, os próprios interesses do soberano bastam para assegurar a prosperidade e a felicidade dos indivíduos, pois é evidente que, quanto mais essa verdade é desenvolvida e aprofundada, mais ela se torna decisiva.

Seguindo princípios tão invariáveis, fica fácil demonstrar que determinadas pretensões exageradas e em aparência favoráveis à autoridade não podem estar ligadas à ordem suprema da soberania monárquica. O que daí resulta é que os puxa-sacos e os depositários do poder, sempre atentos a qualquer oportunidade de prevalecer sobre as fraquezas do príncipe, precipitam-no em direção ao arbitrário, cujo termo é o despotismo, isto é, a extinção da monarquia e a escravidão do príncipe e de sua nação.

Um soberano que foi levado a estender os direitos naturais de seu povo só pode chegar a esse ponto fatal por meio da cooperação de uma força militar que se torna predominante e que o carrega consigo depois de ter abatido a nação. Em vão o déspota gostaria de restabelecer a soberania monárquica e reconquistar a autoridade absoluta assentada nas leis: as próprias forças do despotismo, essas forças superiores ao príncipe e à nação, violentamente se oporiam. Limitado a dispor arbitrariamente do destino de alguns escravos que o circundam, ele é, de todo modo, forçado a seguir, por meio de todos os princípios de governo, a regra tirânica que ele ou seus predecessores imprudentemente se impuseram. O déspota é obrigado a renunciar para sempre a autoridade legítima e a potência motriz que as leis e a obediência de súditos livres asseguram ao monarca. Os exemplos dessa degradação da soberania monárquica não devem fixar nossa observação sobre a Ásia ou a África. Devemos nos lembrar de todos os países da Europa que viveram semelhantes revoluções por causa de semelhantes descaminhos.

Essa situação deplorável para os povos e para seu senhor não é outra coisa senão a extinção de toda propriedade no estado. O direito de tributar é o direito de coletar uma parcela do rendimento. Se esse direito é indefinido e atribuído a um único, aquele assim revestido tem o poder de coletar a totalidade do rendimento. Aquele que se apropria da totalidade do rendimento coleta de fato o fundo. Portanto, o direito indefinido de tributar extingue toda propriedade.

Daí se segue que o direito de tributar à vontade é o maior e último passo em direção ao despotismo, estado destruidor da nação e da soberania.

Considerando as coisas pelo lado do direito natural, constata-se a mesma monstruosidade. O fisco não poderia obter um título mais vantajoso do que aquele de coproprietário no estado. Ora, o proprietário direto encontraria para si um cultivador, um mercenário que empresta a mão ao cultivo de seu campo, sem saber a que título e sob que condição fixa ele vende seu trabalho e seu suor? O empreendedor da cultura, proprietário ou arrendatário, faria as despesas sem estar assegurado de encontrar na colheita sua compensação e sua retribuição? O simples proprietário faria as aquisições, os reparos e os melhoramentos dos bens sem a segurança de um rendimento proporcional ao preço de aquisição e das obras que ele faz executar? O dinheiro é imune, e os lucros de seu emprego devem ser assegurados no país, de outro modo ele será levado a países onde pode ser empregado com segurança. Daí não se segue que o direito do soberano depende da prudência daquele que possui o capital do preço da aquisição e das despesas que a circulação exige? Portanto, se não sei o quanto o fisco irá recolher de minha colheita, eu fico sem saber se o terreno e a colheita das quais faço os adiantamentos me pertencem e se me é conveniente arriscar as riquezas que possuo com segurança por riquezas incertas. Ora, como sabê-lo se o fisco pode a todo instante subir a taxa de sua parcela? Esse direito arbitrário só existiria, portanto, para aniquilar a si mesmo.

Dizíamos que o fisco coleta unicamente para entregar e para despender. A partir de então, os rendimentos anualmente retornarão para a circulação fazendo, desse modo, renascer todas as classes de trabalhadores.

Isso quer dizer que existe então apenas um proprietário universal, que ao menos deveria preservar a propriedade das riquezas de exploração dos cultivadores. Mas o que resultaria desse arranjo? 1º) Que esse proprietário, por ter apenas um domicílio, possui um único centro de distribuição. 2º) Que todos abandonarão seus empregos para ir zunir ao redor desse proprietário e pilhá-lo de todos os modos. 3º) Ele comandará tudo por meio de seus agentes, animados por seu [próprio] interesse privado e desprovidos de qualquer interesse civil; sua administração não passará de espoliação ou de pilhagem das riquezas do cultivo e, consequentemente, [resultará] na destruição dos rendimentos desse proprietário universal, de seus súditos e de sua fatal propriedade e soberania. 4º) Os agentes, corrompidos, tolerarão a corrupção alheia. 5º) Tudo se dirigirá à usura, ao luxo, às riquezas clandestinas e independentes do senhor, ao rendimento dos juros do dinheiro, ao comércio ambulante,[1] ao usufruto e às habitações precárias, *instar Judaeorum* [como os judeus]. 6º) Todos aqueles que quiserem fazer uma fortuna sólida depositarão suas riquezas no exterior. 7º) Tendo sido a

---

1 Isto é, um comércio que envolve a compra de mercadorias em um local e seu transporte para a venda em outro. (N. A.)

agricultura destruída pela espoliação das colheitas e das riquezas visíveis do cultivo, faltarão produtos alimentares. Em vão se tentará produzir através de uma cultura ingrata e forçada de colonos escravos, privados de coragem e de interesse pela coisa, e a produção mal fornecerá às primeiras carências dos satélites do senhor. 8º) A pouca idade ou a senilidade do senhor estarão igualmente expostas a qualquer tipo de desordem. 9º) Não tendo outra opção a não ser se tornar mercenários pagos, a nobreza abandonará o proprietário, privado de rendimento e de recursos, para defender uma propriedade passageira que rapidamente será tomada pelas potências vizinhas. Esse estado nem sequer será um estado de despotismo, mas um estado de dissolução e de revolução. 10º) A magistratura não passará de uma sombra, a justiça será venal, as leis degenerarão em piadas de mau gosto e a sociedade cairá na anarquia. 11º) Apenas os comerciantes, que conseguirão conservar alguma fortuna, verão no território do estado nada além de uma etapa, evitando ali estabelecer suas riquezas. 12º) Tendo aprendido o segredo de comer em sua mão, o restante do povo, desconcertado, abandonar-se-á à preguiça e à miséria, e o quadro do estado conservará nada mais que uma moldura fácil de ser quebrada pelo menor esforço estrangeiro.

Em uma palavra, um estado onde o tributo coleta sem medida o rendimento do território, onde a autoridade se estende às propriedades dos bens e sobre as riquezas de exploração, temos um estado em completa anarquia, sem consistência e sem duração. Nisso tudo há graus, e o menor grau é sempre um grau de declínio, cuja continuidade se dá em progressão crescente de destruição.

Da prescrição do direito ilimitado e isolado de arbitrariamente tributar se segue a prescrição do direito de arbitrariamente repartir os tributos, mesmo os legais e consentidos. Quando exercida sobre o indivíduo, essa tirania é mais perigosa do que aquela que se estende sobre a universalidade, pois deixa menos acesso aos recursos.

Em uma palavra: o arbitrário aqui não é bom para nada e é prejudicial a todos. O que denominamos lei só se torna sagrada quando se opõe ao arbítrio, e útil em virtude do que ela bane. Digo mais, o arbitrário absoluto não pode sequer existir, e aquele que pretende ser o único instituidor, denunciador e executor da lei seria forçado a empregar outro tipo de regras por ocasião de sua instituição, aquelas da linguagem ao pronunciá-las e, finalmente, aquelas que movem à força na hora da execução.

Portanto, tudo gira sobre as regras. Em que consistem as regras da tributação? Em dois pontos principais: regras quanto à base dos tributos e regras quanto ao modo da percepção. Comecemos pelo primeiro ponto.

Sobre o que podemos basear o imposto? Dissemos que o trabalho pertence inteiro ao estado; como ele não pode coletar de si mesmo, também não pode, portanto, tributar nada além do produto, isto é, os dons anuais da natureza, as riquezas renascentes que ela adiciona anualmente às riquezas orgânicas do estado; pois existem apenas duas coisas: trabalho dispendioso e produto líquido.

O trabalho compreende a agricultura, a indústria e o comércio. Essas três coisas envolvem suas telas e seus instrumentos. As telas consistem nos quatro elementos; os instrumentos, nos homens, suas faculdades acessórias, sua subsistência e todas as obras manuais para o consumo, para as comodidades e para o transporte. Nenhuma dessas coisas pode ser tributada sem que o estado cobre de si mesmo.

O produto provém de dois agentes combinados. Esses dois agentes são o trabalho dispendioso do homem e o dom da natureza. A totalidade da produção se chama produto; uma parcela do produto é apenas o retorno dos adiantamentos, a outra parcela que é o excedente do produto, subtraída a despesa, é o lucro.

O rendimento consiste unicamente nesse lucro, e o coproprietário universal tem um direito sobre a parcela que cabe aos proprietários.

Aqui se encontra a grande obra que cabe às finanças. Como separar essas duas partes, tão intimamente conectadas, e dizer: aqui o pedaço que pertence à exploração, ali o que pertence ao rendimento?

Isso só é possível por meio de uma revolução moral preliminar, porém a mais frutífera de todas, a saber: o restabelecimento da confiança. É preciso restabelecer a confiança dos proprietários em mostrar ao público seus rendimentos. É preciso restabelecer seu impulso natural, aquele que os leva mais alto. Sobretudo, é preciso destruir todo tributo extorquido.

Pode ser assim denominado qualquer tributo que recaia sobre bens estéreis, sobre obras, sobre faculdades instrumentais, sobre a subsistência, sobre casas, rendas pecuniárias, encargos, direitos e prerrogativas, móveis, a justiça e a polícia, atos, o luxo. Em uma palavra, sobre tudo o que é fundo estéril e que nada produz.

Não escutemos, pois, as combinações cegas que querem cobrar a indústria porque ela parece possuir riquezas que poria em movimento. Todas as riquezas que lhe são próprias não passam de *despesas de retribuição*. Repito que todos os ramos do trabalho devem usufruir de uma isenção absoluta. Eles tendem, todos, a aumentar o preço da venda dos produtos primários, e contribuem assim em massa à tributação coletada na primeira venda, que constitui o rendimento.

Os homens trabalham porque visam, cada um em seu emprego, aliviar o trabalhador de qualquer função que o desviaria de seu trabalho.

Antes de finalizar sobre a tributação, tratemos de uma questão resultante de seus efeitos e cujo objeto é da maior importância, pois se trata de um meio de prever e evitar a sobretaxação.

Perguntamos se os tesouros de reserva do príncipe são úteis ou prejudiciais em um estado.

A parábola das virgens não precavidas parece ser uma lição para que todo pai de família antecipe, por meio de uma economia sábia e fundos de reserva, as ocasiões de despesas extraordinárias. Ainda mais razão teria uma lei para o pai universal de uma grande nação.

De fato, o maior dos acidentes de estado, a guerra, necessariamente diminui os rendimentos de uma nação pela interrupção do comércio com qualquer vizinho que tenha se tornado inimigo. Supondo estabelecida a única regra justa e durável na percepção das finanças, a saber, que ela seja uma porção fixa dos rendimentos da nação, conforme esses rendimentos caem por conta da guerra, os rendimentos do príncipe também diminuem, precisamente no período em que suas despesas devem aumentar; assim, se ele quiser exigir mais de seu povo, deve fazê-lo no período onde o povo tem menos, de onde se segue ruína e sobretaxação.

Essa razão parece trazer consigo a necessidade de um tesouro público, destinado a prover aos casos imprevistos.

Fisiocracia

Geralmente se opõem a isso: 1º) a obstrução que um acúmulo considerável de metais causaria à circulação; 2º) o perigo de fazer entesourar aquele que pode emprestar; 3º) que o período de dissipação, que sucede ao período de poupança, cause grande mal ao estado.

A primeira dessas razões não tem fundamento. Cada estado está para o mundo como uma família, em relação a todo o resto. Um tesouro do príncipe, formado apenas como reserva nos períodos em que menos carências exigem menos despesas, não subtrai nada de seus súditos se, além disso, a liberdade do comércio externo compensa o retorno do imposto na circulação.

A segunda objeção é ainda mais frívola. Felizes os povos que obedecem a príncipes econômicos.

A terceira objeção é a mais forte, mas só será válida se a arbitrariedade tiver destruído toda a constituição do estado e que as coisas se movam inteiramente segundo a vontade do atual soberano, cujo sucessor será roubado com a mesma facilidade que seu antecessor é servido utilmente. Não há dúvidas de que o primeiro tesouro que um príncipe sábio deve acumular para sua posteridade consiste em uma constituição do estado de tal modo equilibrada que resista às armadilhas onde seus sucessores gostariam de vê-la cair. Os capítulos que falam dos príncipes que instituem [estados] são consagrados pelo respeito dos povos dez séculos depois de sua morte, ao passo que os testamentos dos príncipes arbitrários são cassados e anulados antes que se acenda a primeira vela de seu funeral.

Mas não haveria algo a objetar contra um tesouro público em um período onde ele sugeriria a ideia cega de que os recursos do estado estão fundados nos tesouros de uns poucos abdutores? Esses tesouros seriam formados sem depredação? Seriam menos prejudiciais à circulação? E à disposição do príncipe? A ideia insidiosa desse pretenso recurso no estado poderia ter lugar na visão de um ministro esclarecido? Não apenas é essencial que o soberano se antecipe, por arranjos econômicos, às carências extraordinárias do estado, mas também é muito vantajoso que cada indivíduo use as mesmas precauções para prover ao estabelecimento de sua família de acordo com sua situação, para se proteger das perdas que podem ocorrer na exploração de suas empresas, para reparar os danos que ocorrem aos bens. Essas reservas necessárias ao sustento da prosperidade do estado retiram pouco da circulação em um reino onde a saída das mercadorias está assegurada pela facilidade e liberdade do comércio externo e quando o fundo dessas mesmas reservas estiver garantido, na nação, por uma boa administração.

Podemos resumir o tema da tributação em três condições necessárias:

1º) que esteja estabelecida imediatamente na fonte dos rendimentos;

2º) que ela esteja em sua proporção conhecida e conveniente com esses mesmos rendimentos;

3º) que ela não seja, de modo algum, sobretaxada com os custos de percepção.

Sétimo capítulo

Vamos então à aplicação dos princípios precedentes à situação atual de vosso império.

A segunda das três condições anteriores, tão simples e de tal modo de acordo com o direito natural, não pode, contudo, receber nenhuma aplicação na situação atual dos rendimentos de vosso povo esgotado e das carências de vosso estado. É o que vereis em um momento.

Trata-se agora, pois, de formar um plano que inclua as duas outras proposições, a primeira e a terceira, e cujo curso nos conduza a finalmente obter sua execução.

Descobrimos por completo a fonte dos rendimentos, mas é ainda mais importante que possamos conhecer sua extensão. Na falta desse conhecimento, os príncipes e os governantes criam ideias imaginárias e desmedidas de tesouros nos quais teriam de onde sacar e limitam toda a ciência econômica ao estudo dos meios de os atrair ao fisco.

Vou dissipar essa ilusão e vos apresentar a situação geral dos rendimentos de vosso império. Ela vos mostrará o preço terrível pelo qual vendestes os seguros passados que vos foram apresentados como vossos rendimentos e que, na verdade, eram a parte mais preciosa e a mais sagrada de vossos fundos.

Eu vos ofereço uma tripla avaliação, composta por três exames diferentes que revelam a mesma taxa.

Fisiocracia

Convencionamos que um estado agrícola, o único que pode ser denominado estado, não possui outros rendimentos além daqueles produzidos por suas terras. Eis o rendimento das vossas.

O primeiro dos exames que vos ofereço é aquele dos rendimentos da nação em valores renascentes. O segundo é a partir do imposto territorial. O terceiro, a partir da taxa de 5%.

Analiso-os tendo como base os quatro gêneros principais de bens, a saber: o pasto, o bosque, as vinhas e as terras lavráveis.

O primeiro exame é feito tendo como base os três primeiros gêneros, dividindo-os em classes, e cada uma dessas classes pela degradação proporcional aos produtos. No que tange ao quarto gênero, fixamos o resultado dos detalhes circunstanciais e decisivos da cultura atual de vossas terras, exata e profundamente discutidas em outro local.

	Libras
Primeiro gênero, os pastos: seu produto líquido, aí incluídos o imposto e o rendimento dos proprietários, não excede	26.800.000
Segundo gênero, os bosques: segundo as estimações e deduções feitas em detalhe, chegam em produto líquido a	140.000.000
Terceiro gênero, as vinhas: seu produto líquido, aí incluídos o rendimento dos proprietários, o dízimo e o imposto pago em talhas e em taxas sobre as vendas em primeira mão, se eleva a	93.087.600
Quarto gênero, terras lavráveis, grande e pequena cultura, totalizam, incluídos os custos	147.500.000
Na situação atual de proibições e obstáculos ao comércio e da perda sobre o valor venal das mercadorias, esses quatro gêneros totalizam um rendimento de	407.387.600
O segundo exame é analisado através do imposto territorial e fornece, depois dos cálculos e deduções legais, pelas proporções que são ali explicadas, o rendimento total de vosso território em	411.995.881
O terceiro exame, analisado a partir da taxa de cinco por cento e calculada de modo semelhante com suas deduções, leva esse mesmo rendimento ao montante de	406.000.000
Esses três exames compensados estabelecem o total absoluto dos rendimentos da nação no montante de	408.781.160
Do qual são feitas deduções para vários bens isentos que somam	181.000.000
Restando para o rendimento dos bens tributáveis algo em torno de	227.781.160

Um terço desses 227 milhões restantes é tomado pelo imposto territorial, que demonstramos, pelos cálculos e exemplos, estar ao menos acima dessa taxa. Esse terço gira em torno de 75 milhões a 76 milhões, de modo que é preciso que o excedente do imposto proveniente dos arrendamentos [fiscais] recaia sobre todos os gêneros de exploração cuja imunidade necessária foi demonstrada.

O rendimento dos bens isentos parecerá bem considerável em relação à massa dos bens tributáveis, mas é preciso observar que eles não só estão nessa proporção por causa do declínio da cultura destes últimos. A maior parte dos bens isentos consiste em bosques que não exigem o dispêndio de custos de cultura, mas no fundo eles não perfazem um sexto do total da massa e não chegariam a essa proporção se o território estivesse todo ele valorado.

Eis então a soma total dos rendimentos de vossa nação. Ei-la obtida de acordo com o trabalho dos mais ávidos e arbitrários exatores, avisados de que a estimação deles fixará a taxa dos tributos. E o terço tomado desse total, deduzidos os bens isentos pela própria constituição de vosso estado, não pode fornecer mais do que 75 milhões. Esse terço, tão assustador e impossível de ser pago pelos proprietários, ademais expostos a todos os casos fortuitos, à manutenção dos fundos etc., não vos fornece mais do que o terço da soma que vos apresentamos, nos períodos tranquilos, como o montante de vossos rendimentos originários e naturais.

Com os rendimentos de vossos súditos fixados no ponto onde estão, se essa soma total fosse coletada diretamente e sem custos de percepção, então possuiríeis todo o seu rendimento e, consequentemente, a propriedade completa de todos os bens, e recairíamos em todas as más situações deduzidas anteriormente, ao tratar dessa hipótese. Mas o caso aqui é bem pior, e esse rendimento é coletado por meio de tantos fios e canais deturpados que os custos somam mais do que vosso rendimento líquido.

No entanto, é preciso que vosso rendimento chegue a esse montante em relação às carências de vosso estado. Mas é preciso fazer essa necessidade concordar com aquela de restabelecer o território de vosso estado e de auxiliar vossos súditos a elevar seus rendimentos à sua taxa natural.

Fisiocracia

Sem exagerar o quadro de crescimento que eles podem receber, ponho sob vossos olhos o sumário do produto obtido das quatro classes de bens discutidas no exame precedentes, tais como poderiam ser em um estado de prosperidade.

As classes das terras lavráveis geram em produto líquido	1.153.250.000
Pastos	250.000.000
Bosques	292.000.000
Vinhas	243.000.000
De onde resulta que esses quatro gêneros principais de rendimentos representam no Estado próximo de melhoramento, com uma administração simples, livre e próspera, que levaria à abundância e ao melhor preço das mercadorias, um rendimento conjunto de	1.938.250.000

Esse cálculo está longe do ideal se lembrardes que, sob um de vossos predecessores que não possuía várias das belas províncias que hoje formam vossas principais fronteiras, o rendimento desse império se elevava a 700 milhões, o que representa 1,4 bilhão em valor atual. Na situação presente, porém, isso significaria interromper toda circulação e todo trabalho ao trazer para vossos cofres a quase totalidade do rendimento do território, sobretudo quando as carências da guerra elevam as despesas.

Mas esse terrível inconveniente está muito próximo daqueles que resultam da forma de percepção corrente em vossos estados.

Os subsídios oferecidos hoje na nação, cujo rendimento gira em torno de 400 milhões, somam, em impostos ordinários	225.000.000
Em impostos extraordinários e subvenções, em torno de	125.000.000
Os tributos ordinários nos quais estão incluídos os arrendamentos e outros objetos de custos e lucros imensos dos tratantes e de outros agentes subalternos das finanças, geram em exações, custos, lucros, garantias, direitos extorquidos e tolerados, concussões de subadministração etc., ao menos	225.000.000
Os impostos extraordinários e subvenções, que são a maior parte sobre a receita, geram custos, tributações abusivas etc.	25.000.000
TOTAL	600.000.000

Sobre esses 600 milhões coletados anualmente de vosso povo, há, como dizíamos, 75 milhões em impostos ordinários sobre os bens fundiários tributáveis. Além disso, há 40 milhões em tributo a taxa de 5% e dependências, tributadas por subvenção em períodos calamitosos sobre os mesmos bens.

Total de imposto cobrado sobre o fundo produtivo	115.000.000
Resto a tributar sobre os fundos estéreis	485.000.000
Para fornecer o total que é extorquido da nação	600.000.000

Esses 485 milhões são, mais ou menos, um terço da soma às quais se elevam as despesas anuais da nação, classificados do seguinte modo:

Resto dos rendimentos de bens tributáveis	110.000.000
Despesas anuais dos rendimentos isentos	175.000.000
Despesas do imposto, do qual sobra no reino	200.000.000
Despesas com os custos de percepção e lucros dos tratantes, de onde retorna à circulação	240.000.000
Despesas com trabalhos de toda espécie	900.000.000
TOTAL das cinco classes de despesas	1.625.000.000

Os 485 milhões baseados nos fundos estéreis se elevam para além do terço dessa massa total das cinco classes de despesas e subtraem

Da primeira	33.000.000
Da segunda	52.000.000
Da terceira	60.000.000
Da quarta	71.000.000
Da quinta	269.000.000
TOTAL	485.000.000

Que se julgue, a partir desse quadro, quantos falsos valores compõem os cálculos imaginários dos rendimentos do fisco e dos indivíduos, e qual é a sobretaxação sobre todos os custos de exploração.

Como é possível que só existam 400 milhões de rendimento de taxação fixa? Não é preciso mais do que ir aos campos para responder a essa objeção. O mais ínfimo trabalhador ou pastor dali sabe que o valor do fundo de uma terra não cultivada e deserta não passa da décima quinta parte do que custaria em edifícios, animais, forragens, adubo, sementes, cultura etc., para dar valor a ela. A exação ataca e gradualmente destrói por um longo tempo esse fundo, transportável e que cresceu ao longo do tempo, a economia e o trabalho sucessivo dos homens. É esse fundo, cujos restos cabe terminar de dispersar, cuja espoliação desidratou o território e cuja retirada completa e próxima não deixaria nenhum recurso humano ao estado.

Por meio de um tipo de tributação onde a receita não excedesse o imposto [único sobre o produto líquido], evitar-se-ia o declínio quase irreparável dos adiantamentos necessários para a reprodução anual das riquezas.

É esse tipo [de tributação] que eu vos apresentarei [na sequência].

Dos cálculos precedentes, resulta que a primeira das três condições essenciais e necessárias à tributação, a saber, *que ela seja estabelecida diretamente sobre a fonte dos rendimentos*, é hoje impossível em vosso estado e que basta tentar ali chegar para estabelecer uma conta aberta entre o soberano e a nação, no intuito de chegar, pelo retorno da ordem, ao restabelecimento da base real e sólida, da única base sobre a qual a segurança e a duração de vossos rendimentos poderiam ser estabelecidas.

Oitavo capítulo

Trataremos agora do excedente da tributação para além do produto do imposto, e da supressão desse excedente.

A segunda condição essencial e necessária da tributação, a saber, *que ela esteja em proporção conhecida e conveniente aos rendimentos*, é impraticável hoje no estado, dado o declínio dos rendimentos. É, contudo, indispensável voltar a esse ponto e nosso assunto são os meios dessa regeneração.

Para curar um mal, é preciso, antes de qualquer coisa, conhecê-lo. Para atingir esse ponto, apresentamos um estado com vossos rendimentos ordinários, exceção feita às subvenções extraordinárias, assim como aos rendimentos correntes da Coroa, algo em torno de 120 milhões.

Na sequência resumimos, em um quadro parecido àquele que foi apresentado no sétimo capítulo, o efeito desses tributos ordinários sobre todas as classes de despesas.

Como os arrendamentos [fiscais], de onde provêm as principais depredações e a maior parte da sobretaxação, subsistem ainda nessa etapa, os subsídios cobrados da nação somam ainda, pelo menos, outros 400 milhões:

Para o imposto ordinário	225.000.000
Para a coleta dos imensos ganhos dos arrendatários [públicos], os custos de percepção e as extorsões de todo tipo	225.000.000
TOTAL	450.000.000
O imposto territorial permanecendo	75.000.000
Resta para ser repartido sobre os fundos estéreis	375.000.000
TOTAL	450.000.000

Esses 375 milhões coletados e distribuídos segunda a regra apresentada, sobre as cinco classes de despesas da nação, somam

1º) Sobre as despesas dos proprietários de bens tributáveis	34.000.000
2º) Sobre as despesas dos rendimentos dos bens nobres e isentos	40.000.000
3º) Sobre as despesas da parte do imposto distribuída no reino	46.000.000
4º) Sobre as despesas dos retornos dos tratantes	49.000.000
5º) Sobre as despesas de exploração	206.000.000
TOTAL	375.000.000

Portanto, os rendimentos da nação sofrem, por conta de uma tributação sobre as despesas de exploração, uma perda anual de 200 milhões e, ademais, pagam por outra parte do mesmo tipo de tributo, além da contribuição direta coletada sobre os bens, uma sobretaxação de 74 milhões, tomada dos proprietários.

Contudo, há uma observação muito importante a ser feita sobre o estrago que tais tributos causam na exploração da cultura dos bens. Essa observação consiste em distinguir o caso em que a tributação só leva a um encarecimento dos custos de exploração e não causa nenhuma perda no rendimento além do aumento dos custos, o que só ocorre se o arrendatário [privado] conhece, no momento em que aluga o bem, a carga de tributos que terá de pagar. Nesse caso, então, ele diminui proporcionalmente o aluguel [que paga] e desse modo a tributação recai inteiramente sobre o rendimento do proprietário. Mas se a tributação aumenta durante o período de vigência do contrato de arrendamento, ela rouba os adiantamentos de exploração em progresso rápido; ela extingue o produto total que deve fornecer o rendimento, restituir os retornos do arrendatário, pagar os salários dos operários empregados na cultura e manter a terra adubada. Nesse caso, então, os bens se deterioram e ficam sem valor. Assim, a tributação que rouba as riquezas de exploração consiste em uma devastação que arruína os arrendatários, que aniquila os rendimentos dos proprietários e do soberano e que extingue a retribuição que garante a subsistência das outras classes de homens. É desse modo que uma tributação desregrada pode arruinar um reino agrícola em poucos anos.

Para evitar a acusação de aumentar *ad libitum* a massa dos custos de percepção e para mostrar que, se houvesse espaço suficiente em um trabalho sumário [como o que aqui expomos] para entrar em detalhes a esse respeito [como] nas partes principais, provaríamos facilmente, ao contrário, que houve um grande desconto. [Anteriormente, no capítulo 8 da obra,] apresentamos uma situação de lucros obtidos com o tabaco [cultivado em colônias], onde mostramos que só essa parte, que contribui com apenas 12 milhões de aluguel, custa à nação mais de 62 milhões, sem contar o prejuízo anual de dinheiro transportado ao exterior pelas compras.

Nesse estado de coisas e reconhecendo que essa contribuição de 225 milhões é necessária para fornecer às carências do estado e para manter seu poder no exterior, é preciso bancá-la de modo que a recuperação seja feita sem [acréscimo no número de bens sem] valor e que o esgotamento que provém dessa sobretaxação na situação atual dos rendimentos não deixe o território sem recursos. Digo que é preciso encontrar, ao contrário, um método que permita um restabelecimento sucessivo.

Isso só pode ser feito por meio da supressão dos arrendamentos [fiscais] e dos custos de percepção. Uma vez que esses custos retornem em lucro do povo e da exploração, eles se tornarão um recurso ativo da regeneração.

Essa regeneração exige as condições preliminares e uma distribuição legal, equitativa e que elimine tudo o que há de arbitrário. Eis dois pontos.

As condições preliminares são: 1º) a supressão de todos os arrendamentos [fiscais] e de todos os pretensos direitos extorquidos ou tolerados na administração das finanças; 2º) a completa liberdade da agricultura, do comércio, da indústria e de qualquer tipo de produção; 3º) a completa isenção do comércio interno e do comércio externo de importação e exportação; 4º) liberdade aos homens e que eles estejam submetidos unicamente às leis.

Uma vez tomados esses primeiros passos, tão fáceis, tão simples, tão grandes, tão justos e tão necessários, trata-se então de se defrontar com os rendimentos do fisco e de lhe fornecer os 250 milhões de impostos ordinários.

Provamos que, no fundo, não há nenhum outro imposto além do territorial que seja real, estabelecido sobre as riquezas renascentes e que possa, por fim, estar assentado com regra e proporção.

Mas o produto total é, como dissemos, dividido em duas parcelas: *parcela de trabalho* e *parcela de usufruto*. A primeira não deve nada a ninguém, exceto à necessidade. A segunda é aquela que constitui o rendimento, da qual deveríeis tomar sua parte.

Para fazer a distinção entre essas duas parcelas, a única regra são os aluguéis dos bens tributáveis arrendados, pois apenas eles constatam a parte atribuída ao usufruto ou, em outras palavras, o rendimento.

Contra esse método e a má-fé que se introduz na publicidade a esse tipo de tarifa, opõe-se então que queríamos tomá-lo como regra para os outros tributos. Respondemos que o agente a quem caberá a coleta desse tipo de imposto acalmaria todas as inquietações, daria confiança e faria tudo às claras. De resto, a regeneração da agricultura e o estabelecimento da grande cultura por si só estabelecem a autenticidade dos aluguéis.

A propósito das terras tributadas e que não estão arrendadas, onde, por conseguinte, não há aluguel que possa servir de regra, é preciso se ater à tributação que atualmente recai sobre esses bens, esperando que a reanimação da agricultura encontre os arrendatários para sua cultura, que assim entrariam na regra comum da tributação decidida pelos aluguéis.

Fisiocracia

Todavia, na situação atual e de onde cabe partir, esse meio não gerará mais do que 75 milhões, sendo necessária uma taxação suplementar de 150 milhões para completar a soma prometida.

Essa taxação, que é indispensável estabelecer sobre um fundo estéril, consiste em uma sobretaxação da qual não pretendemos esconder a realidade e que iremos efetivar sob vosso olhar. Mas se trata de um caso forçado e que é preciso tornar o menos compensatório possível.

Nesse sentido é preciso proibir em absoluto que ela seja estabelecida sobre qualquer produto ou mercadoria comestível ou de uso. Seria preciso que ela fosse imposta, parcialmente como capitação ou em imposto pessoal e parcialmente em proporção às habitações ou aluguéis de habitação. Seria preciso que nenhuma província, nem cidade, nem pessoa pudesse pretender, em virtude de algum privilégio ou imunidade, isentar-se dessa contribuição que deve ser geral, pois abole uma taxa que recai em geral sobre todos os habitantes do reino, inclusive sobre o clero, os nobres e as comunidades religiosas.

A esse respeito, quem exige compensação são os arrendatários que exploram os bens tributáveis, bens que permanecem taxados com a totalidade do imposto ordinário que sobre eles era cobrado. Pois se estabelecêssemos sobre esses bens ou sobre os arrendatários que os exploram um novo tributo, isso consistiria em uma dupla cobrança sobre bens já taxados pelo novo arranjo com a totalidade do imposto que eles devem pagar e que foi levada em conta na negociação feita a propósito do arrendamento entre proprietário e arrendatário. Este último se comprometeu com tudo o que pôde pagar, em conformidade ao produto do bem sobre o qual ele fundou sua empresa, e fez seus cálculos de modo a poder pagar suas obrigações, retirar seus custos e sua subsistência. Desse modo, sendo tudo calculado aqui sobre uma regra determinada pela natureza, o imposto deve permanecer submetido a essa regra, sobre a qual a empresa do arrendatário está estabelecida. De outro modo, seria preciso anular todos os aluguéis, a fim de que os arrendatários regulassem com os proprietários a situação de suas empresas, pois qualquer nova taxação imposta alteraria o preço da coisa sobre a qual ela foi imposta. Ora, a modificação do preço, por uma razão semelhante, não pode ser feita aqui a não ser pelo proprietário e pelo arrendatário, em prejuízo do rendimento do proprietário, mas como, de acordo com o novo plano de tributação, o proprietário não está desobrigado do imposto que taxa seu bem, não é justo sobretaxar o mesmo proprietário com um novo tributo. Ele inclusive não está isento da taxa pessoal que pagará, pois lhe custará menos na despesa de seu rendimento. Quanto à taxa pessoal imposta sobre os homens pagos por seus trabalhos, ela é paga por aqueles que usufruem de seus trabalhos ou das obras cujo preço se conforma à tributação. Não se dá o mesmo com o arrendatário, cuja situação está fixada pelo aluguel para suas obrigações contratuais e pela natureza para seus produtos. A tributação pessoal, estabelecida sobre os outros estados [nobreza, clero etc.], livra-o de qualquer outro tributo; mas ela não teria o mesmo efeito no caso do arrendatário, pois todos os tributos que dependem de sua empresa estão fixados e entram na compensação com suas outras obrigações no preço de seu aluguel, que também é a regra de tributação sobre esse aluguel. Essa diferença de condição não deve nunca ser perdida de vista pelas assembleias, às quais cabe a repartição do imposto suplementar.

O crescimento dos rendimentos dos bens fundiários, que é o fruto mais imediato que podemos esperar da liberdade geral dos homens, do comércio e da indústria, corroeria por si mesmo a taxa suplementar distribuída e repartida sem variações, de modo que cada província, cada região e cada pessoa obteria unicamente sua parcela a ser destruída e substituída pelo crescimento do rendimento do território local e veria diretamente o objetivo da liberalização, para onde seus trabalhos de melhorias deveriam conduzi-lo.

Essa liberação é tanto mais necessária quanto essa taxa suplementar, como afirmei, corrói e destrói. Isso é mostrado no Quadro que segue:

Os subsídios que seriam cobrados à nação, segundo o plano apresentado de supressão de todos os custos de percepção, somam	225.000.000
Na situação atual, o imposto territorial gera	75.000.000
Resta para a taxa suplementar, ou tributo sobre um fundo estéril	150.000.000
TOTAL	225.000.000

Esses 150 milhões, coletados das outras quatro partes das despesas, dado que aquela dos lucros dos tratantes não existiria mais, somam

1º) Sobre as despesas dos proprietários de bens tributáveis	14.000.000
2º) Sobre as dos bens isentos	16.000.000
3º) Sobre aquela do imposto	18.000.000
4º) Sobre aquelas de exploração, às quais serão adicionados 215 milhões empregados na situação precedente em despesas dos tratantes, que, estando a partir de então em posse dos sujeitos, crescerão tanto quanto as riquezas de exploração, de 900 milhões para 1,115 bilhão. A taxa que recai sobre essas despesas é de	102.000.000
TOTAL	150.000.000

Vemos aqui que, segundo a operação proposta, os rendimentos da nação ainda sofrerão uma perda anual de 200 milhões, pagando, além disso, uma sobretaxação de 48 milhões, coletados sobre a parte que resta aos proprietários. Mas esses prejuízos não chegam à metade daqueles causados pelos arrendamentos [fiscais] dos tratantes. A considerável transferência desses 215 milhões anuais de um só golpe para a massa das riquezas de exploração aumentaria as forças e os rendimentos da nação, e esses rendimentos, extinguindo a subvenção e anualmente diminuindo o prejuízo gerado pelo imposto sobre os fundos estéreis, fariam os fundos de exploração crescer *pro rata* e, consequentemente, a produção.

Vejamos agora a forma de administração que deve movimentar a receita de vosso rendimento. Se vossos súditos devem reconhecer os meirinhos para a coleta dos direitos do estado, esses meirinhos devem, no mínimo, não se servir de vosso nome sagrado, de modo que o terror e os abusos funestos desapareçam de uma vez por todas da superfície de vossa terra.

Nono capítulo

A contribuição do cidadão ao tesouro público é uma oferenda [*offrande*]. E cabe unicamente àquele que doa decidir se oferece.

Toda estação renova os frutos da terra que compõem os rendimentos, e a parcela desses rendimentos destinada a prover à segurança pública deve ser tomada junto à fonte, como todo o restante.

Cabe ao primeiro chefe banir o método cruel que vê no vínculo do estado um machado e [posteriormente] impulsionar a máquina das finanças, não apenas sem rigor e sem custos, mas por emulação.

Isso é possível por meio de duas determinações simples. A primeira é a imunidade e o encorajamento da exploração da agricultura; a segunda consiste em confiar a coleta da taxa dos cidadãos à sua própria boa-fé e à administração de seus magistrados naturais.

Esse auxílio e essa jurisdição, cujos efeitos serão tão potentes, estão todos naturalmente em vossas mãos. Não se tem notícia de sociedades de homens que subsistam sem o intermédio de alguns magistrados naturais: nenhuma vila sem síndico, nenhuma cidade sem prefeito, nenhum vereador sem conselheiro. Esses magistrados, por responderem pelo povo diante do alto governo, são os coletores natos dos direitos reais daqueles que estão sob sua jurisdição e representam seus direitos. Acabamos de mencionar que a oferenda do tributo era um dever e um direito de cada indivíduo, cabendo, pois, aos oficiais municipais a apresentação dessa oferenda.

A gradual hierarquia desse tipo de administração é formada pela junção das vilas em cidades, de cidades em cidades maiores, e destas em capitais de província.

Outrora, todas tiveram esse tipo de administração, e aquelas que conservaram seus traços são um exemplo vivo do bom efeito dessa jurisdição simples e natural, pelo reconhecimento e acesso do povo aos registros ordenados pelas assembleias municipais, ainda que excessivas e forçadas quanto ao fundo e à forma.

Esse pequeno número de províncias, privilegiadas nisso apenas, e ademais mais taxadas do que as restantes, nunca custou nada a vosso tesouro em atrasos e [terras] sem valor. O que acontecerá quando essa administração prosperar e se encontrar empregada no apoio do plano de regeneração?

Não temamos oposições a esse plano por parte dessas províncias que conservaram à sombra seus antigos usos, oposições fundadas sobre o fato de que esse novo plano contrasta com seus privilégios e usos. Todos os usos são bons, desde que não sejam contrários ao direito público, e ouso afirmar que a voz do soberano as fará prontamente desistir dos usos que poderiam ter nesse caso.

Fisiocracia

Ao contrário, é precisamente essa forma, filial em direção ao soberano e paternal em direção ao povo, que é preciso, necessariamente, restabelecer em todas as províncias de vossos domínios. É unicamente por esse meio que podemos alcançar a terceira condição essencial e necessária da tributação, a saber, *que ela não seja nem abusiva nem sobrecarregada pelos custos de percepção.*

Ser-nos-á contraposto que se trata de uma modificação radical e responderemos que, se as coisas vão bem, é perigoso mudar a forma, mas se as coisas vão mal, é preciso ir o mais rápido possível ao remédio mais simples e mais disponível.

Ouvimos bons e maus dizerem em uníssono que não estamos na época de trazer os remédios convenientes aos maus do estado. Por que a época da doença não seria aquela do remédio? Diz-se que assustaremos as pessoas em direção ao dinheiro e desestabilizaremos o crédito; vale dizer, o crédito do financista, pois o crédito do cidadão só pode ser aumentado à medida que as operações prósperas do governo voltem a elevar a confiança e a segurança. Ah! Até agora, que bem esse crédito fatal dos financistas fez? Foi preciso atraí-los com lucros os mais onerosos, preencher com obrigações de toda espécie o abismo de sua voracidade; e esse equívoco e pérfido auxílio não impediu, ao mesmo tempo, o esgotamento do crédito da nação e a taxação do povo até a depressão a mais absoluta. O verdadeiro crédito vem da confiança, e a confiança em um governo depende de uma administração próspera para a nação. Mas um empréstimo não é outra coisa senão a alienação de um bem substituído pelas leis fundamentais do estado. Que esse método ruinoso seja proibido para sempre de fato, como o é pelas leis. Os esforços do povo serão suficientes para suportar o poder do senhor que mede suas empresas pela situação das riquezas da nação e que não conhece outras riquezas além dos rendimentos anuais para o sustento de seu domínio e a prosperidade de suas armas.

Que também não se leve a sério o argumento de que há perigo em admitir ao povo os detalhes da administração. Recorremos aqui unicamente à coleta de seu próprio dinheiro junto à sua bolsa, em lugar de deixar que alguém o busque; à renovação de sua fé e a seu conhecimento da lei, em lugar de depender do favor, por conta do desconhecimento da fé e da lei. Nos estados que foram civilizados, a autoridade do soberano não tem nada a temer além dela mesma. É a intriga e a depredação que levam o poder a colidir contra os limites físicos que a natureza lhe prescreveu; é apenas ali que o soberano encontra algo mais forte do que ele. *Onde não há nada, o rei perde seus direitos.*

É desse fatal e inevitável extremo que apenas a liberdade econômica de seu povo pode livrá-lo, e essa liberdade tem como inimigos unicamente os traidores do soberano e da pátria.

A propósito do modo de dar vida imediatamente e em todos os lugares à administração municipal, ele é simples, como deve ser toda máquina grande e durável. A convocação dos estados de cada província é suficiente, convocação segundo a forma antiga ou segundo os arranjos que a assembleia vos propor.

O édito paternal [que estabelece] a liberdade geral e universal aparecerá, ao mesmo tempo, contendo a supressão de todos os direito e taxas usuais e a substituição de todos os impostos por um único representado pelo terço do produto dos aluguéis, apoiado por uma taxa suplementar provisória até que o imposto territorial possa cobri-la.

Assim que elas forem instauradas, delegarei a elas a parcela de vossa autoridade que concerne à coleta do rendimento.* Caberá a elas coletar a parcela do imposto territorial que lhes compete, sobre a base antiga, e repartir a parcela do imposto suplementar que lhes corresponde de acordo com a divisão do plano geral.

No que concerne ao primeiro desses dois pontos, elas os coletarão sobre os aluguéis existentes e, onde não houver aluguéis, sobre a base da antiga talha.

Quanto ao imposto suplementar, será preciso outra medida. As grandes cidades, etapas do comércio onde se fixaram as principais jurisdições, devem arcar com a maior parcela; a capital sobretudo, que é o vórtice para onde convergem todos os grandes rendimentos do estado, deve ser contada como um sexto na repartição dessa taxa e [ainda assim] nem sequer pagará um quarto do que paga hoje. Aliás, em todas as regiões campestres, o imposto suplementar poderia seguir mais ou menos a proporção do imposto territorial.

---

* No original, *denier*. Sobre essa tradução, veja na pág.63 a nota em *Quadro econômico com suas explicações.* (N. T.)

Fisiocracia

Contudo, com o intuito de evitar tanto quanto possível a arbitrariedade, que é a maior de todas as armadilhas em matéria de tributos, seria preciso dar como medida à subvenção, da menor para a maior, um objeto prefixado, ordenado e limitado, por exemplo o direito de habitação tomado como o quarto do aluguel, real ou estimado, e o restante seria arranjado pela comunidade, tão equitativamente quanto possível, em forma de capitação.

Esses meios serão mais regulares na cidade do que no campo e podemos supri-los de acordo com o local por outros objetos visíveis; mas, nesse quesito, as próprias pessoas ajudarão a propósito dos detalhes. Diferentes regiões só têm costumes diversos porque os primeiros a ali se estabelecerem foram guiados pelas causas físicas, que variam de local para local. Sectários da uniformidade absoluta no tocante a detalhes seriam os legisladores mais cegos. Um soberano amado escuta a voz de seu povo querido, e suas súplicas são, de algum modo, a regra voluntária de suas ordens, cuja equidade geral é a base essencial.

A propósito da taxação suplementar, é preciso observar que ela seria repartida de modo invariável, a fim de que cada um saiba qual é o bloco que ele tem a desgastar e destruir pelo crescimento do cultivo, sem jamais temer ter trabalhado em vão e de ver surgir uma nova sobretaxação.

A propósito da repartição dessa taxação, oferecemos apenas um modelo para a capital, estimado em 150 mil por domicílio. Esses domicílios fiscais seriam divididos em quinze classes, com 10 mil cada uma e da qual a maior [taxação] é de 150 libras e a menor, de 1 libra. A cotização pode ser feita por bairros, constituídos pela reunião de bons e honestos cidadãos. A cotização, uma vez feita, deve ter força de lei, de modo que, na cidade ou no campo, a arbitrariedade seja banida de uma vez por todas, e que o homem mais frágil e mais solitário tenha poder em sua casa e não tema mais ser oprimido, sabendo que a lei vela por ele.

É preciso observar que a taxação suplementar sobre a capital não possui as mesmas vantagens daquela sobre as províncias quanto à sua extinção: 1º) por ser muito mais considerável; e 2º) porque as terras de seus arredores e das províncias que a circundam estão, por causa de seu consumo, em bom estado de cultura e não crescerão na mesma proporção das províncias mais distantes. No que tange a essa parte da taxação suplementar, será necessário, pois, seguir a regra de degradação fornecida pelas províncias e observá-la em sua generalidade, como foi feito para a sobretaxação, até sua extinção.

Esse é, mais ou menos, o modelo geral. Basta começar e rapidamente tudo caminha por conta própria. Quanto ao que concerne ao verdadeiro meio, repito, ele só pode vir da atividade do comércio. Mas a liberdade, e sobretudo o bem-estar que o grande consumo que o segue traz, levará essa atividade a um ponto prodigioso e inesperado. É então que reconheceremos o quanto era importante deixá-lo livre e protegê-lo. Então o imposto, sendo o termômetro dos valores e dos rendimentos, alertará o governo a propósito de qualquer desarranjo que leve à perda do equilíbrio da balança e à diminuição dos rendimentos. Então, finalmente, tudo estando em seu lugar, a moral e o físico do estado se encontrarão de uma só vez renovados e preservados para sempre de invasões, desde que prescrevamos mesmo o mais leve atentado contra a liberdade geral.

Um tópico passageiro, mas hoje em dia importante, dado que se tornou o único vínculo que impede a completa dissolução, são as dívidas e as obrigações fiscais. No presente, a honra do soberano e quase todas as fortunas precárias dos súditos estão em sua dependência. Não poderíamos, portanto, deixar de tratá-las explicitamente.

Reservamos para esse tópico. 1º) Quanto às dívidas privilegiadas que o tesouro julgará se cabe tributar, os objetos que deixamos de lado e fora da situação dos impostos tomando-os como rendimentos ordinários da Coroa, a saber, domínios reais não atribuídos a terceiros, bosques, correios, moedas, partes casuais* etc. 2º) Um imposto sobre o sal. 3º) Uma taxa sobre as terras destinadas à produção de tabaco [isto é, nas colônias].

Os dois últimos tópicos ficariam a cargo das províncias onde os produtos fossem fabricados, e a taxa seria medida de sorte que esses produtos, privilegiados em nosso território por sua qualidade, também o seriam por seu preço sobre aqueles da mesma natureza vindos do exterior. Obviamente,

---

* No original: *parties casuelles*. Originalmente, uma soma de dinheiro emprestada ao rei pelo ocupante de um cargo público a título de reconhecimento. Na prática, esses empréstimos se tornaram perpétuos com o desenvolvimento de um sistema de vendas de cargos públicos. (N. T.)

Fisiocracia

essas duas taxas seriam extintas junto com as dívidas que tornaram necessária essa exceção fatal.

Os três diferentes tópicos formam em conjunto um bloco de algo em torno de 80 milhões de rendimento, vinculados ao pagamento dos juros e à extinção do principal das dívidas juridicamente reconhecidas e que não vão se extinguir por si sós.

Uma observação deve ser feita a propósito da supressão dos arrendamentos [fiscais], operação indispensável, cedo ou tarde, e que não poderia ser mais urgente: trata-se de, juridicamente, atar as mãos desses arrendatários quanto à coleta dos atrasos e restos a receber de direitos concernentes à parte dos domínios, que os arrendatários sempre deixam acontecer. Sem essa atenção, a coação arbitrária e tirânica que eles têm o costume de empregar arruinará a nação, fazendo cessar no campo a circulação e os retornos dos rendimentos do estado.

É sempre hora de tomar um partido necessário, indispensável; nunca é certo diferi-lo, e com ainda mais razão quando se trata da pátria. À paz, digo eu; à paz, ecoam os homens insensíveis e distraídos a propósito das causas dos maus que os afligem. À paz, portanto; e dou meu assentimento aos espetáculos, às festas, aos edifícios e às despesas de decoração. É um mal ter de suspender internamente qualquer parte das despesas que movimentam os rendimentos, ao menos daquelas que não levam ao escândalo e à dissipação; trata-se, porém, de um mal inevitável. Mas retomar a paz no que tange aos cuidados alimentares, os meios de subsistência, nas questões de fazer a guerra, de se manter. Esperar a paz externa para apagar um incêndio que irá consumir tudo internamente é uma segurança funesta, uma cegueira deplorável, se perdemos de vista uma regeneração tão urgente que a ajuda de que se necessita é excessiva e urgente. Foi a guerra que nos arruinou? Ou foram os famosos fracassos capazes de esgotar um império aparentemente inflexível? Como afirma um axioma consagrado pelos tempos: *si vis pacem, para bellum*, se quiser paz, faça temer a guerra; e isso só levará à força interior de um estado, e a firmeza de suas resoluções farão outros temer. Mas nós temos a paz, eu a quero. Pois bem! Que fazer então? Por onde começar? O motivo que nos fazia suportar todos os sofrimentos e atrasos acabou. Cada um traz consigo suas pretensões e memórias; os povos

Quesnay • Mirabeau • Badeau • Rivière • Dupont

oprimidos e esgotados exigem um alívio urgente; os empreendedores de toda espécie exigem a quitação de vossas obrigações, a postergação perpétua de vossos empréstimos; a justiça exige a supressão de tantas suspensões de pena; os soldados exigem o restabelecimento de suas garantias; os credores exigem a regularidade dos prazos; enfim, tudo é demandado de uma só vez. Onde estão os meios para alcançar isso? O restabelecimento do comércio, diriam alguns; o fim das despesas de guerra, das verificações e das restrições. Não nos percamos em generalidades que já tanto nos ofuscaram e discutamos. O comércio? O que entendeis por comércio? É a venda dos produtos da terra? Esse comércio está interditado; grande parte de vossas terras está abandonada; as riquezas de exploração da cultura desapareceram. Trata-se da venda de obras de vossas manufaturas e vossos artesãos? Onde estão vossos compradores? Exigis todo o comércio apenas na esperança de vender e de ganhar com a venda. Como conciliais essa esperança com nosso esgotamento? Será a nação com quem fizestes a paz que reanimará vosso comércio? Vossa esperança está mal fundamentada. É preciso riquezas para vender e riquezas para comprar. O comércio nada produz; ele só pode subsistir por meio da retribuição [isto é, pela troca de uma mercadoria por outra de igual valor]. Para que a cidade fabrique e comercialize, é preciso que o campo entregue produtos e rendimentos para manter e pagar o comércio. Onde e a que taxa, portanto, vosso comércio encontrará os fundos para se restabelecer? Quem fará as despesas para lhes garantir a venda em tempos onde todo mundo quer ser vendedor e está em busca dos mesmos recursos? Supondo que ele os encontre, retirareis as barreiras que o impedem e que parecem fazer parte de vosso rendimento? Finalmente, o que ele fará sobre um território devastado por tantas torturas? O fim das despesas de guerra é um grande tema, mas a ruína e as dívidas permanecem. Quanto somam os custos da ação de vossas forças, uma vez que não podeis vos desarmar? Fazei a conta de vossas campanhas e, em seguida, vede o total multiplicando essa soma pelo número de anos que a guerra durou; comparai esse total à massa de empréstimos, obrigações e restos de toda espécie, com os quais fostes cobrado desde o início da guerra, quando, por falta de previdência, esgotamos o estado esperando pela paz, e vereis que esta última soma é maior do que a primeira. No entanto, interceptamos todo tipo de

Fisiocracia

pagamento, e todos os rendimentos ordinários e extraordinários foram engolidos pelo mesmo abismo. O que acontecerá quando esses rendimentos, diminuídos daquilo que não se pode impedir de perdoar a um povo em seu limite, encontrar-se-ão obrigados de arcar com tudo, inclusive com a opinião exagerada a respeito do alívio que a paz traz? A propósito das verificações etc., discutamos mais. Ou tendes voz ou não. Se não a tendes, [como] o conjunto não remete a nada além desse vínculo, o todo é dissolvido; tão rápida quanto um raio elétrico, a desconfiança se espalha em um instante por todo o território, e mesmo no mercado mais distante ninguém venderá a prata que tem em mãos no momento em que todos a querem. Se tendes voz, possuís então o dom da multiplicação dos metais. Talvez vos seja dito que há um caminho a tomar, o de ordenar verificações, restrições etc., mas vós percebereis que se trata de uma nova guerra no reino, uma guerra confusamente declarada ao financista que pilhou o estado e ao cidadão que emprestou com confiança os recursos tomados para pagar as carências do estado; uma guerra intestina tanto mais insidiosa e funesta quanto é surda, onde aquele que, de 3 milhões adquiridos de modo duvidoso, aceitará emprestar 1 milhão mantendo para si os outros 2 milhões, desde que a proscrição dos bens recaia sobre o credor surpreso e de boa-fé, que confia na legitimidade de sua dívida. Essa não é aquela paz tão desejada, sobre a qual os povos fundam sua esperança. Não lanço a culpa sobre nenhum tribunal, mas os homens de todos os tempos não teriam exigido leis se pudessem acreditar que poderiam existir tribunais incorruptíveis. Não teremos mais nada para esperar nesses tempos de depredação? A opção pelo caminho do meio consiste, no fundo, em uma falência decidida quanto à injustiça e ao escândalo, e não obtereis sequer o desastroso fruto de um alívio passageiro. Sois obrigados a reconhecer que à paz deve se seguir uma modificação total da administração e, com certeza, não há nenhum plano mais regular e próspero do que o aqui apresentado. Essa revolução traz dois tipos de vantagens: as de fundo, em primeiro lugar, e também as de deixar em suspenso o povo e a massa de credores garantindo tempo para que os reconheçais. Isso significa, pois, que vossos inimigos decidem no momento, não apenas sobre vosso repouso, mas sobre vossa existência; isto é, enquanto advogo essa causa, não devo mais comer. Mas, será dito, cabe queimar todos os canais por onde habitualmente se toma emprestado no tempo em que os fundos, inclusive os de adiantamento, são mais necessários? Outra ilusão. Respondei, onde esses fundos habituais, tão próprios a se engessarem em condutas pelas quais eles caminham, são tomados? Não é do povo? De nenhum outro modo se toca a verdade. Separai as membranas do estômago, ele não passa de uma bolsa vazia, sem função ou existência. Se alguém do lado de lá pretende vos sustentar, é um poder, um aliado, um ponto de distrito da política. E quanto aos senhores *dos fundos*, seus meios reais são os vossos, pois não possuís outros que não aqueles de vosso povo. Ousaremos implementar esses efeitos em um barco incendiado solto em meio a uma tempestade? Não é melhor, por meio de uma boa administração, assegurar os súditos e deles obter os recursos por empréstimo, estabelecendo uma confiança bem fundamentada e de fato isenta desses pérfidos e ruinosos reveses que as carências e desordens do estado tornam inevitáveis? Trata-se de receber a ajuda diretamente das contribuições. Se o povo não pode vos fornecer desse modo, ele certamente não vos fornecerá de outra maneira, e de súbito os pretensos *fundos* desaparecerão. Toda confiança a esse respeito não passa de uma exaltação matinal, e a receita que prescreve esse regime *para que todos os negócios sejam feitos* não é uma razão de estado. Acelerai ao contrário, considerai que um dia perdido para as plantações é um ano. Mas dizemos mais, demandais como condição preliminar a supressão de todas as aduanas e dos mais antigos *direitos do rei*. Sois audaciosos em limitar os direitos do rei, de prescrever datas, buscar títulos e confirmações de autenticidade. O rei é nosso senhor, nosso pai, nosso defensor, nosso sustento, a imagem da monarquia divina, enfim, nosso todo aqui embaixo. Se vossos predecessores conheceram mal suas prerrogativas para permitir que fossem separadas do todo parcelas mal estabelecidas que lhes pertenciam, o verdadeiro direito do cetro é imprescritível; é nele que residem a essência e a representação do público. Como tal, ele tem o direito de salvaguarda sobre os bens e a vida dos indivíduos, em virtude do direito inextinguível à proteção e à justiça que eles têm. Longe de querer limitar algum desses direitos, trata-se de uma tentativa de estipular sua extensão. De ponta a ponta, a carência é a regra do direito, e a deterioração dos rendimentos e das forças do estado é seu único limite. Mas é ali que tocamos, chegando quase à própria extinção [do direito], pela via oblíqua que falsas luzes, envolvidas em sombras, indicaram-nos, dado que, pelo caminho correto, a carreira é imensa e fácil. Repito que é sempre tempo e é apenas por essa via que encontraremos a paz e a prosperidade interna, quer nossos inimigos externos a queiram ou a temam.

Eis, Senhor, o resumo das verdades que acredito dever vos apresentar. Se eu puder adicionar à satisfação de liberar minha consciência, sem outras esperanças nem interesse que aquele de ter cumprido meu dever, a felicidade de ter contribuído à glória de meu Augusto Senhor. Que as raças futuras possam dizer para sempre: *Naquele tempo viveu um rei todo poderoso e absoluto, a quem um seu súdito ousou explicar o que acabamos de ler*. Esse durará mais que todos os elogios que os aduladores fizerem gravar em bronze, mármore ou folhas delgadas* inventadas para um uso mais digno.

Assim se expressou aos pés de um Senhor imponente, a ponto de provocar medo, um homem de bem[2] por excelência, que apenas não foi mais estimado por seu príncipe porque não teve a felicidade de persuadi-lo. Assim pensava um herói militar[3] e cidadão que propôs a um príncipe verdadeiramente grande e afortunado, sensível a todo tipo de mérito, mas que desejava que todos se ativessem ao que é próprio de seus ofícios. Ainda mais vivamente e quase ao mesmo tempo, foram publicadas importantes verdades por um cidadão[4] cuja simplicidade o fez ser negligenciado por um século de

---

* No original: *feuilles lègerès*. Provável alusão aos versos 441-444 do Canto III da *Eneida*. Na tradução de Carlos Nunes: "Em terra firme de novo, a cidade de Cumas procura,/ lagos divinos, os bosques do Averno de sons agradáveis,/ e a profetisa inspirada que as coisas futuras conhece,/ sob uma rocha e os orac'los transcreve em folhinhas delgadas" (Virgílio, *Eneida*, São Paulo: Editora 34, 2014, p.225-7). A profetisa inspirada é Sibila, que, "além de proferir e desenhar, podia registrar as profecias por escrito em hexâmetros datílicos sobre folhas de palmeiras. Depois transcritas, as profecias formaram os chamados Livros Sibilinos (*Sibyllini Libri* ou *Fata Sibylina*, ou ainda *Libri Fatales*) mencionados por autores latinos" (ibid.; nota do editor João Oliva Neto). (N. T.)

2 O sr. Fenélon (N. A.) [François de Salignac de la Mothe-Fenelon (1651-1715), autor de *As aventuras de Telêmaco*, de 1699 (N. T.)].

3 O sr. Marechal de Vauban (N. A.) [Sébastien Le Pestre, marquês de Vauban (1633-1707), autor de *Projeto de dízimo real*, de 1707 (N. T.)].

4 O sr. Debois Guilbert (N. A.) [Pierre Le Pesant de Boisguilbert (1646-1714) (N. T.)].

deslumbramento, cabendo à posteridade render-lhe as devidas honras. Esses estimáveis cidadãos, todos contemporâneos, viram o nascimento do mal e avisaram o governo e a nação, mas então ele não era sentido tão vivamente para ser remediado em prejuízo dos interesses privados que poderosamente o sustentavam. Enquanto o senhor podia tomar emprestado e cada um fazer seus negócios, tudo parecia bem na casa. Os fiscais roubam, dizia-se, mas garantem a saúde ao estado em suas carências. Enquanto o crédito se sustenta, o monarca é temido por seus inimigos. O contribuinte acredita que o crédito o livra da sobretaxação dos tributos e que a bancarrota liberará o estado. O credor do estado acredita que é por meio do crédito que seus rendimentos serão pagos e que as subvenções sempre farão frente à dívida. A nação inteira julga se as operações do chefe das finanças são favoráveis ou prejudiciais ao crédito e, quanto as fontes se esgotam, ele ainda é acusado de ter erodido o crédito. O estado é arruinado pelo crédito e se acredita que foi o ministro das finanças que arruinou o crédito. Se ele não obedece aos financistas, eles ameaçam cortar o crédito, e toda a nação corre em seu socorro. É desse modo que o delírio universal, composto por todos os cegos interesses privados reunidos, opõe-se às melhores intenções dos ministros e, de passo falso em passo falso, de queda em queda, o interesse público caminha para seu fim em um abismo, onde todos os interesses privados, junto a ele, perdem-se e são aniquilados. Quanto a mim, feliz de não estar encarregado de nada, eu temo apenas por meu mestre e pelas leis. Tenho apenas um objetivo, meu príncipe e minha pátria: meu príncipe, que todos conhecemos como a própria bondade; minha pátria, que em seu clima e produções é só tempo bom, abundância e amenidades. Minha fraca voz é o órgão do trovão da justiça e da verdade, e não teme ser abafado pela balbúrdia da intriga ou pelo escarcéu da avidez.

Repito e digo ao universo. No período em que o gosto de seu rei pelo brilho e pela glória, travestidos em ambição pela monarquia universal, alarmava e fazia o resto da Europa se unir contra ela, a França não foi, em absoluto, a França. A impressionante explosão de suas forças não passava da dissipação de seu capital ordenada e dirigida por um príncipe magnânimo e absoluto. Seus esforços posteriores a essa época e tomados na mesma direção eram apenas sintomas do mesmo mal. Mais o sangue perde de sua substância, mais ele está sujeito a extravasar e a formar depósitos. É nos séculos mais afastados que vemos a França reconhecida sem contradição como a primeira potência do universo, no tempo do vigésimo antepassado de nosso Senhor, quando sua residência era conhecida como *la prima casata del mondo*, a primeira casa do mundo. Foi diante desse príncipe que o rei da Inglaterra se prosternou, confuso porque ele lhe oferecia sua mão, em lugar da de um terceiro, e qualquer que fosse a consideração pessoal em relação ao homem, a de um príncipe sempre está ligada à da nação. Os franceses, vencedores em Bovine ou derrotados em Nicopólis, libertadores em Castilha ou estirados sem vida aos pés de seu rei feito prisioneiro na Itália, internamente divididos em partidos ou restaurados por um rei nobre, político e guerreiro, sempre foram a admiração da Europa e a barreira contra os asiáticos conquistadores, ao mesmo tempo pela consideração e pelo ferro. A França sempre foi inesgotável, e seu estado, impossível de ser desmembrado. O que séculos, eras, imprudências, paixões, revoluções e tudo o que nosso fraco entendimento inclui no domínio da fortuna cega não conseguiram, alguns ilustres,[*] guiados por um regime impuro de fiscalidade, irão alcançar. Mas a Fênix renascerá de suas próprias cinzas e, sob a claridade criadora do sol, retomará toda a sua beleza. Para isso basta expurgar nossa língua de uma palavra, que nossos inimigos atuais e mais dignos emuladores não podem mencionar sem lançar mãos de circunlóquios: insisto que basta suprimir esta palavra odiosa, *financista*.[**]

---

[*] No original, o termo é *lustres, brilhos*, o que não faz sentido algum. Suponho que tenha havido algum erro de impressão, e o termo correto seria *illustres*. (N. T.)

[**] Segundo Weulersse, Mirabeau chegou a ter pretensões de se tornar o controlador geral (isto é, o ministro das finanças) da Coroa francesa e, junto com Quesnay, nutria a esperança de que a publicação da *Teoria do imposto* lhe ajudasse nesse sentido (de fato, trata-se do primeiro livro com seu nome na capa). Qual não foi a surpresa de ambos quando a prisão de Mirabeau, por sedição, foi decretada: "A prisão em lugar do ministério! O golpe foi forte, e não foram apenas as ambições pessoais de Mirabeau que pareceram arruinadas! Por um momento, Quesnay desabou" (Weulersse, *Le Mouvement physiocratique en France*, p.74). Essa teria sido a causa da retração momentânea do grupo e da revisão de suas táticas de participação no debate público. (N. T.)

3
Filosofia rural ou economia geral e política da agricultura, reduzida à ordem imutável das leis físicas e morais que asseguram a prosperidade dos impérios

Mirabeau, revisada por Quesnay

*Hoc opus, hoc studium parvi properemus & ampli
Si patriae volumus, si nobis vivere cari**
Horácio, Epístola 3, Livro I

Prefácio

Um homem imaginou e explicou o *Quadro* que apresenta aos olhos a fonte, o curso e os efeitos da *circulação*, fez dele o resumo e a base da ciência econômica e a bússola do governo dos estados. Outro desenvolveu o fruto da árvore da vida e o apresentou aos homens. Este último convidou todos a ajudar seu trabalho nos seguintes termos: que façam um teste, que tentem fazer uma explicação a seu modo. Foi o que um terceiro ousou tentar, ele erigiu para si um andaime a partir do trabalho de seus antecessores, apropriando-se de sua obra, ele ali adicionou seus próprios estudos e do conjunto criou uma nova explicação, não por um esforço de amor-próprio que buscaria as armas longínquas, mas em respeito por essa obra imortal e recomendável, assim como por dever a seus contemporâneos.

---

* No original, em latim. Na tradução de Alexandre Prudente Piccolo: "Essa obra, esse empenho aceleremos, pequenos e grandes,/ se à pátria caros quisermos viver, se a nós mesmos" (Piccolo, *O Homero de Horácio: Intertexto épico no Livro I das* Epístolas, Campinas: Unicamp, Dissertação, 2009, p.43). (N. T.)

No que tange à extensão dos resultados e à clara visão que abarca todo o regime econômico e toda a ciência política, não há nada a ser adicionado à primeira explicação. Mas creio que podemos desenvolver uns e corroborar o outro, adequados a englobar em um mesmo feixe todas as indicações que nos ocorreram desde então. Uma vez apreendida, a verdade tem isto de vantajoso: que cada novo desenvolvimento lhe confere mais claridade e brilho. Cada ramo é um novo galho que decora o tronco e que facilita a colheita de seus frutos.

Digo mais, um traço de luz apresentado em princípio de modo confuso a meu espírito, na sequência nutrido e desenvolvido pelo estudo e pela aplicação sem perder de vista essa lanterna universal, levou-me a conceber a possibilidade de resolver, por meio dessa regra constante, todas as incertezas das opiniões que o espírito humano combateu; de chegar ao porto da verdade moral pelo desenvolvimento das verdades físicas; finalmente, de descobrir a excelência completa e demonstrada das leis do eterno somente pela inspeção da tela de suas obras materiais. Por que tal esperança seria temerária, uma vez que o termo aparece ali de modo mais submetido e mais reconhecível?

Apenas tal ideia me deu asas, a fidelidade a esse impulso primeiro me valeu a visão da esfinge. Verifiquei que nosso bom mestre, nosso instituidor, nos ordenava unicamente a fidelidade, o consentimento e a adesão às leis física da natureza, às leis da fruição, do renascimento e da prosperidade. Assim, o grão de trigo, espelho tão eloquente da sabedoria, da grandeza e da bondade divinas quanto os infinitos astros e mundos, pode abrir a quem humildemente o observa com sagacidade e constância o caminho das maravilhas da natureza e de seu autor, ao passo que o espírito humano, deixado a suas próprias forças e perdendo de vista seu único e digno guia, a natureza, gera ideias abstratas e gerais, perdendo-se na multidão de fantasmas de sua imaginação.

Tal é o princípio dos erros do espírito humano, fonte fecunda de todos os males da humanidade. Em meio a nuvens ilusórias, que renascem incessantemente, o homem sempre ávido de bem-estar se desvia tanto mais quanto seu esforço é imaginário; ele acredita buscar a verdade, mas só pare, só dá à luz a equívocos. Incerto e vacilante em seus passos, ele se esgota, estafa-se e, quando a falta de coragem o detém, seu orgulho o convence de que ele presidiu a escolha de seu inferno. Ele é envolvido e afunda no mar tenebroso e inconstante do pirronismo, renuncia ao uso dos sentidos, quer evitar investigações minuciosas, e sua imaginação o arrasta ao vazio das visões metafísicas.

Em meio a esse oceano de ilusões que desfiguraram o culto espiritual mais do que todos os equívocos do paganismo outrora desfiguraram o culto positivo, apareceram grandes e luminosos meteoros extraídos da luz natural e inextinguível que o ser supremo incutiu e mantém em nosso coração. Os homens sempre perceberam, por meio de suas virtudes e crimes, de seus afetos e remorsos, que o bem e o mal morais existem e estão intrinsecamente ligados ao bem e ao mal físicos. Grandes gênios analisaram esse sentimento e desenvolveram seus princípios e regras, mas ao instruir os homens, eles alcançaram apenas um pequeno número de seguidores. Por que isso? Porque eles estudaram pouco como são naturalmente, raciocinaram *à parte mentis & non a parte rei* [segundo o entendimento, não segundo a coisa em si]; cavaram, conceberam, instruíram-se apenas seguindo o curso de seu espírito e não seguindo os objetos reais; falaram unicamente à sua alma e aos seus desejos, não ao homem e às suas carências reais. Não somente não conseguiram associar permanentemente o homem à ficção do desinteresse e da apatia, mas nem sequer puderam se assegurar de que a base de suas especulações fosse sólida; pois o bom senso e a experiência lhes provam a todo momento que o mal concebido fanatismo da indiferença e da insensibilidade é altamente repreensível.

Podemos retorquir a um filósofo moral, ao próprio Sócrates, pensais e percebeis assim que dizeis; mas eu sinto e penso de outro modo. A força, a prudência, a generosidade, a gratidão, vos parecem virtudes; mas eu, ao contrário, vejo na força apenas uma exuberância de espíritos vitais que fracassará tão mais certamente quanto menos ela conhece aquilo contra o que se choca, quanto mais ela se crê superior a toda oposição habitual; [vejo] na prudência apenas um contrapeso tecido por aspectos inconvenientes e um impedimento à decisão que é do que se trata aqui embaixo; na generosidade nada além de empáfia e bravatas; na gratidão fastuosa somente uma enganação que esquece seu interesse presente para se lembrar de seu interesse passado. Desse modo, qualquer homem pouco delicado, ao mentir para si e para os outros, pode confundir e obscurecer as matérias mais decididas para o sentimento de um coração puro, para o resultado de um entendimento são. Que partido então tomar em relação à humanidade para alistá-la e retê-la sob os estandartes da razão? Prendê-la com os laços poderosos da verdade física. Ou estou redondamente enganado, ou esse é o meio de impedir que ela escape.

Há muito tempo, a ordem é considerada por todos os verdadeiros filósofos o ponto central e de encontro da verdadeira sabedoria. Não pude ler sem emoção e admiração o que um de nossos maiores gênios, o padre Malebranche,* pensou e escreveu sobre esse assunto, e ainda que a comparação da beleza de seu estilo com a negligência do meu possa ser desvantajosa para mim, o motivo que me leva a agir está tão acima dessas pequenas afecções que não recusarei a oportunidade de pôr sob os olhos de meus leitores a exposição dos conhecimentos sublimes desse grande homem. Deixemos que ele mesmo fale. *Tratado da moral*, primeira parte, Capítulo 2:**

I. O amor da ordem não é apenas a principal das virtudes morais, é a única virtude; é a virtude mãe, fundamental, universal. Virtude que apenas ela torna virtuosos os hábitos ou as disposições dos espíritos. Aquele que doa seus bens aos pobres, seja por vaidade, seja por uma compaixão natural, não é liberal, pois não é de modo algum a razão que o conduz nem a ordem que regula [esse comportamento], mas sim apenas o orgulho ou uma dis-

---

* Nicolas Malebranche (1638-1715), filósofo francês. O leitor pode consultar a edição de Plínio Junqueira Smith, com trechos selecionados, de *A busca da verdade* (São Paulo: Discurso Editorial, 2004). (N. T.)

** Obra publicada em 1707. O capítulo aqui transcrito por completo intitula-se: "Não há outra virtude além do amor da ordem. Sem esse amor todas as virtudes são falsas. Cabe não confundir os deveres com a virtude. É possível cumprir seus deveres sem virtude. É por falta de consulta à razão que aprovamos e seguimos os costumes condenáveis. A fé serve ou conduz à razão, pois a razão é a lei soberana e universal de todas as inteligências" (Malebranche, *Œuvres II*, p.435). O leitor interessado na questão da importância de Malebranche para o pensamento fisiocrata pode consultar *A economia dos modernos*, apêndice a *O reino e a glória*, de Giorgio Agamben (São Paulo: Boitempo, 2011, p.283-310), e o artigo *Raízes filosóficas da noção de ordem nos fisiocratas*, de Luís Roberto Monzani (*Discurso*, v.44, São Paulo: FFLCH-USP, 2014, p.9-54). (N. T.)

posição maquinal. Oficiais que se expõem voluntariamente a perigos não são generosos se o que os anima for a ambição; tampouco soldados, se o forem pelo excesso de espíritos e pela fermentação do sangue. Esse pretenso nobre ardor não passa de vaidade ou jogo maquinal, amiúde basta um pouco de vinho para produzi-lo. Aquele que aguenta os ultrajes que lhe são dirigidos frequentemente não é moderado nem paciente. É a preguiça que o faz imóvel, e seu orgulho ridículo e estoico o consola e o põe acima de seus inimigos: aqui se trata ainda de disposição maquinal, falta de espíritos, frieza no sangue, melancolia. Ocorre o mesmo com todas as virtudes. Se o amor à ordem não é seu princípio, elas são todas falsas e vãs, indignas, em todos os aspectos, de um ser racional, que carrega a imagem do próprio deus e que pela razão está a ele associado. Elas têm sua origem na disposição do corpo; o espírito santo não as forma em absoluto e quem quer que faça delas o objeto de seus desejos e o objeto de sua glória tem a alma baixa, o espírito pequeno, o coração corrompido. Mas, o que quer que pense uma imaginação revoltada, não é baixeza nem servidão se submeter à lei do próprio deus. Nada é mais justo do que se conformar à ordem. Nada é maior do que obedecer a deus. Nada é mais generoso do que seguir constante, fiel e inviolavelmente o partido da razão, não apenas enquanto pudermos segui-lo com honra, mas sobretudo quando as circunstâncias dos tempos e dos lugares forem tais que só é possível segui-las imerso em confusão e vergonha. Pois aquele que se passa por louco seguindo a razão verdadeiramente a ama. Mas aquele que segue a ordem unicamente enquanto ela brilha aos olhos do mundo busca apenas a glória e ainda que, desse modo, pareça resplandecente aos olhos dos homens, é uma abominação perante deus.

II. Posso estar equivocado, mas me parece que há muitas pessoas que não conhecem a verdadeira virtude e que mesmo aqueles que escreveram sobre a moral não falaram sempre de modo claro e justo. Com certeza, todos esses grandes nomes que damos às virtudes e aos vícios despertam nos espíritos mais sentimentos confusos do que ideias claras. Mas, como esses sentimentos tocam a alma, ao passo que ideias abstratas, ainda que claras em si mesmas, trazem luz apenas a espírito atentos, quase sempre os homens ficam satisfeitos com essas palavras que adulam os sentidos e as paixões, mas que deixam o espírito nas sombras. Eles pensam que um discurso é tão mais sólido quanto mais vivamente ele atinge a imaginação, e tomam como espectros e ilusões raciocínios exatos que desaparecem tão logo a atenção acaba. Semelhantes a crianças, que julgam objetos pela impressão que eles causam sobre os sentidos, imaginam que há mais matéria no gelo do que na água e no ouro; ou nos metais pesados e duros do que no ar que lhes circunda sem quase se fazer sentir.

III. Ademais, tudo que é familiar não surpreende, não nos desafia e não os examinamos. Acreditamos sempre ter concebido bem o que dissemos, ou aquilo que ouvimos dizer muitas vezes, mesmo que não o tenhamos jamais examinado. Mas as verdades mais sólidas e mais claras causam desconfiança enquanto são novidade. Igualmente, uma palavra obscura e confusa parece clara, não importa quão equívoca, desde que o uso a autorize, ao passo que um termo que não comporta nenhum equívoco parece obscuro e perigoso uma vez que o tenhamos ouvido da boca de pessoas por quem não temos amizade ou estima. Essa é a causa de termos morais serem os mais obscuros e confusos, ainda que sejam aqueles que principalmente assumimos como os mais claros, por serem os mais comuns. Todos, por exemplo, imaginam entender bem o significado dos seguintes termos: amar, temer, honrar, caridade, humildade, generosidade, orgulho, inveja, amor-próprio. Se quisermos associar ideias claras a esses termos e a todos os nomes que damos às virtudes e aos vícios, além disso supor mais conhecimentos do que pensamos, seguramente tomaríamos a via mais confusa e mais complicada de lidar com a moral. Pois veríamos na sequência que, para bem definir esses termos, é preciso compreender claramente os princípios dessa ciência e inclusive ser um sábio nos conhecimentos a respeito do homem.

IV. Um dos maiores defeitos observados nos livros de moral de certos filósofos é que eles confundem os deveres com as virtudes ou nomeiam como virtudes simples deveres, de tal modo que, embora propriamente só exista uma virtude, o amor da ordem, eles produzem uma infinidade. Isso deixa tudo confuso e embaralha de tal modo a ciência que é muito difícil compreender de modo correto o que é preciso fazer para ser perfeitamente um homem de bem.

V. É óbvio que a virtude torna virtuoso aquele que a tem e, no entanto, um homem pode cumprir seus deveres, facilmente fazer ações de humildade, de generosidade e de liberalidade sem ter nenhuma dessas virtudes. A disposição a cumprir esses deveres sem o amor da ordem não é propriamente uma virtude. Desde que tenhamos cumprido nossos deveres, somos virtuosos aos olhos dos homens; desde que tenhamos feito bem a nosso amigo, parecemos liberais e generosos. Mas não somos sempre o que parecemos ser, e aquele que nunca falta com seus deveres exteriores de amizade que a ordem (a nossa única lei inviolável) não impede, ainda que por vezes pareça um amigo infiel, é um amigo mais verdadeiro e fiel, ou ao menos mais virtuoso e mais amável, do que esses amigos exaltados, que sacrificam seus parentes, sua vida e sua saúde eterna em prol das paixões de seus amigos.

VI. É preciso não confundir a virtude com os deveres, pela conformidade dos nomes. Isso engana os homens. Há os que se imaginam seguindo a virtude apenas por seguirem a inclinação natural que têm em cumprir certos deveres e, como não é a razão que os conduz, eles são de fato viciosos no excesso, ainda que pensem ser heróis na virtude. Mas a maior parte que é enganada por essa mesma confusão terminológica e pela magnificência dos nomes confia em si mesma, estima a si mesma sem motivo e frequentemente julga muito mal as pessoas mais virtuosas, pois não é possível que as pessoas de bem sigam por muito tempo o que a ordem prescreve sem faltar, de acordo com as aparências, com algum dever essencial. Pois, enfim, para ser prudente, honesto e caridoso aos olhos dos homens, algumas vezes é preciso louvar o vício, ou quase sempre se calar quando alguém o louva. Para ser estimado liberal, é preciso ser pródigo. Quando se é temário, é fácil se passar por homem corajoso, e aquele não é supersticioso ou crédulo, ainda que piedoso, passará por um libertino aos espíritos supersticiosos ou muito crédulos.

VII. Com certeza, a razão universal é sempre a mesma, a ordem é imutável e, no entanto, a moral se altera de acordo com os países e os tempos. Dentre os alemães é virtude saber beber, quem fica bêbado não consegue socializar com eles. Não é a razão, é o vinho que une as sociedades, que finaliza os acordos, que faz os contratos. Entre nobres é generosidade esparrar o sangue daquele que fez alguma injúria. Há muito tempo o duelo é uma ação permitida, [agimos] como se a razão não fosse digna de regular nossas diferenças e as finalizamos pela força: à lei de deus, preferimos a lei dos brutos, dos fortes. E não se deve imaginar que esse costume só tenha sido habitual dentre homens de guerra, ele era praticamente geral, e se os eclesiásticos não lutassem por respeito por seu caráter, eles teriam bravos campeões que os representariam e que sustentariam seu bom direito derramando o sangue das partes. Eles inclusive pensariam que deus teria aprovado sua conduta e, indiferentemente do modo que as coisas fossem finalizadas, por duelo ou pela sorte, eles nunca poriam em dúvida que deus teria presido o julgamento dando ganho de causa a quem tivesse razão. Pois, supor que deus aja por vontades particulares, o que comumente se acredita no mundo, é uma impiedade tão grande quanto temer que ele favoreça a injustiça ou que sua providência não se estenda sobre todas as coisas.

VIII. Mas sem ir buscar costumes condenáveis em séculos passados, que cada um julgue à luz de sua razão os costumes que observamos atualmente entre nós, ou melhor, que se preste atenção na conduta daqueles que estão estabelecidos para conduzir os outros. Sem dúvida, frequentemente veremos que cada um tem sua moral particular, sua devoção própria, sua virtude favorita. Um só fala de penitência e de mortificação, outro estima unicamente os deveres da caridade; outro, enfim, apenas o estudo e a reza. Mas de onde pode vir essa diversidade, se a razão do homem é sempre a mesma? Sem dúvida, é porque deixamos de consultá-la; é porque deixamos seu inimigo, a imaginação, conduzir-nos; é porque em vez de observar a ordem imutável como sua lei inviolável e natural, formamos ideias de virtude conformes, pelo menos em algum grau, a nossas inclinações. Pois há virtudes, ou melhor, deveres que se relacionam a nossos humores. Virtudes brilhantes, adequadas às almas orgulhosas e arrogantes; virtudes baixas e humilhantes, adequadas a espíritos tímidos e medrosos; virtudes, por assim dizer, moles e que se acomodam bem com o langor à inação.

IX. É verdade que, de modo geral, estamos de acordo que a ordem é a lei inviolável dos espíritos e que nada tem regra se não lhe for conforme. Mas sustentamos um pouco demais que os espíritos são incapazes de consultar essa lei e, ainda que ela esteja gravada no coração do homem e que baste consultar a si mesmo para dela se instruir, pensamos como judeus grosseiros e carnais, que assumem que é tão difícil descobri-la quando subir aos céus, ou descer aos infernos, como diz a escritura.

Fisiocracia

X. Admito, entretanto, que a ordem imutável não é de fácil acesso. Ela habita em nós, mas estamos sempre espalhados pelo exterior. Nossos sentidos espalham nossa alma por todas as partes de nosso corpo, e nossa imaginação e paixões a espalham sobre todos os objetos que nos circundam e, frequentemente, inclusive sobre um mundo que não tem mais realidade do que os espaços imaginários. Isso é incontestável. Mas é preciso tentar silenciar nossos sentidos, nossa imaginação e nossas paixões e não pensar que podemos ser razoáveis sem consultar a razão da ordem que deve nos reformar. Trata-se de uma forma muito abstrata para servir de modelo aos espíritos grosseiros, vejo bem. Forneçamos-lhe um corpo, tornemo-la sensível, vistamo-la de várias maneiras para torná-la agradável aos homens carnais, encarnemo-la, por assim dizer, mas que ela seja sempre reconhe-cível. Acostumemos os homens a discernir a verdadeira virtude do vício das virtudes de aparência e dos simples deveres, os quais frequentemente podemos cumprir sem virtude; e não lhes proponhamos fantasmas e ídolos que atraem a admiração e respeito pelo brilho sensível e majestoso que os circunda. Pois, finalmente, se a razão não nos conduz, se o amor à ordem não nos ama, não importa o quão fiéis sejamos em nossos deveres, nunca seremos solidamente virtuosos.

XI. Mas, é-nos dito, a razão é corrompida, ela está sujeita ao erro, é preciso que ela esteja submetida à fé. A filosofia não passa de um serviçal, é preciso desconfiar de suas luzes. Equívocos perpétuos; o homem não pertence a si mesmo, à sua razão, à sua luz. A religião é a verdadeira filoso-fia. Admito que essa não é a filosofia dos pagãos nem daqueles que falam demais, que dizem o que não concebem e que falam aos outros antes que a verdade tenha falado com eles mesmos. A razão de que falo é infalível, imu-tável, incorruptível. Ela deve sempre ser a mestra: o próprio deus a segue. Em uma palavra, não se deve jamais fechar os olhos à luz, mas é preciso se acostumar a discerni-la das sombras ou dos falsos clarões, dos sentimentos confusos, das ideias sensíveis, que parecem luzes vivas e brilhantes àqueles que não estão acostumados a discernir o verdadeiro do verossimilhante, a evidência do instinto, a razão da imaginação, sua inimiga. A evidência, a inteligência é preferível à fé. Pois a fé passará, mas a inteligência subsistirá pela eternidade. A fé é verdadeiramente um grande bem, mas é ela que conduz à inteligência de certas verdades necessárias, essenciais, sem as quais não podemos adquirir a virtude sólida nem a felicidade eterna. Contudo, a fé sem inteligência, não falo aqui dos mistérios, dos quais não podemos ter uma ideia clara; digo que a fé, sem nenhuma luz, se isso for possível, não pode tornar solidamente virtuoso. É a luz que aperfeiçoa o espírito e que regula o coração: e se a fé não esclarece o homem e não o conduz a alguma compreensão da verdade e ao conhecimento de seus deveres, seguramente ela não traria os efeitos que lhe atribuímos. Mas a fé é um termo tão equívoco quanto o de razão, de filosofia, de ciência humana.

XII. Concordo, portanto, que aqueles que não têm nenhuma luz para se conduzir podem adquirir a virtude tão bem quanto aqueles que melhor sabem retornar a si mesmos para consultar a razão e contemplar a beleza da ordem, porque a graça do sentimento ou do deleite previdente podem suprir às luzes e mantê-los fortemente ligados a seus deveres. Mas sustento, primeiro, que todas as coisas iguais, aquele que mais retorna a si mesmo e que escuta a verdade interior com um maior silêncio de seus sentidos, de sua imaginação e de suas paixões, é o mais solidamente virtuoso. Segundo, sustento que o amor à ordem que tem por princípio mais a razão do que a fé, quero dizer, mais luz do que sentimento, é mais sólido, mais meritório e mais estimável do que um outro amor que suponhamos igual. Pois, no fundo, o verdadeiro bem, o bem do espírito, deveria ser amado pela razão, de forma alguma pelo instinto do prazer. Mas o estado ao qual o pecado nos reduziu torna a graça do deleite necessária para contrabalancear o esforço contínuo de nossa concupiscência. Finalmente, sustento que para aquele que jamais retorna a si mesmo, disse jamais, sua pretensa fé lhe será inteiramente inútil. Pois o verbo só se torna sensível e visível para tornar a verdade inteligível. A razão se encarna unicamente para conduzir os homens por meio dos sentidos à razão, e aquele que fizer e sofrer o que fez e sofreu Jesus Cristo não será razoável nem cristão, se ele não o fizer no espírito de Jesus Cristo, espírito de ordem e de razão. Mas não há nada a temer nisso, pois é uma coisa absolutamente impossível que o homem esteja de tal modo separado da razão que nunca entre em si mesmo para consultá-la. Pois, ainda que muita gente talvez não saiba nada a respeito do que consiste em retornar a si mesmo, não é possível que eles não retornem ou que não escutem, às vezes, a voz da verdade, apesar

Fisiocracia

do barulho contínuo de seus sentidos e paixões. Não é possível que eles não tenham alguma ideia e algum amor à ordem, o que com certeza eles somente podem ter daquele que habita neles e que os torna nisso justos e razoáveis. Pois nenhum homem não é a si mesmo o princípio de seu amor, ou o espírito que o inspira que o anima e o conduz.

XIII. Todos se orgulham da razão e todos a renunciam. Isso parece uma contradição, mas nada é mais verdadeiro. Todos se orgulham da razão por que todos os homens trazem escrito no fundo de seu ser que tomar parte na razão é um direito essencial de nossa natureza. Mas todos a renunciam porque não conseguimos nos unir à razão e receber dela toda a luz e inteligência sem uma espécie de trabalho muito desolador, porque ali não há nada que agrade aos sentidos. Desse modo, invencivelmente querendo ser felizes, os homens deixam de lado o trabalho da atenção que os torna de fato infelizes. Mas se eles o deixam, em geral pensam que é por causa da razão. O voluptuoso acredita dever preferir os prazeres atuais a uma vida seca e abstrata da verdade e que, não obstante, custa muito esforço. O ambicioso pensa que o objeto de sua paixão é alguma coisa de real e que os bens inteligíveis não passam de ilusões e fantasmas, pois de ordinário julga a solidez dos bens pela impressão que eles causam sobre a imaginação e os sentidos. Há inclusive pessoas piedosas que provam pela razão que é preciso renunciar à razão, que não é a luz, mas apenas a fé que deve nos conduzir, e que a obediência cega é a principal virtude dos cristãos. A preguiça dos [homens] inferiores e seu espírito bajulador frequentemente se acomodam nessa pretensa virtude, e o orgulho daqueles que os comandam está sempre bastante satisfeito. De sorte que, talvez, encontremos pessoas que ficarão escandalizadas por eu render essa homenagem à razão, de elevá-la acima de todos os poderes e que pensarão que eu me revolto contra as autoridades legítimas porque tomo seu partido e sustento que cabe a ela decidir e reinar. Mas que os voluptuosos sigam seus sentidos; que os ambiciosos se deixem levar por suas paixões; que o homem comum viva da opinião ou se deixe levar aonde sua própria imaginação o conduz. Tentemos, por nós, fazer cessar esse ruído confuso que excita em nós os objetos sensíveis. Retornemos a nós mesmos, consultemos a verdade interior, mas levantemos guarda para não confundir suas respostas com as inspeções secretas de nossa imaginação corrompida. Pois vale mais, vale infinitamente mais obedecer às paixões daqueles que têm o direito de comandar ou de conduzir, do que ser unicamente seu mestre, seguir suas próprias paixões, voluntariamente se cegar assumindo um ar de confiança no erro semelhante ao que apenas a visão da verdade deve fornecer. Expliquei em outro local as regras que é preciso observar para não cair nessa falta, mas falarei mais na sequência, pois sem isso não podemos ser virtuosos solidamente e pela razão.

O homem excelente de quem tiramos esse fragmento percebeu e apresentou as vantagens e a supremacia da ordem suprema com uma força de gênio e uma segurança de sentimento às quais é difícil de refutar de boa-fé. Suponho, porém, que um desses homens insidiosos, ou um mero espírito torto, assuma a tarefa de escapar-lhe. Colocas, dir-me-ia ele, a verdadeira e única virtude na ordem e nos dás a razão como o guia infalível na investigação e na descoberta do ponto onde reside essa ordem e, consequentemente, como a bússola na rota dos deveres. Mas essa razão afirma uma coisa aqui, outra ali; ela diz branco em Numa e preto em Tarquínio. Geralmente, todos acreditam seguir a razão e ter sua razão para agir em todas as suas ações. Onde, pois, está a razão universal? Não vás me desencaminhar no país das inteligências, é a região das visões e busco um guia para o mapa das realidades. O autor, como vimos, previu essa objeção.

Tentarei, eu, responder a esse homem com a pá na mão. Pergunto-lhe primeiro se ele acredita na existência de uma ordem natural. Se ele me nega, não tenho mais o que lhe responder: "cabeça de estopa, fazes assim uma pá com asas de borboleta". Porém hesita, ele conhece a matéria, mas a conhece apenas em demasia; ei-lo, então, submetido à realidade, à verdade, à razão e à sinceridade. Um grão de trigo lançado no seio da terra, sempre renascendo e se multiplicando durante o mesmo período, força-o a reconhecer e a admitir o *movimento*. Obstinado e limitando-se a consentir com o que ele não pode negar sem negar a si mesmo, que ele recuse ir mais longe e não reconheça no movimento regular, múltiplo, periódico e frutuoso a inteligência que fornece à matéria essas propriedades. Pouco importa então, trata-se de um cego, mas é meu irmão, devo deixá-lo tatear. É um surdo, devo permitir-lhe gritar. Basta-me que ele se renda àquilo que toca para que se alinhe por si só, obedientemente, à ordem natural, à cooperação da realização dessas leis. Mostro-lhe seu bem-estar físico nas regras constantes do movimento impresso na matéria. Não apenas concordo que ele é uma parte dela, mas provo-lhe que, envolvido ele mesmo no círculo dessa grande lei, não pode se recusar em tomar parte no concerto universal sem carregar consigo seu indivíduo e sua espécie, na medida em que estão nele, para a revolta, a miséria, a morte e o caos. Guio-lhe assim, passo a passo, de verdade palpável em verdades consequentes e úteis, de fatos visíveis em fatos repetidos, mensurados e calculados. Uma vez bem encaminhado nessa estrada, talvez lhe ocorra de ficar surpreso e maravilhado pelo fato de que essas leis de culto, esses preceitos de obrigação que lhe foram dados como a uma criatura livre e digna de mérito perante seu autor, no fundo não passem de ritos necessários e expressivos do movimento ordenado à sua parcela de matéria, com o propósito de que ele concorra com o todo para existir pela eternidade. Talvez ele se disponha a reconhecer essa inteligência suprema, tão falante e tão visível, que sua primeira linha de defesa, armada, recusava-se a admitir como incômoda, ordenadora, temível e vingativa, e que ele a partir de então verá como motora, benfeitora, e aquecendo tudo no seio da natureza e reprovando unicamente aquilo que quer se separar da imensa via de suas benfeitorias. Talvez, por fim, seu espírito vencido pela evidência, seu coração reaquecido pela gratidão, tornem-no menos indigno do culto do amor; mas cabe ao próprio deus esclarecer os verdadeiros adoradores, basta-nos conduzir os homens pelo conhecimento e pela consideração de seu próprio interesse, no sentido de concorrer ao bem universal e à ordem natural, princípio e base do direito natural e da lei natural. Mas, ele nos objetará, em um governo em que a ordem foi pervertida, é possível segui-la? A rigor, os maus governos não pervertem a ordem; a ordem é imutável; os soberanos e os súditos só podem dela se desviar em sua própria desvantagem. A desordem, se ela existir, é obra de homens ignorantes ou perversos; mas a ordem é obra da sabedoria suprema e do verdadeiro governo das sociedades. O governo perfeito não é de instituição humana, os homens não podem adicionar nada nem retirar nada dessa TEOCRACIA, sua felicidade consiste em se conformar a ela. O governo do príncipe não consiste, como vulgarmente se crê, na arte de conduzir os homens; ele consiste na arte de prover à sua segurança e à sua subsistência pela observação da ordem natural das leis físicas que constituem o direito natural e a ordem econômica por meio da qual a existência e a subsistência devem ser asseguradas às nações e a cada homem em particular. Esse objetivo cumprido, a conduta dos homens é fixada e cada homem conduz a si mesmo. Aqueles que se desviam da regra são membros doentes ou corrompidos a quem é preciso curar ou amputar. Mas o corpo, submetido ao regime prescrito pela natureza e conduzido pelo médico, satisfaz por sua própria constituição as funções necessárias para sua conservação. Ora, essa constituição não é obra do médico, trata-se de um organismo físico que ele deve estudar para manter em regularidade. Ousamos, pois, empreender e demonstrar que o mal particular é incompatível com a ordem, fora da qual não pode existir bem para nenhuma parcela das coisas criadas. Essa tarefa é grande, luminosa e útil. De fato, ela é muito grande para nós, mas não perco a esperança de cumpri-la sob a salvaguarda e sob os estandartes da providência eterna e da imutável verdade, sempre passível de demonstração.

O *Quadro econômico* é a primeira regra da aritmética que foi inventada para reduzir ao cálculo exato e preciso a ciência elementar e a execução perpétua desse decreto eterno: *comereis vosso pão com o suor de vosso rosto*. O homem fraterno a quem devemos essa ideia abriu o caminho e percorreu-o até o final; honra que lhe foi concedida como ao mais alto benfeitor da humanidade, vantagem que também resulta da natureza de seu trabalho, pois imaginar e executar uma tal coisa consiste em ter chegado às colunas de Hércules pela vivacidade de seu entendimento, em ter aberto aos homens as portas dos jardins das Hespérides pela força do coração.* Portanto, a política econômica se encontra, a partir de então, submetida ao cálculo, e não poderíamos aliciar mais testemunhas à prova da verdade, mais adeptos à instrução, às ciências das demonstrações.

Os cálculos fazem à ciência econômica o que os ossos fazem ao corpo humano. Os nervos, os vasos, os músculos os vivificam colocando-os em movimento. Os ossos os defendem e os sustentam. Sem os ossos, as pernas

---

* Referências à região onde Hércules (ou Héracles) teria realizado dois de seus trabalhos, no limite ocidental do mundo então conhecido, o estreito de Gibraltar. (N. T.)

não poderiam se elevar sobre os pés, tampouco caminhar; sem os ossos dos braços, ele não poderia levantar pesos, tampouco trabalhar para satisfazer suas carências. A ciência econômica se aprofunda e se desenvolve pelo exame e pelo raciocínio, mas, sem esses cálculos, ela continuaria sendo uma ciência indeterminada, confusa e envolvida, por todos os lados, em erros e preconceitos. Quanto mais os cálculos são consistentes em sua base, sua série e seu final, mais aqueles que se acreditam interessados em impedir a explosão da luz, contando com a inaplicação do maior número de leitores em penetrar nesses hieróglifos invencíveis que denominamos números, apressam-se em afirmar de modo extremado que os cálculos estão errados. Um grande número, mais inclinado a repetir que a aprender, ecoa essa imputação, desprezível por ser destituída de provas. Os cálculos só podem ser atacados por outros cálculos, como os juízos só podem ser reformados ou confirmados por outros juízos, e mesmo que o desprezo seja aí frequente, ainda há aqueles que, não obstante, podem nos conduzir e nos fixar na certeza. Para saber sua conta, calculamos sempre e calcularemos sempre, e sempre o cálculo decidirá de modo favorável. Todo calculador pode se equivocar, mas basta que um o corrija; sem isso, qualquer imputação de erro contra os cálculos não passa de som de trombetas. Os sábios param esperando que a questão seja julgada e até lá eles supõem sempre que aquele que calculou é mais instruído do que aquele que se pronunciou sem calcular. Os homens de gênio, finalmente, contentam-se em percorrer com um só olhar o que lhes é próprio, em um bloco de grandes verdades, sem que tenham de pesar os argumentos contrários, o que desencoraja a rapidez [da análise], da qual eles supõem, de bom grado, a solidez. Dessa leitura eles obtêm outra vantagem, a de serem mais seguros em seus princípios e mais destemidos de vagar pelo mar da ignorância e da contradição, e o conjunto todo deixado à disputa dos homens perde, desse modo, o brilho da invencível verdade. A égide de Minerva se escurece e não ousará romper o véu e petrificar seus inimigos até a chegada de raças futuras e imparciais.

Devemos aos homens todos os cuidados de um verdadeiro amor, e é sobretudo como crianças queridas de nossos contemporâneos que nós lhos devemos. Nosso dever é, portanto, acelerar com todas as nossas forças os progressos dessa regeneração. Eis o objeto de meu trabalho e eis a rota que segui.

Não tenho nada, ou quase nada a adicionar ao desenvolvimento dos cálculos, mas acredito dever explicar a substância. Em seu frontispício, o Quadro naturalmente apresenta a tabela e a designação dos objetos de que posso tratar. Meu plano geral é discutir o Quadro mais do que apresentá-lo, assim como decompô-lo em pequenos Quadros-resumo quando o material o exigir; de modo que esse hieróglifo, que assusta vários leitores, enfim se torne familiar à vista e ao entendimento. Meu plano é seguir para isso os doze artigos dos *objetos a considerar* que se encontram no cabeçalho do próprio Quadro. Esse desenvolvimento será um pouco extenso, mas hoje em dia que a agricultura, o comércio e a indústria são o objeto particular de várias sociedades estabelecidas no reino, onde todos esses ramos da ciência econômica devem ser examinados em todos os seus relacionamentos essenciais e recíprocos, visões tão sábias e tão importantes excitaram meu zelo a concorrer com meus compatriotas no estudo de uma ciência que decide a propósito da prosperidade dos estados e da felicidade dos povos.

Usando os materiais que me foram fornecidos pelos dignos autores, assim como os de minha autoria, em meus doze capítulos, transporto todas aquelas ideias das quais pude me apropriar nas diferentes seções de explicação. Em Esparta, o roubo só se tornava vergonhoso quando descoberto. O plágio só o é, ao contrário, quando escondido. Confesso que devo a meus predecessores todo o conjunto exposto na ordem na qual ele foi apresentado no Quadro, que nada mais é do que uma fórmula de cálculo inventada para combinar e decidir todos os casos mais complicados da ciência econômica. Não arriscarei nenhum desvio por novos caminhos. Altero apenas as quantidades do Quadro que apresento sobre uma base de 2 milhões. Algumas obras recentes fixaram nesse ponto o rendimento possível e natural de um grande estado e, em uma demonstração como essa, quanto mais pudermos nos aproximar de um princípio conhecido e interessante, mais sentiremos coragem e força para o trabalho. Veremos, ademais, que não tive a necessidade de uma grande erudição para compor essa obra que não é outra coisa senão uma nova redação dos tratados econômicos do *Amigo dos homens*. Mas esses tratados, que foram publicados sucessivamente, não estavam submetidos a um plano geral de doutrina. Encontrei todos os princípios e todas as noções necessárias para formar uma teoria exata e completa. Busquei dispô-los em uma ordem que pudesse facilitar a ligação e o desenvolvimento dos conhecimentos essenciais e evidentes da ciência econômica. Não sou o autor, mas se puder ser bem-sucedido em minha empresa, meu trabalho será útil, pois o assunto que é seu objeto é muito importante e muito pouco conhecido. Que outros façam como eu, não há espíritos que não possam ser ordenados em um tipo de classe, como as eras. Que cada um faça sua classe entender o *Quadro econômico*, ele terá cooperado na obra mais santa e mais indispensável aqui embaixo, que é a de atrair sem cessar à morada da fabulosa Vesta e à caridade sempre presente, sempre inspirada nos homens pela luz divina.*

---

* Vesta era a deusa romana da lareira e, por extensão, do lar e da família. (N. T.)

4
Observações sobre os juros do dinheiro

Quesnay, sob o pseudônimo de sr. Nisaque

A taxa ou os juros exigidos para o empréstimo de dinheiro estão fundados de direito sobre a relação de conformidade que existe em relação ao rendimento dos bens fundiários e ao ganho que o comércio proporciona ao revendedor. Com o dinheiro, adquirimos a propriedade e o rendimento de um bem fundiário; a propriedade de um bem toma o lugar do capital de dinheiro pago pela aquisição desse bem que, além disso, anualmente gera um rendimento. Assim, por esse exemplo do dinheiro, adquirimos um rendimento anual com a conservação do capital. Com dinheiro, portanto, podemos, na ordem da justiça mais exata, adquirir um rendimento anual com a conservação do capital de dinheiro que proporciona o rendimento. Dizemos na ordem da justiça mais exata, uma vez que é o bem adquirido com o dinheiro que produz esse rendimento sem que nada tenha sido subtraído daquilo que pertence a outrem.

Quando alguém empresta dinheiro, portanto, aliena uma riqueza que de direito pode lhe gerar um rendimento com a conservação do capital que ele aliena.

Poderia ser objetado que emprestar dinheiro não é comprar um bem que produz um rendimento, sem nada subtrair daquilo que pertence a outrem, sob o pretexto de que esse dinheiro empregado em um bem fundiário lhe geraria esse rendimento sem nada subtrair do que pertence a outrem; e que é bastante comum que o dinheiro emprestado não gere ao mutuário o rendimento que o prestamista lhe exige.

Mas essa objeção não teria qualquer autoridade contra o prestamista, sendo-lhe completamente estranha, pois ao alienar seu dinheiro, ele se priva do uso de uma riqueza que pode lhe gerar um rendimento com a conservação do capital sem fazer mal a outrem. Cabe ao mutuário, que se torna o possuidor dessa riqueza, dar-lhe um emprego pelo qual ela possa lhe gerar, sem fazer mal a outrem, o rendimento que ele se comprometeu a pagar ao prestamista.

Mas essa razão decisiva prova também que esse rendimento manifestamente tem seus limites na ordem da natureza e na ordem da justiça, que limitam o direito que o prestamista tem ao rendimento que ele pode exigir do mutuário. Seria, portanto, injusto exigir um rendimento que excedesse esses limites, e as leis do soberano devem ter por objeto reprimir uma injustiça tão manifesta.

A taxa dos juros do dinheiro está, portanto, como o rendimento das terras, sujeita a uma lei natural que limita a ambas.

O rendimento das terras que podem ser adquiridas com o dinheiro nada é senão uma parte do produto líquido que pode ser vendida àquele que a adquire com a propriedade dos fundos. Ora, é essa parcela do produto líquido conhecida do vendedor e do comprador que decide o preço da aquisição.

A quantidade de rendimento que pode ser adquirida pela compra de uma terra não é, pois, nem arbitrária nem desconhecida. É uma medida manifesta e limitada pela natureza, que estabelece a lei ao vendedor e ao comprador, e vamos provar que, na ordem da justiça, é essa mesma lei que deve regular a taxa de juros ou o rendimento do dinheiro alocado na constituição de rendas perpétuas em um reino agrícola.

Afirmamos que há riscos na alocação do dinheiro na constituição de rendas perpétuas que devem inspirar considerações a favor desse emprego do dinheiro. Se há riscos, há também para o rentista a vantagem de não ser cobrado pelo cuidado de manutenção de seu rendimento e a obtenção de uma situação de ócio. Há incertezas em toda parte: se o tipo do rendimento de que tratamos estivesse ao abrigo de incertezas, a massa dos falsos rendimentos superaria em muito aquele dos rendimentos reais de um reino. Esses próprios falsos rendimentos não teriam base, devastariam o território. Portanto, é essencial que exista um contrapeso que modere seus progressos, de outro modo as terras veriam seu preço cair e entrariam em declínio. O dinheiro seria empregado apenas na aquisição de rendas, mas muito rapidamente o dinheiro também faltaria, porque um reino que não possui minas só pode adquirir prata por meio dos produtos do território, e os proprietários, os rendimentos dos bens, as rendas e os capitais cairiam no mesmo precipício.

Nada além da terra e das águas pode realmente produzir rendimento. Podemos dizer simplesmente a terra, pois sem a terra as águas não produzem nada. Desse modo, o pretexto do empréstimo de dinheiro a juros só pode, portanto, estar fundado na ordem natural e na ordem da justiça sobre a relação de conformidade desses juros com o rendimento que pode ser adquirido com o dinheiro pela compra de terras, pois é impossível conceber outro rendimento real que pudesse ser adquirido com o dinheiro sem injustamente subtraí-lo do que pertence a outrem.

Não ignoro que as falsas ideias de riqueza que se acredita que o comércio produza fornecem uma série de objeções capciosas que fracassarão contra esse princípio inabalável. Para evitar uma discussão prematura e supérflua, não as adiantaremos. Na sequência, mencionaremos somente os empréstimos passageiros, de uso costumeiro no comércio, que são de uma ordem diferente dos empréstimos contratados para a constituição de rendas perpétuas.

É demasiado conhecido que o dinheiro considerado em si mesmo é uma riqueza estéril, que nada produz e que, nas compras, ele não é recebido por nada além do preço igual àquele da coisa que compramos. Desse modo, o dinheiro só pode gerar rendimento pela compra de um bem que o produza ou sendo alienado a um mutuário que pode empregá-lo do mesmo modo, pois efetivamente o dinheiro pode servir a esse emprego, de modo que aquele que o empresta para a constituição de uma renda pode, com razão, supor que o mutuário lhe compensará (dado que ele o pode) pelo emprego desse dinheiro mesmo, com a renda que ele se encarrega de pagar anual e perpetuamente, se ele não extingue essa renda pelo reembolso voluntário do capital.

Mas o prestamista não pode supor com razão, a ponto de decidir arbitrariamente ele mesmo a taxa de juros de seu dinheiro, que o mutuário poderá fielmente compensá-lo com um rendimento maior do que aquele que as terras produzem, uma vez que não há terras além daquelas que produzem realmente um rendimento e que não existe outro rendimento que possa servir de pretexto ao empréstimo de dinheiro para a constituição de rendas perpétuas. Pois não há como existir uma lei positiva e constante que possa fixar equitativamente a taxa de juros do dinheiro, [taxa] que não admite outra lei senão a lei natural, isto é, a situação real dos rendimentos produzido pela natureza e que podem ser adquiridos com o dinheiro. A lei do príncipe pode somente especificar os limites que o prestamista, que poderia se aproveitar da carência do mutuário, não pode passar, deixando de resto os contratantes livres para negociar a juros mais baixos. Contudo, ela não é menos prejudicial ao devedor em casos de litígio onde o juiz decide ele próprio a taxa de juros do dinheiro que então nunca é menor para o credor do que aquela que está estabelecida pela lei, ainda que em alguns momentos essa taxa seja exorbitante.

No entanto, é necessário que o juiz tenha, a todo momento, um levantamento preciso no qual basear suas decisões. Mas seria muito mais equitativo seguir uma regra autêntica que seria renovada, ao menos, de dois em dois anos, e que não consistisse em nada além da declaração da relação corrente e mais comum do preço das terras com seu rendimento. Tal seria, a cada renovação, por exemplo, a estimação unânime dos tabeliões do distrito de cada uma das cidades principais de cada província, que estariam encarregados de enviar aos registros das jurisdições de suas cidades para ali serem confirmadas, e de onde seriam enviados extratos aos registros das cortes soberanas de cada província.

Esse levantamento teria, em casos de litígio envolvendo a taxa de juros do dinheiro, o mesmo efeito para basear as decisões da justiça que aquele das mercuriais* que cada mercado consigna ao registro da jurisdição do

---

* No original: *mercuriale*. Tratava-se de uma espécie de levantamento dos preços correntes praticados em um mercado específico para uma série de mercadorias. (N. T.)

local com o preço dos cereais, para decidir a propósito das taxas reais, em cereais, em casos de litígio, a taxa de rendimento que deve ser paga pelos devedores aos credores. A relação natural de conformidade da taxa de juros de dinheiro com o preço e o rendimento das terras exige a mesma regra para decidir equitativamente entre credor e devedor em casos de litígio.

Os prestamistas que se utilizam do cobertor do [termo] comércio para [justificar] a taxa arbitrária de juros do dinheiro não deixarão de objetar que destruiríamos o comércio se submetêssemos a taxa de juros a esse princípio rigoroso da relação de conformidade da taxa com o rendimento das terras, pois, em seu vocabulário, a vaga expressão *comércio* mistura tudo: confunde-se empréstimos que não pertencem à esfera do comércio, legitimando-se mesmo empréstimos a juros muito ilícitos que são feitos no comércio e que são igualmente prejudiciais ao comércio e à sociedade. Conclui-se, enfim, que o preço do dinheiro emprestado a juros deve ser tão livre e tão variável quanto o preço dos produtos nos mercados, com a condição, entretanto, de que a taxa de juros que foi estipulada não se altere. Desse modo, vemos que o efeito de uma causa continuamente variável permanece invariável, ao passo que o rendimento dos bens fundiários está exposto a alterações consideráveis em relação ao preço de aquisição. Essas contrariedades, sugeridas pela avidez dos prestamistas e contrárias à ordem da justiça, têm por pretexto as pretensas vantagens do comércio, das quais temos apenas noções equivocadas e confusas.

A proteção do governo ao comércio é incessantemente invocada sempre para o comércio de revenda e nunca para o comércio de venda dos produtos primários, que formam os rendimentos do reino. No entanto, a nação não pode comprar exceto em razão de suas vendas ou de suas revendas, e o comércio de revendas em uma nação está sempre em razão das compras que ele pode fazer. Esse comércio não precisa ser provocado. Nos reinos opulentos, encontramos sempre um grande número de comerciantes, mas não são eles que enriquecem um reino, [ao contrário] são as riquezas do reino que ali multiplicam os comerciantes e que ali fazem florescer o que é chamado de comércio, isto é, o comércio dos revendedores, comércio que não necessita de outra proteção a não ser o atrativo das riquezas da nação. Mas o negócio dos comerciantes, o comércio da nação, a indústria, o luxo, os rendimentos do reino, os custos do comércio, tudo o que tem qualquer comunicação com o comércio, foi empacotado sob a denominação genérica e equívoca de comércio e, nessa confusão, sempre se considerou, sem distinção, todo tipo de empréstimo de dinheiro a juros como o eixo central do comércio, e essa opinião trivial sempre favoreceu a avidez dos prestamistas.

Para sair desse caos, na esperança de que as trevas sejam iluminadas, é suficiente observar: 1º) que os empréstimos para a constituição de fundos permanentes quase não ocorrem no comércio, pois os fundos dos comerciantes, que prontamente retornam às suas mãos com a saída de suas mercadorias, estão prontamente à sua disposição para pagar os empréstimos passageiros que eles necessitam tomar para pagamentos ou compras durante o período em que o [curso] corrente de seu comércio não pode lhe providenciar; 2º) que, entre os comerciantes, existe um tipo de comércio de dinheiro a juros que se troca *in loco*, como em um mercado, e que só existe entre eles; 3º) que os empréstimos mais comum dentre os comerciantes são os empréstimos das próprias mercadorias, cujo pagamento é entregue no prazo previsto pela venda dessas mercadorias, de modo que os comerciantes, se quisermos, não passam de comissários uns dos outros; 4º) que eles têm uma jurisdição consular para os negócios contenciosos que responde, separada de qualquer outra, ao impulso do comércio, de modo que a jurisprudência própria ao comércio não influencia em nada os negócios contenciosos de outras classes de cidadãos e que a jurisprudência contenciosa desses tampouco influencia os negócios de comércio puro entre os comerciantes.

Desse modo, os prestamistas, que não são comerciantes para o estado e que emprestam à constituição de rendas perpétuas, não têm nenhum direito de invocar o comércio para confundir a ordem natural da taxa de juros do dinheiro emprestado para a constituição de rendas perpétuas e para sustentar, sob o pretexto das vantagens do comércio, que a taxa de juros do dinheiro emprestado para a constituição de rendas perpétuas deve subir ou cair em razão da concorrência do maior ou menor número de prestamistas e de mutuários. Daí resultaria a ruína da nação, pois em tempos infelizes o número de mutuários ultrapassa em muito o número de prestamistas: os juros do dinheiro subiriam a uma taxa extrema, as rendas acabariam por absorver os rendimentos dos bens fundiários, a cultura das terras progressivamente declinaria, as carências do mutuário se tornariam ainda mais urgentes. À medida que os rendimentos diminuíssem, a taxa de juros do dinheiro aumentaria sem limites, os proprietários seriam expulsos de suas propriedades por causa das hipotecas, as terras degradadas e sem cultivo consistiriam no único recurso dos rentistas que seriam, eles inclusive, arruinados pela desistência por parte daqueles que foram por eles arruinados.

Além disso, assim que os juros sobem mais do que sua taxa natural, a sobretaxação se estende por todos os cidadãos. Os comerciantes, que só calculam por dinheiro e pelos juros que ele traz, aumentam os custos de seu comércio em proporção ao preço da taxa excessiva dos juros correntes do dinheiro, que diminui o preço das vendas dos produtos primários e que aumenta aqueles das revendas feitas pelos comerciantes. Isso estabelece um tributo surdo e geral que se torna tão mais funesto quanto menos buscamos frear seu progresso.

Como o preço das terras está em relação ao rendimento que elas produzem, esse adicional à taxa de juros do dinheiro, que excede o máximo estabelecido pela relação de conformidade [entre taxa de juros e rendimento da terra], é necessariamente imposto sobre o que pertence aos cidadãos do estado, porque essa sobretaxação excede, na realidade, o rendimento que pode ser adquirido com o dinheiro pela compra das terras que, elas apenas, podem produzir os rendimentos. Desse modo, não há mais proporção entre esse emprego do dinheiro e aquele do empréstimo a juros desregrado, pois esse interesse que excede a ordem natural dos rendimentos relativamente ao preço de aquisição é uma depredação que recai de forma injusta sobre toda a nação e sobre o estado. Contudo, ela é ainda mais formidável, uma vez que o estado é, ele próprio, o maior devedor dos rentistas que, em tempos infelizes, abusaram das carências urgentes por empréstimo ou que ignoraram que a isca dos juros muito altos torna esses juros perigosos por si mesmos, pela razão de que eles são funestos ao estado e à nação. Pois o estado se torna então a própria nação sobrecarregada por um fardo que excede suas forças e que também ameaça oprimir aqueles que o fazem mais pesado do que ele seria naturalmente.

Em uma situação de esgotamento, os diferentes meios que poderiam ser tentados para aliviá-lo indiretamente poderiam não ter o sucesso esperado.

Surge então, em um reino agrícola, tantas circunstâncias que se opõem e tantas carências que desarticulam seus efeitos que, para restabelecer a ordem, é muito mais seguro retomar a regra prescrita pela lei natural e pela voz da equidade, pois um falso rendimento que excede a ordem do rendimento real é um tumor parasitário em uma nação e um desajuste desastroso na economia geral de um reino agrícola.

5
Nota do editor à edição de janeiro de 1767 das Efemérides do cidadão

Badeau

Quais são as leis *físicas* necessárias e invariáveis que formam *a ordem natural evidentemente mais vantajosa ao gênero humano*, mais favorável à perpetuidade, à multiplicação de nossa espécie, mais capaz de assegurar e de aumentar a fruição útil e agradável que perfaz a felicidade do homem?

Quais as regras primitivas de qualquer ação razoável, *evidentemente derivada* dessa ordem natural e física mais vantajosa à humanidade, que prescrevem ao homem como ele deve concorrer na manutenção da ordem, como ele pode se aproveitar dela e quem, determinando de tal modo com evidência os *deveres* e os *direitos* de cada um, forma o código da *lei natural*, ou a *ordem moral, evidentemente mais vantajosa ao gênero humano*?

Quais são as leis essenciais e fundamentais, manifestamente contidas na lei da *ordem moral*, como em seu princípio imediato, que estende os direitos dos homens e que multiplica seu usufruto? Que reúnem as vontades e as forças para constituir e para manter a *ordem social, evidentemente mais vantajosa aos homens associados*? Que estabelecem e asseguram a *propriedade fundiária*, tornando assim mais vantajosa a *propriedade pessoal* e a *propriedade mobiliária*, fundadas sobre a *lei da natureza*?

Quais são os *direitos*, qual é a *força*, qual é a *utilidade* do *poder tutelar*, ou da autoridade soberana, *evidentemente* fundada sobre a necessidade das *leis sociais, essencialmente unas, indivisíveis, irresistíveis e inalteráveis*?

Quesnay • Mirabeau • Badeau • Rivière • Dupont

Qual é na física, e consequentemente na moral, o encadeamento das causas e dos efeitos que constituem a *ordem política, evidentemente mais vantajosa possível aos impérios, fundados sobre os verdadeiros princípios da ordem social*, isto é, sobre os direitos do *poder supremo* [*pouvoir suprême*] e das *propriedades*; de onde resultam infalivelmente o poder [*puissance*], a riqueza e a autoridade do soberano, a prosperidade de todas as ordens do estado, a felicidade privada de todos os cidadãos que sabem e que querem ser felizes?

Quais são, segundo os tempos, os lugares e as circunstâncias, as conclusões justa e claramente deduzidas da ordem política mais vantajosa aos impérios, que dirigem evidentemente a instituição das leis positivas e as regras privadas da administração dos estados, ou a ordem nacional mais vantajosa aos diversos povos?

Finalmente, quais são as relações naturais e indispensáveis das sociedades humanas, os direitos e os deveres recíprocos das nações, evidentemente estabelecidos sobre a lei primitiva essencial e fundamental da necessidade *física*, o único princípio da ordem *moral*, da ordem *social* e de toda ordem *nacional*; de onde vem o *direito das gentes* que faz de todos os povos uma única família e uma única grande *sociedade* de todo o gênero humano?

O desenvolvimento e as soluções dessas questões grandes e sublimes formam as ciências morais e políticas mais úteis e os mais augustos conhecimentos filosóficos.

Se houver outro objeto mais essencial para o homem, outro interesse mais premente que seu próprio bem-estar [*bien-être*]; se houver outros para os povos do que a paz, a justiça e a prosperidade; se houver outros para os soberanos do que a opulência, a glória, o respeito e o amor de todos os homens; a ciência que obtenha essas vantagens merecerá, somente ela, ser posta acima da ciência *econômica*.

Mas o que pode desejar o homem sobre a terra além dessa *felicidade* [*félicité*] que o próprio autor da natureza associa evidente e necessariamente à observação das leis constitutivas da *ordem*? As fontes da felicidade [*bonheur*] não se abrem aos mortais conforme eles aprofundam os princípios eternos, as consequências imutáveis e fecundas das *leis naturais e sociais*, cuja prática é a única garantia de repouso e de bem-estar da humanidade?

Fisiocracia

Imagine, de um lado a outro, a terra solicitada por assíduos trabalhos que a tornam fecunda, plena de habitantes, de frutos, de animais, de vilarejos florescentes e de cidades magníficas; as artes, afortunadas filhas da opulência e do gênio, embelezando os impérios e multiplicando a fruição; o comércio que caminha com eles, na esteira da abundância, cruzando livremente todos as distâncias, percorrendo litorais e montanhas, riachos, rios e vastas regiões do oceano para comunicar aos diversos povos as riquezas de um e de outro hemisfério, tais como a natureza as produziu ou que a indústria as elaborou.

Veja a paz por todos os cantos, a inocência e a felicidade habitarem sob o império e a salvaguarda das leis, desde a cabana do pastor até o palácio dos príncipes; o vício desconhecido ou reprimido e a virtude respeitada, a justiça atenta e zelosa na manutenção de todos os *direitos*; o poder supremo presente em todos os lugares e velando a execução de todos os *deveres*. A majestade dos soberanos, mais veneráveis pela santidade das leis eternas da ordem, expressa por seus comandos, impondo-se pelo aparato do poder público, deslumbrante pela pompa e pelo esplendor que circunda seus tronos.

Veja neles se concentrar todas as forças e as vontades, todas as forças físicas e morais da sociedade; formar-se para eles um patrimônio íntima e indivisivelmente unido às propriedades fundiárias, elas próprias [constituindo] o laço social; seus interesses imperturbavelmente associados ao bem do estado; sua opulência e sua grandeza necessariamente proporcionais à prosperidade pública.

Veja se estender, a partir do trono até os extremos dos impérios, os raios benfazejos da autoridade tutelar. Veja os órgãos incorruptíveis da justiça por essência receber e executar nada além das leis, rejeitando com horror as vontades transitórias, equivocadas, iníquas e destrutivas, inspiradas pelo orgulho ou pela cupidez; fazendo reinar, menos pelo seu poder que por seus exemplos, a equidade, os costumes e o patrimônio.

Veja enfim os povos de um e do outro mundo, esclarecidos pelas luzes de uma filosofia profunda e salutar, abjurarem para sempre seus antigos erros, apagar o fogo das disputas, asfixiar os cruéis germes da guerra e conspirar de modo unânime à felicidade da espécie humana; sem ciúmes, sem rivalidades, sem combates; colocando, a partir de então, toda a sua glória na demonstração de que são mais sábios, mais afortunados, mais hábeis e mais benfeitores perante a humanidade.

Quem seria tão insensível para não ser tocado por ideia tão bela? Sem dúvida, a realidade do mundo está bem longe desse ideal; mas esse modelo que a razão esclarecida só contempla com entusiasmo é o objeto que a *ciência moral e política* se propõe a concretizar.

Por toda parte os homens vivem sob o império de *convenções sociais* e de *leis positivas*; desde os povos nômades da América setentrional até o vasto e fértil império da China, que alcança o status mais alto dentre os estados civilizados a justo título; por toda parte, o farol da *ciência* é necessário para desembaraçar as instituições salutares que derivam dos princípios da *ordem* essencial fundada sobre as leis primitivas, dos erros perniciosos em que apenas a ignorância e as paixões fazem acreditar.

Essa ciência que ousamos denominar a mais sublime de que o homem é capaz; porque ela é evidentemente a mais útil ao gênero humano, porque não há nada maior na natureza, nada que nos aproxime mais da dignidade do ser supremo, que o poder de ser o benfeitor de nossos semelhantes.

Seu estudo é indispensável aos reverenciados mortais que assumem as rédeas dos impérios; ele o é aos depositários da autoridade soberana, aos ministros das leis, aos cidadãos excitados pelo zelo e que acreditam ter nascido para espalhar a voz da verdade às nações.

Em todos os tempos, os príncipes, os grandes, os sábios, o próprio povo, reconheceram unanimemente dentre os conhecimentos filosóficos aqueles das ciências morais e políticas como os mais importantes e os mais úteis à humanidade.

Nas nações mais renomadas, muitos grandes homens fizeram desses conhecimentos suas delícias, em tempos de verdadeira glória e de sólida prosperidade; mas os persas, os gregos, os romanos, nossos ancestrais os gauleses e vários outros, entreviram apenas alguns princípios isolados e foram seduzidos por um falso brilho; os egípcios, os peruanos, mais instruídos e mais felizes, tornaram-se presa de bárbaros que os oprimiram. Talvez os afortunados chineses, até o presente, sejam o único exemplo de um governo fundado sobre as leis eternas constitutivas da ordem, que há

4 mil anos gera a felicidade desse povo imenso, a despeito de todas as vicissitudes inseparáveis da humanidade, que eles experimentaram diversas vezes.

Esse vasto e magnífico império, durante quatro séculos defendido contra todos os esforços de paixões civilizadas e bárbaras unicamente pelo poder do espírito filosófico, demonstra a força e a eficácia dos conhecimentos morais e políticos. A ciência de Fu Xi,* apresentada em seu misterioso livro, o mais antigo do universo, renovado várias vezes por príncipes imortais, os Huang Di, os Yao, os Shun, os Wen Wang, os Shennong e alguns outros;** com vigor retomado, mais desenvolvida e consolidada do que nunca pelo grande Confúcio, há 4 mil anos, mantém na abundância mais de 320 milhões de habitantes, que vivem tão tranquilos, felizes e livres quanto é possível a um homem o ser, sob o governo mais absoluto, porém o mais justo, do monarca mais rico, mais poderoso, mais humano e mais benfeitor.

De um lado, eis o que o conhecimento das leis naturais e sociais constitutivas da ordem permite. Eis o que pode a ciência moral e política, que não é arbitrária, versátil, obscura, incerta ou conjectural, mas simples, clara, evidente, fundada sobre a ordem física e sobre as vontades constantes do próprio autor da natureza, tão palpáveis e sensíveis que a razão humana, quando fixa nelas sua atenção, não pode jamais desconhecer.

Mas de outro, que erros e abusos não comete a ignorância, por demais comum, dessas grandes e fecundas verdades primeiras, que são a única garantia da felicidade dos homens? Que efeitos funestos não se multiplicam sem cessar na esteira do espírito de sistema, absurdo, inconsequente, irresoluto, precipitado; que caminha sem princípios e sem guia, que só escuta uma imaginação preocupada, que consulta apenas os desejos de uma cupidez

---

   * No original: *Fohi*. Suponho que se trate de Fu Xi, personagem da mitologia chinesa, considerado o fundador da nação e civilização chinesas. Espécie de semideus, herói e rei, junto com sua irmã/esposa Nü Wa teria ensinado aos homens os ritos de casamento e as artes da caça, da pesca, da domesticação de animais e da cozinha, teria sido o inventor da escrita e o primeiro dos três augustos, dando início ao período dinástico chinês no século XXI a.C. (N. T.)

** No original: *les Hoam-Ti, les Yao, les Xun, les Ven-Vam, les Cheu-cum*. Aos três augustos sucederam os cinco imperadores. Suponho que se trate deles. (N. T.)

Quesnay • Mirabeau • Badeau • Rivière • Dupont

insaciável e que não tem outra regra além do instinto cego dos interesses que nascem do momento, dos objetos e das pessoas?

Quantos horrores apresentam os anais desses povos tristemente célebres, cujos legisladores não eram filósofos, sujeitos às tempestades de uma administração arbitrária por falta de uma esclarecida? A espoliação dos campos das riquezas rurais que constituem a fertilidade da terra, trabalhadores que sofrem sob o jugo da vexação, propriedades mal asseguradas que os tributos indiretos, os privilégios e as proibições minam a todo instante; espíritos degradados, corações corrompidos, costumes pervertidos; a injustiça, a rapinagem, a violência que triunfa praticamente impune; leis mutáveis, viciosas, destrutivas e menosprezadas; o espírito de desencorajamento, de dissensão e de revolta lutando contra o espírito de dominação, de fasto e de cupidez; o luxo ruinoso das cidades e a falsa opulência dos opressores do povo; um espectro colossal de poder; a autoridade soberana muito frequentemente desviada por aqueles que deveriam esclarecê-la, muito frequentemente combatida por aqueles que deveriam tê-la conciliado ao respeito; de inveteradas inimizades nacionais; de conquistas ilusórias e perniciosas, de guerras sangrentas e contínuas; em suma, a infeliz humanidade submetida a todo tipo de praga.

Esse é o espetáculo atroz que se desenrola aos olhos do filósofo que acompanha o império romano e de tantos outros que lhe cederam o lugar ou que se ergueram sobre seus destroços. A ignorância e o esquecimento das regras da *ordem* necessariamente causam todos esses males.

O homem nasceu para buscar sua conservação e seu bem-estar [*bien-être*]. Seu coração é ávido e mesmo insaciável por fruições que constituem sua felicidade; ele detesta e foge do mal-estar e do desprazer. O autor da natureza pôs em todas as nossas almas essa mola universal, o primeiro móbil das ações humanas: ela era necessária à perpetuação, à multiplicação e ao bem-estar [*bonheur*] da espécie. É através dela que o homem razoável e livre pode conhecer os princípios da *ordem moral e política*, a *lei natural* e as *leis sociais*, evidentemente derivadas da *ordem física*, instituída pelo ser supremo para a prosperidade geral e contínua do gênero humano.

Os homens, esclarecidos pelo facho luminoso dessas verdades, encontram aí a reunião de todos os interesses, a felicidade geral e o bem-estar privado. Ao seguir as regras essenciais da *ordem*, todo mortal pode levar a si mesmo ao melhor possível, sem prejudicar seu semelhante, sem o roubar, sem o vexar, sem o oprimir; feliz em contribuir de modo necessário e manifesto à prosperidade pública ao buscar sua própria vantagem e, desse modo, adicionar aos bens que ele obtém, o prazer, a glória de servir de instrumento à benfeitoria suprema, que evidentemente quer a felicidade de todos.

Mas se o homem se desvia dos limites dessa *ordem*, ele necessariamente rompe os laços sagrados que reúnem seus interesses privados ao interesse geral. A atração invencível que o leva a satisfazer seus desejos se torna, infalivelmente, cega, destrutiva, opressora e tirânica; ele só multiplica suas fruições multiplicando injustiças, perigos, medos e remorsos. Ele não consegue esperar pela felicidade verdadeira, e incomoda a paz e a felicidade pública. Os vãos esforços que faz para adoçar sua pena ou para obter falsos deleites só aumentam o número de crimes e de infelicidades.

Foi desse modo que o homem recebeu da natureza um espírito inteligente e um coração sensível, que causam todos os males ou todos os bens sobre a terra; todos os males ou todos os bens possíveis da espécie inteira. Todos os bens quanto o espírito conhece as *leis* da *ordem*, quando o coração as quer e as observa; todos os males quando essas *leis* santas são ignoradas.

Infelicidade dos séculos e dos povos que definham nessa ignorância ao mesmo tempo vergonhosa e funesta. Houve um tempo em que todas as nações da Europa estavam mergulhadas nas sombras mais espessas, uma época que não está tão afastada assim, e a maior parte ainda conserva traços bastante perceptíveis da antiga barbárie de seus instituidores.

No entanto, a partir do século passado, a filosofia moral e política começou a irradiar uma luz matinal sobre nossos países. Alguns ilustres modernos tentaram desenvolver grandes princípios de *direito natural*, de *direito social*, de *direito das gentes*; voltamos a dispor em local de honra os escritos dos sábios da Antiguidade, que reservavam o nome de filosofia unicamente para as ciências dos costumes do governo; mas a ferrugem dos erros estava tão enraizada que um progresso rápido foi impedido. Sucessos brilhantes, mas transitórios, entram na conta de frivolidades.

Foi preciso trabalho, paciência e tempo para que a voz do patriotismo e da humanidade pudessem obter a simples liberdade de ser compreendidas.

Felizmente, enfim ela parece ter penetrado, não apenas o refúgio de cidadãos estudiosos, mas ainda os gabinetes de quase todas as classes de leitores, as assembleias importantes e os círculos mais altos, inclusive as cortes dos príncipes. A filosofia se senta em alguns tronos e busca se aproximar deles por todo o mundo.

As ciências econômicas retomaram, no império literário, o mais alto posto, o mesmo que elas ocupavam na Grécia e na Itália nos tempos de Pitágoras, Sócrates e Platão. A esse respeito, nossa Europa progressivamente se aproxima da sabedoria egípcia e talvez mesmo da sabedoria chinesa. Diariamente as especulações filosóficas se tornam mais profundas, mais verossímeis e mais factíveis.

Os conhecimentos públicos, por tempo demais incertos, problemáticos e arbitrários, parecem, em nossos dias, finalmente formar um corpo de ciência exata, indubitável, demonstrativa, construída sobre a evidência, tão simples quanto sublime, de uma estabilidade a toda prova e com sucessos talvez inesperados. Uma única fórmula, menos misteriosa do que a do fundador do império chinês mas não menos fecunda, desenha, perante olhos estupefatos, todos os princípios da *ordem social* ou da *filosofia política*, contidos [assim] em uma demonstração aritmética que pode ser vista e verificada em único golpe de vista.

Sem dúvida, serão necessários ainda muitos volumes para desenvolver as verdades-mãe contidas em quatro linhas do *Quadro econômico*, como foram necessários para explicar as 64 figuras de Fu Xi. Mas o *Confúcio* europeu já encontrou dentre a primeira classe da nação francesa discípulos zelosos, cujas obras, frutos dignos dos seus, facilitam mais e mais a compreensão dessa obra-prima do gênio político.

A França se congratulará para sempre por ter visto nascer esse fenômeno filosófico na corte do melhor de seus reis, e a posteridade não esquecerá do prazer que ele teve ao vê-lo desenhado a seus olhos. O *Quadro econômico*[1] impulsiona as ciências morais e políticas em direção à perfeição, porque

---

1 A primeira edição do *Quadro econômico* foi impressa no mês de dezembro de 1758. O autor é o sr. Quesnay, primeiro médico de Sua majestade. O sr. marquês de Mirabeau o explicou em seu *Amigo do homens* e na *Filosofia rural*. (N. A.)

torna perceptível e palpável todas as regras da ordem, assim como todas as suas consequências. Em sua maravilhosa simplicidade, são apresentadas a olho nu e dispostas em seu local *natural* todas as causas necessariamente eficazes do poder dos soberanos, da prosperidade dos estados, da felicidade das nações e do bem geral da humanidade.

Esse sistema, tão fecundo e tão pouco complicado, não passa da exposição simples da *lei física*, do curso da natureza e da revolução anual, uniforme e invariável aplicada à *ordem política* dos impérios. Ele traz consigo sua demonstração invencível, penetra os espíritos com uma luz brilhante que não tem como ser sufocada; mas será preciso tempo para que essa doutrina cresça e se consolide.

O gosto pelos conhecimentos econômicos não é menos dominante em outras nações da Europa; ele talvez seja mais sério e mais sólido em nossos vizinhos. Alemães, suíços, dinamarqueses, ingleses, suecos e holandeses se deixaram levar com ardor pelo estudo aprofundado do *direito natural*, do *direito social* e do *direito das gentes*. A própria Itália, a Espanha e Portugal começam a preferir essa ciência em relação às vãs sutilezas de escola e aos jogos da imaginação poética.

A doutrina *moral e política* dos princípios constitutivos da *ordem* é, pois, uma *ciência* que encontra diariamente novos prosélitos em nosso mundo literário. É chegada a hora de dedicar a ela um *Jornal* particular, que forme para a posteridade uma sequência de dissertações e que possa servir à história de seu desenvolvimento e de seus progressos. Concebemos o plano dessa obra e nos propomos a executá-lo com o auxílio de nossos mestres sob o título de *Biblioteca arrazoada das ciências morais e políticas*.

Todo mês, dedicaremos ao menos um terço do volume para publicar as peças soltas que nos serão endereçadas e que conterão os desenvolvimentos de alguma das regras da ordem. Nós mesmos nos engajaremos no mesmo sentido sobre as diversas partes de uma ciência tão fecunda e tão útil e cujo estudo é tão agradável. Exortamos todos os cidadãos esclarecidos a se unirem aos autores já célebres, que nos prometem uma prolífica ajuda.

O material é muito vasto e será por muito tempo inesgotável. É possível concorrer de mil modos diferentes aos progressos desses respeitáveis conhecimentos, cujo objetivo é o poder dos soberanos, a prosperidade das nações e o bem-estar geral da humanidade. É possível aí se lançar, de acordo com seu gosto, talento e erudição, à exposição da doutrina, à discussão dos princípios, à crítica das opiniões, às aplicações práticas, às investigações históricas e paralelas. É preciso que a verdade assuma todas as formas; é preciso que ela seja esgotada até as últimas ramificações da *ciência*; é preciso que os preconceitos sejam destruídos, e que todos os erros que se opõem a seu triunfo sejam desmascarados.

A segunda parte de cada volume conterá *Críticas arrazoadas e detalhadas* de obras estrangeiras ou nacionais que lidem com as ciências morais e políticas. Nosso resumo será dedicado *especial e unicamente* a esse objeto, onde buscaremos oferecer juízos mais profundos do que aqueles apresentados em outras obras periódicas que resenham escritos de toda espécie. Inviolavelmente observaremos o respeito devido a cada pessoa e às intenções dos autores; mas, evitando com cuidado a sombra das personalidades, assumimos como dever combater todos os erros e preconceitos que possam obscurecer a *doutrina*. Quem quer que escreva para o bem da humanidade deve buscar sempre o verdadeiro. Não é o patriotismo, mas o orgulho que enrubesce por não conhecer tudo e por não ser infalível. Longe de pretender atribuir a nossos juízos uma autoridade irrefutável, estaremos sempre dispostos a explicá-los, corrigi-los e retomá-los quando nos depararmos com a sorte inevitável de quase todos os escritores, o pequeno azar de se equivocar, sem má intenção, sem paixão e sem obstinação.

Finalmente, na terceira e última parte, apresentaremos algumas reflexões patrióticas sobre os maiores eventos públicos, aqueles que são os mais dignos de causarem sensação na cena do mundo político. O respeito inviolável que devemos todos aos soberanos e aos depositários de sua autoridade jamais nos permitirá fazer outra coisa que não o elogio de sua administração, todas as vezes que eles tiverem seguido os verdadeiros princípios da ordem, todas as vezes que tiverem obtido a felicidade das nações. Observaremos um silêncio religioso sobre as iniciativas inspiradas por uma política equivocada, que frequentemente, sem o saber, cede a interesses privados. É preciso esclarecer em geral, consolar em público e criticar em segredo os mortais encarregados do temível ministério de governar os povos. Não cabe

Fisiocracia

nunca os irritar, desencorajá-los, aviltá-los por meio de acusações indiscretas, frequentemente mais perigosas do que os próprios erros.

Os conselhos e o auxílio de nossos mestres parecem prometer para o resumo moral e político um sucesso que jamais poderíamos esperar de nossos conhecimentos apenas. Devemos respondê-los com nossa aplicação, nosso patriotismo e nossa docilidade; qualidades que talvez possam nos tornar dignos da bondade que exigimos. Os cidadãos instruídos e zelosos pelo progresso da *ciência* talvez permitam interessar-se progressivamente pela perfeição de uma obra que eles podem tornar muito útil ao desenvolvimento de uma *doutrina* tão preciosa à humanidade.

6

Análise do governo dos incas do Peru

Quesnay, sob o pseudônimo de sr. A

Na América meridional, sob o governo dos incas do Peru, foi formado um reino de 1,3 mil léguas de uma extremidade a outra. O império era abundante em ouro e prata, mas esses metais não serviam ali para outros usos exceto aqueles da ourivesaria, nos quais também temos o costume de os empregar. Os peruanos não possuíam moeda, escrita, ciências profundas ou comércio exterior. Dentre esse povo, não se encontravam pessoas ociosas, pobres, ladrões ou mendigos em grande número; a lei natural ditou as leis do estado, ele regulava os direitos e deveres do soberano e dos súditos: sabe-se que, no Peru, as únicas riqueza reconhecidas como verdadeiras eram os produtos da terra necessários à subsistência dos homens.

As terras cultiváveis estavam divididas entre três tipos de possuidores encarregados de cultivá-las ou de bancar seu cultivo.

Um terço delas pertencia ao sacerdócio, um terço ao soberano, um terço aos colonos e nobres ou senhores das províncias. Esses possuidores das terras eram empreendedores de cultura e pertenciam todos à classe da agricultura.

Um número bem pequeno de habitantes formava uma classe de assalariados não cultivadores, composta de artesãos, militares, oficiais públicos etc. Essa classe pouco considerável subsistia quase exclusivamente das despesas do sacerdócio, do soberano e dos nobres, pois os colonos eram obrigados a fazer suas próprias habitações, vestimentas, sapatos, móveis e instrumentos de cultura; o clima e a simplicidade de costumes concorriam para tornar esses trabalhos fáceis.

Examinemos as relações dessa distribuição.

Primeiro quinhão

O produto líquido do terço das terras que pertenciam ao sacerdócio estava destinado à despesa da construção de templos, manutenção dos padres, subsistência de todos que estavam ocupados a serviço da religião; o restante era conservado para os tempos de fome e de outras carências previstas. Mas antes de qualquer outro emprego, era preciso subtrair do produto bruto os custos da cultura e as sementes.

Tendo sido subtraída essa parcela da produção necessária à subsistência dos colonos, o terço destinado ao sacerdócio se reduzia mais ou menos à quinta parte, da qual era preciso retirar as sementes.

Aqui [na França,] o clero obtém em dízimo, mais ou menos, a sétima parte do produto líquido, seu direito sendo coletado em proporção à produção total, sem contar os custos nem as sementes. Porém, há mais: os bens fundiários que lhe pertencem, os honorários que lhe são pagos, o que eles recebem por intermédio da mendicância etc. Desse modo, a parcela de nosso sacerdócio ultrapassa em muito o quarto do produto das terras do reino e o clero está isento da despesa gerada pela construção de templos e presbitérios.

Segundo quinhão

O produto da terça parte das terras pertencentes ao soberano era empregado nas despesas de seu serviço e dos príncipes de sangue real; nas despesas de guerra, na construção de armazéns públicos espalhados pelo reino; edifícios, obras, estradas e outros trabalhos públicos; na subsistência dos oficiais do príncipe. O restante era conservado para as épocas de fome e de outras carências previstas. Antes de qualquer outro emprego, a subsistência dos colonos e suas sementes eram a primeira coisa a ser separada.

Tendo sido subtraída a despesa dos cultivadores, o terço do soberano se via reduzido mais ou menos pela metade, de onde era preciso retirar as sementes. Se aqui a parcela do soberano está regulada em dois sétimos do produto líquido, subtraídas as sementes e abstraídos os bens patrimoniais da coroa, ela ultrapassa em muito a parcela que cabe aos reis do Peru, a quem cabia bancar as sementes e que não submetiam seus súditos a nenhum outro tipo de tributos ou taxas. Nas conquistas que os peruanos faziam, o soberano, por si e pelo clero, assumia as terras que teriam de ser tornadas férteis para nada subtrair de seus novos súditos.

Terceiro quinhão

O produto da terceira parcela das terras era para a subsistência dos nobres e dos colonos. Doentes, inválidos e idosos, viúvas, órfãos e, em tempos de guerra, os soldados também ganhavam sua parte na distribuição das terras, mas essas parcelas privilegiadas de cidadãos reduzidos à impotência de ter eles mesmos de valorizá-las deixavam-nas serem cultivadas antes de todas as outras terras, sem nenhum custo, pelos colonos. Os nobres também mandavam cultivar parte de suas terras por seus vassalos, do mesmo modo que o sacerdócio e o soberano. As demais terras desse terceiro terço eram divididas entre os colonos em proporção ao número de pessoas por família. Os homens não se casavam antes dos 25 anos e as mulheres, antes dos vinte anos, a fim de que pais e mães pudessem lucrar com os trabalhos de seus filhos, e quanto mais tinham filhos, mais eram considerados ricos. Os colonos possuíam para eles a totalidade do produto de suas terras e sua subsistência era fornecida durante o tempo de trabalho que eles exerciam na cultura das outras terras. Desse modo, sua parcela era mais ou menos a metade do produto da totalidade das terras cultivadas, mas, como dissemos, eles não faziam despesas junto à classe dos artesãos. Eles tinham [direito à] parte da caça, da pesca etc., que também forneciam bens para sua subsistência. Em consequência, eles possuíam em abundância com o que satisfazer suas carências atuais e imprevistas.

Na França, com uma boa ordem de governo, tal como é apresentada pelo *Quadro econômico*, a classe dos cultivadores retiraria três quintos da totalidade do produto das terras. Trata-se de um sexto a mais que no outro caso, mas como ela emprega um terço em despesas que faz junto à classe estéril, a parcela destinada à sua subsistência se vê reduzida em um sexto abaixo da metade. Além disso, ela não toma parte nos produtos da caça, da pesca etc., de modo que a subsistência de nossa classe dos cultivadores não é tão ampla quanto nesse reino.

No Peru, as terras não eram bens patrimoniais possuídos em propriedade nem por direito hereditário; sua partilha variava continuamente de acordo com as mudanças no número de membros de cada família, número que era a medida que regulava equitativamente a divisão das parcelas: cada um possuía a sua. A produção dessas terras e os animais eram as únicas riquezas privadas dos peruanos, pertencendo-lhes como propriedade do mesmo modo que, na França, elas pertencem aos trabalhadores que cultivam as terras arrendadas. Por causa dessa divisão das terras ninguém ficava na indigência; a situação ou a fortuna de cada habitante estava sempre assegurada por um tipo de igualdade, mantida pela própria divisão das terras e pela emulação no trabalho. Os oficiais do príncipe estavam encarregados de visitar o interior das casas para examinar a situação de conforto dos habitantes, a limpeza das habitações e os cuidados dos pais para com seus filhos, com o objetivo de evitar negligência e indolência.

Em cada província a caça estava dividida por regiões; ela era anual e feita sucessivamente em uma única dessas regiões. Era uma caça geral, para a qual se reuniam os habitantes e saíam em expedição. As presas eram regularmente distribuídas a todos e eram preparadas do modo a ser conservadas, garantindo carne durante o ano. Porém, era proibido a qualquer súdito caçar em outros termos, por medo de que esse exercício favorecesse a indolência e desviasse a cultura das terras ou de outras ocupações domiciliares.

As conquistas dos reis do Peru foram muito mais rápidas e extensas do que as dos romanos, além de tenderem unicamente a civilizar os homens, tornando-os felizes e benfazejos. Eles conduziam grandes exércitos formados de bravos soldados, mas isso era mais para a imposição em suas conquistas do que para o combate, porque eles queriam conservar e aliciar os habitantes das regiões que buscavam submeter a seu domínio. Na medida em que encontravam resistência, eles temporizavam e terminavam por finalmente convencê-los através de propostas que anunciavam as vantagens e a excelência de seu governo. Os primeiros cuidados consistiam em visitar

Fisiocracia

as províncias conquistadas, fornecer a ajuda necessária, formar colônias nas regiões desprovidas de habitantes; construir caminhos de comunicação, canais, aquedutos com o objetivo de conduzir as águas necessárias para regar as terras; construir depósitos, templos e outros edifícios públicos; estabelecer escolas para ensinar-lhes a cultivar a terra, para civilizá-los, para regular sua conduta e instruí-los a respeito da religião; deixar magistrados e oficiais para fazer justiça, conduzir a polícia, manter a ordem, velar pela segurança do estado e pela conservação dos bens dos súditos, consolidar a autoridade das leis e do soberano que estava ocupado em rigorosamente conter seu oficiais em seus deveres e na integridade das funções de seus empregos.

Esse governo de um povo poderoso e corajoso, cuja ruína foi causada por um evento funesto, existiu por vários séculos no mais puro estado de natureza; e era tão conforme à ordem da própria natureza que ultrapassa todas as especulações dos filósofos e desses sábios legisladores da Antiguidade, célebres por tanta veneração na história de nosso continente. Sua constituição comporta visões tão sábias e tão profundas a ponto de ali encontrarmos, por conta e por medida, a ordem radical de um governo mais próspero e mais equitativo. Igualmente, os autores espanhóis que conservaram alguns restos dos anais peruanos oferecem-nos as ideias mais sublimes da grandeza dos incas, da felicidade e da riqueza de seus súditos.

Ainda restam em alguns locais vestígios magníficos das obras executadas pelos peruanos tendo em vista a utilidade pública. Dizem, inclusive, que parte desse povo imenso, escapando da crueldade de seus opositores, permaneceu no centro da América meridional, sob o mesmo governo e sob a autoridade de príncipes descendentes da raça dos incas.

7
Despotismo da China

Quesnay

Preâmbulo

Entendemos o governo da China sob o nome de *Despotismo* porque o soberano desse império reúne exclusivamente em si a autoridade suprema. *Déspota* significa mestre ou senhor. Esse título pode, pois, estender-se aos soberanos que exercem um poder absoluto, regulado por leis, e aos soberanos que usurparam um poder arbitrário, que exercem para o bem ou para o mal sobre as nações cujo governo não é assegurado por leis fundamentais e fixas. Assim, há déspotas legítimos e déspotas arbitrários e ilegítimos. No primeiro caso, o título de déspota não parece ser diferente daquele de monarca, mas este último título se dá a todos os reis: àqueles cuja autoridade é única e absoluta e àqueles cuja autoridade é compartilhada ou modificada pela constituição dos governos, dos quais eles são os chefes. Podemos fazer a mesma observação a respeito do título de imperador: há então monarcas, imperadores, reis que são déspotas e outros que não o são. No despotismo arbitrário, o nome de déspota é quase sempre visto como um título injurioso que se dá a um soberano arbitrário e tirânico.

O imperador da China é um déspota. Mas em que sentido lhe damos essa denominação? Pareceu-me muito geralmente que há, na Europa, uma ideia pouco favorável do governo desse império, e notei, ao contrário, pelos relatos que temos da China, que a constituição de seu governo é fundada sobre leis sábias e irrevogáveis, que o imperador faz cumprir e que ele próprio cumpre rigorosamente. Poderemos julgar isso pela simples compilação desse próprio conjunto de informações, que oferecemos aqui sob esse ponto de vista, onde reunimos com ordem tudo o que os viajantes escreveram de mais notável sobre o governo desse vasto império.

Capítulo VIII. Comparação das leis chinesas com os princípios naturais, constitutivos dos governos prósperos

Até agora expusemos a constituição política e moral do vasto império da China, fundado sobre a ciência e sobre a lei natural, da qual ele é o desenvolvimento. Em nossa compilação, seguimos ao pé da letra o relato de viajantes e historiadores, principalmente daqueles que foram testemunhas oculares, por suas luzes e sobretudo por sua unanimidade dignas de uma confiança completa.

Tais fatos, que assumimos indubitáveis, servem de base ao resumo que apresentamos neste último capítulo, que não passa do detalhamento metódico da *doutrina* chinesa que merece servir de modelo a todos os estados.

§1. Leis constitutivas das sociedades

As leis constitutivas das sociedades são as leis da ordem natural* mais vantajosa ao gênero humano. Essas leis são físicas ou morais.

Entendemos por leis físicas constitutivas do governo *o curso regulado de todo evento físico da ordem natural evidentemente mais vantajosa ao gênero humano*. Entendemos por uma lei moral constitutiva do governo *o curso regulado de toda ação moral da ordem natural evidentemente mais vantajosa ao gênero humano*. Essas leis formam em conjunto o que chamamos de lei natural.

Essas leis são estabelecidas para a perpetuidade pelo autor da natureza, para a reprodução e a distribuição contínua dos bens necessários para sa-

---

* Na versão do manuscrito de Dupont, lê-se *leis da ordem física* no lugar de *leis da ordem natural*. (N. T.)

tisfazer às carências dos homens reunidos em sociedade e sujeitos à ordem que essas leis prescrevem.

Essas leis irrefragáveis formam o corpo moral e político da sociedade, pelo concurso regular dos trabalhos e dos interesses particulares dos homens instruídos por essas próprias leis a cooperar com o maior sucesso possível ao bem comum e nisso assegurar a distribuição mais vantajosa possível a todas as diferentes classes de homens da sociedade.

Essas leis fundamentais, que absolutamente não são de instituição humana, e às quais todo poder humano deve se submeter, constituem o direito natural dos homens, ditam as leis da justiça distributiva, estabelecem a força que deve assegurar a defesa da sociedade contra os empreendimentos injustos das potências interiores e exteriores, das quais ele deve se salvaguardar, e fundam um rendimento público para satisfazer a todas as despesas necessárias à segurança, à boa ordem e à prosperidade do Estado.

§2. Autoridade tutelar

A observação das leis naturais e fundamentais do corpo político deve ser mantida por intermédio de uma autoridade tutelar, estabelecida pela sociedade para governá-la por leis positivas em conformidade com as leis naturais, que formam decisiva e invariavelmente a constituição do Estado.

As leis positivas são *regras autênticas, estabelecidas por uma autoridade soberana para fixar a ordem da administração do governo; para assegurar a observação das leis naturais; para manter ou reformar os costumes e os usos introduzidos na nação; para regulamentar os direitos particulares dos súditos relativamente a seu estado; para determinar decisivamente a ordem positiva nos casos duvidosos, reduzidos à probabilidades de opiniões ou de conveniências; para consolidar as decisões da justiça distributiva.*

Assim, o governo é *a ordem natural e positiva mais vantajosa aos homens reunidos em sociedade e regidos por uma autoridade soberana.*

§3. Diversidade dos governos imaginados pelos homens

Essa autoridade não deve ser deixada a um *déspota arbitrário*, pois uma tal dominação forma um corpo que mudaria sucessivamente de chefe, e que lançaria a nação a interesses cegos ou desregrados que tenderiam a degenerar a autoridade tutelar em autoridade fiscal, a qual arruinaria o senhor e os súditos. Assim, esse soberano seria somente um *déspota predador*.*

Não deve ser aristocrática ou entregue aos grandes proprietários de terras, que podem formar, por confederação, um poder superior às leis, reduzir a nação à escravidão, ocasionar, por suas dissensões ambiciosas e tirânicas, os prejuízos, as desordens, as injustiças, as violências mais atrozes e a anarquia mais desenfreada.

Não deve ser monárquica e aristocrática, pois formaria apenas um conflito de potências que tenderiam alternativamente a se subjugar entre si, a exercer sua vingança e sua tirania sobre os aliados das diferentes partes, a retirar as riquezas da nação para aumentar suas forças e para perpetuar guerras interiores e bárbaras que mergulhariam a nação num abismo de infelicidades, de crueldades e de indigência.

Não deve ser democrática, porque a ignorância e os preconceitos que dominam o povo simplório, as paixões desenfreadas e os furores passageiros dos quais é suscetível expõem o estado a tumultos, revoltas e desastres horríveis.

Não deve ser monárquica, aristocrática e democrática, porque seria desviada e perturbada pelos interesses particulares exclusivos das diferentes ordens de cidadãos que a dividem com o monarca. A autoridade deve ser *única* e imparcial em suas decisões e operações, e se reunir com um chefe que detenha o poder executivo de forma exclusiva e o poder de conter todos os cidadãos na observação das leis, de assegurar os direitos de todos contra todos, do fraco contra o forte, de impedir e de reprimir os empreendimentos injustos, as usurpações e a opressão dos inimigos internos e externos ao reino. A autoridade partilhada entre as diferentes ordens do Estado se tornaria uma autoridade abusiva e discordante, que não teria nem chefe nem um ponto de encontro para impedir os desvios e fixar o concurso dos interesses particulares à ordem e ao bem geral. O monarca, despojado do poder necessário para governar regularmente o corpo político, apenas tenderia a restabelecer, por

---

* Na publicação de Dupont, o parágrafo sofreu algumas mudanças: *déspota arbitrário* torna-se *soberano arbitrário*; *uma tal dominação forma corpo que mudaria* torna-se *uma tal monarquia é um corpo que muda*; *o senhor e os súditos* torna-se *o monarca e a nação*. (N. T.)

Fisiocracia

todos os tipos de vias, sua dominação, e a alcançar, para assegurá-la despoticamente, um grau de poder superior às forças e aos direitos da própria nação. A inquietude perpétua que essas intenções tirânicas causariam à sociedade deixaria o corpo político em um estado violento que o exporia continuamente a algumas crises funestas. A ordem da nobreza e dos grandes proprietários de bens fundiários, pouco instruída de seus verdadeiros interesses e da segurança de sua prosperidade, iria se opor ao estabelecimento do rendimento público sobre suas terras, e acreditaria evadir-se ao se sujeitar a formas de imposições ruinosas, que lançariam a nação à voracidade e à opressão dos publicanos* e causariam a devastação do território. As comunas, onde o terceiro estado domina com artesãos, manufatureiros e comerciantes que desdenham o cultivador, seduziriam a nação e tenderiam somente ao monopólio, aos privilégios exclusivos, e a destruir o concurso recíproco do comércio das nações, para comprar por um preço vil as produções do país e para vender as mercadorias que entregam aos seus cidadãos a sobrepreço. Então, os persuadiriam, por suas grandes fortunas adquiridas às custas da nação, que seu comércio exclusivo, que suscita guerras contínuas com as potências vizinhas, é a fonte das riquezas do reino. Assim, todas as diferentes ordens do Estado concorrem, em um governo misto, à ruína da nação, pela discordância dos interesses particulares que desmembram e corrompem a autoridade tutelar e a fazem degenerar em intrigas políticas e em abusos funestos à sociedade. Deve-se perceber que não falamos aqui de repúblicas puramente mercantis, que são apenas sociedades mercenárias, pagas pelas nações que usufruem das riquezas que o território que elas possuem produz.

A *autoridade* também não deve ser *unicamente* entregue aos tribunais soberanos da justiça distributiva. Demasiadamente fixados no conhecimento das leis positivas, eles poderiam com frequência ignorar as leis da natureza, que formam a ordem constitutiva da sociedade e asseguram a prosperidade da nação e as forças do estado.

A negligência do estudo dessas leis fundamentais favoreceria a introdução das formas de tributação mais destrutivas e as leis positivas mais

---

* Na Roma antiga, os publicanos tinham como função coletar os impostos. (N. T.)

contrárias à ordem econômica e política. Os tribunais, que seriam limitados à compreensão literal das leis da justiça distributiva, não remontariam aos princípios primitivos do direito natural, do direito público e do direito das gentes. É igualmente vantajoso para o Estado que essas companhias augustas, encarregadas da verificação e da guarda das leis positivas, estendessem seus conhecimentos da sociedade e as fontes das leis positivas. Mas não se pode esquecer que essas leis *físicas* primitivas somente podem ser estudadas na própria natureza.

§4. Garantia dos direitos da sociedade

Em um governo protegido dessas formas insidiosas de autoridade, o bem público sempre formará a força mais poderosa do Estado. O concurso geral e uniforme das vontades fixadas com o conhecimento às leis mais excelentes e mais vantajosas à sociedade formará a base inabalável do governo mais perfeito.

Todas as *leis positivas* que incidem sobre a ordem econômica geral da nação influem sobre o curso físico da reprodução anual das riquezas do reino. Essas leis exigem, da parte do legislador e daqueles que as verificam, conhecimentos muito extensos e cálculos fortemente multiplicados, cujos resultados devem pronunciar com evidência as vantagens do soberano e da nação. Sobretudo as vantagens do soberano, pois é preciso determiná-lo por seu interesse em fazer o bem. Felizmente, seu interesse bem compreendido concorda sempre com o interesse da nação. É necessário, pois, que o conselho do legislador e os tribunais que verificam as leis sejam suficientemente instruídos dos efeitos das leis positivas sobre o funcionamento da reprodução anual das riquezas da nação, para se decidir, sobre uma lei nova, por seus efeitos sobre essa operação da natureza. Seria mesmo necessário que esse corpo moral da nação, isto é, a parte pensante do povo, conhecesse geralmente esses efeitos. O primeiro estabelecimento político do governo seria, então, a instituição das escolas para o ensino dessa *ciência*. Com exceção da China, todos os reinos ignoraram a necessidade desse estabelecimento que é a base do governo.

§5. As leis naturais asseguram a união entre o soberano e a nação

O conhecimento evidente e geral das leis naturais é, pois, a condição essencial desse concurso de vontades, que pode assegurar invariavelmente a constituição de um estado ao tomar a autoridade dessas leis divinas como base de toda autoridade reservada ao chefe da nação, pois é essencial que o associado saiba suas responsabilidades. Em um governo onde todas as ordens de cidadãos tenham luzes suficientes para conhecer *evidentemente* e para demonstrar com segurança a ordem legítima mais vantajosa ao príncipe e à nação, iria se encontrar um déspota que empreenderia, com o apoio das forças militares do Estado, em fazer o mal pelo mal? Em subverter as leis naturais e constitutivas da sociedade, reconhecidas e respeitadas unanimemente pela nação, e que se lançaria, sem nenhuma razão plausível, a comportamentos* tirânicos, que apenas poderiam inspirar horror e aversão, e suscitar uma resistência geral invencível e perigosa?

O direito da legislação e o direito de impor a contribuição sobre a nação parecem, algumas vezes, ser uma fonte inesgotável de desordens e descontentamentos entre o soberano e a nação. Eis então as causas inevitáveis que devem sempre perturbar a ordem constitutiva da sociedade, o que, na verdade, é muito verdadeiro na desordem desses governos bizarros instituídos pelos homens. Mas, assim como o homem não pode criar a si mesmo, não pode criar e constituir a ordem natural. A lei *primitiva* das sociedades está compreendida na ordem geral da formação do universo, onde tudo é previsto e disposto pela sabedoria suprema. Não nos desviemos das vias que nos são prescritas pelo eterno: evitaremos os erros da humanidade que romperiam a união essencial entre o soberano e a nação. Não busquemos lições na história das nações ou nas desorientações dos homens, ela representa apenas um abismo de desordens. Os historiadores aplicam-se apenas a satisfazer a curiosidade de seus leitores: sua erudição demasiadamente literal não basta para, nesse ponto, jogar a luz que pode esclarecer esse caos.

---

* No original: *déportemens*. Um uso antiquado do termo é *mau comportamento, licenciosidade*. (N. T.)

§6. As leis constitutivas da sociedade não são de instituição humana

O poder legislativo, muitas vezes disputado entre o soberano e a nação, não pertence *primitivamente* nem a um nem a outro; sua origem está na vontade suprema do criador e no conjunto das leis da *ordem física* mais vantajosa ao gênero humano. Nessa base da *ordem física* nada há de sólido, tudo é confuso e arbitrário na ordem das sociedades; dessa confusão advêm todas as constituições irregulares e extravagantes dos governos, imaginadas pelos homens muito pouco instruídos da *teocracia*, que fixou invariavelmente por pesos e medidas os direitos e os deveres recíprocos dos homens reunidos em sociedade. As leis naturais da ordem das sociedades são as próprias leis físicas da reprodução perpétua dos bens necessários à subsistência, à conservação e à comodidade dos homens. Ora, o homem não é o instituidor das leis que fixam a ordem das operações da natureza e do trabalho dos homens, que deve contribuir com o da natureza para a reprodução dos bens dos quais tem necessidade. Todo esse arranjo é de constituição física, e essa constituição forma a ordem física que submete a suas leis os homens reunidos em sociedade que, por sua inteligência e por sua associação, podem obter com abundância pela observação dessas leis naturais os bens que lhes são necessários.

Não há, portanto, nada a disputar sobre a potência legislativa quanto às primeiras leis constitutivas das sociedades, pois ela pertence somente ao Todo-Poderoso, que tudo regrou e tudo previu na ordem geral do universo: os homens não podem nele [no universo] adicionar senão a desordem, e essa desordem que eles devem evitar só pode ser excluída pela observação exata das leis naturais.

A *autoridade soberana* pode e deve, é verdade, instituir *leis* contra a desordem bem demonstrada, mas ela não deve se estender sobre a ordem natural da sociedade. O jardineiro deve arrancar o musgo que prejudica a árvore, mas deve evitar ferir a casca com a qual essa árvore recebe a seiva que a faz vegetar: se for necessária uma lei positiva para prescrever esse dever ao jardineiro, essa lei ditada pela natureza não deve se estender para além do dever que ela prescreve. A constituição da árvore é a própria ordem natural, regrada por leis essenciais e irrefragáveis que não devem absolutamente ser perturbadas por leis estranhas. O domínio dessas duas *legislações* se distingue pelas luzes da razão, e as leis, de parte a outra, são estabelecidas e promulgadas pelas instituições e formas muito diferentes. Umas se estudam nos livros que tratam a fundo da ordem mais vantajosa aos homens reunidos em sociedade. As outras são apenas resultados desse estudo, reduzidas em forma de *ordens* prescritas com severidade. As leis naturais contêm a regra e a evidência da excelência da regra. As leis positivas apenas manifestam a regra, essas podem ser reformáveis e passageiras, e se fazem observar literalmente e sob penas outorgadas por uma autoridade coativa: as outras são imutáveis e perpétuas, e se fazem observar de maneira livre e com discernimento, por motivos interessantes que indicam eles mesmos as vantagens da observação; estas asseguram recompensas, as outras supõem punições.

A *legislação positiva* ou literal não institui os motivos ou as razões sobre as quais estabelece suas leis: essas razões existem, então, antes das leis positivas, elas são por essência para além das leis humanas; elas são, assim, real e evidentemente as leis primitivas e imutáveis dos governos regulares. As *leis positivas*, justas, são apenas deduções exatas, ou simples comentários dessas leis primitivas que asseguram em todo lugar sua execução o tanto quanto possível. As leis fundamentais das sociedades são tomadas imediatamente na regra soberana e decisiva do justo e do injusto absoluto, do bem e do mal moral, elas se imprimem no coração dos homens, elas são a luz que os esclarece e domina sua consciência: essa luz só é enfraquecida ou obscurecida pelas paixões desregradas. O principal objeto das *leis positivas* é esse próprio desregramento ao qual elas opõem uma *sanção* temível aos homens perversos; pois, grosso modo, de que se trata para a prosperidade de uma nação? *De cultivar a terra com o maior sucesso possível, e de preservar a sociedade dos ladrões e dos maldosos.* A primeira parte é ordenada pelo interesse, a segunda é confiada ao *governo civil.* Os homens de boa vontade têm necessidade apenas de instruções que lhes desenvolvam as verdades luminosas que não se percebem distinta e vivamente a esse conhecimento intelectual, elas são *necessárias* para conter e reprimir os maldosos e os arrebatamentos das paixões. Mas a legislação positiva não deve se estender sobre o domínio das leis físicas que têm de ser observadas com discernimento e com os conhecimentos muito extensos, muito aprofundados e muito variados, que só podem ser adquiridos pelo estudo da legislação geral e luminosa da sabedoria suprema: ousaríamos submeter decisivamente a teoria e a prática da medicina às leis positivas?

É assim concebível que seja possível submeter a tais leis a legislação fundamental, constitutiva da ordem natural e geral das sociedades? Não. Essa legislação superior exige da parte daqueles que governam, e daqueles que são governados, o estudo físico das leis fundamentais da sociedade, instituídas invariavelmente e para a perpetuidade pelo autor da natureza. Esse estudo forma uma doutrina que se divulga sem formalidades legais, mas que não é menos eficaz, pois manifesta leis irrefragáveis, onde os homens de estado de toda a nação podem extrair os conhecimentos necessários para formar um governo perfeito: pois encontramos ainda nessas próprias leis, como veremos a seguir, os princípios *primitivos* e as fontes imutáveis da legislação positiva e da justiça distributiva. A legislação divina deve então extinguir toda dissenção sobre a própria legislação, e sujeitar a autoridade executora e a nação a essa legislação suprema, pois ela se manifesta aos homens pelas luzes da razão cultivada pela educação e pelo estudo da natureza que não admite outras leis senão o livre exercício da própria razão.

É apenas por esse livre exercício da razão que os homens podem fazer progressos na ciência econômica, que é uma grande ciência e a própria ciência que constitui o governo das sociedades. No governo econômico da cultura das terras de uma fazenda, que é uma amostra do governo geral da nação, os cultivadores não têm outras leis senão os conhecimentos adquiridos pela educação e a experiência. As leis positivas que regulariam decisivamente a gestão da cultura das terras perturbariam o governo econômico do cultivador e se oporiam ao sucesso da agricultura: pois o cultivador, sujeito à ordem natural, deve apenas observar as leis físicas e as condições que elas lhe prescrevem; e são ainda essas leis e essas condições que devem regular a administração do governo geral da sociedade.

§7. O direito do imposto tem uma base garantida

O imposto, essa fonte de dissensões e oposições suscitadas pela ignorância, inquietude e avidez, é essencialmente determinado pelas leis e regras imutáveis, cujo príncipe e súditos não podem se afastar senão para sua desvantagem. Essas leis e regras, como veremos adiante, demonstram-se de forma evidente pelo cálculo, com uma exatidão rigorosa, que proscreve toda injustiça, todo arbítrio e toda malversação. Bane a ignorância, reconhece a ordem pela essência, e adorarás a divina providência, na qual pusestes a tocha na mão para caminhar com segurança nesse labirinto entrecortado de falsos caminhos abertos à iniquidade. O homem é dotado da inteligência necessária para adquirir a ciência da qual ele tem necessidade para conhecer as vias que lhe são prescritas pela sabedoria suprema e que constituem o governo perfeito dos impérios. A ciência é, pois, a condição essencial da instituição regular das sociedades e da ordem que garante a prosperidade das nações, e que prescreve a todo poder humano a observação das leis estabelecidas pelo autor da natureza para sujeitar todos os homens à razão, para contê-los em seu dever e para assegurá-los no usufruto dos bens que ele lhes destinou para satisfazer suas carências.

§8. O direito natural

As leis físicas que constituem a ordem natural mais vantajosa ao gênero humano, e que constatam exatamente o direito natural de todos os homens, são leis perpétuas, inalteráveis e decisivamente as melhores leis possíveis. Sua evidência subjuga imperiosamente toda inteligência e toda razão humana com uma precisão que se demonstra geométrica e aritmeticamente em detalhes, e que não deixa nenhum subterfúgio ao erro, à fraude e às pretensões ilícitas.

§9. A manifestação das leis fundamentais do governo perfeito basta para garantir o direito natural

Somente sua manifestação se pronuncia soberanamente contra os equívocos da administração, contra os empreendimentos e as usurpações injustas das diferentes ordens do Estado e contra a instituição das leis positivas contrárias à ordem essencial da sociedade. Assim, o conhecimento dessas regras primitivas e a evidência geral de sua autoridade é a salvaguarda suprema do corpo político. Afinal, a nação instruída das vontades e das leis irrevogáveis do todo poderoso e dirigida pelas luzes da consciência não pode se prestar à violação dessas leis divinas às quais todo poder humano deve estar sujeito, e que são realmente muito poderosas e formidáveis por si mesmas quando reivindicadas e que formam, por sua evidência e superioridade, a alavanca da nação. O príncipe não deve ignorar que sua autoridade é instituída para fazê-los conhecer e observar, e que é tanto de seu *interesse* quanto do interesse da própria nação que sua observação esclarecida forme o vínculo indissolúvel da sociedade. Pois, enquanto são desconhecidas, permanecem impotentes e inúteis, assim como as terras que habitamos nos recusam seus recursos quando permanecem incultas. Então, as nações apenas podem formar passageiros, bárbaros e ruinosos. Assim, a necessidade do estudo das leis naturais é ela própria uma lei constitutiva da ordem natural das sociedades. Essa lei é a primeira das leis fundamentais de um bom governo, porque, sem esse estudo, a ordem natural seria apenas uma terra inculta, habitada por animais ferozes.

§10. Necessidade do estudo e do ensino das leis naturais e fundamentais das sociedades

Os homens só podem aspirar ao direito natural pelas luzes da razão, que os distingue dos animais. O objeto capital da administração de um governo próspero e durável deve então ser, como no império da China, o estudo profundo e o ensino contínuo e geral das leis naturais, que constituem eminentemente a ordem da sociedade.

§11. Diversas espécies de sociedades

Os homens reuniram-se sob diferentes formas de sociedades segundo tenham ali sido determinados pelas condições necessárias à sua subsistência, como a caça, a pesca, o pastoreio, a agricultura, o comércio, a pilhagem. Disso se formaram as nações selvagens, as nações ictiófagas, as nações pastoras, as nações agrícolas, as nações comerciantes, as nações errantes, bárbaras, nômades* e piratas.

---

* Quesnay utiliza o termo *scénite*, do grego *skênê*. A palavra, que originalmente significa "tenda" ou "barraca", pode ser simplesmente traduzida como *beduínos*. Refere-se, portanto, a um povo nômade. (N. T.)

Fisiocracia

§12. Sociedades agrícolas

Com exceção das sociedades de pilhagens, inimigas das outras sociedades, a agricultura as reúne todas, e sem a agricultura as outras sociedades poderiam somente formar nações imperfeitas. Há, portanto, apenas nações agrícolas que possam constituir impérios fixos e duráveis, suscetíveis de um governo geral, invariável, sujeito exatamente à ordem imutável das leis naturais. Ora, então é a própria agricultura que forma a base desses impérios e que prescreve e constitui a ordem de seu governo, pois ela é a fonte dos bens que satisfazem as carências dos povos e porque seu sucesso ou sua decadência depende necessariamente da forma do governo.

§13. Simplicidade primitiva do governo das sociedades agrícolas

Para expor claramente essa verdade fundamental, examinemos o estado da agricultura na ordem mais simples. Suponhamos uma horda de homens situados em um deserto, que de início subsistem ali por causa das produções que nascem de forma espontânea, mas que não podem ser suficientemente constantes para o estabelecimento deles nesse território inculto, cuja fertilidade será uma fonte de bens que a natureza garante ao trabalho e à indústria.

§14. A comunidade dos bens, sua distribuição natural e pacífica; a liberdade pessoal; a propriedade da subsistência adquirida diariamente

No primeiro estado, não há outra distribuição de bens senão aquela que os homens podem obter pela busca das produções que lhes são necessárias para subsistir. Tudo pertence a todos, mas sob condições que estabelecem naturalmente uma partilha entre todos e que garantem a todos, necessariamente, a liberdade de sua pessoa para suprir suas necessidades, e a garantia do usufruto das produções que obtém com suas buscas. Pois as empresas de uns sobre outros formaria apenas obstáculos às buscas indispensáveis para suprir suas carências e apenas suscitariam guerras tão inúteis quanto temíveis. Quais motivos, na verdade, poderiam, em casos semelhantes, estimular guerras entre os homens? Uma revoada de pássaros chega a um lugar onde encontra um bem ou uma subsistência comum a todos; absolutamente não há disputa entre eles pela partilha, a porção de cada um é devida à sua atividade em procurar satisfazer sua necessidade. Assim, os animais reunidos são, então, devotados a essa lei pacífica, prescrita pela natureza, que decidiu que o direito de cada indivíduo se limita, na ordem natural, àquilo que ele pode obter por seu trabalho. Assim, o *direito de todos a tudo* é uma quimera. A liberdade pessoal e a propriedade, ou a garantia de usufruir das produções que cada um inicialmente adquire por suas buscas para satisfazer suas carências, são, então, desde logo garantidas aos homens pelas leis naturais, que constituem a ordem essencial das sociedades regulares. As nações hiperbóreas, reduzidas a viver nesse estado primitivo, observam exata e constantemente as leis prescritas pela natureza, e não têm necessidade de nenhuma autoridade superior para mantê-los em seus deveres recíprocos.

§15. As guerras de nação contra nação

Os selvagens da América, que permanecem nesse mesmo estado, são menos pacíficos e entregam-se frequentemente a guerras de nação contra nação; mas a ordem é observada com muita união e tranquilidade em cada nação. As guerras que essas nações travam entre si têm como objeto inquietações e ódios recíprocos, que lhes fazem desafiar os perigos de uma vingança cruel.

§16. A defesa das nações é garantida pela força; a força exige riquezas; as riquezas são mantidas pela força

As guerras externas não admitem muitas outras precauções além da defesa garantida pelas forças, que devem sempre ser o objeto capital de um bom governo. Afinal, grandes forças exigem grandes despesas, que supõem grandes riquezas cuja conservação somente pode ser assegurada por grandes forças. Mas apenas se pode obter ou merecer essas riquezas pela observação das leis naturais, e essas leis são estabelecidas antes de toda instituição do governo civil e político. Essa legislação, pois, não pertence nem às nações nem aos príncipes que as governam: são essas próprias leis que garantem o sucesso da agricultura, e é a agricultura que é a fonte das riquezas que satisfazem as carências dos homens e que constituem as forças necessárias para sua segurança.

§17. Estabelecimento da sociedade agrícola, onde se encontram naturalmente as condições que ele exige

Essa horda, em um deserto que ela precisa cultivar para subsistir, ali se encontra sujeita às leis que a natureza lhe prescreve para os sucessos de seus trabalhos e para a segurança de seu estabelecimento. O território inculto que ela habita não tem nenhum valor efetivo e ela só pode adquiri-lo pelo trabalho. Sua posse e seus produtos devem ser garantidos pelo trabalho. Sem essa condição natural, nada de cultura, nada de riquezas; é preciso, pois, que esses homens dividam o território, para que cada um deles ali cultive, ali plante, ali construa e ali usufrua, com toda segurança, dos frutos de seu trabalho. Essa divisão inicialmente se forma com igualdade entre homens iguais, que, não tendo nenhum direito de escolha, devem nessa partilha se submeter à imparcialidade da sorte, cuja decisão atribuirá naturalmente a cada um sua parcela, assegurando-a a todos, ao mesmo título, em sua perpetuidade, com o direito da liberdade necessária para reivindicá-la sem perturbação e sem opressão, com o exercício de um livre comércio de trocas das produções e dos fundos, donde resultam as outras vantagens necessárias à sociedade. Tais são, além da partilha pacífica das terras e a propriedade garantida dos fundos e dos frutos, com a segurança pessoal, a liberdade do comércio, a retribuição devida ao trabalho, a atenção contínua aos progressos da agricultura, a conservação das riquezas necessárias à sua exploração, a multiplicação dos animais de trabalho e do lucro, o nascimento da indústria para a fabricação dos instrumentos e das vestimentas, a construção dos edifícios e a preparação das produções etc., que são os resultado das leis naturais primitivas que constituem evidente e essencialmente esses vínculos da sociedade. Trata-se aqui do estabelecimento natural e voluntário das sociedades, não do estado das sociedades invadidas por nações salteadoras e entregues à barbárie dos usurpadores que são somente soberanos ilegítimos, enquanto não entrem na ordem natural. Todos esses regulamentos são, independentemente de quaisquer leis positivas, os melhores regulamentos possíveis para os interesses particulares de qualquer um e para o bem geral da sociedade.

Mas todo esse arranjo ditado pela ordem natural e constitutivo das sociedades agrícolas supõe ainda uma condição muito essencial e muito natural, que é a garantia completa do direito de propriedade dos fundos e das produções que os trabalhos e as despesas da cultura fazem nelas nascer.

§18. Instituição da autoridade tutelar

Cada cultivador ocupado todo dia com o trabalho de cultivo de seu campo tem necessidade de repouso e de sono durante a noite. Assim, ele então não pode velar por sua segurança pessoal, nem à conservação das produções que ele fez nascer por seu trabalho e por suas despesas; tampouco é possível que abandone seu trabalho durante o dia para defender seus fundos e suas riquezas contra as usurpações dos inimigos que vêm de fora. É então necessário que cada um contribua para o estabelecimento e a manutenção de uma força e de uma guarda suficientemente poderosas e dirigidas pela autoridade de um chefe para assegurar a defesa da sociedade contra os ataques externos, manter a ordem interna, evitar e punir os crimes dos malfeitores.

§19. Legislação positiva

A constituição fundamental da sociedade e a ordem natural do governo são, pois, estabelecidas previamente à instituição das leis positivas da justiça distributiva. Essa legislação literal não pode ter outra base nem outros princípios senão as próprias leis naturais, que constituem a ordem essencial da sociedade.

Assim, as leis positivas que determinam em detalhes o direito natural dos cidadãos são indicadas e regulamentadas pelas leis primitivas instituídas pelo autor da natureza, e elas só devem ser introduzidas o tanto quanto forem conformes e rigorosamente sujeitas à essas leis essenciais. Elas não são, portanto, instituição arbitrária, e o legislador, seja o príncipe, seja a nação, apenas pode torná-las justas por sua autoridade tanto quanto elas são justas por essência: a própria autoridade está sujeita ao erro e, malgrado seu consentimento, conserva sempre o direito de reforma contra os abusos ou equívocos da legislação positiva. O que deve ser exercido com conhecimento evidente não pode perturbar a ordem, apenas pode restabelecê-la; de outra forma, seria preciso argumentar contra toda evidência, que não existe nem justo nem injusto absoluto, nem bem nem mal moral por essência. Princípio atroz, que destruiria o direito natural dos súditos e do soberano, e excluiria a nação das vantagens da ordem formada pelo concurso das leis instituídas pelo Autor da natureza, e cuja transgressão é logo punida pela privação ou diminuição dos bens necessários para a subsistência dos homens. Assim, a equidade proíbe com rigor aos homens o direito de instituir *arbitrariamente* leis positivas na ordem da sociedade.

A legislação positiva é, pois, essencialmente subordinada às leis primitivas da sociedade. Assim, ela só pode pertencer a uma autoridade única, superior aos diferentes interesses exclusivos que ela deve reprimir.

§20. O rendimento público

Um dos mais temíveis objetos nos governos entregues à autoridade absoluta do príncipe é a contribuição imposta arbitrariamente sobre os súditos, e que pareceu não ter nem regras nem medidas prescritas pelas leis naturais. Entretanto, o autor da natureza nela fixou decisivamente a ordem, pois é manifesto que a contribuição necessária para as carências do estado não pode ter, em uma nação agrícola, outra fonte ou outra origem senão aquela que pode produzir os bens necessários para satisfazer as carências dos homens; que essa fonte é o próprio território fertilizado pelo dispêndio e pelo trabalho; que, por conseguinte, a contribuição anual necessária para o estado somente pode ser uma porção do produto anual do território, cuja propriedade pertence aos possuidores aos quais esse território é dividido e que, assim, a contribuição só pode ser uma parcela do produto do território que pertence aos possuidores; do produto, repito, que excede as despesas do trabalho da cultura e as despesas dos outros adiantamentos necessários para a exploração dessa cultura. Todas essas despesas sendo restituídas pelo produto que elas fazem nascer, o excedente é produto líquido, que forma o rendimento público e o rendimento dos proprietários. A porção que deve formar o rendimento do Estado será fortemente considerável se ela for igual à metade daquela de todos os proprietários em conjunto; mas os próprios proprietários devem considerar que a força que faz sua segurança e sua tranquilidade consiste nos rendimentos do Estado, e que nisso uma grande força é imposta às nações vizinhas e o distancia das guerras; que, além disso, sendo o rendimento do Estado sempre proporcional à massa crescente ou decrescente do rendimento dos bens fundiários do reino, o soberano será, por assim dizer, associado com eles para contribuir o tanto quanto possível, por uma boa administração do reino, à prosperidade da agricultura; e que, enfim, por esse arranjo o mais vantajoso possível, eles seriam preservados de qualquer outra espécie de imposições que recairiam desastrosamente sobre seu rendimento e sobre o rendimento do estado, que se estabeleceriam e aumentariam cada vez mais sob o pretexto das carências do estado, mas que arruinariam o estado e a nação, e formariam apenas fortunas pecuniárias que favoreceriam os empréstimos ruinosos do Estado.

Os proprietários ou os possuidores do território têm, cada um em particular, a administração das parcelas que lhes pertencem, administração necessária para manter e aumentar o valor das terras e para se assegurar do produto líquido ou rendimento que elas podem entregar. Se não houvesse possuidor de terras a quem a propriedade fosse assegurada, as terras seriam comuns e negligenciadas, pois ninguém iria querer nelas realizar despesas de aperfeiçoamento ou de manutenção, dos quais o lucro não seria assegurado. Ora, sem essas despesas, as terras dificilmente forneceriam os custos de cultura que os cultivadores ousariam empreender na inquietude contínua do deslocamento. Então, as terras não entregariam nenhum produto líquido ou rendimento que pudesse fornecer a contribuição necessária para as carências do estado. Nessa situação, não pode existir nem governo nem sociedade, pois a contribuição seria ela própria uma devastação, se ela se ativesse sobre o fundo dos adiantamentos da exploração da cultura ou sobre as despesas do trabalho dos homens.

Digo sobre as despesas do trabalho dos homens, pois esse trabalho é inseparável das despesas necessárias para sua subsistência. O homem é por

Fisiocracia

si mesmo desprovido de riquezas e tem apenas carências. Logo, a contribuição não pode incidir nem sobre si mesmo nem sobre o salário devido por seu trabalho, pois esse salário lhe é necessário para sua subsistência e apenas poderia bastar a um e a outro pelo aumento desse mesmo salário e às despesas daqueles que lhe pagariam esse aumento. O que encareceria o trabalho sem aumentar o produto para aqueles que pagam esse salário. Assim, um aumento de salário que excedesse o produto do trabalho causaria necessariamente uma diminuição progressiva de trabalho, produto e população: tais são os princípios fundamentais da *doutrina* que regulamenta tão afortunadamente há muitos séculos o governo dos chineses. Eles extraem disso consequências que com muita dificuldade adotaríamos na Europa.

Por exemplo, uma contribuição pessoal que incide sobre os homens ou sobre a retribuição devida ao trabalho dos homens é, dizem, uma contribuição necessariamente irregular e injusta, tendo como medida apenas uma estimativa arriscada e arbitrária das faculdades dos cidadãos. É, assim, uma tributação desordenada e desastrosa. Todos os trabalhadores da cultura, todos os artesãos, todos os comerciantes, em poucas palavras, todas as classes de homens assalariados ou estipendiados, não podem, então, contribuir por si mesmos à tributação do rendimento público e às carências do estado, pois essa contribuição destruiria, por contragolpe, a cultura das terras. Recairia em dobro sobre o rendimento, ela própria se destruiria e arruinaria a nação. Eis, então, uma lei natural que não se pode transgredir sem incorrer na punição que lhe é inseparável e que tornaria a contribuição exigida às carências do Estado, mais temível do que essas próprias carências.

É também evidente que essa contribuição tampouco pode incidir sobre os fundos dos adiantamentos da exploração da cultura das terras, pois ela logo destruiria essa cultura e todos os bens necessários para a subsistências dos homens. Não seria então mais uma contribuição para as carências do Estado, mas uma devastação geral que destruiria o Estado e a nação.

A contribuição tampouco deve, dizem os chineses, ser imposta sobre os víveres ou mercadorias destinados para o uso dos homens, pois isso seria colocar os próprios homens, suas carências e seu trabalho na contribuição, e seria converter essa contribuição, coletada para as carências do estado, em uma devastação tão mais rápida quanto lança a nação na avidez de uma multidão de homens ou de inimigos empregados na percepção dessa funesta tributação, onde o próprio soberano não encontra a compensação das perdas que ela lhe causa sobre a parcela de rendimento que ele, por seu lado, retiraria do produto líquido das terras.

Em outras obras se encontrará a discussão contraditória dessas opiniões *chinesas* e as regras que se deve seguir para garantir ao estado a contribuição mais extensa possível, que seja inteiramente para a vantagem da nação e que evite os prejuízos que outros gêneros de contribuição ocasionam.

O excedente do produto das terras, para além das despesas do trabalho da cultura e dos adiantamentos necessários para a exploração dessa cultura, é um produto líquido que forma o rendimento público e o rendimento dos possuidores das terras que com isso adquiriram ou compraram a propriedade, e cujos fundos pagos pela aquisição lhes oferecem, sobre o produto líquido, um rendimento proporcional ao preço da compra dessas terras. Mas o que lhes assegura esse rendimento com ainda mais justiça é que todo o produto líquido, como já dissemos, é uma sequência natural de sua propriedade e administração; pois, sem essas condições essenciais, não somente as terras não entregariam produto líquido, mas apenas um produto incerto e fraco que mal compensaria os custos feitos com a maior poupança, por causa da incerteza da duração do usufruto, que não permitiria fazer as despesas de aperfeiçoamento ou de manutenção, cujo lucro, para aquele que se dedicasse a essas despesas, não estaria assegurado.

O soberano não poderia exigir a propriedade geral das terras de seu reino, pois não poderia por si mesmo, nem por outros, exercer sua administração. Por si mesmo, porque não poderia dar conta da imensa quantidade de detalhes; por outros, porque uma administração tão extensa, tão variada e tão suscetível a abusos e fraudes não pode ser confiada a interesses estrangeiros e estar ao alcance de fraudar a discrição sobre a contabilidade das despesas e dos produtos. O soberano logo se encontraria forçado a renunciar a essa propriedade que arruinaria a si e o Estado. É, pois, evidente que a propriedade das terras deve ser distribuída a um grande número de possuidores interessados a tirar dela o maior rendimento possível pela administração mais vantajosa, que garanta ao estado uma parcela desse rendimento, proporcionalmente à sua quantidade, a seus aumentos e às carências do estado. Assim, os maiores sucessos possíveis da agricultura asseguram ao soberano e aos proprietários o maior rendimento possível.

§21. Proscrição do interesse particular exclusivo

O monopólio, as empresas e usurpações dos interesses particulares sobre o interesse comum são naturalmente excluídos de um bom governo. Pela autoridade de um chefe revestido de um poder superior, esse banditismo insidioso ali seria certamente descoberto e reprimido, pois em um bom governo o poder das comunidades, das condições, dos empregos, e a credibilidade dos pretextos especiosos não poderiam ser bem-sucedidos em favorecer uma desordem tão prejudicial. Os comerciantes, os empreendedores de manufaturas, as comunidades de artesãos, sempre ávidos de ganhos e fortemente industriosos em recursos artificiais, são inimigos da concorrência e sempre engenhosos em obter de modo indevido privilégios exclusivos. Uma cidade lesa* uma outra cidade, uma província uma outra província, a metrópole suas colônias. Os proprietários de um território favorável a algumas produções tendem a fazer que se proíba aos outros a cultura e o comércio dessas mesmas produções. A nação encontra-se por toda parte exposta aos artifícios desses usurpadores que lhe vendem a sobrepreço os produtos e as mercadorias necessárias para satisfazer suas carências. O rendimento de uma nação tem seus limites, as compras que ela faz a um preço forçado por um comércio devorador diminuem os consumos e a população, fazem perecer a agricultura e os rendimentos. Esse caminho progressivo faz então desaparecer a propriedade e o poder de um reino, o próprio comércio se encontra destruído pela avidez dos comerciantes, cujo artifício ousa recorrer ao pretexto insidioso de fazer florescer o comércio e de enriquecer a nação pelo progresso de suas fortunas. Seu sucesso seduz uma administração pouco esclarecida e o povo fica fascinado pelas próprias riquezas daqueles que o põem sob a contribuição e que o arruínam. Diz-se que essas riquezas permanecem no reino, que

---

* No original: *entreprend sur*, no sentido de *empiéter*. Termos que denotam uma ideia central ao pensamento liberal e para o qual não possuímos um correlato direto em língua portuguesa (*encroach* é seu equivalente em língua inglesa). Trata-se da ação que ultrapassa o limite da propriedade de outra pessoa, que a invade, causando dano ou prejuízo. (N. O.)

se distribuem nele pela circulação e fazem que a nação prospere. Poder-se-
-ia pensar o mesmo das riquezas dos usurários, dos financistas etc., mas se
crê ingenuamente que aquelas que o monopólio oferece aos comerciantes
provêm dos ganhos que eles fazem às custas das outras nações. Na verdade,
se olharmos as colônias do reino como nações estrangeiras, é verdade que
elas não são geridas pelo monopólio. Mas o monopólio dos comerciantes de
uma nação não se estende sobre as outras nações, ou ao menos ali forçaria os
comerciantes estrangeiros a recorrer a represálias, que suscitariam guerras
absurdas e ruinosas, e esse contágio do monopólio se estenderia e agravaria
o mal. *A política natural do comércio é, pois, a concorrência livre e imensa, que oferece a
cada nação o maior número possível de compradores e vendedores, para lhe assegurar o preço
mais vantajoso sobre suas vendas e em suas compras.*

§22. Redução dos custos de justiça

As despesas excessivas, tão temíveis na administração da justiça em uma
nação onde o exemplo das fortunas ilícitas corrompe todas as ordens de
cidadãos, tornam-se mais regulares em um bom governo, que assegura aos
magistrados a honra e a veneração devidas à dignidade e à santidade* de seu
ministério. Em um bom governo, a superioridade e a observação das leis
naturais inspiram a piedade e sustentam a probidade que reina no coração
dos homens esclarecidos; eles são impregnados pela excelência dessas leis,
instituídas pela sabedoria suprema para a felicidade do gênero humano,
dotado da inteligência necessária para se conduzir com razão.

---

* No texto em francês, o termo utilizado é *sainteté*, que pode também significar *saúde*
ou *sanidade*. A função pública de magistrados, legislador e políticos é, ao menos
desde as *Vidas paralelas de homens ilustres*, de Plutarco, tida como "divina". Licurgo, por
exemplo, recebe da pitonisa do oráculo de Delfos uma determinação dos deuses.
Para ficar com um exemplo contemporâneo ao dos fisiocratas, Rousseau, em *Do
contrato social*, fala tanta da "santidade do contrato e das leis" quanto da "missão
divina" do legislador. Da mesma forma, "santidade" pode ser compreendida aqui
como uma espécie de função dada pelo Autor da natureza, o que se harmoniza com
o resto do texto (à frente a função dos "homens esclarecidos" e dos magistrados
é "preciosa e sagrada", uma "função divina"). (N. T.)

Fisiocracia

Na ordem natural da sociedade, todos os homens que a compõem devem ser úteis e concorrer ao bem geral segundo suas faculdades e capacidades. Os ricos proprietários são estabelecidos pela providência para exercer, sem retribuição, as funções públicas mais honrosas, às quais a nação deve entregar, com confiança, seus interesses e sua segurança. Essas funções preciosas e sagradas não devem, pois, ser abandonadas a homens mercenários, solicitados, pela carência, a obter para si emolumentos. Os rendimentos dos quais usufruem os grandes proprietários não são destinados a mantê-los indignamente na ociosidade. Esse tipo de vida tão desprezível é incompatível com a consideração que pode lhe oferecer um estado de opulência que deve reunir a elevação, a estima e a veneração pública pelo serviço militar, ou pela dignidade das funções da magistratura, funções divinas, soberanas e religiosas, que inspiram tanto mais respeito e confiança à medida que não reconhecem como outros guias e outros ascendentes senão as luzes e a consciência. A providência estabeleceu, assim, homens elevados para além das profissões mercenárias, que na ordem natural de um bom governo são dispostos a entregar-se por sua condição, com desinteresse e dignidade, ao exercício dessas funções tão nobres e importantes. Então, eles estarão atentos para reprimir rigorosamente os abusos que a avidez daqueles que são encarregados de discutir e defender os direitos das partes podem introduzir nas minúcias dos procedimentos; procedimentos que eles prolongam e complicam em favor de uma enorme quantidade de formalidades supérfluas, incidentes enganosos e leis obscuras e discordantes, acumuladas no código de uma jurisprudência que absolutamente não esteve sujeita à simplicidade e à evidência das leis naturais.

§23. *Direito das gentes**

Cada nação, assim como cada membro de uma nação, tem em particular a posse do terreno que a sociedade lhe avultou; ou que lhe é devido pela aquisição ou pelo direito de sucessão; ou pelas convenções feitas entre as

---

* Trata-se do *jus gentium*, direito que os romanos aplicavam aos estrangeiros e que fornece as bases do direito de guerra e paz, tema tratado neste capítulo. (N. T.)

nações contratantes, que tem direito de estabelecer entre si os limites de seus territórios, seja pelas leis positivas que elas reconheceram, seja pelos tratados de paz que elas firmaram. Eis os títulos naturais e os títulos de concessões que estabelecem o direito de propriedade das nações. Mas, como as nações formam separadamente potências particulares e distintas, que se contrabalançam e que não podem estar sujeitas à ordem geral senão pela força contra a força, cada nação deve então ter uma força suficiente e concentrada, tal como seu poder a comporta, ou uma força suficiente formada pela confederação com outras nações que suprem reciprocamente sua segurança.

A força própria de cada nação deve ser única e concentrada em uma mesma autoridade, pois uma divisão de forças pertencendo a diferentes chefes não pode ser conveniente a um mesmo estado, a uma mesma nação. Ela necessariamente divide a nação em diferentes estados ou principados estrangeiros uns aos outros, frequentemente inimigos entre si: é apenas uma força confederativa, sempre suscetível de divisão interior, como entre as nações feudais que absolutamente não formam verdadeiros impérios por si mesmas, mas só pela unidade de um chefe suserano de outros chefes que, como ele, usufruam cada qual dos direitos inerentes à realeza. Tais são os direitos de imposto, da guerra, da moeda, da justiça e da autoridade imediata sobre seus súditos, donde resultam esses direitos que lhes asseguram a todos igualmente o exercício e a propriedade da autoridade soberana.

Essas potências, confederadas e congregadas sob um chefe de soberanos que lhes são iguais em dominação, cada um em seus principados, estão elas próprias em confederação com seus vassalos feudatários, o que parece na realidade mais formar conjurações do que uma verdadeira sociedade reunida sob um mesmo governo. Essa constituição precária de império confederativo, formada pelas usurpações dos grandes proprietários ou pela partilha de territórios invadidos por nações salteadoras, não é, pois, uma diminuição natural da sociedade, formada por leis constitutivas da ordem essencial de um governo perfeito, cuja força e poder pertencem indivisivelmente à autoridade tutelar de um mesmo reino. É, ao contrário, uma constituição violenta e contra a natureza, que abandona os homens a um jugo bárbaro e tirânico e o governo a dissensões e guerras internas, desastrosas e atrozes.

A força de uma nação deve consistir em um rendimento público que seja suficiente às carências do estado em tempos de paz e de guerra. Não deve ser fornecida *in natura* pelos súditos e ordenada de maneira feudal, pois favoreceria ajuntamentos e guerras entre os grandes da nação, que romperiam a unidade da sociedade, desuniriam o reino e jogariam a nação na desordem e na opressão feudal. Além disso, esse tipo de força é insuficiente para a defesa da nação contra as potências estrangeiras. Ela pode apenas manter a guerra durante um intervalo extremamente limitado e em lugares pouco distantes, pois não pode munir-se durante muito tempo das provisões necessárias e difíceis de transportar. Isso seria ainda mais impraticável hoje em dia, onde a artilharia pesada domina nas operações de guerra. É, pois, somente por um rendimento público que uma nação pode garantir para si uma defesa constante contra as outras potências, não só em tempos de guerra, mas também em tempos de paz; para evitar a guerra que, na verdade, deve ser muito rara em um bom governo, pois um bom governo exclui todo pretexto absurdo de guerra em nome do comércio, e todas as outras pretensões mal compreendidas ou capciosas das quais se reveste para violar o direito das gentes, arruinando a si mesmo e aos outros. Afinal, para apoiar esses empreendimentos injustos, os exércitos fazem esforços extraordinários, tão numerosos e tão dispendiosos cujo único sucesso é um esgotamento ignominioso, que guarnece de flores o heroísmo das nações beligerantes e desnorteia os projetos ambiciosos de conquista.

§24. A contabilidade do erário público*

A contabilidade da despesa das rendas do estado é uma parte do governo muito complicada e muito suscetível à desordem. É tão difícil que cada particular consiga ser bem-sucedido em ter segurança nas contas de sua despesa, que me parece impossível jogar luz na confusão das despesas de um governo se não tivéssemos o exemplo dos grandes homens do estado que,

---

* No original: *des deniers publics*. Sobre os sentidos de denier, ver a seção *Sobre a terminologia e a tradução da Introdução* e a nota em *O Quadro econômico com suas explicações*, p.63. (N. O.)

em seu ministério, sujeitaram essa contabilidade a formas e a regras seguras, a fim de evitar a dissipação das finanças do estado e reprimir a avidez engenhosa e os procedimentos fraudulentos da maior parte dos contabilistas. Mas essas formas e essas regras limitam-se a uma técnica misteriosa que se sujeita às circunstâncias, e que absolutamente não é elevada ao patamar das ciências que podem esclarecer a nação. Nesse sentido, sem dúvida o virtuoso Sully referia-se ao saber e às intenções puras dos tribunais encarregados dessa parte importante da administração do governo, para se ocupar mais detidamente a se opor às desordens da cupidez dos grandes, que, por seus postos ou seu crédito, usurpavam a maior parte dos rendimentos do estado; e que, para nisso serem bem-sucedidos com mais segurança, favoreciam as exações dos publicanos e o peculato daqueles que tinham parte no manejo das finanças. A vigilância corajosa desse digno ministro atraiu para si a raiva dos outros ministros e cortesões, alarmados da boa ordem que se estabelecia na administração dos rendimentos do Estado, e que, entretanto, deveria ser para eles um bom presságio se tivessem sido menos ávidos e menos cegos sobre seus interesses. Esses grandes proprietários, empobrecidos pelas desordens do governo do reinado anterior e reduzidos a expedientes tão humilhantes e tão desprezíveis, deveriam perceber que uma reforma tão necessária teria feito renascer a prosperidade da nação e o restabelecimento dos rendimentos de suas terras, que lhes tiraria de seu rebaixamento e os ergueria ao estado de esplendor conveniente a suas grandes posses e ao seu estrato social. Suas luzes não se estendiam até esse ponto, e sempre é preciso concluir que a ignorância é a principal causa dos erros mais funestos do governo, da ruína das nações e da decadência dos impérios, da qual a China, pelo ministério das letras, está sempre e muito seguramente preservada. [Os membros desse ministério] formam a primeira ordem da nação e são igualmente vigilantes para conduzir o povo pelas luzes da razão e para sujeitar evidentemente o governo às leis naturais e imutáveis que constituem a ordem essencial das sociedades.

Nesse império imenso, todos os erros e todas as malversações dos chefes são continuamente divulgados pelos escritos públicos autorizados pelo governo, para assegurar, em todas as províncias de um reino tão grande, a observação das leis contra os abusos da autoridade, sempre esclarecida por

Fisiocracia

uma reclamação livre, que é uma das condições essenciais de um governo seguro e inalterável. Crê-se muito geralmente que os governos dos impérios apenas podem ter formas passageiras; que tudo que é mundano é entregue a vicissitudes contínuas; que os impérios têm seu começo, seu progresso, sua decadência e seu fim. Entregamo-nos de tal forma a essa opinião que atribuímos à ordem natural todos os desregramentos dos governos. Poderia esse fatalismo absurdo ter sido adotado pelas luzes da razão? Não é evidente, ao contrário, que as leis que constituem a ordem natural são leis perpétuas e imutáveis, e que os desregramentos dos governos são apenas prevaricações a essas leis paternas? A duração, a extensão e a prosperidade permanente não são asseguradas no império da China pela observação das leis naturais? Com razão, essa nação tão numerosa não observa os outros povos, governados pelas vontades humanas e submetidos à obediência social pelas armas, como nações bárbaras? Esse vasto império, sujeito à ordem natural, não apresenta o exemplo de um governo estável, permanente e invariável, que prova que a inconstância dos governos passageiros não tem outras bases nem outras regras senão a própria inconstância dos homens? Mas não se pode dizer que essa feliz e perpétua uniformidade do governo da China apenas subsiste porque esse império é menos exposto do que outros estados aos empreendimentos das potências vizinhas? Não foi ela conquistada? Sua vasta extensão não pode sofrer divisões e formar diversos reinos? Portanto, não é pelas circunstâncias particulares que se deve atribuir a perpetuidade de seu governo, é por uma ordem estável por essência.

8

A ordem natural e essencial das sociedades políticas

Le Mercier de la Rivière

Discurso preliminar

Os três principais objetos da ambição dos reis são uma grande riqueza, um grande poder, uma grande autoridade: escrevo, portanto, tendo em vista o interesse dos reis, pois analiso os meios pelos quais sua riqueza, seu poder e sua autoridade podem chegar ao mais alto grau possível.

Os proprietários de terras desejam acima de tudo ver os rendimentos que retiram anualmente de seus domínios crescerem: escrevo, portanto, tendo em vista os interesses desses proprietários, pois analiso os meios pelos quais todas as terras podem chegar a gerar o maior rendimento possível.

A classe que vende seus trabalhos a outros homens tem como único objetivo o aumento de seu salário por meio de sua indústria: escrevo, portanto, tendo em vista os interesses dessa classe, pois analiso os meios pelos quais a massa dos salários da indústria pode crescer o máximo possível.

Os ministros da igreja, como homens que coparticipam no produto das terras e como dispensadores de bens consagrados a ajudar os indigentes, estão duplamente interessados nas colheitas: escrevo, portanto, tendo em vista o interesse desses ministros e o interesse dos indigentes, pois analiso os meios pelos quais podemos nos assegurar das colheitas mais abundantes possíveis.

Os comerciantes, classe particular de homens cuja utilidade é comum a todas as nações e que podem comercializar em proporção à reprodução das riquezas comercializáveis, só podem juntar-se ao coro de vozes pela multiplicação dessas riquezas: escrevo, portanto, tendo em vista os interesses dos comerciantes, pois analiso os meios pelos quais podemos nos assegurar da maior reprodução e do maior consumo possível de todas as riquezas que entram no comércio.

Finalmente, os homens reunidos em sociedade não têm outro objeto além da instituição entre eles de direitos de propriedade comuns e individuais, com a ajuda dos quais eles podem obter todo tipo de bem-estar que a humanidade comporta, todas as fruições de que somos suscetíveis: escrevo, portanto, tendo em vista os interesses do corpo inteiro da sociedade, pois analiso os meios pelos quais ela deve, necessária e eternamente, garantir a maior consistência e o maior valor a esses direitos de propriedade comuns e individuais, de modo a se colocar e se manter no melhor estado possível.

Por onde quer que nossos conhecimentos penetrem, descobrimos um fim e os meios que lhe são relativos. Não vemos nada que não seja governado pelas leis próprias de sua existência e que não seja organizado de modo a obedecer a essas leis e no intuito de adquirir, para sua segurança, tudo o que possa convir à natureza de seu ser e a seu modo de existir. Considero que o homem não tenha sido menos bem tratado: os dons que lhe são particulares e que lhe garantem o império da terra não me permitem acreditar que no plano geral da criação não exista uma parcela de bem-estar que lhe tenha sido destinada e uma *ordem* adequada a lhe assegurar sua fruição.

Tomado por essa ideia e persuadido de que essa luz divina que habita em nós não nos foi dada sem um objetivo, concluí que seria preciso que esse objetivo fosse o de nos colocar em situação de conhecer a ordem sobre a qual devemos regular nosso modo de existir para ser felizes. A partir daí, passando à investigação e ao exame dessa ordem, reconheci que nosso estado natural é a vida em sociedade; que nossas fruições mais preciosas podem ser encontradas apenas em sociedade; que a reunião dos homens em sociedade, e de homens felizes por causa dessa reunião, fazia parte das intenções do criador; que assim deveríamos observar a sociedade como sendo a obra do próprio deus e as leis constitutivas da ordem social como parte das leis gerais e imutáveis da criação.

As primeiras dificuldades que são levantadas contra esse modo de considerar o homem decorrem dos males que resultam de nossa reunião em sociedade. Mas então observei que, mesmo dentre as coisas mais úteis para nós, não existe uma que não possa se tornar desastrosa por causa dos abusos em seu uso, pensei ser meu dever examinar se as leis naturais da sociedade são as verdadeiras causas desses males ou se eles não seriam mais os frutos necessários de nossa ignorância a respeito das disposições dessas leis.

Minhas investigações sobre esse ponto me fizeram passar da dúvida à evidência: elas me convenceram de que existe uma *ordem* natural para o governo dos homens reunidos em sociedade; uma ordem que necessariamente nos assegura toda a felicidade temporal à qual somos chamados durante nossa estadia sobre a terra, todas as fruições que razoavelmente podemos aqui desejar e às quais qualquer adição nos será prejudicial; uma *ordem* para cujo conhecimento a natureza nos deu uma parcela suficiente de luzes e que basta ser conhecida para ser observada; uma *ordem* onde tudo vai bem, e *necessariamente* bem, onde todos os interesses estão tão perfeitamente combinados, tão inseparavelmente unidos entre si que, do soberano ao último de seus súditos, o bem-estar de um somente pode ser acrescido pelo bem-estar dos demais; uma ordem, enfim, cuja santidade* e utilidade, ao manifestar aos homens um deus benfazejo e cujo reconhecimento prepara e os dispõe a amar, a adorar e a procurar através de seu próprio interesse, o estado de perfeição mais conforme à sua vontade.

Quanto mais tentava combater essa evidência, mais ela triunfava sobre mim: orei aos céus para que pudesse demonstrá-la aos outros como a sinto, como a vejo; orei aos céus para que ela se espalhasse universalmente; o que ela poderia alcançar unicamente transformando nossos vícios em virtude e, desse modo, fazendo o bem-estar da humanidade.

Primeira parte: Teoria da ordem

Necessidade física da sociedade. Como ela nos conduz ao conhecimento do justo e do injusto absolutos. Sua origem, em que eles consistem; axioma que contém todo o justo absoluto. Como os deveres são o princípio e a

---

* No original, *sainteté*, termo que pode ser traduzido por *santidade*, *saúde* e *sanidade*. Ver nota da p.240. (N. T.)

medida dos direitos. Primeiros princípios constitutivos da ordem natural e essencial de cada sociedade particular. Relações necessárias dessa ordem essencial com a ordem física; características principais e vantagens dessa ordem essencial; ela é simples, evidente e imutável; ela constitui o melhor estado possível de todo homem que vive em sociedade. Exposição sumária da teoria dessa ordem, servindo, ainda, para provar a simplicidade e a evidência de seus princípios e das consequências que disso resultam. Meios de estabelecê-la e perpetuá-la entre os homens.

Capítulo I. O modo pelo qual o homem é organizado prova que ele está destinado pela natureza a viver em sociedade. Necessidade física da reunião dos homens em sociedade. Ela é necessária à reprodução dos bens de subsistência e, consequentemente, à multiplicação dos homens, que faz parte das intenções do criador

É evidente que o homem, suscetível de compaixão, piedade, amizade, benevolência, glória, emulação, de uma multidão de afetos que ele só pode experimentar em sociedade, está destinado pela natureza a viver em sociedade. É apenas com essa intenção que ela pode lhe fornecer o germe das paixões que convém somente a um ser social: se ela se propusesse que o homem vivesse isolado como animais ferozes, ela não o teria organizado diferentemente daquilo que são; ela não o teria disposto a receber, a sentir os afetos que têm relação apenas com a sociedade, e que só podem nele nascer enquanto ele vive em sociedade.

Quanto mais nos aprofundarmos nessa ideia, mais nos convenceremos, pela contemplação daquilo que está naturalmente em nós, que a reunião dos homens em sociedade está no plano geral da criação. Recebemos de Deus uma inteligência cuja utilidade só se desenvolve em sociedade. Através dela nossos conhecimentos ultrapassaram os limites do globo no qual estávamos presos; somos conduzidos a multiplicar, por assim dizer, nossa existência pessoal, a pensar, a agir nos outros homens, a dar a nossas vontades o poder de nos tornar presentes em variados lugares de uma só vez. Por que, então, teríamos recebido essas faculdades intelectuais com o auxílio das quais os homens mais distantes uns dos outros podem se comunicar e se dispor entre si, senão para que a sociedade dos homens existisse pelo exercício habitual dessas mesmas faculdades?

Essa inteligência que nos torna senhores de tudo que respira, que permite que nossa fraqueza se torne força dominante sobre a terra, que, finalmente, nos eleva ao conhecimento evidente de tantas verdades sublimes e importantes a nosso bem-estar, não nos deixaria em um estado que, sob muitos aspectos, seria inferior àquele dos animais selvagens, se ela não tivesse enriquecido o homem com as luzes que lhe são preparadas por outros homens.

Sim, nossa inteligência, esse dom tão precioso, é uma espécie de patrimônio comum que só tem valor enquanto todos os homens a estimam em comum e que partilham seus frutos em comum. Mesmo quando a morte nos separa da sociedade, ela jamais separa a sociedade da parcela de inteligência que cultivamos durante nossa vida: as descobertas que realizamos com seu auxílio, em suma, desde que tenhamos tido a vontade de comunicá-los e não de ocultá-los da sociedade, todos os frutos que dela retiramos subsistem depois de nossa partida. Desse modo, nossa inteligência vive mais do que nós pela utilidade de nossos associados; eles parecem herdá-la e eis porque dizemos dos grandes homens que eles não morrem, que seu espírito ainda habita em todo lugar onde suas luzes se propagaram e em todo lugar onde suas virtudes servem de modelo.

Como então poderíamos crer que não somos organizados para viver em sociedade ao perceber diariamente que, por meio de nossa inteligência, subsiste ainda um tipo de sociedade entre nós e homens que desapareceram da terra há 2 mil anos? Nós os reverenciamos e os consultamos; por seu turno, eles nos falam e nos instruem, eles se comunicam conosco, uma vez que nos excitam sensações e nos sugerem ideias como se ainda usufruíssemos de sua presença e de sua conversa.

Por menos que prestemos atenção ao auxílio sem o qual a infância e a velhice não podem, em absoluto, viver sem, com certeza é evidente que o homem foi constituído de modo a nascer e morrer em sociedade. O que denomino nascer é viver na infância, nessa idade onde todo dia adquirimos, por uma gradação imperceptível, o grau de força suficiente para satisfazer, por conta própria, o que nossas carências exigem. Pela mesma razão, o que denomino morrer é o modo como saímos, quando, curvados sob o peso dos anos, o declínio diário de nossas forças nos encaminha passo a passo em direção ao último termo onde a lei comum a todo ser criado deve ser cumprida.

Se, nos extremos da vida, essa fraqueza, que em nós se desenvolve em uma impotência absoluta, encontra nas inclinações e nos deveres de outros homens todo o auxílio de que carece, é à sociedade que somos devedores. Nossa reunião em sociedade compensando desse modo, no homem social, tudo que a natureza recusou ao homem isolado. Portanto, ela é evidentemente uma condição essencial à nossa existência.

Encontraremos uma quarta prova da mesma verdade, se prestarmos alguma atenção aos dois móveis que são em nós os primeiros princípios de todos os nossos movimentos: um é o apetite dos prazeres, e o outro é a aversão à dor. Por apetite dos prazeres não devemos entender apenas o apetite pela fruição puramente física, o apetite por essas sensações agradáveis que nascem *necessariamente* em nós, segundo a disposição natural de nossos sentidos e sem o concurso de nossas faculdades intelectuais. Ao contrário, sob o nome de prazeres é necessário compreender ainda o que podemos nomear de deleite da alma, esses afetos vivos e doces que a penetram tão deliciosamente, que a preenchem sem lhe deixar nenhum vazio, que nascem das relações que temos com os seres de nossa espécie e que só podemos experimentar em sociedade.

Assim como quando falo de aversão à dor, a ideia que quero apresentar não deve absolutamente ser circunscrita ao que concerne a nossos males físicos. Ela abrange ainda todas as situações custosas, tediosas e aflitivas nas quais a alma somente pode se encontrar por causa de nossa existência em sociedade.

Essas espécies de afetos sociais, ainda que nos sejam comunicadas apenas por intermédio de nossos sentidos, exercem sobre nós um tal império que frequentemente nos forçam a sacrificar-lhes nossas sensações físicas mais caras. Estamos obedecendo a esses afetos sociais quando parecemos renunciar a nós mesmos para mais viver apenas nos outros, para fruir unicamente na fruição deles, para não mais conhecer o prazer, senão na medida em que eles tenham passado pelos outros para chegar até nós. Estamos ainda lhes obedecendo quando nos educamos para desprezar as riquezas e a vida e preferindo a dor física, a própria morte, em lugar da desonra ou qualquer outra aflição que surja de nossas relações com a sociedade.

Apesar de curtas, essas reflexões são suficientes para provar que a sociedade nos é muito mais preciosa pela fruição que ela nos proporciona na ordem metafísica do que pela fruição física que ela nos assegura, de tal modo que o apetite pelos prazeres, tão ávido desses afetos sociais, só pode ser satisfeito por meio da sociedade.

No entanto, admito que esse móvel, considerado em suas relações com a ordem física, submete-nos de um modo ainda mais perceptível e mais absoluto à necessidade rigorosa de nos reunir em sociedade: pressionados pela atração do prazer físico de satisfazer as carências essenciais à nossa existência e podendo obter as coisas relativas a essas mesmas carências unicamente através da sociedade, é evidente que nossa reunião em sociedade é uma consequência natural e necessária do apetite pelos prazeres.

Mas não é aí, em absoluto, que as relações desse móvel com a sociedade atingem seu limite. Basta observar a profusão de carências e de fruições factícias que vemos surgir em nós por ocasião de nossa reunião em sociedade! Ao nos tornar sensíveis à atração dessas fruições, o apetite pelos prazeres não nos anuncia que somos feitos para ela e que ela é feita para nós? E quando é demonstrado, como ocorrerá na sequência dessa obra, que as carências e fruições factícias são a alma do movimento social, do movimento pelo qual a sociedade consegue cumprir os objetivos de suas instituições, não se torna evidente que tudo em nós está disposto para que vivamos em sociedade?

O que acabei de dizer desse primeiro móvel me dispensa de falar do segundo. É fácil conceber que a privação das fruições buscadas pelo apetite dos prazeres é para nós uma ocasião de dor e que, desse modo, a aversão da dor concorre com o apetite dos prazeres na formação e na manutenção da sociedade.

Uma quinta prova de que fomos destinados a viver em sociedade são as carências físicas e essenciais às quais nossa existência nos submete uniformemente: não podemos existir sem consumir; nossa existência é um consumo perpétuo, e a necessidade física pelos bens de subsistência estabelece a necessidade física da sociedade. Se os homens se alimentassem apenas das produções espontâneas da terra, daquelas que ela fornece gratuitamente e sem trabalhos preparatórios, seria preciso um país muito vasto para fazer subsistir um número muito pequeno de homens; mas, sabemos por nossa própria experiência que a ordem física de nossa constituição tende a uma multiplicação muito numerosa. Essa disposição física seria assim uma contradição, uma desordem na natureza, na medida em que os homens se multiplicariam apenas para se destruir mutuamente, isso se a ordem física da reprodução dos bens de subsistência não permitisse que eles também fossem multiplicados conforme nos multiplicássemos. Essa desordem seria tão maior e tão mais evidente na medida em que ela se estenderia até a intenção da natureza ao se propor a multiplicação dos outros animais, pois ela é subordinada, como a nossa, à dos bens de subsistência, e nós somos a única criatura capaz de multiplicar os produtos em prol de todos os seres que estão destinados a consumi-los.

Entretanto, essa multiplicação de bens de subsistência pode operar unicamente através da cultura, e a cultura só é possível em sociedade, uma vez que é evidente que ninguém cultivaria se ninguém tivesse a certeza moral de usufruir da colheita, e que é apenas em sociedade que essa certeza moral pode ser estabelecida, pois ela supõe direitos que, como veremos em seguida, só podem ter lugar em sociedade.

O exemplo dos lapões, que nada cultivam, não me pode ser objetado: naquela região o rigor do clima se opõe à multiplicação dos homens porque ele se opõe à cultura, daí serem tão pouco numerosos. Mas, pequena como é sua população, ela seria ainda menor e não poderia se conservar no mesmo estado se a sociedade que se estabeleceu entre eles não lhes assegurasse a propriedade de seus rebanhos e a liberdade de os deixar pastorear.

Tampouco temo que busquem nos povos da América argumentos para me provar que a ordem física da geração torna a cultura desnecessária. Sei que dentre eles há povos que cultivam nada ou quase nada, ainda que solo e clima sejam igualmente propícios; mas eles aniquilam seus filhos, enforcam os idosos, utilizam remédios para impedir o curso natural da geração: suas práticas homicidas podem servir de prova para estabelecer não que pode existir uma sociedade sem cultura, mas que nos climas adequados à multiplicação é de uma necessidade física, de uma necessidade relativa a suas necessidades físicas e à ordem física da geração, que os homens sejam cultivadores ou homicidas.

Neste primeiro momento, gostaria de admitir a liberdade de instituir uma sociedade como se queira, gostaria de admitir que ela não seja, em absoluto, cultivadora; é sempre verdade que se os homens não formaram entre si uma sociedade qualquer, da qual resulte a segurança contra a superioridade da força e de seu uso arbitrário, é impossível que um homem possa aprovisionar ou criar rebanhos, em suma, assegurar-se dos meios de subsistir de um outono a outro. Em qualquer lugar onde não há direitos senão os da força, toda posse só pode ser precária e condicional: tal estado seria um estado de guerra perpétua e necessária. Quem quer que acredite não estar só, acreditará estar *necessariamente* em perigo, e *necessariamente* será preciso que ele destrua para não ser destruído.

Nada mais simples, nada mais evidente do que o argumento que acabei de utilizar para provar a necessidade física da sociedade. A ordem física da geração nos demonstra que o gênero humano foi destinado pelo autor da natureza a uma multiplicação muito numerosa; essa multiplicação, porém, não poderá ter lugar sem uma abundância de bens de subsistência relativa e proporcional às suas carências. Ora, essa abundância só pode surgir através da cultura que não pode ser estabelecida sem a sociedade e, desse modo, o estabelecimento da sociedade, como meio necessário à abundância das produções, é de uma necessidade física à multiplicação dos homens e faz parte da ordem da criação.

Capítulo II. Primeira fonte do justo e do injusto absolutos; em que consistem; suas relações com a necessidade física da sociedade; direitos e deveres dos quais a necessidade e a justiça são absolutos. Origem da propriedade pessoal e da propriedade mobiliária; o que elas são; suas relações com a desigualdade de condições entre os homens. Axioma que contém todo o justo absoluto

O conhecimento da necessidade física de uma sociedade nos conduz, de um só golpe, ao conhecimento do justo e do injusto *absolutos*. O justo *absoluto* é uma justiça por essência, uma justiça que se relaciona de tal modo à natureza das coisas que seria preciso que elas cessassem de ser o que são para que essa justiça cessasse de ser o que é.

O justo *absoluto* pode ser definido como *uma ordem de deveres e direitos que são de uma necessidade física e, por consequência, absoluta*. Assim, o injusto *absoluto* é *tudo que se encontra contrário a essa ordem*. O termo *absoluto* não é empregado aqui em oposição ao termo *relativo*, pois é apenas no *relativo* que o justo e o injusto podem ter lugar, mas porque, a rigor, o que não passa de um justo *relativo* se torna um justo *absoluto* através da relação com a necessidade absoluta que temos de viver em sociedade.

Ainda que seja verdade dizer que cada homem nasce em sociedade, entretanto, na ordem das ideias, a carência que os homens têm da sociedade deve ser localizada antes da existência da sociedade. Não é porque os homens estão reunidos em sociedade que têm entre si deveres e direitos recíprocos, mas porque eles têm natural *e necessariamente* entre si deveres e direitos recíprocos que vivem natural e *necessariamente* em sociedade. Ora, esses deveres e esses direitos, que na ordem física são de uma necessidade *absoluta*, constituem o justo *absoluto*.

Não creio que se queira recusar a um homem o direito natural de prover à sua própria conservação: esse primeiro direito não é nele senão o resultado de um primeiro dever que lhe é imposto sob pena de dor e mesmo de morte. Sem esse direito, sua condição seria pior do que a dos animais, pois todos eles têm um direito semelhante. Ora, é evidente que o direito de prover à própria conservação inclui o direito de adquirir, através de suas buscas e seus trabalhos,* as coisas úteis à sua existência e o de conservá-las depois de tê-las adquirido. É evidente que esse segundo direito não passa de uma ramificação do primeiro: não se pode dizer ter adquirido o que não se tem

---

* No original, *par ses recherches et ses travaux*. A argumentação fisiocrata a respeito da origem da propriedade mobiliária no estado de natureza ecoa a de John Locke: "Embora a Terra e todas as criaturas inferiores sejam comuns a todos os homens, cada homem tem uma *propriedade* em sua própria pessoa. A esta ninguém tem o direito além dele mesmo. O *trabalho* de seu corpo e a *obra* de suas mãos, pode-se dizer, são propriamente dele. Qualquer coisa que ele então retire do estado com que a natureza a proveu e deixou, mistura-a ele com seu trabalho e junta-lhe algo que é seu, transformando em sua *propriedade*" (*Dois tratados sobre o governo*, São Paulo: Martins Fontes, 2005, p.407-8). (N. T.)

direito de conservar e, desse modo, o direito de adquirir e o direito de conservar formam em conjunto um único e o mesmo direito, mas considerado em tempos diferentes.

É, então, da própria natureza que cada homem tenha a propriedade *exclusiva* de sua pessoa e a das coisas adquiridas por suas buscas e seus trabalhos. Digo a propriedade *exclusiva*, pois, se ela não fosse *exclusiva*, não seria um direito de propriedade.

Se cada homem não fosse, *exclusivamente* a todos os outros homens, proprietário de sua pessoa, seria preciso que os outros homens tivessem sobre ele direitos semelhantes aos dele. Nesse caso, não se poderia mais dizer que um homem tem o direito natural de prover à sua conservação: assim que ele quisesse utilizar-se de tal direito, os outros também teriam o direito de o impedir, pois um direito deixa de ser um direito a partir do momento em que o direito dos outros não nos deixa mais a liberdade de usufruí-lo.

Há muito tempo adotamos o axioma do direito romano, *jus constituit necessitas*, e, sem conhecer a força e a justeza desse modo de falar, dizemos que *a necessidade faz a lei*. Contudo, esse axioma contém uma grande verdade. Ele nos ensina que aquilo que é de uma necessidade absoluta, também é de uma justiça absoluta e, a partir dessa mesma verdade, devemos fazer o seguinte raciocínio: para que cada homem possa cumprir o primeiro dever ao qual está sujeito pela natureza, para que possa subsistir, enfim, é de uma necessidade *absoluta* que ele tenha o direito de prover à sua própria conservação; para que ele possa usufruir desse direito, é de uma necessidade *absoluta* que os outros não tenham o direito de impedi-lo; a propriedade *exclusiva* de sua pessoa, que doravante chamarei de *propriedade pessoal*, é, então, para cada homem um direito de uma necessidade *absoluta*, e como essa propriedade pessoal *exclusiva* seria nula sem a propriedade *exclusiva* das coisas adquiridas por suas buscas e seus trabalhos, essa segunda propriedade *exclusiva* à qual darei, em seguida, o nome de *propriedade mobiliária* é de uma necessidade *absoluta* como a primeira da qual ela emana.

Já avançamos bastante no conhecimento do justo e do injusto *absolutos*: uma vez que notamos que há a necessidade absoluta de que a propriedade pessoal e a propriedade mobiliária de cada homem seja *exclusiva*, somos forçados a reconhecer também, para cada homem, deveres de uma necessidade *absoluta*.

Esses deveres consistem em não atacar os direitos de propriedade de outros homens, pois é evidente que, sem os deveres, os direitos deixam de existir.

Em relação aos animais, o homem não tem nenhum *direito*, uma vez que entre eles e o homem é o poder físico que decide tudo. A ideia que devemos formar um direito só é aplicável às relações que os homens mantêm necessariamente entre si e, sob esse ponto de vista, quem diz direito, diz *uma prerrogativa estabelecida sobre um dever da qual usufruímos livremente, sem a ajuda da superioridade de forças, porque toda força estrangeira, ainda que superior, está obrigada a respeitá-la*. Sem essa obrigação rigorosa, um homem dormindo não teria nenhum dos *direitos* do homem acordado, ou melhor, ninguém teria nenhum *direito* exceto em razão de seu poder físico, e a sociedade não subsistiria mais entre os homens, assim como ela não subsiste entre esses e os animais ferozes.

Ei-lo, portanto, esse justo *absoluto*. Ei-lo do modo como se oferece a nós em toda a sua simplicidade: uma vez que reconhecemos a necessidade física de vivermos em sociedade, notamos de modo evidente que é de uma necessidade e, consequentemente, de uma justiça *absolutas*, que cada homem seja exclusivamente proprietário de sua pessoa e das coisas que ele adquire por suas buscas e trabalhos; notamos de modo evidente que é de uma necessidade e de uma justiça *absolutas* que cada homem erija a si mesmo o dever de respeitar os direitos de propriedade dos outros homens; e que assim, entre eles, *não existam direitos sem deveres*. Já observei que essa regra é a ordem primitiva da natureza, pois, nessa ordem primitiva, o direito de prover à nossa própria conservação, tão logo nossas forças nos permitam, é estabelecido sobre um dever absoluto, sobre um dever do qual não podemos nos afastar sem que sejamos punidos por meio da dor e da destruição de nossa individualidade.

Essa última máxima do justo *absoluto* nos demonstra ainda que *não existem deveres sem direitos*; que aqueles são o princípio e a medida desses; que, enfim, os deveres só podem ser estabelecidos na sociedade sobre a necessidade que temos deles para a conservação dos direitos que deles resultam.

Se alguém pusesse em dúvida essa verdade, ser-me-ia difícil convencê-lo: um dever, qualquer que seja, subtrai da propriedade pessoal que deve ser *exclusiva*; ele é, portanto, por essência, incompatível com essa propriedade, a menos que lhe seja útil. É evidente que se esse dever fosse oneroso sem trazer nenhuma utilidade, aquele que estivesse incumbido dele não seria mais exclusivamente proprietário de sua pessoa. Portanto, esse dever, que ofenderia um direito natural e conforme à justiça, por essência, só poderia ser cumprido na medida em que estivéssemos constrangidos por uma força superior e, nesse estado, tudo remeteria ao poder físico, desordem destruidora de toda a sociedade.

A ideia de um dever que não seja absolutamente oneroso apresenta uma contradição bastante notável, pois, de um lado, ela supõe um dever e, de outro, nenhum direito a exigi-lo. De fato, um direito que a força sozinha estabelece e que outra força pode destruir não é, de modo algum, um direito entre homens. Contudo, sob essa rubrica agiriam aqueles que quisessem submeter um homem a deveres que não lhe trarão nenhuma utilidade e que, consequentemente, destruirão seus direitos de propriedade.

Voltemos, então, à ordem da natureza: ali, encontramos que os deveres são *necessariamente* úteis, que são a fonte e o fundamento dos deveres que adquirimos e que nos importam conservar; que esses direitos são propriedades *exclusivas* por essência, que lhes impor um dever qualquer que não lhes traga nenhuma vantagem seria dividi-los e, por consequência, destruí-los e que, assim, eles não podem ser conciliados com outros deveres senão com aqueles que são conformes e necessários aos interesses dessas mesmas propriedades *exclusivas*. Podemos, então, circunscrever todo o justo *absoluto* em um único axioma: NÃO HÁ DIREITOS SEM DEVERES, NÃO HÁ DEVERES SEM DIREITOS.

Terminarei este capítulo com uma observação sobre a desigualdade de condições entre os homens. Aqueles que dela se queixam não enxergam que ela está na ordem da justiça por essência: uma vez que adquiri a propriedade *exclusiva* de uma coisa, um outro não pode ser, ao mesmo tempo, proprietário dela como eu o sou. A lei da propriedade é ainda a mesma para todos os homens; os direitos que ela fornece são todos de uma igual justiça, mas eles não são todos de um igual valor, pois seu valor é totalmente independente da lei. Cada um adquire em razão das faculdades que lhe fornecem os meios de adquirir; ora, a medida dessas faculdades não é a mesma em todos os homens.

Independentemente das nuances prodigiosas que se encontram entre as faculdades necessárias para adquirir, sempre haverá no turbilhão de acasos alguns encontros mais felizes do que outros: assim, por uma dupla razão, grandes diferenças serão introduzidas nos estados dos homens reunidos em sociedade. Não é necessário então olhar a desigualdade de condições como um abuso que vê seu nascimento nas sociedades: quando conseguires dissolver essa, desafio-te a fazer cessar a desigualdade; ela tem sua fonte na desigualdade de poderes físicos e em uma série de eventos acidentais cujo curso é independente de nossas vontades. Assim, em qualquer situação em que suponhas homens, jamais poderás tornar suas condições iguais, a menos que, mudando as leis da natureza, tornes igual para cada um deles os poderes físicos e os acidentes.

Admito, no entanto, que em uma sociedade particular, essas diferenças nos estados dos homens podem levar a grandes desordens que as elevam acima de sua proporção natural e necessária. Mas o que resulta daí? Que é preciso estabelecer a igualdade de condições? Não, pois seria preciso destruir toda propriedade e, consequentemente, toda sociedade. Mas é preciso corrigir as desordens que fazem que aquilo que não é um mal torne-se um, ao dispor das coisas de modo que a força coloque de um lado todos os direitos e de outro todos os deveres.

Capítulo III. Formação das sociedades particulares; como elas são de uma necessidade física. Instituição e necessidade física da propriedade fundiária, das leis consequentes a essa propriedade, e de uma autoridade tutelar para assegurar sua observação. Primeiras noções do justo absoluto considerado nas sociedades particulares. Como a soma dos direitos e dos deveres se servem mutuamente de medida nessas sociedades. Fundamento natural e único da verdadeira grandeza dos reis

Acabamos de ver que deve ter existido, natural e *necessariamente*, entre os homens um tipo de sociedade universal tácita, na qual cada um teria deveres e direitos essenciais. Essa sociedade primitiva existiu apenas pelo conhecimento das carências que os homens têm uns dos outros e da necessidade, onde eles se encontravam, de impor a si mesmos deveres recíprocos para

Fisiocracia

assegurar os direitos recíprocos que interessavam à sua existência. Pela multiplicação dos homens nesse primeiro estado, muito rapidamente as produções gratuitas e espontâneas da terra se tornam insuficientes, e os homens são forçados a se tornar cultivadores. Foi preciso então que as terras fossem divididas para que cada um conhecesse a parcela que poderia cultivar.

Da necessidade da agricultura decorre a necessidade da divisão das terras, a [necessidade] da instituição da propriedade fundiária e todo o conjunto opera *necessariamente* a divisão da sociedade universal e tácita em várias sociedades particulares e convencionais.

Em geral, antes que a terra possa ser cultivada, é preciso que ela seja reivindicada, que ela seja preparada por uma série de trabalhos e de despesas diversas que seguem a reivindicação; é preciso, finalmente, que os edifícios necessários à exploração sejam construídos. Consequentemente, [isso exige] que o primeiro cultivador comece por adiantar à terra riquezas mobiliárias das quais ele é proprietário. Ora, como essas riquezas mobiliárias, por assim dizer, incorporadas à terra não podem mais ser dela separadas, é perceptível que ninguém fará essas despesas exceto sob a condições de permanecer proprietário dessa terra; sem isso a propriedade mobiliária de todas as coisas assim despendidas seria perdida. Essa condição era inclusive mais decisiva na origem das sociedades particulares, quando as terras ainda não possuíam valor venal ou preço, antes que as despesas as tornassem suscetíveis de cultura.

Da necessidade física da propriedade fundiária é fácil conceber a necessidade física das sociedades particulares: em vão um homem é constituído como proprietário da terra, ele não pode decidir fazer as despesas necessárias para valorizá-la enquanto não estiver socialmente seguro de que será igualmente proprietário tanto da colheita quanto da cultura que essa terra pode lhe fornecer. Mas, para estabelecer essa certeza social em favor dos proprietários fundiários e dos cultivadores, foi preciso buscar meios de colocar as colheitas ao abrigo de todos os riscos aos quais estavam *necessariamente* expostas, até o ponto em que fossem colhidas por aqueles a quem ela deveria pertencer. Os homens, então, encontram-se na necessidade física de se dividir como as próprias terras; de formar sociedades particulares em que uns se ocupam da cultura e os outros, da segurança das colheitas.

Quesnay • Mirabeau • Badeau • Rivière • Dupont

É perceptível que a instituição dessas sociedades particulares não pode ser feita sem convenções que tivessem um duplo objeto: 1. o de assegurar no interior de cada sociedade as espécies de proprietários fundiários, de cultivadores e de todos aqueles que seriam empregados para a segurança das colheitas; 2. de colocar o corpo social inteiramente na situação de não ter nada a temer exteriormente da parte das sociedades vizinhas. Então, para dar a suas convenções uma consistência sólida e estabelecer os objetos que se apresentavam para sua consecução, foi preciso *necessariamente* instituir uma autoridade tutelar, na proteção da qual o corpo social encontrava o auxílio e a garantia que desejava. Veremos em seguida quais são as condições essenciais para que essa autoridade responda necessariamente aos planejamentos de sua instituição.

É assim que a cadeia de nossas carências físicas serve para nos guiar na busca do justo absoluto: à medida que elas se desenvolvem sob nossos olhos, a necessidade física da ordem à qual essas carências *necessariamente* nos submetem se torna perceptível, e essa necessidade física, que é absoluta, leva-nos a conhecer o que é de uma justiça absoluta.

No primeiro estado no qual gênero humano se apresenta a nós, quero dizer, na sociedade natural, universal e tácita, percebemos claramente que o homem não pode existir sem a propriedade exclusiva de sua pessoa e das coisas adquiridas por suas buscas e trabalhos; que essa propriedade, sendo a mesma para todos os homens, força-nos assim a reconhecer em cada um deles os deveres e os direitos de uma necessidade e de uma justiça absoluta.

Tão logo os progressos da multiplicação dos homens os obriguem a empregar sua indústria na multiplicação dos bens de subsistência, a carência que eles têm pela cultura os força a instituir entre eles a propriedade fundiária, que se torna assim de uma necessidade e justiça absolutas.

A partir do momento que esse terceiro tipo de propriedade se torna necessário à existência dos homens, a segurança de que as colheitas carecem para que a cultura tenha lugar constrange a sociedade geral a se dividir em sociedades particulares. Nesse segundo estado descobrimos novos ramos do justo absoluto: evidentemente vemos que essas sociedades particulares não podem existir sem convenções relativas à segurança, tão essencial às colheitas, e que, desse modo, as convenções que estabelecem essa segurança

Fisiocracia

são de uma necessidade e de uma justiça absolutas. Evidentemente, vemos também que, para dar a essas convenções a solidez que lhes convém, é preciso, absolutamente, instituir uma autoridade tutelar. Por consequência, de um lado a proteção que essa autoridade deve lhe conceder e de outro a obediência às ordens dessa autoridade são de uma necessidade e de uma justiça absolutas.

A propósito, cabe observar que a verdade do axioma que contém todo o justo absoluto adquire aqui um novo grau de evidência: à medida que vemos nossos deveres crescerem, vemos *pari passu* nossos direitos crescerem também. No primeiro estado, os homens não possuíam nenhum tipo de propriedade comum, seus direitos não se estendiam além de suas propriedades exclusivas, pessoais e mobiliárias, e seus deveres somente os sujeitavam a respeitar entre eles essas mesmas propriedades, sem os obrigar a prestar auxílios mútuos para a defesa.

No segundo estado, os deveres e direitos recíprocos adquirem uma extensão proporcional, o que os torna muito mais preciosos para a humanidade. Obrigados a cultivar, os homens se encontram assim incumbidos de um novo dever imposto pela natureza; desse novo dever vemos surgir um novo tipo de direitos, aqueles da propriedade fundiária que assegura aqueles da colheita. É verdade que ela estabelece um tipo de limite ao direito primitivo que todos os homens tinham, de procurar para si mesmos os bens de subsistência por seus esforços, mas é igualmente verdade que cada um daqueles que usufruem desses novos direitos tem a obrigação de os comprar pelas despesas e, desse modo, de dividir com os outros homens as vantagens que ele daí retira. Desse modo, aqueles a quem é imposta, como um novo dever, a obrigação de respeitar as colheitas, de inclusive velar por sua segurança, adquirem, com esse dever, um novo direito, o de participar nessas mesmas colheitas; e esse novo direito os compensa amplamente do dever que lhe serve de base constitutiva.

Isso não significa, contudo, que eu esteja dizendo que todos os homens que não cultivam se vejam em uma obrigação igual de velar pela segurança das colheitas e que eles tenham um direito igual na divisão que for feita. Mas para todos que não estão imbuídos das funções relativas à segurança, há outros meios de adquirir o direito de participar nessas mesmas colheitas,

Quesnay • Mirabeau • Badeau • Rivière • Dupont

e esses meios consistem em todos os recursos que eles podem encontrar em sua indústria para aumentar a fruição do corpo social. Eles não têm do que reclamar por terem perdido o direito de busca; basta que eles tenham se tornado úteis para que os bens de subsistência venham a seu encontro. Desse modo, a imposição do dever de se empregar em prol da utilidade comum lhes garante direitos sobre os produtos da cultura, e a maneira como eles satisfazem esse dever é o que decide a extensão de seus direitos.

Observa-se indubitavelmente que a necessidade física da propriedade fundiária é a fonte de onde devemos extrair todas as instituições sociais que constituem a ordem essencial das sociedades. Da necessidade dessa propriedade vemos surgir a necessidade da propriedade das colheitas; dessa, a necessidade de sua divisão; dessa terceira, a necessidade das convenções ou das leis que regulam essa divisão; dessa quarta, a necessidade de todas as outras instituições indispensáveis para dar consistência a essas leis e aos direitos que dela resultam. Assim, vemos se formar a necessidade dos magistrados para serem os órgãos das leis, [a necessidade] de uma autoridade tutelar para assegurar a observação das leis e, finalmente, de tudo o que deve contribuir para colocar essa autoridade em condição de produzir os efeitos que dela esperamos. No momento, não entrarei nos detalhes de todas essas consequências e das relações necessárias que elas têm entre si. Apenas gostaria de dizer que, uma vez que a necessidade da propriedade fundiária é aquela à qual a necessidade de todas as outras instituições está subordinada, disso resulta, evidentemente, que a divisão das colheitas deve ser instituída de maneira que o estado do proprietário fundiário seja *o melhor estado socialmente possível*.

Quanto mais examinamos as relações que os homens mantêm entre si nessa nova sociedade, mais estaremos convencidos de que os novos direitos são estabelecidos sobre novos deveres, e que os novos deveres são estabelecidos sobre novos direitos. Antes da formação das sociedades particulares o direito de cada homem consistia, como acabei de dizer, em não depender em nada dos outros, e seu dever se limitava a não os submeter à sua dependência. Tudo se passa de outra forma nas sociedades particulares: nela se forma uma cadeia de dependências recíprocas que se tornam direitos e benefícios recíprocos. Cada homem tem a obrigação de contribuir para garantir as propriedades dos outros homens, e esse dever lhe dá um direito que coloca os outros homens na obrigação de contribuir para garantir os seus. Para dar consistência a essa garantia mútua, estabelece-se entre eles propriedades comuns, por meio das quais cada um multiplica naturalmente seus poderes e suas fruições, e, assim, pelos novos deveres que ele contrata, ele adquire novos direitos que tornam sua condição, em todos os aspectos, *necessariamente* melhor.

Esse equilíbrio de deveres e de direitos recíprocos e proporcionais estabelecidos uns sobre os outros acaba sendo o mesmo dos deveres e direitos da autoridade tutelar. Se o direito desta consiste em que os outros homens lhe obedeçam, seu dever é também o de assegurar as propriedades de outros homens. É porque ela deve proteção e segurança que lhe devemos obediência e participação nas colheitas. Reencontramos em toda parte, portanto, a verdade de nosso axioma: NÃO HÁ DIREITOS SEM DEVERES, NÃO HÁ DEVERES SEM DIREITOS.

O que apresentei a respeito da autoridade tutelar nos conduz diretamente a conceber a mais alta ideia daqueles que lhe são os depositários. Vemos que essa autoridade é o primeiro vínculo do corpo político, que aquele que a exerce é, por essência, o órgão e o ministro da justiça, que, em suas mãos, ele dispõe do bem-estar dos homens, que a todo momento, ao fazer observar uma ordem à qual devemos todos os bens que usufruímos, ele nada faz senão tomar parte nessas riquezas que ele oferta. Desse modo, ele fornece sempre mais do que recebe, é uma divindade à qual nada podemos oferecer que já não faça parte de suas benfeitorias.

Capítulo IV. Primeiros princípios da ordem essencial das sociedades particulares. Definição dessa ordem essencial. Ela está inteiramente contida nos três braços do direito de propriedade. Sem essa ordem, as sociedades particulares não poderiam responder aos planos do autor da natureza e realizar o objetivo de sua instituição. Esse objetivo consiste em fornecer ao gênero humano o maior bem-estar e a maior multiplicação possíveis

Mal entrevimos, por assim dizer, a necessidade física das sociedades particulares e já descobrimos uma *ordem essencial*, uma ordem da qual elas não podem se afastar sem trair seus verdadeiros interesses, sem cessar de serem sociedades. O que chamo de *ordem essencial* é, em geral, um encadeamento de meios sem o qual é impossível cumprir o objetivo ao qual se propôs. Assim, o objetivo *ulterior* da formação das sociedades particulares, tal como percebemos nas intenções do primeiro instituidor, sendo o bem-estar e a multiplicação dos homens, torna-se evidente que a ordem essencial das sociedades é *o acordo perfeito das instituições sociais sem as quais esse bem-estar e essa multiplicação não poderiam ocorrer.*

Para tornar essas verdades mais perceptíveis, convém desenvolver as relações que se encontram entre o bem-estar e a multiplicação dos homens. Pela razão que um homem não traz ao mundo nada além de suas carências, que ele deve encontrar ali as coisas necessárias à sua subsistência e que ele não pode existir sem consumir, é evidente que os homens só podem se multiplicar em proporção aos produtos que devem entrar em seu consumo. O objetivo imediato da instituição das sociedades particulares é, portanto, a multiplicação das produções.

Esse objetivo *imediato* se manifesta para nós pela ordem física, de modo que ninguém pode colocá-lo em dúvida. Todos veem de modo evidente que a espécie humana é suscetível de uma multiplicação muito superior ao número de homens que poderiam viver das produções espontâneas da terra. Todos veem de modo evidente que a multiplicação das produções é fisicamente necessária, que ela é possível, e mesmo certa, quando, de nossa parte, cumprimos com as condições que a ordem física estabeleceu. Todos veem de modo evidente que essa multiplicação só pode ser operada pelo cultivo, que a cultura só pode ocorrer em sociedades particulares e, por consequência, suas instituições fazem parte das intenções da natureza, como um meio que ela escolheu para que a multiplicação dos homens não encontrasse um obstáculo insuperável e que, em vez de se tornar destrutiva, ela serve ao crescimento do bem-estar.

Aos olhos do criador, o bem-estar dos homens que nascerão é tão presente quanto a dos homens que já nasceram. Ele providencia a ambos com os mesmos meios, pela instituição das sociedades, pelo interesse que eles têm em multiplicar a produção para si mesmos, pelo conjunto de todas as disposições que estão na natureza para servir aos interesses dos homens a esse respeito. Essa reflexão nos mostra o quanto devemos respeitar a ordem que nos reúne em sociedade, o quanto nos tornamos culpados perante deus conforme nos desviamos dessa ordem divina e impedimos o curso natural da multiplicação dos homens ao impedir a multiplicação das produções.

A multiplicação e o bem-estar dos homens constituem dois objetos de tal modo encadeados um ao outro no sistema da natureza que não há sobre a terra nenhum poder capaz de os separar. Em termos humanos, a maior felicidade possível consiste *na maior abundância possível de objetos adequados à nossa fruição e na maior liberdade possível de aproveitá-los*. Ora, essa grande abundância não poderia nunca existir sem uma grande liberdade, pois, como será demonstrado no capítulo seguinte, é à liberdade que devemos todos os esforços que os homens fazem para gerar essa abundância. Assim, a partir do reconhecimento de que nas intenções da natureza a maior abundância possível das produções é o objeto imediato da instituição das sociedades particulares, se torna evidente que igualmente está em suas intenções que os homens usufruam da maior liberdade possível e, consequentemente, que os dois em conjunto lhes assegurem a maior felicidade possível.

Não apenas o autor da natureza quis que a multiplicação dos homens não pudesse ser operada de outro modo senão pelos meios instituídos para torná-los felizes, mas ainda que, a seu turno, essa multiplicação servisse ao crescimento de seu bem-estar. É por um efeito natural dessa multiplicação que a terra é coberta por uma série de produtos diversos e que, pela via do comércio, cada clima se apropria, de algum modo, das riquezas de outros climas. É a ela que devemos os progressos de nossa inteligência e nossas indústrias, em suma, de tudo o que colocamos em prática para diversificar e multiplicar nossas fruições. Sei bem que dentre essas fruições há várias cuja privação não constituiria um mal-estar se elas nos fossem inteiramente desconhecidas, mas isso não impede que sua posse nos seja agradável e que essas fruições adicionem à soma comum do bem-estar que se divide entre os homens.

Uma coisa é o mal-estar, outra a diminuição do bem-estar: não usufruir de um bem que não se conhece não constitui um mal-estar, mas se trata de um bem-estar a menos. Pela mesma razão, conhecer esse bem e desfrutá-lo não constitui a cessação de um mal-estar, mas se trata de um bem-estar a mais. É nesse sentido que é preciso entender que a grande multiplicação dos homens se lhes torna vantajosa: sem ela, eles poderiam não ser infelizes, mas dela carecem para se tornar mais felizes.

A ordem essencial a todas as sociedades particulares é, portanto, a ordem dos deveres e dos direitos recíprocos cujo estabelecimento é essencialmente necessário à maior multiplicação possível das produções, a fim de oferecer ao gênero humano a maior soma possível de bem-estar e maior multiplicação possível. A partir dessa definição de ordem essencial, torna-se evidente que não há nada no mundo que possa nos interessar tanto quanto o conhecimento dessa ordem preciosa; mas o que nos prova que o autor da natureza quis que fossemos felizes é que todos os homens são chamados a esse conhecimento: nada é tão simples quanto a ordem essencial das sociedades, nada é tão fácil de ser concebido quanto os princípios imutáveis que a constituem, eles estão todos contidos nos três ramos do direito de propriedade. É fácil demonstrá-lo.

A propriedade pessoal é o primeiro de todos os demais direitos. Sem ela não há propriedade mobiliária nem propriedade fundiária, tampouco sociedade.

A propriedade mobiliária não passa, por assim dizer, de uma maneira de usufruir da propriedade pessoal, ou melhor, é a própria propriedade pessoal considerada nas relações que ela necessariamente mantém com as coisas próprias à nossa fruição. Somos então obrigados a respeitar e proteger a propriedade mobiliária para não destruir a propriedade pessoal, a propriedade fundiária e a sociedade.

A propriedade fundiária está estabelecida sobre a necessidade em que ela se encontra perante as duas propriedades anteriores, que sem ela se tornariam nulas. A partir do momento em que houvesse mais homens do que bens de subsistência, a carência os faria matar uns aos outros e então não haveria mais propriedade mobiliária, nem propriedade pessoal e tampouco sociedade.

Esses três tipos de propriedade estão de tal modo unidos que devemos tomá-los como um único todo do qual nenhuma parte pode ser destacada sem resultar na destruição das outras duas. A ordem essencial a toda sociedade consiste, portanto, em conservar todas as três em sua completude, ela não pode admitir nada que possa prejudicar nenhuma dessas três propriedades.

Mas, ser-me-á objetado, não existem outras instituições sociais que *necessariamente* fazem parte da ordem essencial das sociedades? Isso é verdade, mas elas aparecem ali apenas como consequências necessárias e não como princípios primeiros. É ao direito de propriedade que é preciso remontar para encontrar a necessidade dessas instituições.

No capítulo precedente, por exemplo, eu disse que as sociedades particulares não poderiam ter se formado sem convenções relativas aos deveres e aos direitos que decorrem necessariamente da propriedade fundiária e que elas só poderiam subsistir por meio de uma autoridade tutelar própria para assegurar a execução constante dessas mesmas convenções. Daí se segue que essas convenções, ou essas leis (pois esse é o nome que devemos lhes dar), e uma autoridade tutelar para garantir sua observação surgem na necessidade física da propriedade fundiária. Sem essa propriedade não haverá mais carência dessas leis nem da autoridade tutelar; não haverá mais ordem social nem verdadeira sociedade.

A instituição dessas leis e a instituição da autoridade tutelar, do mesmo modo que todas as outras instituições que necessariamente decorrem dessas duas primeiras, têm um objetivo essencial, um objetivo determinado pela própria propriedade fundiária ou, se quisermos, pela necessidade absoluta que a sociedade tem dela. É evidente que esse objetivo essencial não consiste em outra coisa senão na consolidação dos deveres e dos direitos resultantes dessa propriedade. Desse modo, essas duas instituições não adicionam nada à ordem essencial; ao contrário, é essa ordem que as faz como elas são para sua própria conservação.

A ordem essencial a todas as sociedades é a ordem sem a qual nenhuma sociedade poderia se perpetuar nem cumprir o objetivo de sua instituição. A base fundamental dessa ordem é, evidentemente, o direito de propriedade, uma vez que sem o direito de propriedade a sociedade não teria nenhuma consistência e não seria de nenhuma utilidade para a abundância das produções. As outras partes da ordem essencial não passam de consequências desse primeiro princípio; assim sendo, é impossível que elas não estejam em perfeito acordo com ele para levar em direção à maior multiplicação possível das produções e dos homens e assegurar o maior bem-estar possível a cada um daqueles que vive em sociedade.

Capítulo V. Da liberdade social; em que ela consiste; ela é somente um ramo do direito de propriedade. Simplicidade da ordem social em relação à liberdade. Suas relações necessárias com a ordem física de nossa constituição e da reprodução. Necessidade na qual ela está em relação ao interesse geral de uma sociedade

No capítulo anterior, apontei que uma grande abundância de produções não pode ocorrer sem uma grande liberdade. Essa verdade, que ainda não demonstrei, é ao mesmo tempo de grande importância e de grande simplicidade. Não é verdade que um direito de que não se tenha a liberdade de se exercer deixa de ser um direito? É, portanto, impossível conceber um direito de propriedade sem liberdade.

O direito de propriedade considerado em relação ao proprietário não é outra coisa senão o *direito de usufruir*; ora, é evidente que o *direito de usufruir não pode existir sem a liberdade de usufruir*. Da mesma forma, também *a liberdade de usufruir não pode ter lugar sem o direito de usufruir*; ela o supõe *necessariamente*; pois, sem o direito, a liberdade não teria objeto algum, a menos que se admitisse em um homem a liberdade de usufruir dos direitos de outro homem. Mas essa ideia encerraria uma contradição bem evidente: ela suporia no segundo direitos que ele absolutamente não teria, pois ele não poderia exercê-los; eles pertenceriam, ao contrário, àquele que teria a liberdade de os usufruir.

Pela razão que o direito de usufruir e a liberdade de usufruir não podem existir um sem o outro, devemos concebê-los como se formassem a única e mesma prerrogativa que muda de nome segundo o modo em que é considerada. Dessa maneira, não se pode tolher a liberdade sem alterar o direito de propriedade e não se pode alterar o direito de propriedade sem tolher a liberdade.

É perceptível que pelo termo *liberdade* não se deve entender essa liberdade metafísica que consiste na faculdade da vontade; é da faculdade, da liberdade de execução que se trata aqui, pois, sem ela, a primeira é absolutamente inútil.

Fisiocracia

Um homem conserva até em grilhões a liberdade metafísica de desejar, de querer, mas ele então não tem a liberdade *física* da execução. Atribuo a essa segunda liberdade o nome de *física*, pois ela se realiza unicamente nos atos físicos que tem por objeto. Ora, é evidente que é somente essa liberdade que pode interessar a sociedade; pois na sociedade tudo é físico. É também sobre a ordem física que a ordem social é essencial e *necessariamente* estabelecida.

Tal é a ideia que se deve formar da liberdade social, dessa liberdade que é de tal forma inseparável do direito de propriedade que com ele se confunde, e que ele não pode existir sem ela, como ela não pode existir sem ele. Com efeito, que se despoje um homem de todos os direitos de propriedade, duvido que nele se encontrem vestígios de liberdade; de outro lado, suponha alguém que seja privado de toda espécie de liberdade, duvido que se possa dizer que nele permanece de fato e realmente algum direito de propriedade.

É, então, com justiça que eu disse que, sem a liberdade social, não se pode prometer uma grande abundância de produções. O homem somente se põe em ação quando é estimulado pelo prazer de usufruir; ora, o prazer de usufruir só pode agir sobre nós quando ele não é separado da liberdade de usufruir. Fazei agora a aplicação dessas verdades às operações que são necessárias para provocar uma grande abundância de produções: é certo que essa grande abundância só pode ser obtida através de grandes despesas e de grandes trabalhos. Mas o que pode conduzir os homens a assumir esses trabalhos e essas despesas, senão o desejo de usufruir? E o que pode sobre eles o desejo de usufruir, se eles são privados da liberdade de usufruir?

Não procuremos nos homens seres que não sejam homens. Como já apontei, a natureza quis que eles conhecessem apenas dois móveis, o apetite dos prazeres e a aversão à dor. Faz parte, portanto, da intenção da natureza que eles não possam ser privados da liberdade de usufruir, uma vez que, sem essa liberdade, o primeiro desses dois recursos perde toda a sua força e se torna absolutamente nulo. *Desejo de usufruir e liberdade de usufruir, eis a alma do movimento social*; eis a semente fecunda da abundância, porque esse conjunto é o princípio de todos os esforços que os homens fazem para sua obtenção.

A liberdade social pode ser definida como *uma independência perante vontades estranhas que nos permite valorizar ao máximo possível nossos direitos de propriedade e deles retirar toda fruição que pode deles decorrer sem prejuízo aos direitos de propriedade dos outros homens.* Essa definição nos leva a conhecer como a ordem essencial das sociedades é simples. Desincumbimo-nos de determinar a parcela de liberdade que cada homem deve usufruir, a medida dessa parcela é sempre evidente e nos é dada naturalmente pelo direito de propriedade: *aqui a extensão do direito de propriedade, aqui a extensão da liberdade.*

Os preconceitos nos quais os homens foram educados não deixarão de se levantar contra o que eu disse para provar a necessidade física para que os homens usufruam da maior liberdade possível. Mas quaisquer que sejam esses sofismas que me serão objetados, posso respondê-los de antemão estabelecendo aqui duas verdades: a primeira é que da liberdade só pode decorrer o bem; a segunda, que da redução da liberdade só pode decorrer o mal.

Incessantemente, o apetite dos prazeres nos dirige em direção ao maior número possível de fruições. Mas esse maior número possível não é uma medida conhecida: qualquer que seja a soma de nossas fruições, buscamos sempre variá-las e aumentá-las ainda mais. Essa tendência natural nos coloca em um estado em que carecemos de outros homens, pois é apenas por meio do auxílio deles que podemos alcançar esse aumento das fruições que desejamos. Mas, para obter esse auxílio, é preciso garantir-lhes o valor, é preciso ter os meios de oferecer fruições em troca de fruições, de tal modo que não podemos jamais nos propor fruir sozinhos e separados dos outros, é preciso necessariamente que os demais estejam associados ao crescimento de nossas fruições ou que renunciemos a esse crescimento.

O modo como somos organizados nos demonstra que no sistema da natureza cada homem perpetuamente busca o melhor estado possível e que por essa mesma busca ele necessariamente trabalha e concorre na formação do melhor estado possível para o corpo inteiro da sociedade.

No entanto, pensávamos que o interesse geral exigiria que impuséssemos limites artificiais à liberdade, que não permitíssemos aos homens aproveitar todas as fruições que ele poderia obter de seu direito de propriedade. Essa ideia é mal construída na medida em que opõe o interesse geral aos interesses particulares. Em que consiste o interesse geral de um corpo senão no que convém melhor aos diversos interesses particulares dos membros que o compõem? Como seria possível a um corpo ganhar enquanto seus membros perdem? Porém, talvez me objetem, o valor dos benefícios que alguns oferecem à sociedade desse jeito não pode ultrapassar o valor das perdas que outros experimentam? Não, isso é impossível, pois, como veremos na sequência, esses pretensos benefícios para a sociedade são imaginários, ao passo que as perdas são reais. Perdas tão mais consideráveis por se multiplicarem através de contragolpes que são sentidos até pelas partes que acreditávamos favorecidas. Tais serão sempre e necessariamente os cruéis efeitos de todo sistema que, ao prejudicar os direitos de propriedade, termina por atacar a essência da sociedade.

Quereis que uma sociedade se alce ao seu mais alto grau possível de riqueza, de população e, consequentemente, de poder? Confiai seus interesses à liberdade; fazei que essa seja geral. Por meio dessa liberdade, que é o verdadeiro elemento da indústria, o desejo de fruir, estimulado pela concorrência, esclarecido pela experiência e pelo exemplo, é-vos garantido que cada um agirá sempre para sua máxima vantagem possível, e que, por consequência, concorrerá com todos os seus poderes ao maior aumento possível dessa soma de interesses particulares cuja reunião forma o que podemos chamar o interesse geral do corpo social, ou o interesse comum do chefe e de cada um dos membros que compõem esse corpo.

Capítulo VI. Essência, origem e características da ordem social; ela é um ramo da ordem natural que é física; ela exclui o arbitrário. A ordem natural e essencial da sociedade é simples, evidente e imutável; ela constitui o melhor estado possível da sociedade e de cada um de seus membros em particular, mas em especial do soberano e da soberania; em si mesma, ela inclui assim os meios de sua conservação

Propriedade e, em consequência, segurança e liberdade de fruir, eis, pois, o que constitui a essência da ordem natural e essencial da sociedade. Essa ordem não passa de um ramo da ordem física e, por essa razão, suas principais características consistem em não ter nada de arbitrário, mas ao contrário, ser simples, evidente, imutável, a mais vantajosa possível ao corpo inteiro da sociedade e a cada um de seus membros em particular.

Quesnay • Mirabeau • Badeau • Rivière • Dupont

Cabe não confundir a ordem sobrenatural com a ordem natural: a primeira é a ordem das vontades de deus, conhecida pela revelação, sendo perceptível unicamente àqueles a quem ele quis manifestá-la. Ao contrário, a segunda pode ser conhecida por todos os homens, basta apenas o auxílio das luzes de sua razão. A autoridade dessa ordem está em sua evidência e na força irresistível pela qual a evidência domina e submete nossas vontades.

A ordem natural é *o acordo perfeito dos meios práticos que a natureza escolheu para produzir necessariamente os efeitos físicos que ela espera de seu concurso*. Denomino esses meios de *meios físicos* porque tudo é físico na natureza, de tal modo que a ordem natural, da qual a ordem social faz parte, não é e não pode ser outra coisa senão física.

Se alguém criar dificuldades a propósito de reconhecer a ordem natural e essencial da sociedade como um ramo da ordem física, eu o tomarei por um cego voluntário e evitarei tentar curá-lo. De fato, é fechar os olhos à luz não ver que a instituição da sociedade é o resultado de uma necessidade física, que ela é formada pelo concurso de causas físicas, que é composta de seres físicos, que ela age e se mantém através de meios físicos, que os objetivos de seu estabelecimento são físicos, que os efeitos que lhe são próprios são físicos, que, desse modo, sua ordem primitiva e essencial é física; uma vez que é unicamente pela leis da ordem física que as causas ou os meios físicos podem estar ligados a seus efeitos físicos.

Dessa verdade, uma vez reconhecida, decorre evidentemente que a ordem social não tem nada de arbitrário, que ela não é, de modo algum, obra dos homens, que, ao contrário, ela é instituída pelo próprio autor da natureza, como todos os demais ramos da ordem física, que em todas as suas partes é sempre e absolutamente independente de nossa vontade. Por conseguinte, as leis imutáveis dessa ordem física devem ser apreendidas como sendo, em relação a nós, *a razão primitiva e essencial* de toda legislação positiva e de todas as instituições sociais.

A simplicidade e a evidência dessa ordem social são manifestas para quem quer que volte para ela a mínima atenção. Não é manifestamente evidente que nos é fisicamente impossível viver sem bens de subsistência? Não é manifestamente evidente que os homens, ao se multiplicarem seguindo o curso natural da ordem física, nos climas que lhes são próprios, é fisicamente impossível que não lhes faltem bens de subsistência se a cultura não for multiplicada? Assim, não é manifestamente evidente que todas as instituições sociais requeridas para que a cultura possa ser estabelecida adquirem uma necessidade física? Por consequência, que a propriedade fundiária, que garante o direito de cultivar, é de uma necessidade física? Que a propriedade mobiliária, que assegura o usufruto da colheita, é de uma necessidade física? Que a propriedade pessoal, sem a qual as outras duas seriam nulas, é de uma necessidade física? Que os trabalhos e os adiantamentos, sem os quais as terras permaneceriam incultas, são de uma necessidade física? Que a liberdade de fruir, sem a qual os trabalhos e os adiantamentos não teriam lugar, é de uma necessidade física? Que a segurança constante, sem a qual o direito de propriedade não teria nenhuma consistência, é de uma necessidade física? Que as instituições sociais, sem as quais não haveria segurança nem liberdade de fruição, são de uma necessidade física, de uma necessidade relativa à ordem física da multiplicação dos bens de subsistência e, de modo geral, de todos os efeitos físicos que, por meio dessa multiplicação, devem naturalmente decorrer da sociedade?

Portanto, pode-se verdadeiramente afirmar que não há nada mais simples e mais evidente do que os princípios fundamentais e invariáveis da ordem natural e essencial das sociedades e, para conhecê-las em sua fonte natural, em sua essência, e inclusive nas consequências práticas que dela decorrem, basta conhecer a ordem física. Desde que essa ordem se tornou evidente, esses mesmos princípios e suas consequências práticas se tornam, do mesmo modo, evidentes. Nenhum poder humano jamais decretará leis positivas para ordenar que a semeadura seja feita na estação adequada para a colheita ou para que a colheita ocorra na estação adequada para a semeadura.

O mesmo ocorre com todas as outras partes da ordem física: tão logo elas se tornarem evidentes, sua evidência determinará *necessária* e invariavelmente a ordem social que as leis positivas devem adotar para não prejudicar a nação e ainda mais ao soberano. Afirmo que essa evidência se tornará *necessariamente* legisladora, porque então estaremos convencidos de que essa ordem constitui o melhor estado possível para todos que estão submetida a ela. Finalmente, é apenas dela que devemos esperar tudo que pode constituir um objeto de ambição aos soberanos e a seus súditos.

Já afirmei que, em geral, o maior bem-estar possível para o corpo social consistia *na maior abundância possível de objetos próprios à nossa fruição e na maior liberdade possível para aproveitá-los.* Apontei que essa grande abundância de bens de fruição era efeito necessário do estabelecimento do direito de propriedade e que basta seu estabelecimento para alcançá-la. Ora, é evidente que aquele que fornece ao corpo social o melhor estado possível fornece assim a mesma vantagem para cada um de seus membros particulares, uma vez que cada um deles é convocado pela própria ordem a compartilhar dessa soma de bem-estar que lhe pertence em comum.

Para provar essa última proposição, basta observar que uma grande abundância de produtos só pode adquirir uma grande utilidade por meio da indústria e que é necessário a uma sociedade ter uma classe industriosa que auxilia a classe cultivadora e que compra desse modo o direito de participar na abundância das colheitas. É, portanto, evidente que a produção só pode ser multiplicada para aqueles que são seus primeiros proprietários se, ao mesmo tempo, ela se multiplica para todos os outros homens que trabalham na busca dos meios de diversificar e aumentar suas fruições. Assim, [é evidente] que o conforto e o bem-estar destes aumenta em proporção ao conforto e ao bem-estar daqueles. Finalmente, é evidente que a riqueza das colheitas anuais é a medida da população e de tudo o que constitui a força política de uma sociedade e, por consequência, que o crescimento de suas riquezas ao mais alto grau possível é o que, na ordem política, estabelece o melhor estado possível, isto é, o maior poder e a maior segurança possíveis.

Mas um item importante a observar é que a mesma ordem que forma o melhor estado possível da sociedade tomada individualmente, e de cada cidadão em particular, é ainda mais vantajosa ao soberano, a esse chefe em cujas mãos a autoridade tutelar foi depositada com todos os direitos que necessariamente estão a ela associados. Primeiramente, em sua qualidade de soberano, ele é, como demonstrarei em um momento, *coproprietário* do produto líquido das terras em seu domínio. Sob esse ponto de vista, podemos considerá-lo o maior proprietário fundiário de seu reino, aquele que tem a maior participação na abundância das produções e, desse modo, o maior interesse pessoal na conservação da ordem que é a fonte dessa abundância.

Fisiocracia

Em segundo lugar, esse interesse comum do soberano como *coproprietário* é ainda maior *enquanto soberano*, uma vez que é à soberania que esse direito de copropriedade está ligado e que o poder nacional lhe é mais necessário para a conservação de sua soberania do que para a conservação das propriedades particulares de cada súdito.

Uma terceira e última consideração, que parece ter sido trazida pela segunda, é que uma nação governada pela ordem natural e essencial da sociedade necessariamente tem dela um conhecimento evidente e, em consequência, evidentemente vê que desfruta do melhor estado possível. Ora, é impossível que esse olhar não reúna todas as vontades e todas as forças da nação em apoio a essa mesma ordem e, por conseguinte, para defender e perpetuar a soberania na mão do chefe que emprega sua autoridade unicamente para mantê-la. É óbvio que uma obediência forçada e servil em nada se parece ao que é ditado pelo amor e pelo grande interesse que encontramos ao obedecer: a primeira só está de acordo com o que ela pode refutar e a segunda se movimenta antes de ser mandada, assim como seus esforços estão sempre muito além do que acreditamos ser possível dela exigir.

Em um governo em conformidade à ordem natural e essencial das sociedades, todos os interesses e todas as forças da nação se reúnem no soberano, como em seu centro comum. Tais forças lhe são, em tal grau, próprias e pessoais que basta apenas sua vontade para colocá-las em ação, [de tal modo que] podemos dizer então que sua força está em sua vontade. Mas em um governo artificial e contrário à ordem essencial, a autoridade do soberano parece ser uma autoridade estrangeira, porque o próprio soberano parece ser estrangeiro: ele só comanda enquanto estiver armado de uma força artificial que não é a da nação, já que a nação obedece mais a essa força emprestada do que a ele.

Para tornar compreensível a enorme diferença que encontramos entre essas duas maneiras de governar, basta observar que, na ordem política, é sempre a parte mais fraca que governa a parte mais forte e que a força daquele que comanda não consiste, de fato, em outra coisa senão nas forças reunidas daqueles que lhe obedecem. Mas essa reunião de suas forças supõe sempre e *necessariamente* a reunião de suas vontades, reunião que só pode ter lugar, ou pelo menos ser constante, enquanto cada um estiver intimamente convencido de que sua obediência é necessária para lhe assegurar o usufruto do melhor estado possível.

Desse modo, em um governo instituído de acordo com as leis da ordem, as riquezas e as forças da nação se encontram em seu mais alto grau possível e, naturalmente, elas estão todas nas mãos do soberano: seu poder está nele, reside nele. Ao contrário, em outro gênero de governo, as forças da nação estão menos à disposição do soberano do que às ordens daqueles que alugam seus ministérios, vendendo-lhe assim os meios para se fazer obedecer pela nação. No fundo, seu poder precário, incerto e vacilante não passa de uma verdadeira dependência: ele próprio está em seus servos que não deixarão de tentar destruí-lo.

A partir desse paralelo é fácil julgar o quanto o soberano, em particular, está interessado na conservação da ordem natural e essencial da sociedade. Essa ordem que constitui o melhor estado possível do corpo social, o melhor estado possível de cada um de seus membros, o melhor estado possível do soberano, sob qualquer relação que a enfoquemos, comporta em si mesma, portanto, o princípio de sua duração: basta que ela seja conhecida para que se estabeleça, e basta que se estabeleça para que se perpetue. Todos os interesses e, consequentemente, todas as forças que se reúnem a seu favor respondem para sempre por essa conservação e, a esse respeito, devemos reconhecer ainda a ordem social como um ramo da ordem natural e universal, pois a própria ordem visa perpetuar a si mesma pela sabedoria e pelo poder de um encadeamento que sujeita as causas a produzirem sempre os mesmos efeitos e, por sua vez, os efeitos a se tornar causas.

Capítulo VII. Sequência do capítulo anterior: exposição sumária da teoria da ordem. Simplicidade e evidência não somente de seus princípios, mas também de suas consequências. O conhecimento dos primeiros princípios da ordem é suficiente para que qualquer prática que contradiga uma única de suas consequências apareça como uma desordem evidente

Para caracterizar ainda melhor a simplicidade e a evidência da ordem essencial das sociedades, acredito dever reunir aqui, sob um mesmo ponto de vista, os primeiros princípios dessa ordem e as consequências que *necessariamente* decorrem deles, sem, contudo, entrar em detalhes a respeito de todas as práticas e de todas as instituições sociais cuja necessidade é estabelecida por essas mesmas consequências. A exposição dessa teoria da ordem essencial provará que não há nada de misterioso, nada que fuja ao alcance de qualquer homem que queira meditar com alguma atenção.

De fato, quem não percebe nem compreende que nasceu com o dever e o direito de prover à sua própria conservação? Que a propriedade pessoal é, nele, um direito natural, um direito que foi *necessariamente* dado a tudo o que respira, um direito que é essencial à sua existência e do qual ele não pode ser privado sem injustiça, porque ele é absoluto, como o próprio dever sobre o qual está estabelecido? Quem não percebe nem compreende que, se esse direito os coloca em um estado de guerra necessária com os animais, é porque não pode haver nenhum tratado entre a espécie humana e os animais? Mas que o mesmo não se passa entre os homens? Que entre eles é importante não se tornar inimigo uns dos outros ao violar um direito que foi igualmente adquirido por todos? Que esse interesse natural e comum lhes impõe uma obrigação natural e comum de, entre os membros da mesma espécie, respeitar reciprocamente esse primeiro direito de propriedade? Que, pela força desse interesse comum, naturalmente subsiste entre os homens um tipo de sociedade universal e tácita onde todas as leis derivam da propriedade pessoal e cujo objetivo é que cada um usufrua livremente dessa propriedade?

Eis então o primeiro princípio da ordem social cujo conhecimento não exige de nossa parte nenhum esforço da razão: a propriedade pessoal é de uma justiça e de uma necessidade que se tornam perceptíveis a todos os homens. Ora, é óbvio que, uma vez que eles tenham alcançado esse primeiro princípio da ordem, ser-lhes-á fácil apreender o segundo, perceber e compreender a justiça e a necessidade da propriedade mobiliária, que não passa de um acessório da propriedade pessoal. Daí, naturalmente se percebe e compreende a justiça e a necessidade da propriedade fundiária, que surge nas duas primeiras propriedades. Enfim, tendo tudo o que é preciso para perceber e compreender a justiça e a necessidade da liberdade social, dessa liberdade de fruição, sem a qual todos os direitos de propriedade se esvaem e, consequentemente, toda a sociedade. Certamente não encontrarás ninguém que não conceba muito bem que não tem a liberdade de usufruto dos direitos dos outros, que em cada homem o direito e a liberdade de usufruto são inseparáveis e que, assim, a propriedade é a medida da liberdade, como a liberdade é a medida da propriedade.

Passemos dos primeiros princípios às consequências e encontraremos ali a mesma simplicidade e a mesma evidência. Tão logo tenhamos compreendido a necessidade da propriedade fundiária, somos naturalmente forçados a convir que essa propriedade deve *necessariamente* gerar aquela das colheitas; que há uma necessidade absoluta de que a garantia social dessa dupla propriedade esteja solidamente instituída e, por consequência, que as forças da sociedade se reúnam para estabelecê-la.

[Igualmente, somos naturalmente forçados a convir] que há uma necessidade absoluta de que os responsáveis pela [garantia da] segurança das colheitas sejam remunerados e que o dever de as proteger assegura aos protetores o direito de dividi-las com os cultivadores e proprietários.

[Somos forçados a convir] que há uma necessidade absoluta na instituição de leis em relação à segurança das colheitas e para regular a divisão que deve ser feita entre aqueles que as fazem nascer por suas despesas e o restante dos homens sem o auxílio dos quais essas despesas não seriam feitas, por falta de segurança para seus produtos.

[Temos de convir] que há uma necessidade absoluta na observação de proporções estáveis e permanentes nessa divisão, a fim de que o preço da segurança das colheitas seja sempre pago pelos proprietários, por um lado, e que os outros homens não destruam a propriedade fundiária, de outro, isto é, que não tarifem a fonte primitiva das colheitas, arbitrariamente invadindo* os direitos dessa propriedade.

Que há uma necessidade absoluta no conhecimento dos limites dos direitos de propriedade, não permitindo a quem quer que seja a extensão arbitrária deles em prejuízo dos direitos dos outros, pois esse estado seria um estado de guerra, destruindo a sociedade por destruir a propriedade.

---

* No original: *empiétant sur*. Sobre o significado desse verbo, ver a nota do organizador em *Despotismo da China* (cap.VIII, §21, p.239). (N. T.)

Fisiocracia

Que há uma necessidade absoluta de que a liberdade de usufruto seja limitada, em cada homem, unicamente pelo direito de propriedade e pela liberdade dos outros homens e que, a esse respeito, não seja nunca possível a introdução de algo arbitrário nessas pretensões [individuais].

Que há uma necessidade absoluta de que as leis positivas constatem os deveres e os direitos recíprocos dos homens e de tal modo os consolidem de forma que a propriedade e a liberdade não possam jamais ser atacadas impunemente.

Que há uma necessidade absoluta de que essas leis não contenham, em si mesmas, nada de arbitrário e que sejam evidentemente nada além da expressão da justiça por essência, para que essa evidência torne pública a necessidade de submissão a essas leis e que elas próprias não sejam responsáveis por desordens que elas se propõem a prevenir.

Que há uma necessidade absoluta de que tais leis sejam imutáveis, porque a justiça por essência é imutável; que, além disso, elas sejam tão simples e claras em sua enunciação que o arbitrário não possa se introduzir em sua interpretação ou em sua aplicação.

Que há uma necessidade absoluta de que elas tenham, como órgãos, magistrados que, por não ter nenhuma outra autoridade além daquela própria às leis, não tenham outra vontade e que, desse modo, estejam impossibilitados de falar outra língua que não seja a das leis.

Que, para a manutenção da autoridade das leis, há uma necessidade absoluta de que elas estejam armadas de uma força coercitiva e que, para esse efeito, exista um poder tutelar e protetor, cuja força, sempre superior, seja a garantia da observação invariável das leis.

Que há uma necessidade absoluta de que essa força seja a única de sua espécie, pela razão de que a superioridade que lhe é essencial esteja absolutamente excluída de qualquer igualdade.

Que há uma necessidade absoluta de que essa superioridade de força seja estabelecida sobre um fundamento inabalável e que, por consequência, o princípio dessa força seja de natureza indecomponível e, assim, que esse princípio não possa admitir nada que não seja evidente. Tudo o que não for evidente, é-lhe *necessariamente* sujeito à modificação, porque é *necessariamente* arbitrário.

Finalmente, que há uma necessidade absoluta de que esse poder tutelar e protetor das leis não possa nunca se tornar destruidor das leis de tal modo que é preciso que tudo esteja disposto para que seus maiores interesses sejam, sempre e evidentemente, inseparáveis da observação das leis e que a força irresistível dessa evidência a mantenha na feliz impossibilidade de ter outras vontades que não a das leis.

No momento, não desenvolverei mais as consequências que decorrem sucessivamente da propriedade pessoal. As consequências que naturalmente aparecem e que são suscetíveis de ser apreendidas por todos a quem elas se apresentam formam o que nós podemos denominar a teoria da ordem essencial das sociedades e fornecem uma prova bastante convincente de que essa ordem é simples e evidente. Essa teoria tem duas grandes vantagens: a primeira é que ela é suficiente para nos fazer conhecer todas as instituições sociais que convêm a essa mesma ordem essencial; a segunda é que essas consequências estão de tal modo encadeadas umas às outras e de tal modo ligadas aos primeiros princípios que não é possível, na prática, contrariar nenhuma delas sem que a desordem se torne imediatamente evidente para qualquer um que conheça apenas os princípios primeiros. De fato, é impossível que ocorra um abuso que prejudique uma única das consequências, sem que o direito de propriedade e a liberdade sejam violados. Ora, é impossível também que qualquer desordem tenha lugar sem que seja evidente aos olhos de qualquer um que saiba que a propriedade e a liberdade são o fundamento da ordem essencial das sociedades.

Capítulo VIII. Dos meios necessários para estabelecer a ordem e perpetuá-la; eles estão todos contidos em um conhecimento suficiente da ordem. A evidência é a primeira característica desse conhecimento, e sua publicidade, o segundo. Necessidade da instrução pública, livros doutrinais nesse gênero e da maior liberdade possível no exame e na contradição

É perceptível que a ordem natural e essencial das sociedades não pode se estabelecer se não for suficientemente conhecida, mas, também pela razão que ela constitui nosso melhor estado possível, é ainda perceptível que tão logo ela seja conhecida, seu estabelecimento deva ser objeto comum da

Fisiocracia

ambição dos homens e que ela, então, se estabelece *necessariamente*, e que uma vez estabelecida deva *necessariamente* se perpetuar. Digo que ela se estabelece e se perpetua *necessariamente*, pois o apetite dos prazeres, esse móvel tão potente que está em nós, tende naturalmente e sempre em direção ao maior aumento possível das fruições, e *que o próprio ao desejo de fruir é apreender os meios de fruir*. Os homens não podem, então, conhecer seu melhor estado possível, a não ser que todas as vontades e todas as forças se reúnam para obtê-lo e assegurá-lo. Assim, não creia que para estabelecer essa ordem essencial seja necessário mudar os homens e desnaturar suas paixões; é necessário, ao contrário, interessar suas paixões, associá-las a esse estabelecimento; e, para nisso ter sucesso, é suficiente que os coloquemos no caso de ver evidentemente que é apenas nessa ordem que eles podem encontrar a maior soma possível de fruições e de bem-estar.

Considerada em todas as instituições sociais que sucessivamente decorrem da necessidade absoluta em manter a propriedade e a liberdade, porém, a ordem natural e essencial das sociedades é um todo perfeito, composto de diferentes partes que são igualmente necessárias umas às outras. Nada pode ser destacado e tampouco adicionado sem causar prejuízo a ela e a nós. Portanto, é óbvio que só podemos assumi-la como suficientemente conhecida de uma sociedade na medida em que ela se encontra em todas as suas ramificações e em todas as relações que elas têm entre si. Por isso a primeira característica de um conhecimento suficiente da ordem é ser *explícito* e *evidente*, pois é precisamente na harmonia perfeita de suas relações, na precisão dos meios que os encaixam e os subordinam uns aos outros, que se encontra a evidência da ordem e, por consequência, o conhecimento [se torna] *evidente*, porque ele só pode ser um conhecimento *explícito* de um encadeamento *evidente*.

Do mesmo modo que *tudo o que não é verdade é erro*, também *tudo o que não é evidente é opinião*, e tudo o que é opinião é arbitrário e sujeito à mudança. Portanto, é evidente que simples opiniões não podem ser suficientes para o estabelecimento da ordem natural e essencial das sociedades: não podemos construir um edifício sólido sobre areia movediça, e é impossível que uma ordem que não contenha nada de arbitrário e que é e deve ser imutável possa ter como base um princípio arbitrário e tão mais inconstante pois, ainda que uma opinião possa ser considerada sábia, desde que não seja evidente, não deixa de ser uma opinião, e uma outra opinião, tão extravagante quanto se possa supor, pode combatê-la e vencê-la.

Essa última proposição indica de modo claro o que entendo aqui pela palavra *opinião*: não me importa a precisão ou a falsidade das ideias que concorreram em sua formação, seja ela uma crença, um modo de pensar ou a denominada *opinião*, desde que não seja produto da evidência. Desse modo, aqui a opinião é oposta à evidência e nada mais.

Entre a certeza e a dúvida não há meio-termo e não pode haver certeza ali onde não há evidência: qualquer que seja o objeto da certeza, se não possuímos por nós mesmos um conhecimento evidente desse objeto, é preciso que não possamos duvidar de sua evidência para aqueles sobre cujos testemunhos fundamos nossa certeza. Desse modo, é sempre da evidência que decorre a certeza, seja de forma mediata ou imediata: ou ela está na evidência que nos é própria, ou em relação à evidência que está em outros.

Essa observação nos demonstra de modo claro que a ordem natural e essencial das sociedades não pode jamais ser estabelecida entre homens que não possam adquirir um conhecimento evidente a seu respeito, e que apenas o conhecimento evidente pode eliminar a dúvida, a incerteza, o arbitrário e a inconstância que não estão de acordo com a imutabilidade dessa ordem natural e essencial.

A segunda característica do conhecimento dessa ordem é a publicidade, e ela decorre do fato de que a ordem, como acabei de dizer, só pode estar solidamente estabelecida na medida em que é suficientemente conhecida. Numa sociedade em que apenas alguns homens tivessem o conhecimento evidente da ordem, ao passo que a multidão permanecesse com opiniões contrárias, seria impossível que a ordem governasse: ela comandaria em vão, ela não seria obedecida.

Em qualquer proporção que a sociedade se divida entre o conhecimento evidente da ordem e a ignorância, é sempre verdade que se a primeira classe, a classe esclarecida, não for fisicamente mais forte, não poderá dominar a segunda e constantemente submetê-la à ordem. Nesse caso, porém, uma vez que a autoridade dessa primeira classe só se mantém em razão da força física que lhe é própria, essa nação estará em um estado perpétuo de guerra intestina de uma parte contra a outra.

Com a expressão *guerra intestina* não designo apenas aquela que é feita com armas em punho e violentamente, mas incluo ainda esses assaltos clandestinos e disfarçados sob formas legais, essas práticas tenebrosas e espoliadoras que sacrificam as vítimas tanto quanto o artifício pode esconder, em suma, todas as desordens que tendem a transformar todos os interesses individuais em inimigos uns dos outros e mantêm assim entre os membros do mesmo corpo político uma guerra habitual de interesses contraditórios, cuja oposição e esforços rasgam todos os laços da sociedade. Essa situação é tanto mais assustadora porque, na ausência da força superior e dominante da evidência, não há nada na natureza que iguale a força da opinião, terrível em seus desvios, e, uma vez que ele esteja liberta à sua própria inconstância e sedução, não há nenhum outro meio pelo qual é possível garantir sua contenção sob o dever.

Não sustento, contudo, que seja preciso que todos os membros de uma sociedade, sem nenhuma exceção, tenham um conhecimento igualmente explícito de todas as relações que todos os diferentes ramos da ordem têm entre si. Quero apenas apontar que a ordem só pode se estabelecer completa e solidamente na medida em que não se negligencie nenhuma das instituições sociais que são necessárias à sua conservação; que todas essas diferentes instituições não podem ser adotadas sem um conhecimento *explícito* de seu encadeamento e de sua necessidade; que esse conhecimento *explícito* só é capaz de produzir seu efeito na medida em que é suficientemente público para que a massa das vontades e das forças que ele reúne forme uma força absolutamente dominante na sociedade.

Cabe ter em mente que pelo termo *força absolutamente dominante* não busco caracterizar o estado violento de uma dominação estabelecida unicamente sobre a superioridade da força física. A força dominante de que se trata aqui tem a vantagem de não ter de vencer nenhuma oposição: os homens que não têm, como ela, um conhecimento explícito da ordem considerada em todas as suas relações não têm a pretensão de lhe resistir e de governar; basta que, nas regras que ela estabelece, eles não vejam nada que contradiga os primeiros princípios da ordem e os direitos que daí decorrem evidente e invariavelmente para cada um deles em particular. Ademais, eles nunca deixam de se reunir por si mesmos a essa força dominante, porque lhes é impossível não reconhecer a sabedoria e a necessidade de suas instituições, nos bons efeitos que elas *necessariamente* produzem em prol da propriedade e da liberdade.

A publicidade que o conhecimento evidente da ordem deve ter nos conduz à necessidade da instrução pública. Ainda que a fé seja um dom de deus, uma graça particular e não apenas obra humana, vemos a pregação evangélica como necessária à propagação da fé. Ora, dado que a publicidade da ordem não carece da ajuda de graças e luzes sobrenaturais, por que, então, não teríamos a mesma ideia a respeito dessa publicidade? A ordem é instituída para todos os homens e todos os homens nascem para estar submetidos à ordem. Igualmente, todos eles têm uma parcela suficiente de luzes naturais pelas quais podem atingir esse conhecimento.

Pela razão de que faz parte da ordem que todos os homens a conheçam, também faz parte da ordem que todos aprendam a conhecê-la, e eles só podem atingir esse ponto pela educação. Ninguém ignora o quanto a inteligência de um homem carece da ajuda da inteligência de outros homens: enquanto ela permanece em completo isolamento, está sem força e sem vigor, definha como uma planta sem calor e separada dos princípios da vegetação.

Não desenvolverei aqui os detalhes a respeito dos estabelecimentos necessários à educação; a mim, basta apontar que eles fazem parte da forma essencial de uma sociedade e que não devem ser multiplicados em demasia, porque a educação não deve ser excessivamente pública. No entanto, adicionarei que a educação verbal não é suficiente: é preciso ter livros doutrinários desse gênero e que eles estejam nas mãos de todos. Esse auxílio é tanto mais necessário quanto inconveniente, pois um equívoco não pode sustentar a presença da evidência, do mesmo modo que a contradição também não é menos vantajosa à evidência e destruidora do erro, pois a única coisa de que se pode duvidar é o exame.

O que disse aqui sobre a necessidade de livros que denominei doutrinais e sobre a liberdade que deve reinar a esse respeito está contido na própria natureza da ordem e da evidência que lhe é própria: ou a ordem é perfeita e evidentemente conhecida, ou ela não o é. No primeiro caso, sua evidência e simplicidade não permitem que heresias possam se formar a respeito do que lhe concerne; no segundo caso, os homens só podem atingir esse conhecimento evidente através do choque de opiniões. É óbvio que uma opinião só pode ser estabelecida sobre as ruínas de todas as opiniões que lhe são contrárias; ademais, é óbvio que qualquer opinião que não tem a evidência a seu favor será contradita até que seja destruída ou evidentemente reconhecida como verdade, caso no qual ela deixará de ser uma opinião para se tornar um princípio evidente. Desse modo, na investigação das verdades suscetíveis de uma demonstração evidente, o combate de opiniões deve conduzir necessariamente à evidência, porque é apenas pela evidência que ele pode ter fim.

Se alguém quiser escrever obras defendendo que os homens podem viver sem subsistência, que eles devem fazer obras sem matérias-primas, que imigração significa multiplicação, ou qualquer besteira semelhante, seria inútil que a autoridade política se empenhasse para impedir que tal livro gerasse sensação. Ela nem sequer deve se dar ao trabalho, pois, baseada na evidência de verdades contrárias a esses erros, está persuadida de que se basta a si mesma e triunfará sem violência sobre todos os esforços ridículos que quiserem a ela opor.

Para isso é necessário deixar o corpo inteiro da sociedade na maior liberdade possível de exame e contradição, é necessário abandonar a evidência às suas próprias forças, pois não há nenhuma outra força que possa substituí-la [nessa tarefa]: uma força física, ainda que muito superior, só pode comandar ações, nunca opiniões. O que diariamente ocorre é uma prova perceptível dessa verdade: nossas forças físicas não conseguem nada contra nossa opinião, ao contrário, é nossa opinião que pode tudo contra nossas forças físicas, é ela que as dispõe e as põe em movimento. A força comum ou social, denominada *força pública*, só se forma por meio da união de várias forças físicas, o que supõe, sempre e necessariamente, a união das vontades que não pode ocorrer sem a união das opiniões, quaisquer que sejam essas. Seria, pois, inverter a ordem e tomar o efeito pela causa, querer dar à força pública o poder de dominar as opiniões, uma vez que é da união das opiniões que ela obtém sua existência e seu poder, de tal modo que sua consistência é proporcional à consistência que existe nas próprias opiniões; isto é, na medida em que elas não sejam simples opiniões, mas sim princípios aceitos como imutáveis pelos homens porque se tornaram evidentes.

Capítulo IX. Sequência do capítulo precedente. Da evidência; definições da evidência, suas características essenciais e seus efeitos. Evidência dos argumentos que provam a necessidade da maior liberdade possível no exame e na discussão das evidências. Força da opinião, seus perigos em um estado de ignorância

Algumas observações sobre a evidência, sobre suas características e seus efeitos, assim como sobre a força e o perigo da opinião em um estado de ignorância, terminarão de lançar luz sobre o que acabei de discorrer a respeito da necessidade da educação pública e sobre a liberdade com a qual as ideias que cada um concebe da ordem natural e essencial das sociedades podem ser expostas e contraditas.

Um de nossos mais célebres filósofos modernos disse que a evidência é um discernimento *claro e distinto das sensações que temos e de todas as percepções que dependem delas.** Eis a vantagem que ela possui sobre o erro: aquele que se equivoca não conhece a causa da certeza que resulta da evidência, ao passo que aquele que a tem conhece de uma só vez a razão de sua certeza e a razão do erro. Não somente sua característica essencial é *de ser à prova de qualquer exame*, mas o próprio exame lhe serve ainda apenas como uma nova manifestação, *de modo a torná-la mais perceptível, de modo a fornecer-lhe uma força mais soberanamente dominante, ao passo que um exame suficiente destrói qualquer cautela, qualquer preconceito, estabelecendo em seu lugar a evidência ou, ao menos, a dúvida, no caso em que as coisas que examinamos ultrapassem nossos conhecimentos.*

Dizer que a evidência é *à prova de qualquer exame* é, seguramente, uma verdade evidente por si mesma e que prova que a liberdade de examinar e de contradizer a evidência não traz, necessariamente e nunca, nenhum inconveniente.

Dizer que *um exame suficiente destrói qualquer cautela, qualquer preconceito*, é ainda uma verdade manifestamente evidente, que estabelece, como a primeira, *a necessidade* da liberdade que deve reinar no exame da contradição, pois um exame não pode ser suficiente sem que todas as razões de dúvida sejam esgotadas.

---

* O autor está se referindo ao verbete *Evidência* da *Enciclopédia*, no qual Quesnay expôs sua teoria do conhecimento (ver *Quesnay*, São Paulo: Ática, 1984, pp.42-71). (N. T.)

Dizer que *o exame serve unicamente para fornecer à evidência uma força mais soberanamente dominante* é uma consequência evidente e necessária das verdades antecedentes e que demonstra que a liberdade de exame e de contradição pode servir unicamente para nos submeter à ordem de uma maneira mais *religiosa* e mais absoluta.

Finalmente, dizer que um *exame suficiente estabelece a evidência no lugar do erro todas as vezes que as coisas que examinamos não ultrapassem nossos conhecimentos* consiste em uma última verdade que ainda decorre evidentemente das precedentes, e da qual se torna óbvio que essa mesma liberdade *necessariamente* nos conduz ao conhecimento manifesto e público da ordem que constitui o melhor estado possível de uma sociedade. Isso porque essa ordem não contém nada que ultrapasse nossos conhecimentos: somos feitos para ela, para conhecê-la e observá-la, do mesmo modo que ela é feita para nós, para que obtenhamos os maiores bens que podemos desejar.

Desse modo, ao desenvolver as características essenciais da evidência, o gênio criador que acabei de citar nos demonstra, em quatro palavras, a necessidade da maior liberdade possível na investigação e na discussão da verdade. Ao aplicar à evidência particular da ordem social o que ele diz da evidência em geral, instantaneamente percebemos o quanto essa mesma liberdade e a educação pública são necessárias em uma sociedade. Para nos convencermos, basta considerar qual seria nossa ignorância sem o auxílio da educação e qual é, depois da educação, a força irresistível da evidência, o império absoluto que ela adquire sobre nós. Mas como não há ninguém que não conheça por si mesmo o poder dominante da evidência, ninguém que não experimente o modo como ela nos submete ao ponto de fazer surgir em nós uma vontade decidida de jamais se separar dela, todos podem, assim como eu, raciocinar a partir do que se passa em seu interior e aí encontrar tudo o que eu poderia dizer sobre o assunto.

Uma coisa evidente é uma verdade que um exame suficiente tornou de tal modo perceptível, de tal modo manifesto, que não é mais possível ao espírito humano imaginar razões para colocá-la em dúvida, desde que ele conheça as razões que o fizeram adotar [tal verdade]. Dessa espécie são, por exemplo, as verdades geométricas e geralmente todas aquelas que são demonstradas pelo cálculo. Quando a terra estiver coberta para sempre de

homens, nenhum deles ousará contradizer essas verdades, apenas a ignorância poderá levá-los a desconhecer e recolocá-las em dúvida, mas essa
situação só persistirá enquanto a ignorância não quiser se esclarecer por
um exame suficiente.

Supondo então que as coisas não ultrapassem os limites de nossos conhecimentos e que elas tampouco estejam além dos limites dessa evidência primitiva que se manifesta com a intervenção de nossos sentidos apenas, podemos
estabelecer duas proposições: a primeira, que um exame suficiente torna tudo
evidente; a segunda, que sem um exame suficiente não há nada evidente.

Que me seja perdoada essa expressão, mas parece que por uma espécie de
instinto conhecemos, ou ao menos sentimos a carência que temos da evidência: nossos espíritos têm uma tendência natural em direção à evidência,
e a dúvida é uma situação incômoda e desagradável para nós. Desse modo
podemos considerar a evidência o repouso do espírito. Ali ele encontra um
tipo de bem-estar muito parecido àquele que o repouso físico proporciona
a nosso corpo, diríamos inclusive que ele não trabalha senão para obter
essa fruição.

Essa tendência natural de nossos espíritos em direção à evidência está
associada aos dois móveis que se encontram em nós: o apetite dos prazeres
e a aversão à dor têm grande interesse em não ser enganados na escolha
dos meios de se satisfazer. Eis por que só podemos ficar tranquilos depois
de adquirir uma certeza que só a evidência pode garantir. Ainda por essa
mesma razão que a liberdade de empregar todos os meios que conduzem à
evidência é parte essencial da liberdade de fruição, sem a qual o direito de
propriedade deixaria de existir.

Podemos considerar assim a evidência como uma divindade benfazeja
que se apraz em garantir a paz na terra: não vemos os geômetras em guerra
a propósito das verdades evidentes, o que ocorre entre eles são disputas
momentâneas, enquanto ainda estão na fase de investigação e têm como
objeto apenas deduções; mas tão logo a evidência foi pronunciada, contra
ou a favor, todos abaixam as armas e se ocupam unicamente em usufruir de
maneira pacífica desse bem comum.

Devemos seguir essa comparação para aproveitar de toda a claridade que
ela joga sobre o objeto em questão, passando da evidência das verdades geométricas à evidência das verdades sociais, à evidência dessa ordem natural e

essencial que garante à humanidade seu melhor estado possível. Para tentar descobrir pelos efeitos conhecidos daquela quais seriam *necessariamente* os efeitos dessa última, qual seria *necessariamente* a situação interior de uma sociedade governada por essa evidência, qual seria *necessariamente* o estado político e respectivo de todas as nações se todas alcançassem a clareza da luz divina. Para examinar se os homens reunidos sob o estandarte dessa mesma evidência podem se dividir, se algum assunto militar seria poderoso o suficiente para fazê-los abandonar o melhor estado possível e evidente. Para cavar ainda mais fundo e ver se os quadros que essa meditação nos apresenta não nos causam sensações ou, melhor, um arrebatamento cuja agitação nos eleva acima de nós mesmos e parece nos indicar que, por meio da evidência, comunicamo-nos com a divindade.

Mas para nos tornar ainda mais sensíveis à impressão que esses quadros causam sobre nosso coração convém lembrar, por oposição, todos os inconvenientes que, em um estado de ignorância, podem resultar da força da opinião.

Uma coisa é proibida sob pena das punições mais aterrorizantes: que pode essa proibição e essa punição perante uma opinião que busca afrontá-la? Nada, e não faltam exemplos a esse respeito.

Por nascimento, um homem se encontra em uma situação que seria a felicidade para um grande número de pessoas se compartilhassem entre si as vantagens que ele sozinho reúne. O que faz esse homem se sua opinião for desregrada? Ele sacrifica essas próprias vantagens, vive e morre infeliz.

Um único homem desarmado comanda 100 mil outros armados, dentre os quais o mais fraco é mais forte do que ele. O que então perfaz a força? A opinião deles, eles o servem ao servi-la, eles obedecem a esse líder porque são de opinião que devem obedecê-lo.

Quereis observar outros efeitos que caracterizam a força da opinião? Considerai a honra, essa espécie de entusiasmo que nos faz preferir, ao repouso, o trabalho e a fadiga; às riquezas, a pobreza e as privações; à vida, a morte que ela sabe o segredo de embelezar.

A opinião, qualquer que seja, é verdadeiramente *la regina del mondo*.* Ainda que se trate mais de um preconceito do que de um equívoco, não há na ordem

---

* No original, em italiano: a rainha do mundo. (N. T.)

moral nenhuma força comparável à sua. Fértil em ilusões de toda espécie, ela assume todas as características da realidade para nos induzir ao erro; fonte inextinguível do bem e do mal, só vemos através dela, só agimos por conta dela; se é verdadeira, constitui a virtude e os grandes homens; se não, o vício e os celerados. Não há nenhum perigo que a impeça, nenhuma dificuldade contra a qual ela não se levante, seja fundando, seja destruindo impérios.

Cada homem sobre a terra é, assim, um pequeno reino governado despoticamente pela opinião: ele queimará o templo de Éfeso, se sua opinião assim o mandar; em meio às chamas ele desafiará seus inimigos, se sua opinião assim o mandar. Enfim, o físico parece em nós de tal modo subordinado que para comandá-lo é preciso começar por comandar a opinião, mas como é possível comandá-la se ela é um joguete da ignorância e do arbitrário? Como seria possível reuni-las e fixá-las sem o auxílio da evidência? Não é visível que o autor da natureza não institui nenhum outro meio para encadear nossas vontades e nossa liberdade?

Portanto, devemos tomar a ignorância como o princípio necessário de todos os males que afligem a sociedade e o conhecimento evidente da ordem como a fonte natural de todos os bens sobre a terra que nos foram destinados. Porém, como nem todas as forças físicas do mundo inteiro poderiam tornar evidente o que não o é e que a evidência só pode surgir através de um exame suficiente, da necessidade dessa evidência decorre a necessidade do exame, da necessidade do exame decorre a necessidade da maior liberdade possível de contradição e, além disso, a necessidade de todas as instituições sociais que devem concorrer para dar à evidência a publicidade que ela deve ter.

Sumários

Primeira parte: Teoria da ordem

Necessidade física da sociedade. Como ela nos conduz ao conhecimento do justo e do injusto absolutos. Sua origem, em que consistem; axioma que contém todo o justo absoluto. Como os deveres são o princípio e a medida dos direitos. Primeiros princípios constitutivos da ordem natural e essencial. Relações necessárias dessa ordem essencial com a ordem física; características principais e vantagens dessa ordem essencial: ela é simples, evidente e imutável; ela constitui o melhor estado possível de todo homem vivendo em sociedade. Exposição sumária da teoria dessa ordem, servindo ainda para provar a simplicidade e a evidência de seus princípios e as consequências que daí resultam. Meios de estabelecê-la e de perpetuá-la entre os homens.

Segunda parte: Teoria da ordem posta em prática

Da forma essencial da sociedade. Ela consiste em três tipos de instituição: a das leis e, consequentemente, dos magistrados; a de uma autoridade tutelar; enfim, a de todos os estabelecimentos necessários para estender e perpetuar na sociedade o conhecimento evidente de sua ordem natural e essencial. No desenvolvimento da primeira classe de instituições, vemos que há dois tipos de leis: leis naturais e comuns a todos os homens, e leis positivas e particulares a cada nação. As primeiras são de uma necessidade evidente e absoluta, as segundas não passam do desenvolvimento, ou melhor, da aplicação das primeiras. O estabelecimento dos magistrados é de uma necessidade semelhante à do estabelecimento das leis; seus deveres concorrem de modo singular para assegurar a estabilidade e a autoridade da legislação positiva; eles fornecem consistência ao poder legislativo sem, contudo, partilhá-lo; eles são o laço comum que une o estado governado ao estado governante. O poder legislativo é indivisível; ele não pode ser exercido nem pela nação em corpo nem por vários escolhidos na nação; ele é inseparável do poder executivo; o chefe único que o exerce é unicamente o órgão da evidência: ele apenas a manifesta por signos sensíveis e arma com uma força coercitiva as leis de uma ordem essencial da qual Deus é o instituidor.

No desenvolvimento da segunda classe das instituições sociais, demonstra-se que a autoridade tutelar é, por essência, una; ela não pode ser dividida sem que seja destruída; ela não pode ser exercida sem inconvenientes, exceto por um apenas; a soberania deve ser hereditária; essa condição é uma daquelas que são essenciais para que o governo de um único seja necessariamente a melhor forma possível de governo. Onde quer que reine um conhecimento evidente e público da ordem natural e essencial, essa forma de governo é a mais vantajosa ao povo, porque estabelece um verdadeiro despotismo legal; ela é igualmente a mais vantajosa aos soberanos, porque estabelece em seu favor um verdadeiro despotismo pessoal. O despotismo arbitrário não é o verdadeiro despotismo; ele não é pessoal, porque não é legal; em todos os aspectos, ele é contrário aos interesses daquele que o exerce; ele é apenas fático, precário e condicional, ao passo que o despotismo legal é natural, perpétuo e absoluto. É apenas nesse último que os soberanos são verdadeiramente grandes, verdadeiramente poderosos, verdadeiramente déspotas. Esse despotismo pessoal e legal assegura o melhor estado possível em todos os pontos da nação à soberania e ao soberano pessoalmente.

Terceira parte: Continuação do desenvolvimento da Segunda parte

Em um governo organizado em toda parte de acordo com a ordem natural e essencial das sociedades, o despotismo pessoal de um soberano único é sem qualquer inconveniente sob todos os aspectos, porque esse despotismo pessoal é sempre e necessariamente legal.

Distribuição das diferentes partes da administração em três classes, a saber: as relações dos sujeitos entre si; as relações entre o soberano e seus sujeitos; as relações entre uma nação e as outras nações. Cada uma dessas três classes é, na ordem natural das sociedades, submetida a leis imutáveis das quais não é possível se afastar sem prejuízo comum ao soberano e à nação e cuja evidência estabelece, por consequência, um despotismo legal que nada pode abalar enquanto essa evidência conservar a publicidade.

Exposição sumária das relações que os sujeitos têm entre si. Como os magistrados não podem, a esse respeito, abusar da autoridade que lhes é confiada. Do recurso ao soberano contra esses abusos. Esse recurso é sem inconveniente porque não é suscetível de arbitrariedade.

Exposição sumária das relações entre o soberano e seus sujeitos. Essas relações são exclusivas do arbitrário. Do imposto. A ordem natural das sociedades estabelece os princípios evidentes que necessariamente determinam a medida proporcional do soberano e o modo de sua percepção.

Fisiocracia

O soberano é coproprietário do produto líquido das terras sob seu domínio: seus rendimentos são o resultado da partilha que ele deve fazer nesse produto líquido com os outros proprietários. Impossibilidade de que os direitos respectivos de copropriedade sejam arbitrários.

A forma do imposto deve ser direta: em que consiste essa forma direta; ela assegura ao soberano o maior rendimento possível sem que ninguém pague o imposto. Em que consiste uma forma indireta; seus inconvenientes. Duplos empregos que ela ocasiona; eles recaem todos sobre os proprietários fundiários; eles são destrutivos da riqueza e do poder do soberano.

Exposição sumária das relações entre uma nação e outra: elas são as mesmas que entre um homem e outro na ordem da natureza; elas são a base essencial da política que, separada desses princípios, só pode ser contraditória com as intenções que ela propõe.

Como o estabelecimento da ordem em uma nação lhe assegura, dentre as outras nações, a maior consistência política que ela pode obter.

Do comércio. Relações do comércio exterior com os interesses comuns do soberano e da nação. Essas relações estabelecem de modo evidente a maior liberdade possível no comércio. Contradições dos sistemas opostos a essa verdade.

Recapitulação da obra e conclusão.

9
Explicação sobre o verdadeiro sentido da palavra estéril aplicada à indústria

Badeau

Antes de seguir em frente, devemos dizer em duas palavras, para os leitores a quem essa explicação ainda é necessária, que o nome de classe estéril não significa, de modo algum, classe inútil e menos ainda classe prejudicial, como acreditaram alguns espíritos ácidos e superficiais. Ela significa apenas classe não produtiva, isto é, classe que não trabalha imediatamente na multiplicação dos produtos naturais, classe que não arca com os custos dos adiantamentos da agricultura.

A maior parte dos objetos adequados ao usufruto dos homens não é usada e consumida tal como a natureza os produziu, tampouco no local de seu surgimento. Mas eles precisam ser elaborados, transportados e mesmo frequentemente negociados. Em um grande estado, portanto, há homens agrícolas que arcam com as despesas e os trabalhos para fazer a terra produzir esses objetos. Há outros que os recebem da mão dos cultivadores ainda brutos e informes e que os moldam, que lhes dão forma, aparam, aperfeiçoam, dividem ou mesmo juntam, arranjam e combinam em uma mesma obra várias matérias diferentes. Por fim, há outros que os compram em um lugar, brutos ou moldados, e os transportam a um outro lugar, onde os vendem por atacado ou a varejo, isto é, os que os negociam.

Não há dúvida, são três coisas muito úteis: o cultivo que faz a terra produzir matérias brutas, a elaboração que as torna mais adequadas ao usufruto dos homens, a negociação que as coloca à disposição daqueles que as desejam e podem pagar por elas. Mas essas três coisas não são a mesma.

As despesas e os trabalhos agrícolas são feitos antes da produção, em vista da produção, imediatamente para a produção de matérias primárias e unicamente para essa produção. Temos razão em denominá-los de trabalhos produtivos.

Elaborar e produzir são duas coisas [diferentes]: matérias-primas podem ser elaboradas apenas depois de serem produzidas. Nada é mais evidente. Aquele que as elabora não trabalha imediatamente para que sejam reproduzidas outras, ele faz despesas unicamente para si mesmo, ou para a formação envolvida em sua arte. Ele não as faz em vista da reprodução.

São necessários exemplos em uma questão tão clara? O manufatureiro compra, em 1767, a lã já produzida. Ele paga os trabalhadores que a elaboram e se encarrega de fazer um bom tecido e uma boa venda. Mas o fazendeiro que forneceu essa lã da tosquia de 1767 se encarrega de seu rebanho para fazê-lo produzir uma nova lã em 1768. Ele paga a um pastor para cuidar dele, aloja, alimenta e cuida das ovelhas com suas despesas.

Quais são os cuidados, quais os custos de produção da lã que será tosquiada em 1768? São, com certeza, aqueles do fazendeiro. O manufatureiro não pensa neles: em 1767, de fato, ele não dirige nenhuma atenção ou despesa com a lã de 1768, está inteiramente ocupado em elaborar a do ano presente. Você gostaria que ele o fizesse com a lã do ano seguinte, que ainda não existe? É preciso que ele espere que a lã seja produzida para elaborá-la.

Se essas observações não são claras, não há nada no mundo que o seja. Portanto, é preciso se apropriar das matérias-primas no momento da colheita. Ao partirmos desse momento, é evidente que, de antemão, ocorreram adiantamentos e trabalhos para preparar, obter e conservar essa colheita; que houve homens que bancaram os custos desses adiantamentos, desses trabalhos. Eis os adiantamentos produtivos, os trabalhos produtivos, os homens produtivos relativamente aos objetos que resultam dessa colheita, enquanto matérias-primas, enquanto produções naturais e ainda brutas.

Depois da colheita, os manufatureiros, os operários, encarregam-se das matérias, cortam-nas, desbastam-nas, torcem-nas, arranjam-nas de modo a consumi-las ou aniquilá-las; os negociantes compram-nas, transportam-nas, vendem-nas ao consumidor que se encarrega de usá-las ou de destruí-las.

A produção é, portanto, o termo da divisão entre dois tipos de despesas e de trabalhos. As despesas e os trabalhos agrícolas que têm por objetivo, por fim, a produção, eles a precedem e a preparam, são sua causa imediata e especial; eles se estendem até ela, incluindo-a e limitando-a. Ao contrário, os trabalhos e as despesas dos manufatureiros e negociantes se estendem a partir da produção, mas exclusivamente até o consumo ou a aniquilação.

Ora, que nos seja dito como, em nossa língua, seria possível ou se deveria caracterizar as despesas e os trabalhos que têm por objetivo, por fim, por termo último, a produção, se não pelo termo *produtivo*? Como deveriam ser caracterizados os trabalhos e as despesas que só começam depois da produção e que têm por objetivo, por fim, por termo último, a aniquilação, se não pelo termo *não produtivo ou estéril*?

Se alguém encontrar outro termo na língua que signifique não produtivo, o autor do *Quadro econômico* está disposto a adotá-lo, pois não são palavras, mas coisas que ocupam seu gênio.

Tudo o que ele quis distinguir de modo claro foram essas duas espécies de trabalhos, essas duas espécies de despesas, essas duas espécies de homens trabalhadores e despendedores. Uma, que é a primeira na ordem do tempo, que prepara de longe a produção, que é a causa antecedente e eficiente, causa próxima e imediata de uma produção particular, por exemplo, da lã tosada em 1767, ou a tosar em 1768; outra, que é certamente posterior, cujos trabalhos e despesas são exercidos sobre os produtos coletados, que se limitam à elaboração, ao tráfico e que têm por objetivo o consumo.

Se aqueles que querem obscurecer e confundir tudo não tomem partido dessas distinções simples e esclarecedoras como base de seus raciocínios, que assim o façam; contudo, isso não impede que elas sejam naturais, exatas, evidentes e bastante úteis à dedução de verdades econômicas.

Classe estéril, despesa estéril, trabalhos estéreis, são assim denominados, portanto, não como prejudiciais, tampouco como inúteis; muito pelo contrário, nada é mais útil do que a elaboração e os negócios, mas eles servem ao usufruto e ao consumo dos homens; usufruto e satisfação que aniquilam todos os produtos naturais que são sua matéria.

É verdade que o consumidor paga e que seu pagamento retorna aos agricultores; que o dinheiro desse pagamento serve para fazer novos adiantamentos, novo trabalhos, de onde resulta uma nova produção. Por exemplo, os manufatureiros vendem, em 1767, os tecidos fabricados em 1766 a partir da lã do ano anterior; com esse mesmo dinheiro eles comprarão as lãs de 1768, e os fazendeiros transformarão esse mesmo dinheiro em adiantamentos, de onde resultará a tosa da lã do ano de 1769. Jamais dissemos outra coisa; é isso o que o *Quadro econômico* explica e representa. No entanto, enfim, quando se quer explicar como as riquezas nascem, distribuem-se e revivem sem cessar, é preciso começar por alguma coisa. Naturalmente, poderíamos, deveríamos inclusive começar por seu nascimento, pela colheita, como fez o autor do *Quadro*.

Ao partir desse ponto, da colheita de um ano qualquer, como 1767, nada é mais verdadeiro e mais natural do que dizer:

> Vejam esses frutos, esses materiais de todos os tipos que a natureza nos forneceu e que os agricultores coletam de suas mãos em estado bruto. Antes, houve despesas e trabalhos que precederam, prepararam e causaram a colheita; despesas e trabalhos produtivos dessa colheita de 1767. Até seu consumo e aniquilação, sobre essas matérias coletadas em estado bruto ocorrerão despesas e trabalhos para elaborá-las; essas despesas e trabalhos não fazem nada à produção de 1767, eles são não produtivos, são eles mesmos estéreis.

Os trabalhadores que elaboraram e os traficantes ganharam dinheiro em 1767 esse dinheiro não fará nada à produção de 1768: não adianta trabalhar agora para semear no mês de novembro do ano que vem? Mas em 1768, eles entregarão esse dinheiro aos cultivadores, que o empregarão em adiantamentos e trabalhos agrícolas para preparar e produzir a colheita de 1769. Sim, mas entregarão esse dinheiro em troca de nada? Não, eles comprarão sua subsistência e as matérias-primas de suas obras, subsistências e matérias-primas produzidas em 1768 pelos agricultores. Mas a partir do momento que eles compraram esses bens de subsistência e materiais, a quem eles pertencem? A eles, operários e fabricantes. Muito bem: e o dinheiro que eles ofereceram em troca, a quem pertence? Aos agricultores. Maravilha. Ora, é esse dinheiro, dizem, que deve servir depois aos adiantamentos produtivos de 1769. Nada mais verdadeiro; mas é quando ele se torna rendimento dos cultivadores, quando ele lhes pertence, quando eles o despendem: o autor do *Quadro* tem, pois, razão de não admitir ninguém além deles, de considerar apenas eles, quando se trata das despesas produtivas.

Isso é tão verdade que o fazendeiro que supomos em nosso exemplo, depois de ter vendido sua lã nesse ano de 1767, tem em suas mãos dinheiro que o manufatureiro recebeu do consumidor pela lã de 1766, elaborada em tecido. Ora, a quem interessa se esse dinheiro serve ou não à produção de uma tosa de lã para o ano de 1768? Ao fazendeiro, com certeza. Se ele tiver colocado seu dinheiro no jogo ou na loteria, se ele o tiver enterrado ou bebido, se ele tiver deixado de pagar seu pastor e de alimentar suas ovelhas, o rebanho morrerá, e nada de lã em 1768. No entanto, é evidente que o consumidor, o negociante e o manufatureiro fizeram nesse ano de 1767 o mesmo que fizeram no precedente, cada um no seu canto; eles usaram, traficaram, elaboraram como de ordinário; eles vão elaborar, traficar, usar do mesmo modo em 1767. Basta o cultivador mudar de conduta, de despesa, de cuidado, de trabalho, e não haverá produção de lã, nenhuma colheita a ser feita em 1768; é ele, portanto, que é a causa eficiente da produção, não os outros três. Um dia de sol ao meio-dia seria mais claro do que essa conclusão?

Se, em 1766, o consumidor não tivesse usado o tecido, se os comerciantes não o tivessem vendido, se os fabricantes não o tivessem feito, as ovelhas não teriam menos lã em 1767, desde que tivessem sido alimentadas e cuidadas. Elas não terão menos lã em 1768, desde que o mesmo seja feito, independentemente do consumo, dos negócios e da fabricação terem ocorrido ou não.

Mas a lã não será vendida. Isso é outra questão: vender e produzir são duas coisas. Produzir vem antes, e é o tema de que tratamos no momento, uma vez que primeiro tomamos como objeto a produção presente no momento da colheita.

Mas por que lançar o olhar para trás e se ocupar das despesas antecedentes que ocasionaram e produziram a colheita presente? Porque sim! É que o valor de todas as despesas anuais, com os juros dos adiantamentos primitivos, são as parcelas sagradas e privilegiadas. Parcelas que é preciso deduzir da colheita para fazer frente aos custos preparatórios da produção futura em 1768, custos que começam no presente. É que é preciso, antes de tudo, separar desse modo a produção total ou o valor da colheita presente em duas parcelas que é essencial distinguir, a saber, primeiro, a retomada da cultura ou da exploração, que consiste na totalidade das despesas anuais, e os juros ou a manutenção das despesas primitivas do cultivo; segundo, o produto líquido ou rendimento, que é o restante da produção ou o valor dos frutos colhidos além das retomadas.

No produto líquido ou rendimento há ainda duas parcelas privilegiadas, a saber: 1º) os juros justos das somas que o proprietário despendeu anteriormente, para colocar valor na terra ou a adquirir; 2º) um fundo para as despesas habituais em manutenção e reparos, para acidentes, perdas e destruições.

O fato é que o imposto não pode atentar contra essas duas parcelas privilegiadas do rendimento, nem aos dois objetos que compõem as retomadas, sem destruir a cultura, a produção, o patrimônio do estado e da soberania.

Mas então, quando vos ocupareis da fabricação, do comércio e do consumo? Quando eu tiver esclarecido as retomadas e o produto líquido, tanto do proprietário quanto do soberano. Não percebeis que o cultivador despende ou consome mercadorias mais ou menos manufaturadas, em proporção às retomadas que sua riqueza proporciona? Que os proprietários e o soberano consomem em proporção ao produto líquido? Os comerciantes e os fabricantes venderão, pois, em 1768, em proporção às retomadas e ao produto líquido da colheita de 1767; eles comprarão, pois, na mesma proporção das produções de matérias-primas.

Quando a produção corrente é boa, o cultivador não está entravado pela venda futura. Ele percebe que ele, os proprietários e o soberano farão o consumo, os negócios e a fabricação do ano seguinte caminhar, na medida em que estão mais ou menos ricos nesse ano por causa de uma melhor produção. E por que eles não usariam, não consumiriam como de ordinário, se têm com que pagar? Portanto, a falta de consumo só pode vir da falta de rendimento, da falta de produção.

Era essencial tomar como primeiro objeto a produção total, como segundo, os adiantamentos produtivos, de modo a discernir as retomadas e o produto líquido, e de pôr no terceiro lugar o consumo, os negócios, a fabricação das obras de arte. É o que fez o autor do *Quadro econômico*. Ele tinha razão, pois, ao dizer que essas despesas que ele denomina estéreis são posteriores e consequência da *produção do ano*, que ela as influencia, que regula e torna necessária sua quantia. E que, ao contrário, essas despesas estéreis só influenciam indiretamente a produção do ano posterior, 1768: primeiro, em proporção à produção de 1767, que evidentemente regula a quantia da despesa que os consumidores podem fazer em 1768; segundo, elas só a influenciam pelos meios dos cultivadores e das despesas que eles poderão e quererão fazer na terra para produzir a colheita de 1768.

Acreditamos dever insistir sobre essa questão. Tudo o que acabamos de dizer é tão simples e evidente que deveríamos ter vergonha em repeti-lo. E ainda assim se trata de um dos grandes crimes que são imputados ao *Quadro econômico*. O sr. F.,* junto a alguns outros autores anônimos que ecoam seus escritos em gazetas e jornais de comércio, não deixam de reclamar contra a "distinção entre despesa produtiva e despesa estéril" (primeiro volume, p.177). Esses escritores, que mencionam sem cessar *o fato*, não veem:

1º) que, de fato, eles nunca impedirão que a despesa feita anteriormente pelo fazendeiro, para comprar, alimentar e proteger seu rebanho seja produtora da lã tosada em 1767; que todas as despesas feitas a partir de então para lavar, tingir, cortar, fiar a lã, fabricar, tecer, vender, transportar, costurar o tecido não serão feitas para produzir a lã e não a produzirão. Ao contrário, que elas se dirigem ao consumo, isto é, à aniquilação daquela [lã] de 1767 e que se trata, consequentemente, de despesas não produtivas ou estéreis.

2º) que nunca o comerciante poderia vender seu tecido se os proprietários e os cultivadores não tivessem, nas retomadas e no rendimento, de onde lhe pagar; que seu pagamento de 1768 viera da produção de 1767.

3º) que, se [o comerciante] entrega dinheiro ao cultivador, seja por si mesmo, seja através do manufatureiro, ele recebe seu valor: que esse dinheiro pertence então ao cultivador e que esse é o único mestre absoluto a decidir se ele servirá ou não à produção dos salários de 1769.

---

* Trata-se de Forbonnais. (N. T.)

Ou os críticos ao *Quadro econômico* compreendem essas verdades simples e *de fato*, ou não. Se eles as compreenderam, onde está então a boa-fé em dizer que elas depreciam a indústria? Deprecio a arte de Van Robais ao dizer que não é ele que produz a lã das ovelhas? Que seu tecido é belo e de boa qualidade, muito útil e muito agradável, mas que ele não venderia sequer um trapo se a terra não tivesse produzido anteriormente aquilo com o qual ele será pago; que, de sua parte, ele faz, através de sua indústria, tudo o que depende dele para oferecer ao consumo belas lãs, mas que não é o mestre da venda, porque é preciso supor os meios dos compradores, e que esse meio provém de uma produção anterior.

Agora, se os críticos não compreenderam o *Quadro econômico*, como eles poderiam ter demonstrado sua falsidade? É permitido aos anônimos dar toda a confiança ao sr. F., mas quando se trata de falsas demonstrações, acreditamos poder lhe dizer com Virgílio:

Parcius ista tamen objicienda memento.*

---

* Virgílio, *Bucólicas*, Écloga III. No original, em latim. O verso completo é o seguinte: "*Parcius ista uiris tamen obicienda memento*". Na tradução de Raimundo Carvalho: "Não reproves assim um homem, vai com calma" (Virgílio, *Bucólicas*, Belo Horizonte: Crisálida, 2005, p.26-7). (N. T.)

10

Da origem e dos progressos de uma ciência nova

Dupont

Croire tout découvert, est une erreur profonde;
C'est prendre l'horizon pour les bornes du monde.

Le Mierre*

Se, de uma extremidade do mundo à outra, lançarmos um olhar filosófico sobre a história das ciências mais sublimes; se considerarmos como elas foram formadas, estendidas e aperfeiçoadas, perceberemos com surpresa que isso ocorre em meio aos maiores obstáculos, aos mais resolutos cuidados, às mais amargas contradições e às mais formidáveis oposições. Veremos Confúcio perseguido e ameaçado de morte na China, Pitágoras obrigado a acobertar sua doutrina com um véu de mistério e esconder a verdade do público para conservar sua liberdade e desenvolvê-la a alguns adeptos, Demócrito declarado louco e tratado como tal pelos abderitas, Sócrates bebendo cicuta, Galileu preso pela Inquisição, Descartes obrigado a buscar refúgio no norte, Wolff banido e imolado por dezoito anos pelas intrigas de Langes e Strahlers etc.

---

* Antoine-Marin Lemierre (1733-1793), poeta e dramaturgo francês. Esses versos abrem um poema intitulado "A utilidade das descobertas feitas nas ciências e nas artes sob o reinado de Luís XV" e que, em 1756, foi premiado em um concurso da Sociedade de Ciências e Belas-Artes de Pau. Em tradução livre: "Acreditar ter tudo descoberto é um erro profundo;/ significa tomar o horizonte pelos limites do mundo". (N. T.)

Tudo foi dito... tudo é conhecido... ousaremos ser mais hábeis do que nossos pais?... frases triviais que a preguiça, a ignorância, a frivolidade de todos os séculos e de todos os países opuseram por aclamação a qualquer um que teve a audácia, o gênio, o talento, a felicidade de buscar, de descobrir e de manifestar verdades úteis.

Muitos repetem que o *homem é um animal crédulo*. Estão enganados: seria preciso dizer que *as crianças são crédulas, os adultos, por sua vez, são teimosos*. Não se encontra nenhum homem que acredite superficialmente e sem razões suficientes em qualquer outra coisa além daquilo que ele aprendeu na mais tenra infância. Como apontei então, não se trata de *credulidade*, mas sim de *hábito e teimosia*. Examine um adulto e não poderá deixar de observar que, longe de ser crédulo, mais frequentemente ele se encontra no extremo oposto. Seu espírito está fechado a novas ideias. Ele é levado a negar tudo que ignora. Erro ou verdade, ele combate igualmente tudo aquilo de que nunca ouviu falar. Há algumas exceções dentre homens muito superiores, mas a natureza mesma dessas exceções indica como elas são raras.

Não devemos nos surpreender e muito menos nos aborrecer quando nos deparamos com pessoas, inclusive com pessoas ilustres e estudiosas que, instruídas pela evidência do que sabem e formando a si mesmas ideias confusas do que não sabem, acreditam ter acesso ao termo dos conhecimentos possíveis à espécie humana e não concebem que possa existir uma nova ciência na Europa.

Se algum desses hábeis senhores lhe disser: "O que nos falta? O que ignoramos? Medimos os céus e a terra; observamos suas revoluções; calculamos seus movimentos; prevemos os eclipses; pesamos a atmosfera; conhecemos, avaliamos, empregamos a força dos ventos e das águas; descobrimos o fluido ativo que, quando localizado no interior dos corpos, tende sem cessar e com uma força prodigiosa a dispersar todas as partes, mas que, por também se encontrar ao redor desses mesmos corpos, comprime essas mesmas partes e as retém por meio de seu imenso esforço no lugar que lhes designa a natureza; em mais de um caso sabemos como guiar de acordo com nossa vontade a poderosa ação desse primeiro móvel universal, imitar os clarões e estrondos dos trovões; todas as propriedades dos seres parecem instrumentos preparados para nossa inteligência; aplicamos para nosso

Fisiocracia

uso o peso, o movimento, o modo como um nasce do outro; as maiores cargas são erguidas por nossas mãos frágeis e débeis; um mineral comunica ao ferro uma tendência natural em direção a um ponto do planeta, e isso é suficiente para que nós tracemos uma rota sobre a vasta área dos mares", seria preciso aplaudir tamanho esclarecimento. Mas e se você perguntasse a esse mesmo homem o que é necessário para que um sociedade política seja próspera, rica, poderosa; para que as famílias, para que os indivíduos que a compõem sejam o mais felizes possível, e que ele lhe respondesse "que isso não é um objeto de uma ciência exata, e que isso depende de uma infinidade de circunstâncias variáveis, difíceis de deslindar e de avaliar", não é preciso achar essa resposta ridícula, uma vez que ela parece natural e razoável àqueles que a dão em boa-fé; e cabe a você, ao propor questões com as quais poucos estão familiarizados, julgar de antemão como deve ser pequeno o número de pessoas que sabem de algo que não lhes foi ensinado por seus mestres. Considere que mesmo Montesquieu, para todos os propósitos tão estimado por ter instruído solidamente o gênero humano, nos diz, como um outro qualquer, que os princípios do governo devem se alterar segundo a forma da constituição, sem nos ensinar qual é a base primitiva, qual é o objeto comum a toda constituição de governo. Vemos assim esse homem sublime empregar quase exclusivamente a fineza extrema, a sagacidade superior de seu espírito, na busca e na invenção de razões particulares aos casos em questão.

No entanto, os homens não estão reunidos em sociedade civil por acaso. Não é sem razão que eles estendem a cadeia natural de seus deveres recíprocos, que eles estão submetidos a uma autoridade soberana. Eles tinham, eles têm um propósito *essencialmente* marcado pela natureza, para assim se conduzir. Com efeito, sua constituição física, igual àquela dos outros seres que os cercam, não permite que os meios para atingir esse propósito sejam arbitrários, pois não pode haver nada de arbitrário nos atos físicos que tendem a um fim determinado. Não se pode chegar a lugar algum exceto pelo caminho que para lá conduz.

Há, portanto, um caminho *necessário* para aproximar o máximo possível o objeto da associação dos homens da formação dos corpos políticos. Há, portanto, *uma ordem* natural, essencial e geral, que contém as leis constitutivas e fundamentais de todas as sociedades; *uma ordem* da qual as sociedades não podem se afastar sem se tornarem menos sociedades, sem que o estado político perca consistência, sem que seus membros se encontrem mais ou menos desunidos e em uma situação violenta; *uma ordem* que não pode ser inteiramente abandonada sem que ocorra a dissolução da sociedade e rapidamente a destruição absoluta da espécie humana.

Eis o que Montesquieu não sabia; o que esses pequenos autores autodenominados políticos, que acreditaram caminhar sobre as pegadas desse grande gênio, estavam ainda mais longe de entrever do que ele; o que é profundamente ignorado por uma multidão de homens de mérito bem instruídos em todos os conhecimentos que enumeramos no início deste texto.

Como todas as coisas deste mundo, a ignorância tende a se perpetuar. A nossa, sobre as verdades mais importantes de todas para os homens reunidos em sociedade, era mantida e nutrida por grande número de causas exteriores inúteis de desenvolver aqui. Não sabemos o quão mais ela teria durado, mas podemos julgar, pela resistência que ela atualmente opõe ao esclarecimento nascente, que seu temperamento era robusto. Há mais ou menos treze anos, um homem de gênio vigoroso (Quesnay), acostumado a meditações profundas, já conhecido por excelentes obras e por seu sucesso em uma arte na qual a grande habilidade consiste em observar e respeitar a natureza, percebeu que a natureza não limita suas leis físicas apenas aos campos estudados até então em nossos colégios e academias, e que, enquanto ela fornece às formigas, às abelhas e aos castores a faculdade de se submeter, de comum acordo e por seu interesse próprio, a um governo, bom, estável e uniforme, ela não recusa ao homem o poder de atingir a fruição da mesma vantagem. Impulsionado pela importância dessa visão e pelo aspecto das grandes consequências que daí poderiam ser tiradas, ele aplicou toda a penetração de seu espírito na busca das leis físicas relativas à sociedade, e finalmente conseguiu se certificar da base inflexível dessas leis, apreendê-la em conjunto, desenvolver seu encadeamento e dali extrair e demonstrar seus resultados. Esse todo formou uma doutrina inédita, afastada dos preconceitos adotados pela ignorância geral e muito acima da visão dos homens vulgares, nos quais o hábito contraído na infância de empregar unicamente a memória sufoca o poder de usar o juízo.

Fisiocracia

Contudo, o momento não era inteiramente desfavorável para a publicação dessa doutrina. Vincent de Gournay,* o intendente de comércio, como Quesnay, guiado unicamente pela precisão de seu gênio, chegou, ao mesmo tempo mas por um caminho diferente, à grande parte dos mesmos resultados práticos. Ele tinha começado a apresentá-los a seus superiores administrativos e, por meio de suas conversas e conselhos, a formar magistrados jovens e dignos que são hoje a honra e a esperança da nação, ao mesmo tempo que Quesnay apresentava na *Enciclopédia* os verbetes *Arrendatários* e *Cereais*, as primeiras obras públicas onde ele começou a exposição da ciência que devia a suas descobertas. Pouco tempo depois, este último inventou o *Quadro econômico*, aquela fórmula elegante que pinta o nascimento, a distribuição e a reprodução das riquezas, e que serve para calcular, com tamanha segurança, prontidão e precisão, o efeito de todas as operações relativas à riqueza. Essa fórmula, sua explicação e as *Máximas gerais de um governo econômico* a ela anexadas foram impressas com anotações de vários sábios no palácio de Versalhes, em 1758.

Três homens igualmente dignos de serem amigos do inventor da ciência e do *Quadro econômico*, o sr. de Gournay, o sr. marquês de Mirabeau e o sr. Mercier de la Rivière, se aliaram intimamente a ele. Do concurso de três homens de gênio com o primeiro instaurador dessa nova ciência, havia tudo para esperar a rapidez em seus progressos, mas uma morte prematura rouba o sr. de Gournay dos votos e da felicidade de seu país (1759). O sr. De la Rivière foi nomeado intendente da Martinica e, em seu zelo e prestatividade para servir sua pátria por meio de operações úteis, continuamente guiadas pelos luminosos princípios que o haviam penetrado, não lhe permitiram, durante o período de sua administração, ocupar-se dos cuidados de desenvolver aos outros a evidência desses princípios que guiavam seu

---

* Jacques Claude Marie Vincent (1712-1759), marquês de Gournay, comerciante que, ao longo da década de 1750, se tornou intendente de comércio da França, onde buscou implementar uma série de reformas liberalizantes. Deixou poucos escritos, mas influenciou de forma decisiva vários economistas do período, especialmente Turgot. A história contada aqui, de que não fosse sua morte prematura teria se juntado à fisiocracia, é um tanto fantasiosa. (N. T.)

imenso trabalho diário. O virtuoso *Amigo dos homens* se tornou o único a ajudar o espírito criador da ciência mais útil ao gênero humano, e começou essa nova carreira pela retratação pública dos erros que haviam escapado em seu *Tratado da população*. Ato generoso que basta para servir de padrão de comparação entre a força da mente, a honestidade do coração e a nobreza da alma desse verdadeiro cidadão; e a fraqueza, o orgulho vil e as manobras artificiosas de outros escritores do mesmo período, onde os erros eram bem mais consideráveis e muito mais perigosos, mas que, perseguidos pela evidência, queriam persuadir o público de que eles jamais se enganariam e que não devem a ninguém o conhecimento das verdades contraditórias de suas opiniões antigas que hoje ainda tentam em vão associar a elas.

Não bastava ao *Amigo dos homens* admitir que havia tomado consequências por princípios, era necessário que ele reparasse seus erros publicando verdades. Ele o fez. Vimos sair de sua pena fecunda uma *Introdução nova* à sua *Dissertação sobre os estados provinciais*,[1] uma refutação da crítica que um *trabalhador das finanças* havia feito a essa dissertação,[2] um eloquente *Discurso* dirigido à sociedade de Berna para a agricultura,[3] uma excelente obra sobre as corveias,[4] uma explicação do *Quadro econômico*, a *Teoria do imposto*, a *Filosofia rural* etc. Formados por suas lições e pelas do mestre que ele adotou e guiados pela evidência de sua doutrina, alguns autores começaram a seguir seus passos. Corpos inteiros, e corpos respeitáveis, da Academia de Ciências e

---

1 Tomo IV da edição de *Amigo dos homens*, em sete volumes, com as datas de 1736, 1738 e 1760. Ela também conta com a dissertação, publicada pela primeira vez em 1750. (N. A.)

2 Tomo V da mesma edição, contendo, entre outras obras: *Questões interessantes sobre a população, a agricultura e o comércio, propostas à Academia e a outras sociedades científicas das províncias*, por Quesnay e Marivelt. A crítica da *Dissertação sobre os estados provinciais* é do autor do livro intitulado *O cidadão financista*. (N. A.)

3 Tomo VI da mesma edição, contendo um resumo dos seis primeiros livros do *Curso completo de economia rural*, de Th. Hale. (N. A.)

4 Tomo VII da mesma edição, contendo também a *Explicação do Quadro econômico*. A obra sobre e contra as corveias, que o autor intitula *Resposta às Vias públicas*, é uma refutação do *Ensaio sobre as vias públicas, as pontes e os pavimentos da França*, por um autor cujo nome não nos é conhecido. (N. A.)

Belas-Letras de Caen, a Sociedade Real de Agricultura de Orléans, estudaram a nova ciência e se declararam seus defensores.

Nesse estado se encontrava essa ciência, tão longamente desprezada, quando o sr. De la Rivière retornou da Martinica para acelerar e precipitar seus progressos. Ele prontamente retomou o curso dos estudos que o havia ocupado durante sua viagem. Ele a enriqueceu publicando, sob o nome de M. G., algumas dissertações no *Jornal do comércio* e, finalmente, compôs o livro intitulado *Da ordem natural e essencial das sociedades políticas*, que acabou de ser publicado. Esse excelente livro guarda em sua lógica, às vezes eloquente e cerrada, a ordem mesma que ele expõe a seus leitores. Sempre evidente às mentes fortes, ele tem em grau elevadíssimo a arte de se fazer inteligível às mentes fracas, apreendendo o lado pelo qual as verdades menos conhecidas estão intimamente ligadas às verdades mais conhecidas. Ele apresenta sua união com uma evidência tão singela que cada um imagina ter sido o primeiro a pensar coisas que jamais contemplara. É essa singeleza sublime que desmonta os sofismas e que irresistivelmente faz a evidência entrar em sua mente que os amigos do autor denominam de *simplicidades do sr. De la Rivière*. E ele não tem nenhuma *simplicidade* que não seja um clarão de gênio.

Considerar-me-ia muito feliz se pudesse apresentar aqui, de modo digno, uma ideia clara e rápida das principais verdades cujo encadeamento, descoberto pelo dr. Quesnay, foi desenvolvido de modo tão superior e claro nesse livro sublime. A convicção que elas guardam depois de tanto tempo em minha alma me impede de resistir ao desejo de tentar essa empreitada, talvez acima de minhas forças; mas antes de ceder a esse desejo imperioso, acredito dever prevenir meus leitores de uma reflexão que retirei do antigo *Jornal da agricultura, do comércio e das finanças*[5] (edição de agosto de 1766, p.88), e que aponta que *seria tão imprudente julgar uma obra a partir do resumo, mesmo que o mais fiel e bem-feito, como julgar a beleza de um quadro pelo esboço de sua cópia, ou daquele de um corpo a partir de seu esqueleto.*

---

5 Aquele que hoje é denominado de *Jornal da agricultura, do comércio e das finanças* começou em 1765 e terminou em novembro de 1768, inclusive. O novo começou em dezembro de 1768. Acredita-se que ele ainda exista, mas sabemos que essas duas obras periódicas só se assemelham pelo título (N. A.)

§ I

Há uma sociedade natural, anterior a toda convenção entre os homens, fundada sobre sua constituição [física], sobre suas carências físicas, sobre seu interesse evidentemente comum.

Nesse estado primitivo, os homens têm *direitos* e *deveres* recíprocos de uma justiça *absoluta*,[6] porque de uma necessidade física e, por consequência, *absoluta* em sua existência.

Não há direitos sem deveres e não há deveres sem direitos.

Anteriormente às convenções, os *direitos* de cada homem consistem na *liberdade* de prover à sua subsistência e a seu bem-estar a *propriedade* de sua pessoa e daquelas coisas adquiridas pelo trabalho de sua pessoa.[7]

---

6 O *justo* absoluto, diz-nos textualmente Mercier de la Rivière, pode ser assim definido: "uma ordem de deveres e de direitos que são de uma necessidade física e, por consequência, absoluta. Assim, o injusto absoluto é tudo que se encontra contrário a essa ordem. O termo *absoluto* não é empregado aqui em oposição ao termo *relativo*, pois é apenas no relativo que o justo e o injusto podem ter lugar, mas porque, a rigor, o que não passa de um justo relativo se torna um justo absoluto através da relação com a necessidade absoluta que temos de viver em sociedade" (T.I, p.17). (N. A.) [ver *A ordem natural e essencial*, Primeira parte, cap.II, neste volume , p.256 (N. T.)]

7 "Não creio", diz Mercier de la Rivière, "que se queira recusar a um homem o direito natural de prover à sua própria conservação: esse primeiro direito não é nele senão o resultado de um primeiro dever que lhe é imposto sob pena de dor e mesmo de morte. Sem esse direito, sua condição seria pior que a dos animais, pois todos eles possuem um direito semelhante. Ora, é evidente que o direito de prover à própria conservação inclui o direito de adquirir, através de suas buscas e seus trabalhos, as coisas úteis à sua existência e o de conservá-las depois de tê-las adquirido. É evidente que esse segundo direito não passa de uma ramificação do primeiro: não se pode dizer ter adquirido o que não se tem direito de conservar e, desse modo, o direito de adquirir e o direito de conservar formam em conjunto um único e o mesmo direito, mas considerado em tempos diferentes.

É, então, da própria natureza que cada homem tenha a propriedade exclusiva de sua pessoa e a das coisas adquiridas por suas buscas e seus trabalhos. Digo a propriedade *exclusiva*, pois, se ela não fosse *exclusiva*, não seria um direito de propriedade. Se cada homem não fosse, exclusivamente a todos os outros homens, proprietário de sua pessoa, seria preciso que os outros homens tivessem sobre ele direitos semelhantes aos dele. Nesse caso, não se poderia mais dizer que um homem tem o direito natural de prover à sua conservação: assim que ele quisesse utilizar-se de um tal direito, os outros também possuiriam o direito de o impedir, pois um direito deixa

As convenções só podem ser feitas entre os homens para reconhecer e para se garantir mutuamente esses direitos e deveres estabelecidos pelo próprio Deus.

Há, portanto, uma ordem natural e essencial[8] à qual as convenções sociais se submetem, e essa ordem é aquela que garante aos homens reunidos em

---

de ser um direito a partir do momento em que os direito dos outros não nos deixa mais a liberdade de usufruí-lo" (T.I, p.18, p.19). (N. A.) [ver *A ordem natural e essencial*, cap.II, neste volume. (N. T.)]

8 Mercier de la Rivière a define nos seguintes termos: "A ordem essencial a todas as sociedades particulares é, portanto, a ordem dos deveres e dos direitos recíprocos cujo estabelecimento é essencialmente necessário à maior multiplicação possível das produções, a fim de oferecer ao gênero humano a maior soma possível de bem-estar e maior multiplicação possível" (T.I., p.43). (N. A.)
O autor adiciona que a propriedade serve de base fundamental a essa ordem e é então preciso seguir essa proposição do desenvolvimento: "Nada é tão simples quanto a ordem essencial das sociedades, nada é tão fácil de ser concebido do que os princípios imutáveis que a constituem, eles estão todos contidos nos três ramos do direito de propriedade. É fácil demonstrá-lo.
A propriedade pessoal é o primeiro de todos os demais direitos. Sem ela não há propriedade mobiliária nem propriedade fundiária e tampouco sociedade.
A propriedade mobiliária não passa, por assim dizer, de uma maneira de usufruir da propriedade pessoal, ou melhor, é a própria propriedade pessoal considerada nas relações que ela necessariamente mantém com as coisas próprias à nossa fruição. Somos então obrigados a respeitar e proteger a propriedade mobiliária para não destruir a propriedade pessoal, a propriedade fundiária e a sociedade.
A propriedade fundiária está estabelecida sobre a necessidade em que ela se encontra perante as duas propriedades anteriores, que sem ela se tornariam nulas. A partir do momento em que houvesse mais homens que bens de subsistência, a carência os faria matar uns aos outros e então não haveria mais propriedade mobiliária nem propriedade pessoal e tampouco sociedade.
Esses três tipos de propriedade estão de tal modo unidos que devemos tomá-los como formando um único todo do qual nenhuma parte pode ser destacada sem resultar na destruição das outras duas. A ordem essencial a toda sociedade consiste, portanto, em conservar todas as três em sua completude, ela não pode admitir nada que possa prejudicar nenhuma dessas três propriedades.
Mas, ser-me-á objetado, não existem outras instituições sociais que necessariamente fazem parte da ordem essencial das sociedades? Isso é verdade, mas elas aparecem ali unicamente como consequências necessárias e não como princípios primeiros. É ao direito de propriedade que é preciso remontar para encontrar a necessidade dessas instituições" (ibid., p.45, 46 e 47). (N. A.) [ver *A ordem natural e essencial*, Primeira parte, cap.IV, neste volume, p.268-69. (N. T.)]

Quesnay • Mirabeau • Badeau • Rivière • Dupont

sociedade *o usufruto de todos os seus direitos pela observação de seus deveres*. A submissão exata e geral a essa ordem é a condição única com a qual cada um pode contar e deve esperar com certeza a participação em todas as vantagens que a sociedade pode se proporcionar.

§2

Os produtos espontâneos da terra e das águas não são suficientes para garantir a subsistência de uma população numerosa nem para proporcionar a todos os homens as fruições de que são suscetíveis.

Contudo, a natureza do homem invencivelmente o leva a propagar sua espécie, a se proporcionar a fruição e a fugir dos sofrimentos e privações o máximo possível.

A natureza prescreve ao homem, portanto, a arte de multiplicar os produtos da cultura, para melhorar seu estado e para fornecer abundantemente às carências das famílias crescentes.

A cultura só pode se estabelecer através de trabalhos preparatórios e dos *adiantamentos fundiários*, preliminares indispensáveis aos trabalhos anuais, dos adiantamentos perpetuamente mantidos e das despesas perpetuamente renovadas, que denominamos propriamente de *cultura*.

Antes de cultivar, é preciso cortar as árvores, é preciso limpar o terreno, é preciso extirpar as raízes; é preciso escoar as águas estagnadas ou que correm entre dois terrenos, é preciso construir edifícios para juntar e conservar as colheitas etc.

Ao empregar sua *pessoa* e suas *riquezas mobiliárias* nos trabalhos e nas despesas preparatórias à cultura, o homem adquire a *propriedade fundiária* do terreno sobre o qual trabalhou. Privá-lo desse terreno consistiria em subtrair-lhe o trabalho e as riquezas consumidas em sua exploração; consistiria em violar sua *propriedade pessoal* e sua *propriedade mobiliária*.

Ao adquirir a *propriedade do fundo*, o homem adquire a *propriedade dos frutos* produzidos por esse fundo. Essa propriedade dos frutos é o objetivo de todas as despesas e de todos os trabalhos feitos para adquirir ou criar as propriedades fundiárias. Sem ela, ninguém faria essas despesas nem esses trabalhos; não haveria proprietários fundiários e a terra permaneceria virgem, em grande detrimento da população existente ou a existir.

Se o homem, que se tornou proprietário fundiário pelo emprego lícito de suas propriedades pessoais e mobiliárias, associa-se a outro homem para continuar a exploração de sua terra ou mesmo se, depois de ter feito todas as despesas fundiárias, ele entra em acordo com outro que se encarrega de todas as despesas da *cultura* propriamente dita, ele natural e livremente entra em uma convenção pela qual cada um dos contratantes obterá dos frutos da propriedade uma parte proporcional ao trabalho e despesas, de tal modo que o direito de propriedade pessoal e mobiliária de ambos se conserva em sua totalidade.

§3

Acabamos de ver que, independente dos *adiantamentos fundiários*, a cultura exige um fundo de adiantamentos perpetuamente existente, que em conjunto com a terra forma, por assim dizer, a matéria-prima desses trabalhos. Tais são os instrumentos de arado, as carroças, os animais de trabalho e o necessário para adubar as terras etc.

Esses *adiantamentos primitivos* da cultura são perecíveis e estão sujeitos a diversos acidentes. É preciso mantê-los, repará-los, renová-los sem cessar.

É necessário ainda encontrar a subvenção para as despesas anuais que envolvem os salários e a manutenção de todos os homens e de todos os animais cujos trabalhos concorrem à exploração das terras.

É assim indispensavelmente necessário que reserve anualmente do valor da colheita uma soma suficiente para manter os adiantamentos primitivos e para pagar as despesas anuais da cultura do ano seguinte; sem o que colocaríamos a cultura em um declínio notável e progressivo, o qual trará inevitavelmente uma redução proporcional da massa dos produtos que renascem e na população.

É igualmente necessário que essa soma a ser retirada das colheitas em prol da perpetuidade da cultura não seja tão estritamente calculada a partir das despesas correntes que ela deve pagar, de modo a não deixar ao cultivador os meios de suportar acidentes causados pelas intempéries das estações, tais como neve, tempestades, secas, inundações etc., sem o que esses acidentes inevitáveis retirariam dos cultivadores a faculdade de continuar seus trabalhos e destruiriam não apenas a colheita de um ano, mas aquela de anos consecutivos.

Essas somas que devem ser anualmente dedicadas à perpetuação das colheitas consistem no que denominamos de *retomada dos cultivadores*.

O cuidado em se garantir o retorno forma o objeto das livres convenções que os empreendedores da cultura decidem com os proprietários fundiários.

§4

Quando reservamos da colheita a *retomada dos cultivadores*, essas somas necessárias para pagar os custos da cultura no ano seguinte e para manter o fundo de adiantamentos perpetuamente existente em animais, instrumentos etc.; essas que a natureza exige e determina imperiosamente o emprego anual na exploração da terra: o restante se denomina *produto líquido*.

Esse *produto líquido* é a parte da *propriedade fundiária*. É o preço das despesas e dos trabalhos de abertura, drenagem, plantação, edificações etc., feitas para deixar a terra em estado de ser cultivada.

Quanto mais considerável é esse produto líquido, mais vantajoso é ser proprietário fundiário.

Quanto mais vantajoso é ser proprietário fundiário, mais se encontrará pessoas que dedicam despesas e trabalhos para criar, adquirir, estender e melhorar as propriedades fundiárias.

Quanto mais pessoas empregam despesas e trabalhos para criar ou melhorar propriedades fundiárias, mais a cultura se estende e se aperfeiçoa.

Quanto mais a cultura se estende e se aperfeiçoa, mais produtos consumíveis são gerados anualmente.

Quanto mais os produtos consumíveis se multiplicam, mais os homens podem usufruir e, consequentemente, mais são felizes.

Quanto mais os homens são felizes, mais a população cresce.

É desse modo que a prosperidade da humanidade inteira está ligada ao maior *produto líquido* possível, ao melhor estado possível dos proprietários fundiários.

§5

Para que ocorra o maior *produto líquido* possível, é preciso que todos os trabalhos que concorrem ao renascimento e à venda da produção sejam executados com o mínimo de despesas possível.

Para que esses trabalhos sejam executados com o mínimo de despesas possível, é preciso que exista a maior concorrência possível entre aqueles que fazem os adiantamentos e os que secam o suor de seu trabalho; pois, na concorrência, cada um *se esforça* para economizar nos custos de seu trabalho, no intuito de merecer a preferência, e essa economia geral se dirige ao lucro de todos.*

Para que exista a maior concorrência possível entre todos os que executam e entre todos os que fazem executar os trabalhos humanos, é preciso que exista a maior *liberdade* possível no emprego de todas as propriedades pessoais, mobiliárias e fundiárias, e a maior *segurança* possível na posse daquilo que se adquire pelo emprego dessas propriedades.

Não se pode interferir, o mínimo que seja, na liberdade de emprego das propriedades pessoais, mobiliárias ou fundiárias sem diminuir o produto líquido da cultura e, consequentemente, o interesse que se busca em cultivar e, consequentemente, a própria cultura e, consequentemente, a massa de produtos consumíveis e, consequentemente, a população.

Cometer esse atentado significaria declarar guerra a seus semelhantes; seria violar os direitos e faltar com os deveres instituídos pelo Criador; seria se opor a seus decretos e, na medida de nossa fraqueza, seria cometer um crime de lesa-majestade divina e humana.

A liberdade geral de usufruir de toda a extensão de seus direitos de propriedade supõe necessariamente, a cada indivíduo, a segurança completa desse usufruto e, portanto, proscreve evidentemente todo o emprego das faculdades de um contra a propriedade dos outros.

Não há propriedade sem liberdade, não há liberdade sem segurança.

---

* O termo *concorrência* (assim como seus correlatos) é ambíguo e comporta, ao menos, dois significados distintos: um primeiro, de confluência, de somatória de meios para que um fim comum seja atingido; um segundo, de competição, luta ou rivalidade, de choque de interesses semelhantes. Nesse texto, o primeiro significado predomina. O termo reaparece nos parágrafos 19 e 20. (N. T.)

§6

Para que exista a maior liberdade possível no emprego [das faculdades] e a maior segurança possível no usufruto das propriedades pessoais, mobiliárias e fundiárias, é preciso que os homens reunidos em *sociedade* garantam mutuamente essas propriedades e reciprocamente as protejam de suas forças físicas.

A *sociedade* consiste propriamente nessa garantia e proteção mútuas.

§7

Se, para ter a garantia mútua do direito de propriedade, fosse preciso que os homens velassem para defender suas posses e a de outros, eles estariam em um estado menos vantajoso do que no estado primitivo, onde cada um tinha que conservar apenas seu próprio bem. É preciso, portanto, uma autoridade tutelar que vele por todos enquanto cada um se ocupa de seus negócios.

Para que essa autoridade atenda ao importante ministério que lhe é confiado, é preciso que ela seja soberana e que esteja armada de uma força superior a todos os obstáculos que ela pode encontrar.

É preciso também que ela seja única. A ideia de várias autoridades em um mesmo estado não passa de um completo absurdo. Se elas são iguais, não têm autoridade, só haverá aí anarquia em maior ou menor grau. Se uma dentre elas é superior, ela é a autoridade, as outras não são nada.

§8

A autoridade soberana não é instituída para *fazer leis*, pois *as leis são todas feitas* pela mão daquele que criou os *direitos* e os *deveres*.

As *leis sociais* estabelecidas pelo ser supremo prescrevem unicamente a conservação do *direito de propriedade* e da *liberdade* que lhe é inseparável.

Os decretos dos soberanos, denominados de *leis positivas*, não são outra coisa senão *atos declaratórios dessas leis essenciais da ordem social*.

Se os decretos dos soberanos fossem contraditórios às *leis da ordem social*, se proibirem o respeito à propriedade, se ordenarem a queima das colheitas, se prescreverem o sacrifício de crianças pequenas, eles não seriam leis, mas atos insensatos que não seriam obrigatórios a ninguém.

Há assim um juiz natural e irrecusável dos próprios decretos dos soberanos, e esse juiz é a *evidência de sua conformidade ou de sua oposição às leis naturais da ordem social*.

A causa do extremo respeito e da completa obediência que devemos *às leis* vem do fato de elas serem vantajosas a todos e de que os homens seriam obrigados a se submeter a elas por *religião de foro interior*, mesmo no caso de elas não terem sido promulgadas pelo soberano e de este último não empregar todo o poder de sua autoridade benfazeja em as fazer observar.

Os soberanos são obrigados a promulgar, por meio de *decretos positivos, as leis naturais e essenciais da ordem social*, e eles têm o direito de assumir esse sacro ministério. Depositários de todas as forças da sociedade, cabe unicamente a eles *declarar*, em nome da sociedade, *guerra aberta* a todos os que violam os direitos de seus membros.

Desse modo, o que se denomina de *poder legislativo* não pode ser aquele de criar, mas o de *declarar as leis* e de assegurar sua observação. Ele pertence exclusivamente ao soberano porque é ao soberano que o *poder executivo* pertence de modo exclusivo, pela própria natureza da soberania.

Esses dois poderes não podem ser separados sem desordem, pois o direito de comandar se tornaria nulo sem o poder de fazer obedecer.

§9

Pela própria razão de que o soberano possui o poder legislativo e o poder executivo, a função de julgar os cidadãos é incompatível com a soberania.

Ela é incompatível com a soberania, pois a função de julgar exige a aplicação da lei a casos particulares, o que envolve a pesquisa de uma infinidade de fatos particulares aos quais o soberano não pode se dedicar.

Ela é incompatível com a soberania pois furtaria à soberania e às leis a santidade de seu caráter. Ela exporia o soberano a todas as seduções possíveis e à suspeita perpétua de todas as seduções possíveis. Não seria mais possível saber se ele fala como legislador ou como juiz. Não haveria mais verdadeiras *leis positivas*; todas as prisões seriam vistas como vontades de momento.

Ela é incompatível com a soberania, pois, nos casos em que o soberano cometesse um erro em seu julgamento – e é impossível que, às vezes, juízes não cometam em relação a fatos equívocos e difíceis a constatar, como seria ainda mais impossível a um soberano (que não tem jamais o luxo de um exame suficiente na infinidade de tarefas que o esmaga) frequentemente não cometer erros –, não haveria ninguém a quem se dirigir para reformar o julgamento. E, por ter querido fazer justiça, o soberano estaria privado de poder deixar que a justiça fosse feita.

É preciso então que haja magistrados estabelecidos para fazer a aplicação da lei, para examinar as contestações que surgem entre os particulares e mesmo entre o soberano, como protetor do público, e os particulares acusados de ter violado a ordem pública, e para declarar, depois de um exame suficiente, *que um tal é* [culpado ou inocente] *em tal caso sobre o qual a lei se pronuncia.*

Para que seja evidente que os magistrados tenham conduzido um exame suficiente nas questões submetidas a seu julgamento, é preciso que elas estejam submetidas a formas que constatem esse exame.

O direito de regular essas formas pertence ao soberano como um ramo da legislação positiva.

§10

Como os magistrados estão encarregados de julgar a partir das leis positivas e em conformidade às regras prescritas pelas leis positivas e têm de decidir desse modo a respeito dos bens, da vida, da honra de seus concidadãos, eles são religiosamente obrigados a começar julgando as leis positivas.

Ao ser encarregado de pronunciar sentenças contra seus semelhantes, é evidente que será considerado culpado um magistrado que o faça a partir de leis *evidentemente injustas.*

Os magistrados devem, portanto, comparar os decretos positivos com as leis da justiça essencial, que regula os direitos e os deveres de cada um e que são a base da ordem social, antes de começar a julgar a partir desses decretos.

A ignorância não pode justificar os magistrados de não ter feito esse exame e essa comparação, pois a própria ignorância é um crime capital em

Fisiocracia

um homem que aceita um ministério sério que exige *essencialmente* daqueles que o ocupem que não sejam ignorantes.

§II

O exame ao qual os magistrados estão obrigados não tem como prejudicar a autoridade soberana, pois, sendo a autoridade soberana o que é por ser depositária das forças públicas, seu único interesse é o de fazer crescer as forças à sua disposição por meio das melhores leis positivas.

A autoridade soberana é a depositária das forças públicas e de seu comando porque a evidência do interesse comum reúne nela todas as vontades.

O poder e a autoridade soberana são constituídos por essa reunião das vontades e das forças.

Eis porque o que é vantajoso aos indivíduos faz crescer o poder e a autoridade do soberano.

Trata-se de uma ofensa grave aos soberanos supô-los, a um só tempo, injustos e insensatos, pois seria supor que eles querem diminuir seu poder e autoridade ao desagregar, através de injustiças evidentes, as vontades e as forças naturalmente levadas a se reunir em sua pessoa.

Quando, portanto, escapa um erro ao soberano em seus decretos positivos, isso só pode ter ocorrido involuntariamente, e os magistrados lhe servirão de maneira útil, fiel e religiosa ao fazê-lo observar esses erros involuntários.

§12

Para que os magistrados possam cumprir essa função inseparável de seu magistério, a importante função de verificar os decretos positivos comparando-os com as *leis naturais e essenciais da ordem social*, como apontamos, é preciso que os magistrados estejam profundamente instruídos a propósito dessas leis primitivas e fundamentais de toda sociedade.

Para ter certeza de que os magistrados são esclarecidos e suficientemente instruídos sobre as leis naturais da ordem social, é preciso que se possa julgar seu grau de estudo e sua capacidade a esse respeito.

321

Para que se possa julgar a capacidade dos magistrados, é preciso que a própria nação seja muito esclarecida sobre os direitos e os deveres recíprocos dos homens reunidos em sociedade, e sobre as leis físicas da reprodução e da distribuição das riquezas.

Para que a nação seja suficientemente esclarecida sobre essas leis naturais, é preciso estabelecer ali uma educação pública e geral, favorecer as obras doutrinais desse gênero, de modo que o último cidadão tenha pelo menos um leve vestígio [de conhecimento dessas leis] e que todos os que pretendem se tornar uma dignidade qualquer conheçam-nas de forma exata, profunda e complexa.

§13

A autoridade soberana só pode cumprir suas funções tutelares de garantia da propriedade de todos e de cada um por meio de forças superiores a todas aquelas que quiserem atacá-la, e de sustento dos custos da justiça distributiva e da instrução pública, através de despesas e inclusive de despesas consideráveis.

Portanto, é preciso que a sociedade pague essas despesas que são essenciais à conservação da sociedade, à observação da ordem e à manutenção do direito de propriedade.

A parte da riqueza que paga essas despesas públicas é denominada de *imposto*.

O *imposto*, enquanto conservador da propriedade, é o grande laço, o nó federativo, o *vinculum sacrum* da sociedade. Esse objeto é tão importante que dedicaremos vários parágrafos à explicação das leis naturais que o concernem.

§14

Não cabe aos homens estabelecer o imposto segundo seu capricho. Há uma base e uma forma *essencialmente* estabelecidas pela ordem natural.

Quando dizemos que *não depende dos homens*, queremos dizer homens esclarecidos e razoáveis. Ninguém contesta o poder físico de cometer grandes equívocos nos ignorantes, mas, nesse caso, as leis naturais os submetem a punições severas, inevitavelmente ligadas a esses equívocos. Isso é tudo que se quer dizer aqui.

O imposto deve cobrir essas despesas que renascem perpetuamente. Portanto, ele só pode ser coletado das riquezas que renascem.

O imposto nem sequer pode ser suportado indiferentemente por qualquer riqueza que renasce. A natureza recusou a faculdade de contribuir ao imposto àquelas que denominamos de *retomadas dos cultivadores* (ver §3), uma vez que ela imperiosamente lhe impôs a lei de ser empregada por inteiro para manter e perpetuar a cultura, sob pena de ver desaparecer progressivamente a cultura, as colheitas, a população, os impérios.

A parte das colheitas denominada de *produto líquido* (ver §4) é, portanto, única a contribuir com o imposto, a única que a natureza tornou adequada a sustentá-lo.

É, portanto, da *essência* do imposto ser uma parte do produto líquido da cultura.

§15

A finalidade do imposto é a conservação do direito de propriedade e da liberdade do homem em toda a sua extensão natural e primitiva; conservação que é a única que pode assegurar a multiplicação das riquezas e da população.

Toda forma de tributação que restrinja a propriedade e a liberdade do homem e que, necessariamente, diminua as riquezas e a população será, portanto, manifestamente oposta à finalidade do imposto.

Se tributássemos as pessoas, as mercadorias, as despesas, o consumo, a percepção desses tributos seria muito custosa; sua existência interferiria na liberdade dos trabalhos humanos e necessariamente aumentaria os custos de comércio e de cultura (ver §5).

Esse aumento dos custos de comércio e de cultura, essas taxas dispendiosas entre a produção e o consumo não têm como aumentar a riqueza de nenhum comprador ou consumidor, e não poderiam levar ninguém a despender mais do que seu rendimento.

Elas forçariam, pois, os compradores a subdemandar as mercadorias e as matérias-primas em razão da taxação e de sua custosa percepção, assim como dos acréscimos dos custos intermediários de comércio e de fabricação que a taxação e sua percepção ocasionariam.

Elas levariam necessariamente a uma redução proporcional do preço de todas as vendas de primeira mão.

Os cultivadores que fazem essas vendas se veriam assim em déficit de receitas, pela diminuição do preço de suas mercadorias e matérias-primas.

Eles se veriam, pois, forçados a abandonar a cultura dos terrenos piores ou medianos que, antes da diminuição do preço dos produtos, rendiam pouco ou nada além do reembolso dos custos de sua exploração e que, por essa diminuição do valor das colheitas, não poderiam mais reembolsar os custos necessários para o cultivo. Daí surgiria uma primeira e notável diminuição da massa total na subsistência e no conforto do povo, e rapidamente na população.

Ademais, os cultivadores seriam forçados a subtrair, seja do rendimento dos proprietários, seja das despesas de sua cultura, uma soma igual ao déficit que eles experimentam em sua receita.

Se os cultivadores puderem subtrair essa soma dos rendimentos dos proprietários fundiários (como seria justo, uma vez que esse rendimento é o único disponível, na medida em que as retomadas dos cultivadores são essencialmente hipotecadas pelos trabalhos da reprodução), é então evidente que os proprietários suportariam por inteiro as taxas cobradas sobre as pessoas, os trabalhos, os produtos e as mercadorias, assim como os custos multiplicados de percepção dessas taxas e a diminuição do valor de sua existência que o desdobrar dos inconvenientes que se seguem causariam à colheita.

Nesse caso, é igualmente evidente que isso custaria muito mais aos proprietários fundiários do que se eles tivessem pago diretamente ao fisco, a partir de seus rendimentos, uma soma igual àquela que o soberano retiraria dos tributos indiretos, sem custos de percepção, e sem que o valor dos produtos que são a base de seu rendimento fosse diminuído.

Se os cultivadores estivessem ligados aos proprietários fundiários por contratos que os obrigassem a pagar anualmente uma soma determinada,

Fisiocracia

eles seriam forçados a subtrair das despesas de sua cultura proporcionalmente à perda que a diminuição do preço dos produtos lhe ocasionassem e ao pagamento que eles seriam constrangidos a fazer pela tributação indireta e pelos custos de sua percepção.

Esse recuo das despesas produtivas inevitavelmente levaria à diminuição da produção, pois as despesas necessárias para a cultura são uma condição essencial e *sine qua non* das colheitas. Não é possível suprimir essas despesas sem suprimir as colheitas; não é possível diminuí-las sem que as colheitas diminuam proporcionalmente.

Se o aluguel que vincula os cultivadores aos proprietários fundiários tiver ainda vários anos para ser cumprido, e se aos primeiros for possível apenas a resignação, a degradação se tornará progressiva e tão mais rápida quanto o cultivador for obrigado a pagar *anualmente* o mesmo aluguel e o mesmo tributo sobre uma colheita *anualmente* enfraquecida pelo efeito desses pagamentos, os quais ele pode satisfazer unicamente por meio da diminuição *anual* das despesas de sua cultura.

Essa degradação, tão temível à população, recairá necessariamente, por fim, sobre os proprietários fundiários e sobre o soberano, seja em razão da ruína dos empreendedores de cultura, seja pela expiração de seus aluguéis.

Aos empreendedores de cultura que ainda puderem renovar seus aluguéis, instruídos pela experiência, estipularão [seus contratos] de modo a repassar as perdas que eles arcaram ou, ao menos, de modo a não mais se exporem a [perdas] semelhantes no futuro. Com suas faculdades enfraquecidas de modo a não lhes ser mais permitido conduzir suas explorações tão vantajosamente como no passado, eles se vincularão apenas em razão da impotência à qual foram reduzidos pela perda de uma parcela de suas riquezas, pela diminuição no preço das vendas de primeira mão e pela sobretaxa da tributação indireta e dos custos de sua percepção.

O empobrecimento desses empreendedores da cultura e a ruína daqueles aos quais não restará mais a faculdade de fazer os adiantamentos dos custos de exploração desviará os homens ricos dessa profissão que lhes apresenta apenas a perspectiva da perda de sua fortuna. A cultura da maior parte das terras será abandonada a infelizes trabalhadores manuais sem meios, aos quais os proprietários fundiários serão obrigados a fornecer a subsistência. Então:

impossibilidade de obtenção de animais vigorosos para a execução dos trabalhos com força e celeridade, assim como de animais em quantidade suficiente para adubar a terra; falta de fertilizantes necessários; insuficiência de reparos e de manutenção indispensáveis para as construções, canais etc.; extinção quase completa das colheitas, da subsistência, da população, do produto líquido que constitui a riqueza dos proprietários fundiários, do rendimento público que não pode ser outra coisa senão uma parte desse produto líquido (ver § precedente), do poder do soberano que está fundado sobre o rendimento público.

TRIBUTAÇÃO INDIRETA; CAMPONESES POBRES. CAMPONESES POBRES; REINO POBRE. REINO POBRE; SOBERANO POBRE.

§16

Estendemos o parágrafo precedente para dar uma ideia dos males aos quais uma nação se expõe quando acredita poder se governar ou ser governada de modo arbitrário, ao passo que a natureza nos circundou de leis supremas e de um encadeamento físico e inviolável de causas e efeitos que não deixam à nossa inteligência e à nossa liberdade outra tarefa senão a de as estudar e de a elas conformar nossa conduta, tanto para aproveitar as vantagens que elas nos oferecem quanto para evitar os males que elas inevitavelmente atraem quando recusamos ou negligenciamos o esclarecimento a respeito da ordem que elas constituem e de nos submeter àquilo que nos é prescrito por essa ordem.

Acabamos de ver que quando queremos tomar uma rota indireta para coletar o imposto, ele continua sendo pago, em última análise, pelo *produto líquido* dos bens fundiários; mas que ele é coletado então de um modo extremamente desastroso e muito mais oneroso aos proprietários fundiários; que ele atrapalha a liberdade e restringe a propriedade dos cidadãos; que ele leva à diminuição da massa de produtos e [diminui] ainda mais a soma dos rendimentos do território; que ele leva à miséria e ao despovoamento; que ele arruína progressivamente a cultura, os cultivadores, os proprietários fundiários, a nação e o soberano.

Com isso, é evidente que a tributação indireta é inteiramente contrária à finalidade do imposto, à do estabelecimento da autoridade soberana e àquela da sociedade.

É, portanto, evidente que o imposto deve ser cobrado diretamente do produto líquido e disponível dos bens fundiários; pois então ele não incomoda as combinações legítimas e necessárias dos cultivadores, aos quais é indiferente entregar uma parcela do produto líquido nas mãos do soberano ou nas dos proprietários fundiários. A liberdade de todos os trabalhos continuaria completa, e o preço das colheitas nas vendas de primeira mão não diminuiria em nada, porque a ordem das despesas não seria modificada, porque nada os impediria de retornar diretamente à terra para pagar a produção e porque a autoridade tutelar apenas substituiria os proprietários fundiários na despesa de parte do produto disponível.

Cabe então examinar quais regras a natureza indica para a coleta *direta* da parte que deve pertencer ao imposto no produto líquido do território.

§17

De partida, é evidente que a proporção entre imposto e produto líquido não deve ser arbitrária.

Ela não o deve ser da parte da autoridade soberana; pois então o soberano poderia invadir todas as propriedades e ele não seria mais visto como seu conservador, as vontades seriam levadas mais a dele desconfiar do que a obedecê-lo, e ele rapidamente não teria mais autoridade.

Essa proporção também não deve ser arbitrária da parte dos proprietários fundiários, pois, em um momento de ignorância, um interesse mal compreendido poderia levá-los a diminuir o rendimento público de modo a prejudicar a consistência da sociedade, a segurança de sua constituição fundada sobre a conservação da propriedade.

É evidente ainda que o imposto não pode ser invariavelmente fixado em uma soma determinada; pois um rendimento público suficiente para uma sociedade frágil e comerciante não o seria para uma sociedade extensa e rica que desbravou e pôs valor em um grande território; do mesmo modo que a soma que fosse necessária para essa sociedade florescente se tornaria excessiva, onerosa e destruidora para a mesma sociedade se circunstâncias externas ou erros políticos restringissem o produto líquido de sua cultura, reaproximando-o de seu estado de fragilidade primitiva.

É uma opinião bastante duvidosa aquela que nos induz a acreditar que seria preciso, para assegurar sua defesa, que todo o estado fosse submetido a um imposto capaz de bancar uma força pública mais ou menos igual à dos povos vizinhos. Esse preconceito, que levou ao aumento e ao acúmulo dos tributos em nações frágeis e pobres, unicamente porque eram frágeis e pobres, causou os mais terríveis males que varreram o gênero humano. Por causa dele, a propriedade foi sacrificada e os fundamentos da sociedade enfraquecidos sob o pretexto da proteção da propriedade e da manutenção da sociedade; por causa dele, o imposto se tornou arbitrário e não reconheceu limites além daqueles que uma imaginação desregrada deu a carências públicas incessantemente exageradas. Ele levaria os homens até querer, apesar de sua natureza, que o príncipe de Mônaco tivesse um rendimento capaz de se contrapor ao poder do rei da França.

Portanto, não é em relação às pretensas necessidade dos estados que o imposto deve ser proporcional; mas sim à sua riqueza disponível. Uma vez que se perde o rumo dessa regra, não é possível reconhecer nenhuma outra; e os impérios rapidamente entrarão nessa época terrível em que se torna indiferente à nação que seu território seja devastado pelo inimigo ou pelos exatores.

A proporção do imposto em relação ao produto líquido, constituído pelas únicas riquezas disponíveis (ver §4), deve ser tal que a sorte dos proprietários fundiários seja a melhor possível e que seu estado seja preferível a todos os demais na sociedade. Pois se qualquer outro estado fosse preferível ao do proprietário fundiário, os homens se dirigiriam a esse estado. Eles negligenciariam o emprego de suas riquezas mobiliárias na criação, nos melhoramentos e na manutenção das propriedades fundiárias e se dedicariam a outras empresas e outros trabalhos. A partir de então, as construções necessárias à cultura, granjas, estábulos, prensas etc. cairiam em ruínas, plantações seriam abandonadas, florestas seriam derrubadas, cercas se degradariam, canais seriam interrompidos e as águas inundariam os terrenos e os pântanos, e terras incultas tomariam o lugar das planta-

Fisiocracia

ções, as colheitas, o produto líquido e o próprio imposto seriam destruídos progressiva e necessariamente.

Essa proporção natural e legítima do imposto em relação ao produto líquido que deve bancá-lo estabelece-se por conta própria em uma sociedade nascente. Pois naquele momento são os proprietários fundiários que, pressionados pela necessidade de se submeter à autoridade tutelar que surge dentre eles para a garantia mútua do usufruto dos bens que eles possuem, concedem voluntariamente, e em interesse próprio, uma parcela do produto líquido de seus domínios para fazer frente aos custos do ministério dessa autoridade protetora.

É assim que a instituição do imposto, longe de se opor ao direito dos proprietários fundiários, ao contrário, consiste em uma utilização de seu direito de propriedade.

Trata-se, com efeito, de uma utilização lucrativa do direito dos proprietários fundiários, pois, através da segurança que essa instituição traz às propriedades e à liberdade, os proprietários podem alargar e multiplicar os trabalhos e aumentar infinitamente a cultura e os produto de suas propriedades.

Se estabelecemos então que a autoridade tutelar permanecerá para sempre como coproprietária no produto líquido da cultura — segundo a proporção estabelecida pela evidência da quantia que o imposto deve ter para gerar o mais alto grau de segurança possível à sociedade, e para que a sorte dos proprietários fundiários seja a melhor possível, sendo preferível a todas as outras na sociedade —, constitui-se a forma de imposto mais vantajosa possível ao soberano e à nação.

Com essa forma, o imposto é naturalmente proporcional às carências reais da sociedade; dado que elas crescem em conformidade ao aumento da população, ocasionado pelo progresso da cultura e pelo aumento do *produto líquido*, torna-se necessário o aumento das despesas públicas dedicadas à manutenção da boa ordem e à proteção da propriedade.

Com essa forma, os cultivadores pagam de acordo com seus contratos livres e voluntários o valor do *produto líquido* aos proprietários. A eles é extremamente vantajoso que uma parcela do produto líquido passe pelas mãos da autoridade soberana; uma vez que esse é o único modo de colocar essa autoridade em condições de proteger seus direitos de propriedade. E isso não lhes custa nada; uma vez que eles não têm nenhum direito de propriedade sobre o *produto líquido*, estão constrangidos pela concorrência a entregá-lo por inteiro a quem o pertence e pouco lhes importa que uma parcela desse *produto líquido* seja denominada *imposto* e a outra *arrendamento*, desde que não lhes seja exigido nada além do produto líquido e que suas *retomadas* estejam sempre isentas, intactas e asseguradas.

Com essa forma, os proprietários fundiários que parecem pagar o imposto sobre seus rendimentos, ao contrário, pagam-no sobre um aumento das riquezas disponíveis ou do produto líquido que não existiria sem o estabelecimento do imposto, visto que é unicamente a segurança que o imposto fornece à propriedade que pôde sustentar e favorecer as empresas e os trabalhos por meio dos quais a cultura se tornou capaz de gerar um produto líquido tão considerável.

Com essa forma, o imposto, que consiste em uma parte proporcional do produto líquido, é, portanto, muito vantajoso aos proprietários fundiários, uma vez que ele estende suas riquezas e o usufruto que eles podem obter. Ele forma uma espécie de propriedade comum inalienável; ele não entra em nenhum dos contratos que os proprietários fundiários estabelecem em conjunto, na medida em que compram e vendem as terras, eles não compram nem vendem o imposto, dispõem unicamente da parcela do terreno que lhes pertence, deduzido o imposto. Desse modo, a existência desse imposto não está a cargo de nenhum dos proprietários fundiários em maior proporção do que o direito que todos os outros proprietários têm sobre os domínios que limitam o seu.

Com essa forma, o imposto é muito vantajoso à classe dos homens que vivem apenas de salário, uma vez que ele lhes proporciona a segurança e o usufruto de toda a extensão de seus direitos de propriedade pessoal e mobiliária. E seu pagamento lhe escapa por completo, uma vez que, longe de diminuir a soma dos salários ou a facilidade de os obter, ele aumenta sua massa pelo aumento das riquezas que resulta da segurança completa de todos os direitos de propriedade.

Com essa forma, a liberdade dos trabalhos humanos é a maior possível; a concorrência entre todos os que fazem executar e entre todos os que exe-

Fisiocracia

cutam esses trabalhos é a mais extensa possível; o estado dos proprietários fundiários, o melhor possível; a multiplicação das riquezas e do produto líquido, a mais rápida possível e, consequentemente, o rendimento público, sempre proporcional ao *produto líquido* e que aumenta sem cessar, é o mais considerável possível.

Com essa forma, a autoridade tutelar usufrui por inteiro de todas as somas dedicadas à formação do rendimento público, uma vez que os custos de percepção são reduzidos a nada ou quase nada, como os custos de percepção dos aluguéis que nada custam à nação.

Com essa forma, toda espécie de contestação entre os depositários da autoridade e os cidadãos é banida de uma vez por todas, visto que, tendo sido estabelecida e conhecida de uma vez por todas a proporção do imposto, a aritmética basta para decidir *soberanamente* qual é a parte de cada um no produto líquido do território.

Com essa forma, portanto, o rendimento público maior possível e que cresce diariamente se torna o mais lucrativo possível a todos os membros da sociedade; ele não onera ninguém, não custa nada a ninguém, não é pago por ninguém, não subtrai nada à propriedade de quem quer que seja.

Com essa forma, enfim, a autoridade soberana se encontra em uma perfeita comunidade de interesses com a nação. O rendimento desta não poderá diminuir sem que o príncipe, alertado pela diminuição de seu próprio rendimento, não seja estimulado pelos motivos mais prementes a remediar a desordem que destrói as riquezas de seus súditos e as suas, e a tomar as medidas mais eficazes para, ao contrário, fazer ambos os rendimentos crescerem.

§18

A comunidade de interesses entre o soberano e a nação, estabelecida de modo manifesto pela divisão proporcional do produto líquido do território, é a garantia mais segura das leis da ordem natural.

É impossível que um soberano, aritmeticamente convencido de que ele só pode fazer crescer suas riquezas e, consequentemente, seu poder, por meio da prosperidade de seus súditos, não busque se instruir a respeito de tudo que possa aumentar o bem-estar e a felicidade de seu povo e não se torne bastante ativo na manutenção do livre usufruto de todos os direitos de propriedade.

Em toda parte que uma má constituição tornar essa comunidade menos visível e onde os depositários da autoridade possam, ou creiam poder, fazer ao menos transitoriamente seus negócios [*affaires*] independentemente dos da nação; a instrução pública das leis naturais, cuja observação pode, unicamente, assegurar a melhor situação possível aos príncipes e aos povos, seria rapidamente negligenciada. Poder-se-ia chegar a uma situação em que não se encontraria sequer um magistrado esclarecido a propósito dessas leis. Tudo seria abandonado à torrente dos preconceitos, aos caprichos da opinião, aos ardis de uma política tenebrosa e arbitrária. Poder-se-ia esquecer o que é propriedade, liberdade; as riquezas diminuiriam por causa desse esquecimento funesto. Expedientes ruinosos poderiam ser vistos como fazendo parte do regime habitual, esconder momentaneamente do soberano a degradação para a qual contribuiriam, conduzir a sociedade ao término do enfraquecimento e da ruína; e o governo [ao término] da pobreza e da impotência; antes que o soberano visse a necessidade de remediar com eficácia uma desordem tão funesta para si mesmo e para a nação.

§19

Essa comunidade tão necessária entre a parcela do governo e a parcela governada do estado, essa comunidade que deposita o maior interesse do soberano no crescimento do produto líquido das terras submetidas a seu domínio, essa comunidade sem a qual nenhuma nação pode acreditar ter uma administração constantemente próspera, indica-nos qual deve ser a forma da autoridade soberana e sobre que mão deve recair essa autoridade. Pois toda forma de governo que não comporte essa comunidade perfeita e visível de interesses entre aqueles que exercem a autoridade soberana e aquele sobre os quais ela é exercida será, evidentemente, uma forma proscrita pelas leis da ordem natural mais vantajosa possível aos homens reunidos em sociedade.

Fisiocracia

É evidente que um soberano democrático não pode exercer ele mesmo sua autoridade, e que ele não pode agir de outro modo senão nomeando comissários ou representantes para exercer essa autoridade. Esses representantes encarregados de exercer a autoridade de um soberano democrático são indivíduos cujas funções são necessariamente transitórias. Esses comissários ou representantes *passageiros* podem não estar em comunidade *perpétua* de interesses com a nação. Esses indivíduos têm ou, pelo menos, podem ter interesses particulares exclusivos e opostos à *observação* da ordem e do interesse público. Portanto, não é sua administração que é a indicada pela ordem natural e que pode intensificar os laços da sociedade pela união de interesses dos depositários da autoridade e aquele do restante da nação.

É preciso dizer o mesmo de um governo aristocrático. Os membros que o compõem também são indivíduos que têm também domínios e famílias, e cujo interesse particular exclusivo frequentemente pode estar em oposição com o interesse de outros proprietários fundiários submetidos a seu domínio e, naturalmente, se tornar mais caro aos aristocratas do que esse interesse dos proprietários que constitui o interesse público.

É preciso o mesmo de um monarca eletivo. Esse príncipe também possui domínios e uma família que lhe pertencem como indivíduo, que subsistem independentemente de sua soberania e que subsistirão ainda depois de sua soberania ter passado. Haverá, portanto, interesse particular exclusivo em empregar o poder do qual ele é depositário, para melhorar e estender seus domínios, para aumentar e enriquecer sua família. Se esse interesse for oposto àquele dos rendimentos públicos e particulares da nação, o príncipe estará exposto a tentações perenes que podem, frequentemente, tornar-se funestas.

Apenas uma alta virtude e um grande gênio em um monarca eletivo, nos cossoberanos aristocráticos ou nos representantes de um soberano democrático, somados a luzes suficientes das nações a respeito dos direitos de propriedade e de liberdade, poderiam assegurar durante algum tempo a prosperidade das sociedades submetidas a essas diferentes formas de governo. Mas um grande gênio e uma alta virtude são qualidades pessoais e que raramente podem ser observados em um grande número de indivíduos ao mesmo tempo. Se, nesses governos imperfeitos, elas faltam aos administradores supremos, estes podem facilmente se deixar seduzir pela atração de seus interesses particulares exclusivos. Nesse momento, as luzes da nação podem lhe parecer temíveis. Nesse momento, a nação se torna menos esclarecida do que deveria ser e do que ela seria se o interesse pessoal presente e visível dos depositários da autoridade fosse de estender e de favorecer a instrução pública da ordem natural. Nesse momento, a ignorância concorre para manter a dissensão dos interesses e para torná-la mais perigosa.

Os únicos a quem os interesses pessoais e particulares, presentes e futuros, podem estar íntima, sensível e manifestamente ligados com os interesses de suas nações são os monarcas hereditários, através da copropriedade de todos os *produtos líquidos* do território submetido a seu império.

É verdade que apenas essa copropriedade pode operar uma comunidade perfeita de interesses entre um monarca, mesmo hereditário, e seu povo, pois se, em lugar da copropriedade, esse monarca tivesse domínios a valorizar e para dali retirar o rendimento e aplicar nas despesas públicas, ele não poderia cumprir as funções de proprietário fundiário sobre uma extensão de terras tão grande, e lhe restaria, para sustentar seu rendimento, somente o recurso ruinoso de privilegiar seus domínios em detrimento dos de seus súditos, o que colocaria esse monarca *dominial*, em relação à sua nação, em uma situação absolutamente incompatível com o ministério da autoridade soberana.

Mas a monarquia hereditária apresenta a forma de governo mais perfeita quando ela vem acompanhada do estabelecimento da copropriedade do público no *produto líquido* de todos os bens fundiários, numa tal proporção em que o rendimento do fisco seja o maior possível, sem que a sorte dos proprietários fundiários deixe de ser a melhor que se possa alcançar na sociedade.

§20

Associado à sua nação pela divisão proporcional do *produto líquido* dos bens fundiários, o monarca hereditário tem um interesse visível em que o *produto líquido* seja o maior possível.

É de seu interesse visível, pois, que todas as condições necessárias à existência do maior produto líquido possível sejam observadas.

Fisiocracia

É de seu interesse visível que a concorrência seja a maior possível em todos os trabalhos que contribuem direta ou indiretamente para a formação desse produto líquido.

É de seu interesse visível que a liberdade de qualquer tipo de comércio, seja interno, seja externo, seja plena.

É de seu interesse visível que o usufruto de todos os direitos de propriedade pessoal, mobiliária e fundiária esteja assegurado.

É de seu interesse visível que a utilização desses direitos seja esclarecida pela instrução pública mais luminosa, mais extensa, mais universal e mais favorável.

É de seu interesse visível que essa instrução geral das *leis da ordem natural* forme magistrados, com cujo esclarecimento e virtudes ele possa contar para examinar e decidir, a partir dessas leis, qual deve ser a aplicação de sua autoridade soberana em cada caso particular, no intuito de manter a propriedade, sobre cujo produto está fundado seu rendimento.

É de seu interesse visível que esses magistrados hábeis e estudiosos comparem as leis positivas que ele é obrigado a promulgar com as leis divinas da ordem natural, no propósito de precavê-lo caso, em seus decretos, escape-lhe algum erro prejudicial a seus rendimentos; pois mesmo as leis positivas que pareçam mais distantes das leis fiscais não poderiam jamais ser indiferentes aos rendimentos de um monarca coproprietário.

Necessariamente, as leis positivas são ou conformes ou contrárias às leis naturais; ou favoráveis ou prejudiciais à propriedade e à liberdade que lhe é inseparável.

Se elas são conformes às leis da ordem natural, favoráveis à propriedade e à liberdade, elas estimulam os homens a aplicar uma maior atividade em seus trabalhos, deixando campo aberto ao interesse lícito de todos e garantindo a cada um a certeza de recolher o fruto de seus esforços; assim, elas estendem a cultura, multiplicam as riquezas, aumentam o *produto líquido* e, consequentemente, o rendimento do soberano proporcional a esse *produto líquido*.

Se elas são contrárias às leis da ordem, prejudiciais à propriedade e à liberdade, elas desencorajam o coração dos homens, em razão da impotência à qual são reduzidos e às dificuldades que elas levantam contra seus trabalhos; elas restringem a cultura, elas diminuem as riquezas e o *produto líquido* e, consequentemente, o rendimento do soberano.

Não existe, então, nenhum decreto positivo a respeito do qual não possa ser feita essa questão: *trata-se de aumentar nossas plantações, de criar nossos filhos e de aumentar os rendimentos do príncipe, ou de queimar nossas colheitas, de asfixiar nossa posteridade, de arruinar as finanças públicas?*

A solução dessa questão, discutida até a evidência pelos magistrados, fará um monarca hereditário e coproprietário lembrar sempre qual é sua verdadeira vontade; pois não se pode supor um soberano, ou sequer um homem, que queira prejudicar outrem sem [obter] lucro, e ainda menos com uma perda evidente para ele e para seus descendentes. Isso seria supor uma determinação sem motivo, um efeito sem causa, ou melhor, uma determinação contrária aos motivos, um efeito contrário às causas: seria supor um absurdo completo.

§21

Eis então o resumo de todas as instituições sociais fundadas sobre a ordem natural, sobre a constituição física dos homens e dos outros seres que os circundam.

Propriedade pessoal estabelecida pela natureza, pela necessidade física de que cabe a cada indivíduo dispor de todas as faculdades de sua pessoa para a obtenção das coisas adequadas à satisfação de suas carências, sob pena de sofrimento e de morte.

Liberdade de trabalho, inseparável da propriedade pessoal da qual ela é uma parte constitutiva.

Propriedade mobiliária, que não é outra coisa senão a própria propriedade pessoal considerada em sua utilização, em seu objeto, em sua extensão necessária sobre as coisas adquiridas pelo trabalho de sua pessoa.

Liberdade de troca, de comércio, de emprego das riquezas, inseparável da propriedade pessoal e da propriedade mobiliária.

Cultura, que é um uso da propriedade pessoal, da propriedade mobiliária e da liberdade que lhe são inseparáveis: aplicação lucrativa, necessária

Fisiocracia

e indispensável para que a população possa crescer como consequência da multiplicação das produções necessárias à subsistência dos homens.

Propriedade fundiária, consequência necessária da cultura e que não passa da conservação da propriedade pessoal e da propriedade mobiliária empregadas nos trabalhos e das despesas preparatórias indispensáveis para que a terra fique em condições de ser cultivada.

Liberdade do emprego da terra, da espécie de sua cultura, de todas as convenções relativas à exploração, à concessão, à reconcessão, à troca, à venda de sua terra, inseparável da propriedade fundiária.

Divisão natural da colheita em *retomadas do cultivador* ou riqueza cujo emprego é indispensável para a perpetuação da cultura, sob pena de diminuição das colheitas e da população; e de *produto líquido* ou riquezas disponíveis cuja grandeza determina a prosperidade da sociedade, cujo emprego depende da vontade e do interesse dos proprietários fundiários, e que constitui para eles o preço natural e legítimo das despesas que fizeram e dos trabalhos que fizeram para deixar a terra em condições de ser cultivada.

Segurança, sem a qual a propriedade e a liberdade seriam apenas direito e não fato, sem a qual o produto líquido seria rapidamente destruído, sem a qual a própria cultura não poderia subsistir.

Autoridade tutelar e soberana, para garantir a segurança essencialmente necessária à propriedade e à liberdade, e que cumpre esse importante ministério através da promulgação e da execução das leis da ordem natural pelas quais a propriedade e a liberdade são estabelecidas.

Magistrados, para decidir nos casos particulares qual deve ser a aplicação das leis da ordem natural reduzidas em leis positivas pela autoridade soberana, e que têm o dever imperioso de comparar de comparar os decretos dos soberanos com as leis essenciais da justiça, antes de começar a tomar esses decretos positivos como regra de seus julgamentos.

Instrução pública e favorável, para que os cidadãos, a autoridade e os magistrados não percam jamais de vista as leis invariáveis da ordem natural e não sejam desviados pelos prestígios da opinião ou pela atração de interesses particulares exclusivos que, uma vez *exclusivos*, são sempre mal-entendidos.

Rendimento público, para constituir a força e o poder necessários à autoridade pública; para bancar os custos de seu ministério protetor, das funções importantes dos magistrados e da instrução indispensável a respeito da ordem natural.

Imposto direto, ou divisão do produto do território entre os proprietários fundiários e a autoridade soberana, para formar o rendimento público de modo a não restringir a propriedade nem a liberdade e que, consequentemente, não seja destrutiva.

Proporção essencial e necessária do imposto direito com o produto líquido tal que ela forneça à sociedade o maior rendimento público possível e, consequentemente, o mais alto grau de segurança possível, sem que a sorte dos proprietários fundiários deixe de ser a melhor que possa ser usufruída na sociedade.

Monarquia hereditária, para que todos os interesses presentes e futuros do depositário da autoridade soberana estejam intimamente ligados com os da sociedade pela divisão proporcional do *produto líquido*.

Eis o resumo dessa doutrina que, partindo da natureza do homem, expõe as leis necessárias de um governo feito para o homem e adequado ao homem de qualquer clima e de qualquer região; um governo que subsiste na China há mais de 4 mil anos sob o trópico de Câncer e que o gênio de uma grande imperatriz vai, para a felicidade de seus súditos, estabelecer em meio à neve do norte;* um governo evidentemente o mais vantajoso possível aos povos, uma vez que ele lhes assegura o usufruto pleno e inteiro de todos os seus direitos naturais e a maior abundância possível das coisas adequadas a suas carências; evidentemente o mais vantajoso possível aos reis, uma vez que ele lhes garante a maior riqueza e maior autoridade possíveis.

É apenas nesse governo simples e natural que os soberanos são verdadeiramente déspotas;[9] que eles podem tudo o que quiserem para seu

---

* Trata-se de Catarina II (1729-1796), imperatriz da Rússia a partir de 1762 até sua morte. Em 1767, por intermédio de Diderot, Mercier de la Rivière é convidado por ela para ser conselheiro de seu governo por dois anos. Sua estadia na Rússia dura menos de seis meses. (N. T.)

9 A palavra *déspota* significa, como indica sua etimologia, aquele que pode *dispor de acordo com sua vontade*. Ao aplicá-la para designar os soberanos arbitrários, alguns célebres [filósofos] modernos não perceberam a contradição implícita entre o termo

bem, o qual é inseparável e manifestamente associado àquele das nações que governam. Demandar mais para si seria lhes prejudicar e insultar. O privilégio de fazer mal a si mesmo pertence unicamente aos desarrazoados, e a loucura não foi feita para o trono. Mesmo se supusermos que ela possa ali chegar, não seria prejudicial em nada, nem ao soberano que tem a infelicidade de ser por ela afetado, nem a seus súditos, desde que a nação seja suficientemente instruída sobre as leis da ordem e que os magistrados, supervisionados pela evidência pública, consequentemente, mantenham-se fiéis a seus deveres em relação ao príncipe e ao povo. E ele não seria menos *déspota*, na medida que é permitido a um homem o ser, se fosse o soberano e coproprietário do produto líquido de um império esclarecido pelas luzes, e governado segundo as leis da ordem natural; aquele que, enquanto quiser seus rendimentos e seu poder, está seguro de encontrar todas as vontades e todas as forças de seus súditos dispostas a secundá-lo e a dizer-lhe: *Bendito seja o príncipe que quer aumentar nossas riquezas e nossos rendimentos.*

Um governo que concilia tão perfeitamente o interesse de todos os homens, que assegura todos os seus direitos e todos os seus deveres recíprocos, que os conduz tão *necessariamente* na obtenção das maiores fruições de que são suscetíveis, é evidentemente o melhor governo que podemos imaginar, o governo prescrito aos homens pela ordem natural.

No entanto, acreditais que, apesar da evidência das verdades soberanas cujo fio acabamos de tentar seguir e que nos manifestam as leis desse go-

---

e a ideia que gostariam que fosse expressa, dado que esses soberanos arbitrários, que o vulgo ignorante acredita *déspotas* e que podem ser ignorantes o suficiente para acreditarem nisso eles mesmos, não podem, entretanto, *dispor* de nada ou de pouquíssima coisa. Eles são os servidores de seus servidores, escravos das opiniões vacilantes de seus povos, frágeis joguetes de seus soldados; mal conseguem fazer algo para seu próprio bem e para o dos outros; eles podem melhorar sua situação servil unicamente renunciando a seu pretenso *despotismo*. Eles não são, portanto, verdadeiramente déspotas; dar-lhes esse título é, pois, equivocar-se a propósito da metafísica da língua; é, evidentemente, não empregar a palavra correta. Esse equívoco não é menos um equívoco por ter escapado a grandes gênios, vendo-se obrigados, também, a modificar a linguagem nesse momento em que a análise severa e a dissecação escrupulosa das ideias fazem sentir a necessidade de uma expressão mais exata. (N. A.)

verno *fisiocrático*, ainda encontramos homens que dizem ter estudado essas verdades e que, todavia, se empenham em sustentar que não é verdade que deus tenha estabelecido uma ordem natural que deve servir de regra à sociedade, ou que se ele assim o fez, não é verdade que os homens possam adquirir o conhecimento dessa ordem e a ela se submeter; ou, ao menos, que se eles pudessem, não é verdade que eles deveriam começar a tomar esse partido? Não, sem dúvida, não acreditaríamos, e a posteridade, que não lera seus escritos, ficará surpresa em descobrir que *eu poderia citar até três nomes*. É preciso ter pena deles, se eles são efetivamente infelizes a ponto de duvidar que Deus tenha dado leis a todos os seres ou, se constrangidos pela experiência de admitir que podemos obter o conhecimento certo de uma infinidade de leis naturais que pouco nos importam, eles, entretanto, pensam que nós não podemos adquirir nenhum conhecimento a respeito daquelas que mais interessam a nossa existência e bem-estar. É preciso ter pena deles, se eles são efetivamente infelizes a ponto de não sentir que o homem seja um animal razoável e suscetível de ser guiado pela evidência de seu interesse. Mas, se eles não poupam nenhuma manobra para retardar os progressos das investigações sobre objetos tão importantes, se eles espalham a mais ácida animosidade em seus escritos, se eles formalizam acusações odiosas contra homens pacíficos que trabalham com zelo no intuito único de concorrer à felicidade do gênero humano, se eles tentam, ainda que em vão, tornar suspeitos à administração cidadãos virtuosos cujos votos e estudo buscam unicamente a glória do príncipe e a prosperidade do estado, seria preciso ter ainda mais pena deles. A atividade, a multiplicação de esforços que um orgulho mal compreendido, que vis interesses particulares fazem nascer contra a evidência das verdades úteis, não pode jamais servir para outra coisa senão para afundar mais e mais aqueles que se deixam levar pelo lamaçal do desprezo e da indignação pública.

Sobre os tradutores

Leonardo André Paes Müller é doutor em Filosofia pelas universidades de São Paulo e Paris I Panthéon-Sorbonne. Está finalizando um pós-doutorado em Filosofia na USP e é membro do laboratório *A imaginação econômica*. Pesquisa a história da epistemologia da ciência econômica e das interações entre a ciência econômica e o pensamento liberal. Autor de *Moral e imaginação em Adam Smith – estudo sobre a Teoria dos sentimentos morais* (Alameda, no prelo).

Thiago Vargas Escobar Azevedo possui graduação e mestrado em Filosofia pela Universidade de São Paulo (USP) e doutorado em Filosofia pela USP e pela Université Paris I Panthéon-Sorbonne. Membro do laboratório *A imaginação econômica*, atualmente pesquisa o pensamento econômico-político do século XVIII, os fundamentos filosóficos do liberalismo e seus primeiros críticos. Autor do livro "Trabalho e ócio: um estudo sobre a antropologia de Rousseau" (Alameda/Fapesp, 2018) e tradutor na coletânea "Rousseau – Escritos sobre a política e as artes" (Ubu, 2020, org. Pedro Paulo Pimenta).

SOBRE O LIVRO

Formato: 16 x 23 cm
Mancha: 27,8 x 48 paicas
Tipologia: Venetian 301 12,5/16
Papel: Off-white 80 g/m² (miolo)
Cartão Supremo 250 g/m² (capa)

1ª edição Editora Unesp: 2020

EQUIPE DE REALIZAÇÃO

Edição de texto
Silvia Massimini Felix (Copidesque)
Tomoe Moroizumi (Revisão)

Capa
José Vicente Pimenta

Editoração eletrônica
Eduardo Seiji Seki

Assistência editorial
Alberto Bononi

Impressão e Acabamento

PlenaPrint
Indústria Gráfica